COLLECTION FOLIO

Michel de Montaigne

Essais

LIVRE PREMIER

Édition présentée, établie
et annotée
par Pierre Michel
Préface d'André Gide

Gallimard

PRÉFACE

A mon ami Charles Du Bos
en souvenir de l'île Saint-Louis.

*« Un suffisant lecteur descouvre souvent ès escrits
d'autruy, des perfections autres que celles que l'autheur
y a mises et apperceües, et y preste des sens et des
visages plus riches », dit Montaigne. A « suffisant lecteur » d'aujourd'hui, Montaigne sera-t-il « suffisant » lui-
même, et saura-t-il répondre aux questions nouvelles que
nous avons à lui poser?*

*Sans doute l'importance d'un auteur tient-elle non
seulement à sa valeur propre, mais encore et beaucoup à
l'opportunité de son message. D'autres que moi, plus
érudits, feront valoir l'apport historique de Montaigne et
diront si peut-être, avant lui, Erasme [1] n'avait point posé
les premières bases d'une humaine sagesse dont les
peuples encléricalisés de l'Europe avaient en ce temps
grand besoin. Tel que je suis, je le prends tel qu'il est.
Il m'aurait pardonné de parler de lui de cette manière
désultoire qui lui est propre. Tout ordre qu'on essaie
d'apporter en un tel sujet le trahit.*

*« S'il naissoit à cette heure quelque chose de pareil, il
est peu d'hommes qui le prisassent », disait-il de Socrate,
et pouvons-nous dire de lui. A notre époque d'après-
guerre, les esprits constructeurs sont en faveur particulière; tout auteur est mal vu qui ne sait proposer un
système. Montaigne, il est vrai, ne nous apporte aucun
système, et l'on a beau jeu d'insister sur son scepticisme jusqu'à voir dans le : « Que sçais-je? » le dernier*

---

1. Erasme mourut en 1536; Montaigne naquit en 1533.

mot de la sagesse et de son enseignement. Pourtant, j'oserai dire que ce scepticisme n'est point ce qui me plaît dans les Essais, *ni la leçon que surtout j'y puise. Si peut-être je les tire à moi, c'est pour en obtenir mieux que des doutes et des interrogations.*

Il semble qu'en face de l'atroce question de Pilate, dont l'écho retentit à travers les âges : « Qu'est-ce que la vérité ? » Montaigne reprenne à son compte, encore que tout humainement, d'une manière toute profane et dans un sens très différent, la divine réponse du Christ : « Je suis la vérité. » C'est-à-dire qu'il estime ne pouvoir véritablement connaître rien, que lui-même. De là cette extraordinaire défiance, dès qu'il raisonne : de là cette confiance, cette assurance, dès qu'il s'abandonne à lui-même et qu'il résigne à lui ses visées. C'est bien ce qui l'amène à tant parler de lui; car la connaissance de soi lui paraît aussitôt plus importante que toute autre. « Il faut, écrit-il, oster le masque aussi bien des choses que des personnes. » S'il se peint, c'est pour se démasquer, convaincu que « l'estre veritable est le commencement d'une grande vertu ». Et je voudrais inscrire en tête des Essais *ces mots admirables.*

Mais cette résolution qu'il a prise de ne s'admettre que véritable et de se peindre au naturel, je doute qu'il en ait saisi lui-même tout d'abord et la hardiesse et la portée. Il ne pouvait non plus pressentir la faveur qu'elle rencontrerait; et l'on excuse certaine hésitation première de son trait, cet abri qu'il cherche dans les halliers touffus de l'histoire, ces exemples, ces tâtonnements infinis. Il s'in-téresse à lui confusément d'abord, sans trop savoir ce qui importe et si peut-être le plus négligeable en apparence et le plus méprisé n'est pas précisément ce qui mérite le plus d'attention. Tout, en lui-même, reste pour lui l'objet de curiosité, d'amusement, de surprise : « Je n'ay veu mons-tre et miracle au monde plus exprés que moy-mesmes : on s'apprivoise à toute estrangeté par l'usage et le temps; mais plus je me hante et me connois, plus ma difformité m'estonne, moins je m'entens en moy. » Et n'est-il pas plaisant de l'entendre parler de sa « difformité » tandis que ce que nous aimons en lui, c'est ce qui nous permet précisément de le trouver pareil à nous et ordinaire. Mais de même que celui qui se croit simple se simplifie, celui qui se croit compliqué se complique. Sans doute est-il intéressant de chercher, à travers les confidences de Montaigne, s'il est toujours bien pareil à ce qu'il se croit être, ou si seulement il le devient : « Je sens ce profit inespéré de la publication de mes meurs, écrit-il, qu'elle me sert aucunement de règle; il me vient parfois quelque considération de ne trahir ma peinture. Cette publique déclaration m'oblige de me tenir en ma route, et à ne desmentir l'image de mes conditions. » Si naturel qu'il soit (ou plutôt encore : qu'il se veuille), il s'est un tantinet fabriqué[1].

A partir du troisième livre des Essais, *Montaigne, parfaitement maître, non de lui-même (il ne le sera jamais et ne peut l'être), mais de son sujet, ne tâtonne plus : il sait ce qu'il veut dire, ce qu'il lui importe de dire, et il le dit excellemment : « Les autres forment l'homme, je le récite... » et plus loin : « Je ne peints pas l'estre, je peints le passage. » (Les Allemands diraient : le* werden.*) Et cette vérité profonde commence à lui apparaître, que la peinture qu'il présente de lui pourrait bien être d'intérêt d'autant plus général qu'elle lui est plus particulière; car, « chaque homme porte la forme entière de l'humaine condition ». Cette certitude du moins, parmi l'effondrement de toutes les autres, lui reste, qu'en ce sujet qui est lui-même, il est « le plus sçavant homme qui vive »; et ceci l'encourage, car « jamais aucun n'arriva jamais plus exactement et plus plaisamment à la fin qu'il s'estoit proposé à sa besoigne », pour laquelle la seule vertu qu'il exige, c'est « la fidélité »; il croit pouvoir ajouter aussitôt : « Celle-là y est, la plus sincere et pure qui se trouve. » Et ce qui m'intéresse, moi, son lecteur, ce n'est sans doute pas de savoir que, par exemple, il peut « garder ses eaux dix heures », mais bien cet indiscret besoin qu'il a de me le dire. J'y vois mieux que de l'impudeur; une certaine protestation contre la bienséance; ce qui se tait à l'ordinaire, ce qui se cache, c'est là ce qu'il a le plus de plaisir à dire, à étaler. Malgré ses*

---

1. « Et puis, puisqu'il me faut faire la honte toute entière, il n'y a pas un mois qu'on me surprint ignorant dequoy le levain servoit à faire du pain. » Allons donc! il n'en éprouve honte aucune; tout au contraire, il s'en amuse, il s'y complaît. Il s'est dit une fois pour toutes : « Je ne sais rien, ne saurai rien; je demeure inapte à savoir. » Et se le prouve.

*plus cyniques efforts, il estime sans cesse que l'on pourrait
aller plus loin encore :* « Je dy vray, non pas tout mon
saoul, mais autant que je l'ose dire; et l'ose un peu plus
en vieillissant. »

*Pourtant ce point d'heureuse audace dans l'indiscrétion
personnelle, Montaigne, l'âge venant, le dépasse; les
retouches qu'il apporte en dernier lieu à son texte (sur
l'exemplaire de Bordeaux), n'apporteront bientôt plus que
réticences, explications, ratiocinations inutiles, et affai-
blissement. Il s'en rend compte :* « Ce ne sont, écrit-il,
que surpoids qui ne condamnent point la première forme,
mais donnent quelque prix particulier à chacune des
suivantes par une petite subtilité ambitieuse. » *C'est le
déclin, je préfère donc le plus souvent lire son texte avant
ces dernières retouches.*

« Il n'est description pareille en difficulté à la description de soy-mesmes, ny certes en utilité », *lisons-nous
dans les* Essais; *car Montaigne, en qui l'on se plaît trop
souvent à ne voir qu'un égoïste, est soucieux du bien
public*[1]. *Deux textes, du reste parfaitement inconciliables,
encore que quelques lignes seulement les séparent, dans le
premier chapitre du troisième livre, nous laissent entendre suffisamment néanmoins combien Montaigne était
peu fait pour la direction des affaires et comme quoi,
lorsqu'il résigna ses fonctions de magistrat, puis, de
même, plus tard, quitta la mairie de Bordeaux pour ne
s'occuper plus que de lui-même, il jugea fort sainement
qu'en élaborant ses* Essais, *il rendrait plus grand service à
l'Etat :*

1° « A la verite, et ne crains point de l'advouer, je
porterois facilement au besoing une chandelle à Saint
Michel, l'autre à son serpent. »

2° « De se tenir chancelant et mestis, de tenir son
affection immobile et sans inclination aus troubles de son
pays et en une division publique, je ne le trouve ny beau
ni honneste : il faut prendre party. » *Et peut-être en
écrivant ces mots Montaigne se souvenait-il de certaine*

---

1. « Je suis de cet avis que la plus noble vocation (le mot noble est
remplacé plus tard par « honorable ») et la plus juste (mots qu'il a plus
tard supprimés) est de servir au public et estre utile à beaucoup. »

intransigeante manifestation de sa jeunesse[1] *où nous le reconnaissons beaucoup moins que lorsqu'il prend la résolution de se retirer définitivement dans sa librairie.*

« *L'utilité* » *que Montaigne souhaitait aux* Essais *n'est sans doute pas tout à fait la même que celle que nous y trouvons aujourd'hui. L'on ne peut s'y méprendre, lorsque, pour protester d'avance à cette accusation de complaisance envers soi-même qu'il comprend parfaitement qu'il encourt :* « *De s'amuser à soy, il leur semble que c'est de se plaire en soy, de se hanter et prattiquer que c'est se trop cherir* » *(et je ne regrette ici que le mot s'* « *amuser* »), *il tient à préciser que le plus grand profit de cette étude que Socrate avait si bien pratiquée, c'est d'apprendre* « *à se mespriser* »[2]*. Car, s'il s'indigne contre ceux qui se plaisent à rabaisser les actions les plus nobles en leur découvrant de secrets et vils motifs, il ne craint pas d'écrire :* « *J'ay en general cette humeur que de toutes les opinions que l'ancienneté a eües de l'homme, celles que j'embrasse plus volontiers et auxquelles je m'attache le plus, ce sont celles qui nous mesprisent, avilissent et aneantissent le plus.* » *C'est faire le jeu de Pascal.*

De préférence, je le suis sur d'autres routes, qu'il n'a que très incertainement tracées, mais qui nous mènent à des perspectives très différentes. Ce qu'il me plaît de considérer avec lui c'est cet « *estre véritable* », *cet être naif et sincère et non contrefait qu'il lui importe de dégager, car c'est sur lui qu'il veut bâtir; il ne tolère bientôt plus d'autre appui, d'autre fondement pour édifier sa vertu, sa morale, en dépit (ou défi) de toute coutume et convention :* « *Il n'est personne, s'il s'escoute, qui ne descouvre en soy une forme sienne, une forme maistresse, qui luicte contre l'art et l'institution.* » *Montaigne a supprimé plus tard* « *contre l'art* », *pour ne laisser debout, à lutter contre, que* « *l'institution* », *soit, au sens où l'on prenait alors ce mot : l'éducation (* « *de l'institution des enfants* »)*. C'est-à-dire qu'il admet que notre éducation travaille, aussi bien qu'à nous élever, à nous contrefaire. Il me plaît de rapprocher ce texte, de quelques*

---

1. Serment du 12 juin 1562, prêté spontanément par Montaigne, à l'âge de vingt-neuf ans.
2. « Je ne tends qu'à connaître mon néant », dira Pascal.

autres où se précise et s'affermit sa pensée : « Où que je veuille donner, il me faut forcer quelque barriere de la coustume, tant elle a soigneusement bridé toutes nos avenues » (coutume ou institution, peu importe). L'individualisme s'est-il jamais exprimé en termes plus exprès et plus forts? « Tous jugemens universels sont lasches et dangereux. » (Montaigne a remplacé plus tard ce dernier mot par « imparfaits », affaiblissant ainsi beaucoup, et je ne sais trop pourquoi, sa pensée.) « ... Et n'est train de vie si sot et si debile que celuy qui se conduict par ordonnance et discipline. » Hâtons-nous d'ajouter qu'ici, comme toujours chez Montaigne, la raison intervient et balance toutes ses déclarations, un constant amour de l'ordre, de la mesure, et l'horreur presque esthétique de faire prévaloir sur l'intérêt de tous, son intérêt particulier : « ... je feray sentir, comme de raison, que la commodité particulière doit ceder à la commune. » D'autre part la droiture de son jugement propre lui importera toujours plus que tout : « Plustost lairrois-je rompre le col aux affaires que de plier ma foy et ma conscience pour leur service. » Cet homme si peu mystique, reste, sur ce point, inflexible : « Qu'importe que nous tordions nos bras, pourveu que nous ne tordions nos pensées. » Et plus loin ces paroles affreuses : « Le bien public requiert qu'on trahisse et qu'on mente » (il ajoutera plus tard : « et qu'on massacre »); « resignons cette commission à gens plus obéissans et plus souples ». Décidément Montaigne est peu fait pour la politique. Je me souviens d'avoir entendu Barrès dire, lorsqu'on lui demandait ce dont on avait le plus à souffrir à la Chambre : « De voter avec son parti. »

Il est bien remarquable, à mon avis, et on n'a peut-être pas assez remarqué que, après l'extraordinaire éloge de la France, ou du moins de Paris, « Gloire de la France et l'un des plus nobles ornemens du monde », qu'il « ayme tendrement jusques à ses verrues et à ses taches », il déclare l'amitié qu'il porte au genre humain supérieure encore : « J'estime tous les hommes mes compatriotes et embrasse un Polonois comme un François, postposant cette lyaison nationale à l'universelle et commune »; et ceci, qui s'oppose admirablement aux amitiés françaises de Barrès : « Les amitiez pures de nostre acquest empor-

tent ordinairement celles auxquelles la communication du climat ou du sang nous joignent. Nature nous a mis au monde libre et desliez; nous nous emprisonnons en certains destroits, comme les roys de Perse, qui s'obligeoient de ne boire jamais autre eau que celle du fleuve de Choaspez, renonçoyent par sotise, à leur droict d'usage en toutes les autres eaux, et asséchoient pour leurs regards tout le reste du monde [1]. »

Je tiens pour un des plus étonnants passages de Montaigne celui où, après s'être défendu du reproche d'obscurité (que sans doute on adressait déjà de son temps à tout écrivain faisant effort vers une sincérité plus étroite, en rupture avec les sentiments de convention) et protestant contre cette insupportable assimilation de l'obscurité à la profondeur, où certains précieux se plaisaient déjà de ce temps (« ils conclurront la profondeur de mon sens par l'obscurité »), il déclare : « Laquelle (obscurité), à parler en bon escient, je hay » (il ajoutera même plus tard « bien fort ») « et l'eviterois si je me sçavois contrefaire ». (Il remplacera plus tard ce dernier mot par « éviter ».) Montaigne, pour admirable styliste qu'il soit, nous serait de moindre prix si nous ne découvrions en ses Essais, *de-ci, de-là, en plus de sa bonne humeur et de sa sagesse à la Sancho Pança (que du reste, je suis bien loin de mépriser et crois, comme tout vrai bon sens, contrairement à ce qu'en dit Descartes, assez rare), à travers beaucoup de bavardages et de fatras, quelques entrevisions de vérités des plus exquises. Dès le début du second livre, cette phrase nous donne à la fois l'éveil et l'alarme : « Ceux qui s'exercent à contreroller les actions humaines, ne se trouvent en aucune partie si empeschez, qu'à les r'appiesser et mettre à mesme lustre; car elles se contredisent communément de si estrange façon, qu'il semble impossible qu'elles soient parties de mesme boutique. » Ai-je tort de voir ici bien autre chose et bien plus que la simple expression du scepticisme que Pascal exposera bientôt à M. de Sacy. Non, non; comme le dira plus tard*

---

1. Et nous lisons dans Montaigne également cette vérité qu'il fallait être Barrès pour méconnaître : « Les herbes s'amendent et fortifient en les transplantant. »

M. Massis à propos d'un contemporain : « Ce qui est mis en cause ici, c'est la notion même de l'homme sur laquelle nous vivons » (nous feignons de vivre)[1]; et pour que nous ne gardions aucun doute sur le doute de sa pensée, Montaigne ajoute un peu plus loin : « ... veu la naturelle instabilité de nos meurs et opinions, il m'a semblé souvent que les bons autheurs mesmes ont tort de s'opiniastrer à former de nous une constante et solide contexture. » Mais il fallait attendre Dostoïevsky et arriver à nos jours pour le reconnaître, ou du moins pour l'admettre et le manifester, car il n'est pas un des grands spécialistes du « cœur humain », qu'il ait nom Racine, ou Shakespeare ou Cervantès, qui n'en ait eu tout au moins des aperceptions fugitives. Mais sans doute l'établissement provisoire d'une psychologie un peu sommaire, à grandes lignes très arrêtées, était-il nécessaire d'abord pour permettre à un art classique de se construire. Il y fallait des amoureux qui soient bien amoureux, des avares qui soient bien avares, des jaloux qui soient bien jaloux, et des hommes qui se gardent d'être un peu tout cela à la fois. Montaigne n'a jamais été plus perspicace qu'en dénonçant sous cette fausse exigence esthétique, l'entorse qu'elle donnait à la vérité : « Je laisse aux artistes, et ne sçay s'ils en viennent à bout en chose si meslée, si menue et fortuite, de renger en bandes cette infinie diversité de visages, et arrester nostre inconstance et la mettre par ordre. Non seulement, je trouve mal-aysé d'attacher nos actions les unes aux autres; mais, chacune à part soy, je trouve mal-aysé de la designer proprement par quelque qualité principalle, tant elles sont doubles et bigarrées à divers lustres. » Et dans le premier livre des Essais, nous lisions cette invite à Proust : « ... aussi, en nostre ame, bien qu'il y ait divers mouvements qui l'agitent, si faut-il qu'il y en ait un à qui le champ demeure. Mais ce n'est pas avec si entier avantage que, pour la volubilité et souplesse de nostre ame, les plus

---

1. « ... Ce n'est pas vivre que se tenir attaché et obligé par nécessité à un seul train. Les plus belles âmes sont celles qui ont plus de variété et de souplesse. » Et un peu plus loin : « Ce n'est pas estre amy de soy, et moins encore maistre, c'est en estre esclave, de se suivre incessamment... » Ou encore : « On dit bien vrai, qu'un honneste homme c'est un homme meslé. »

foibles par occasion ne regaignent encor la place et ne facent une courte charge à leur tour [1] ».

Montaigne continue, parlant de ces « *bons autheurs mesmes* » qui pourraient tout aussi bien être ceux qui l'ont suivi que ceux qu'il connaissait déjà : « *Ils choisissent un air universel, et, suyvant cette image, vont rengeant et interpretant toutes les actions d'un personnage, et, s'ils ne les peuvent assez tordre, les vont renvoyant à la dissimulation.* » Et il ajoute : « *Auguste leur est eschappé* » du même ton que Saint-Evremont dira plus tard : « *Il y a des replis et des détours en notre âme qui lui sont échappés (à Plutarque)... il a jugé de l'homme trop en gros et ne l'a pas cru si différent qu'il est de lui-même... Ce qui lui semble se démentir il l'attribue à des causes étrangères... que Montaigne lui-même a beaucoup mieux entendues.* » Mais Montaigne eût pu voir là, ce me semble, beaucoup plus que, comme il fait, « *de l'inconstance* », simplement; je crois que la vraie question se cache à l'abri de ce mot. C'est à partir de là que j'entre en quête.

Il n'est rien, de tout ce qui remporte l'applaudissement du grand nombre, qui ne me devienne un peu suspect. Il me faut l'avouer : je n'admire pas beaucoup les mots célèbres et vais chercher le mérite d'un artiste ailleurs que dans les : « *Qu'il mourût.* » Le fameux « *parce que c'estoit luy, parce que c'estoit moy* » de Montaigne, ne me plaît guère et me paraît s'appliquer particulièrement mal à La Boétie et à lui-même. Il semble impliquer qu'il y avait dans leur amitié quelque chose de confondant et d'inexplicable. Dans un amour, j'y consens volontiers, l'on peut rester surpris que tel homme s'éprenne de telle femme, et, réciproquement, alors que rien ne semble motiver cet amour, sinon précisément ceci : que c'est lui, et que c'est elle, et qu'elle ne peut être aimée que par lui, lui que par elle. Rien de plus sortable et de plus naturel au contraire que l'amitié de ces deux hommes. Montaigne nous peint La Boétie comme particulièrement digne non seulement de l'affection que tout aussitôt il lui porte,

---

1. Et encore, un peu plus loin, cette petite constatation, si lourde de conséquences : « Nous ne pensons ce que nous voulons qu'à l'instant que nous le voulons. »

mais bien également de l'estime, du respect et de l'amour de chacun. Et lui-même, intelligent, souple, accueillant, devait se faire irrésistible. Ce que j'en dis n'est nullement pour déprécier la valeur de leur réciproque amitié, certes, mais bien celle de ces mots que pour la peindre, il rajoute vers la fin de sa vie.

Si belle qu'ait été cette amitié, l'on peut douter si peut-être elle ne contraignit pas un peu Montaigne; se demander quel il aurait été s'il n'avait pas rencontré La Boétie, et aussi ce qu'eussent été les Essais *si La Boétie n'était mort aussi jeune; si, sur l'esprit de son ami, s'était exercé plus longtemps son empire. Sainte-Beuve, à ce propos, cite une très belle phrase de Pline le Jeune : « J'ai perdu un témoin de ma vie... je crains désormais de vivre plus négligemment. » Mais c'est ce « négligemment » que nous aimons dans Montaigne. Sous les yeux de La Boétie, Montaigne se drapait quelque peu à l'antique. Sincère encore ici, comme toujours, car il est épris d'héroïsme; mais il n'aime pas, il aimera de moins en moins, que l'homme se guinde, et craindra de plus en plus qu'il ne lui faille se rétrécir pour se hausser.*

La Boétie, dans une des pièces de vers latins qu'il adresse à Montaigne, lui dit : « Pour toi il y a plus à combattre, toi, notre ami, que nous savons propre également aux vices et aux vertus d'éclat... » Montaigne cherchera de moins en moins à se combattre, une fois La Boétie disparu. Une personnalité (je devrais dire : une impersonnalité) facticement et laborieusement construite, et avec contention, selon la morale, la décence, la coutume et les préjugés, il n'est rien à quoi Montaigne répugne davantage. On dirait que l'être véridique que tout ceci gêne, cache ou contrefait, garde pour lui une sorte de valeur mystique et qu'il en attende on ne sait quelle révélation. Et certes, je comprends combien il est facile ici de jouer sur les mots, de ne consentir à voir dans cet enseignement de Montaigne que le conseil de s'abandonner à sa nature, de suivre aveuglément ses instincts, et même d'accorder le pas aux plus vils, qui paraîtront toujours les plus sincères, c'est-à-dire les plus naturels, ceux qui, de par leur densité même, leur épaisseur, se retrouveront fidèlement au fond du vase, même après que les plus divins transports auront secoué celui-ci... Mais je

*crois que ce serait là bien mal entendre Montaigne qui,
encore qu'il fasse la part très belle, trop belle peut-être, à
ces instincts que nous avons communs avec les animaux,
sait prendre élan sur eux et n'accepte jamais d'en être
esclave ou victime. C'est la particularité de chaque figure,
à commencer par la sienne propre, qui lui importe; et ce
n'est point tant matérialiste que je le sens, et cynique et
épicurien, qu'individualiste, et particulariste si j'ose dire,
cherchant une sorte d'instruction dans chaque être, si tant
est qu'il soit authentique : « Je corrigerois volontiers une
erreur accidentale, dequoy je suis plain... mais les imperfections qui sont en moy ordinaires et constantes, ce seroit
trahison de les oster. » Il consent à les appeler « imperfections » mais, au fond, n'est pas bien assuré que ce qui,
de son temps, est considéré comme tel, ne garde pas, pour
d'autres pays ou d'autres temps, quelque valeur inconnue
de lui-même et cachée. Ce qu'il a de plus important en
lui, il le sent, il le sait, c'est ce qu'il a de plus particulier.*

*Il est assez naturel qu'avec de telles idées Montaigne se
sente fort peu disposé à la repentance. « Je suis envieilly
de huit ans depuis mes premieres publications, écrit-il en
1588, mais je fais doute que je sois amandé d'un pouce. »
Et encore : « Mes débauches quant à cette partie-là
(le dérèglement des mœurs), m'ont dépleu comme elles
devoyent mais ç'à esté tout. » De telles déclarations
abondent dans la dernière partie des* Essais. *Et plus tard,
il rajoute encore : « Si j'avois à revivre, je revivrois
comme j'ai vescu : ny je ne plains le passé, ni je ne crains
l'avenir. » Ces déclarations sont, certes, on ne peut moins
chrétiennes. Chaque fois que Montaigne parle du christianisme, c'est avec la plus étrange (on dirait presque
parfois la plus malicieuse) impertinence. Il parle souvent
de la religion; jamais du Christ. Pas une fois, il ne se
reporte à ses paroles; c'est à douter s'il a jamais lu
l'Evangile; ou plutôt c'est à ne pas douter qu'il ne l'a
jamais bien lu. Quant à la révérence qu'il marque à
l'égard du catholicisme, il y entre à coup sûr beaucoup de
prudence. L'exemple d'Erasme le met en garde, et l'on
comprend de reste qu'il soit peu désireux de devoir écrire
des* Rétractations. *Je sais bien qu'Erasme n'écrivit jamais*

*les siennes; mais enfin, il dut promettre de les écrire, et
déjà ce promettre est gênant. Mieux vaut ruser. Montaigne donne des gages et écrit (passage rajouté dans
l'édition de 1588) : « L'imagination de ceux qui par
devotion cherchent la solitude, remplissants leur courage
de la certitude des promesses divines en l'autre vie, est
bien plus sainement assortie » (que celle qui espère
assurer une immortalité terrestre à des écrits); « ils se
proposent Dieu, object infini en bonté et en puissance.
L'ame a dequoy y rassasier ses desirs en toute liberté ».
Que cela est donc bien pensé et bien dit ! Mieux encore ce
qui suit : « Cette seule fin d'une autre vie heureusement
immortelle merite loyalement que nous abandonnions les
commoditez et douceurs de cette vie nostre... » Oui, voici
qui ne peut émaner, sommes-nous contraints de penser,
que d'une âme vraiment religieuse. Mais, si nous conti-
nuons, de suspectes épithètes, sitôt après, nous forcent de
nous mettre en garde : « ... et qui peut embraser son ame
de l'ardeur de cette vive foy et esperance, reellement et
constamment, il se bastit en la solitude une vie voluptueuse et delicieuse, au-delà de toute autre sorte de
vie[1] ». Evidemment l'ardeur de cette foi vive et de cette
espérance n'a jamais embrasé l'âme de Montaigne qui,
sinon, eût choisi d'autres mots pour la peindre et n'eût pu
songer un instant à annexer l'attente même de la vie
éternelle à son épicuréisme voluptueux. Est-ce pour pro-
téger mieux son livre qu'il éprouva le besoin d'y rajouter
ces fâcheuses lignes, à l'endroit même des* Essais *le mieux
fait pour porter l'alarme dans un cœur sincèrement
chrétien, le mieux fait pour inquiéter l'Eglise? Ce passage, et d'autres semblables, on les dirait fichés dans son
livre en manière de paratonnerres, ou mieux encore :
collés comme ces étiquettes de sirop ou de limonade, sur
les bouteilles de whisky, en temps de régime sec aux
Etats-Unis. Ne lisons-nous pas, en effet, quelques lignes
plus bas : « Il faut retenir à tout nos dents et nos griffes
l'usage des plaisirs de la vie, que nos ans nous arrachent*

---

1. Et comment accorder ces déclarations avec celles que nous lirons au
chapitre III du second livre : « Celuy qui desire d'estre fait d'un homme
ange, il ne fait rien pour luy, il n'en vaudroit de rien mieux. Car, n'estant
plus, qui se resjouyra et ressentira de cet amendement pour luy? »

des poings les uns après les autres. » Ce passage de la première édition, que la pièce rajoutée essaie en vain de couvrir, nous livre le vrai Montaigne, et je m'indignerais de cette cauteleuse palinodie, si je ne pensais qu'il en était peut-être besoin pour faire parvenir jusqu'à nous sa marchandise. Mais je soupçonne volontiers cet « ennemy juré de toute espece de falsification » d'avoir écrit ces mots avec quelque sourire, pour se couvrir à la fois et malicieusement avertir le « lecteur suffisant », le mettre en garde contre lui-même et contre cette déclaration. « Il peut bien avoir paru très bon catholique, sauf à n'avoir guère été chrétien », écrit textuellement Sainte-Beuve. De sorte que l'on pourrait dire de lui, ce que lui-même disait de l'empereur Julien : « *En matiere de religion, il estoit vicieux partout; on l'a surnommé Apostat pour avoir abandonné la nostre : toutefois cette opinion me semble plus vraysemblable qu'il ne l'avoit jamais euë au cœur, mais que pour l'obeissance des loix il s'estoit feint...* » Et encore, citant Mercellinus : « *Il couvoit de long temps en son cœur le paganisme; mais, par ce que toute son armée estoit de chrestiens, il ne l'osoit descouvrir.* » C'est bien là ce qui fait que cette figure de Julien l'attire si fort.

Ce qui lui plaît, dans le catholicisme, ce qu'il y admire et en prône, c'est l'ordre et l'ancienneté : « *En ce debat par lequel la France est à present agitée de guerres civiles, le meilleur et le plus sain party est sans doubte celuy qui maintient et la religion et la police ancienne du pays.* » Car : « *Toutes grandes mutations esbranlent l'Estat et le desordonnent.* » Et « *... le plus vieil et mieux cogneu mal est tousjours plus supportable que le mal recent et inexperimenté* ». Il ne faut point chercher d'autre raison, et son ignorance de l'Evangile, à sa haine des réformateurs. La religion de l'Eglise, la religion française, il la veut garder telle quelle; non point tant parce qu'il la croit seule bonne, que parce qu'il croit mauvais d'en changer. Au demeurant dirait-il à l'égard des autorités ecclésiastiques, ce qu'il dit à propos des « plus suffisans princes » : « *Toute inclination et soubmission leur est douë, sauf celle de l'entendement : ma raison n'est pas duite à se courber et flechir, ce sont mes genoux.* »

Décidément, je vois, dans l'éthique de Montaigne, recherche et exigence plutôt que simplement laisser-aller. Tout à la fois, il lui plaît de céder à lui-même, et il redoute, dans cette complaisance envers soi, tout ce qui risque de compromettre la liberté et la droiture de son jugement. Il me semble que c'est là ce que proprement il appelle : vice. Je ne connais rien, ni dans Bossuet, ni dans Pascal, de supérieur à ce qu'il écrit à ce sujet : « Le vice laisse, comme un ulcere en la chair, une repentance en l'ame, qui tousjours s'esgratigne et s'ensanglante elle-mesme : car la raison efface les autres tristesses et douleurs, mais elle engendre celle de la repentance, qui est plus griefve, d'autant qu'elle naist au dedans, comme le froid et le chaut des fièvres est plus poignant que celuy qui vient du dehors. » Mais ici, tout contrairement à Bossuet ou à Pascal, c'est la repentance qui pour lui est le mal, et c'est pour éviter ce mal qu'il voudrait ne se mettre point en état de devoir se repentir : « Le repentir n'est qu'une desditte de nostre volonté... Il faict désadvouër à celuy-là sa vertu passée et sa continence. »

Cette croyance, de plus en plus affermie en l'excellence du seul conseil de la nature, où l'on se plut à voir un acheminement vers les utopies de Rousseau, c'est bien plutôt à la sagesse païenne de Goethe que je l'apparente. Montaigne désavoue de plus en plus toute vertu qui se dresse avec contention. « C'est tousjours vice de s'obliger », dit-il. Et ceci l'amène, tout comme Goethe, à ne reconnaître plus la vraie vertu que sociable et souriante. « Tout ce qui vient au revers du cours de nature peut estre fascheux; mais ce qui vient selon elle, doibt estre tousjours plaisant. » Ce n'est point seulement à l'idée de la sagesse et du devoir et de la vertu qu'il attache la plaisance et la volupté, mais bien aussi à celle même de la justice, donnant bien à entendre par là qu'il ne songe point seulement ici à sa satisfaction égoïste, mais également au bonheur ou profit d'autrui, et comprend de quel enseignement, de quel conseil, peut être pour l'humanité tout entière le seul exemple d'un homme heureux. Et sans doute admet-il la division de l'âme et du corps; mais non point que l'on oppose l'un à l'autre. Aussi tient-il les « plaisirs corporels » pour les « plus puissants, et comme doubles et comme plus justes ». « *Moy, qui ne manie que terre à terre, hay cette inhumaine sapience qui nous veut rendre desdaigneux et ennemis de la culture et plaisir du corps. J'estime pareille injustice prendre à contre cœur les voluptez naturelles que de les prendre trop à cœur... et me laisse plus volontiers aller vers la pante naturelle.* » Et plus loin : « *Nature a maternellement observé cela, que les actions qu'elle nous a enjoinctes pour nostre besoing nous fussent aussi voluptueuses, et nous y convie non seulement par la raison, mais aussi par l'appetit : c'est injustice de corrompre ses regles.* » Puis, il proteste que cette sagesse qu'il nous enseigne, n'est point chose aisée : « *Le peuple se trompe : on va bien plus facilement par les bouts où l'extrémité sert de borne d'arrest et de guide, que par la voye du milieu, large et ouverte, et selon l'art que selon nature, mais bien moins noblement aussi et moins recommandablement.* » Et plus loin cette petite phrase que signerait Goethe : « *... combien luy vaut (à l'âme) d'estre logée en tel point que, où qu'elle jette sa veuë, le ciel est calme autour d'elle*[1]. »

Tous les passages que je viens de citer sont extraits de la dernière partie des Essais. Montaigne s'y oppose, plus peut-être encore qu'il ne lui apparaît à lui-même, à la doctrine du christianisme, mais trouve ici pourtant des accents de véritable piété. « *Pour moy donc, j'ayme la vie et la cultive telle qu'il a pleu à Dieu nous l'octroier... On fait tort à ce grand et tout puissant donneur de mespriser son don, l'alterer et desfigurer.* » Et ceci enfin, par quoi il conclut tout son livre : « *Nature est un doux guide, mais non pas plus doux que prudent et juste... Je queste par tout sa piste : nous l'avons confonduë de traces bastardes et artificielles... Si ne m'osteront-ils pas de la teste que ce ne soit un tres-convenable mariage du plaisir avec la*

---

1. Montaigne, alors même qu'il affirme, reste si ondoyant, si divers... l'on pourrait nuancer à l'infini tout ce que je viens de dire; rechercher par exemple à travers les *Essais* maints passages où, pour peindre la vertu, il trouve des couleurs tout autres. Elle « sonne je ne sçay quoy de plus grand et de plus actif que de se laisser, par une heureuse complexion, doucement et paisiblement conduire à la suite de la raison ». Et encore : « La vertu refuse la facilité pour compaigne. » Mais, même alors, cette vertu ne lui plaît point sans « une allegresse enjoüée », née de « je ne sçay quel contentement nouveau ».

necessité ». Et il ajoutera plus tard : « avec laquelle, dict un ancien, les dieux complottent tousjours [1] *».*

   Les dernières pages des Essais *sont sans doute les plus pleines et les plus denses qu'ait écrites Montaigne, mais brusquement aussi les plus retorses et ambiguës; car il ne laisse pas de comprendre combien il s'expose en s'écartant des préceptes de la religion. Par prudence, il excepte tout à coup de son enseignement les âmes vraiment religieuses, qu'il place aussitôt dans une région infiniment supérieure à celle où il vient de se mettre, et de nous mettre, et où il lui plaît de demeurer : « Je ne touche pas icy et ne mesle point à cette voirie d'hommes que nous sommes, et à cette vanité de desirs et cogitations qui nous divertissent, ces ames venerables, eslevées par ardeur de devotion et religion à une constante et conscientieuse meditation des choses divines. » Mais il ajoute bien vite : c'est « un estude privilegé ». Et plus tard, ne se sentant pas quitte et comprenant qu'il expédie un peu trop vite et cavalièrement les préoccupations chrétiennes, il se guinde à louer ces âmes « lesquelles preoccupans par l'effort d'une vive et vehemente esperance l'usage de la nourriture eternelle, but final et dernier arrest des chrestiens desirs, seul plaisir constant (mais il ne prise que l'inconstance), incorruptible (mais peu lui chaut) desdaignent de s'attendre à nos necessiteuses commoditez (selon lui les seules à la fois voluptueuses et justes), fluides et ambiguës (comme lui-même), et resignent facilement au corps le soing et l'usage de la pasture sensuelle et temporelle ». Mais il maintient, quelques lignes plus loin, son premier texte : « Ils veulent se mettre hors d'eux et eschapper à l'homme, c'est folie : au lieu de se transformer en anges, ils se transforment en bestes; au lieu de se hausser, ils s'abattent. » Et plus tard il ajoute encore :*

---

   1. Montaigne crut devoir apporter à ces déclarations dernières quelques retouches, sur le fameux exemplaire de Bordeaux. Il serait aussi indécent de n'en point tenir compte, que de les trop mettre en avant. Comme honteux un peu, si tant est que Montaigne puisse l'être, d'avoir tant louangé la volupté, il ajoute, selon Socrate, que l'enfant bien né et bien institué « prise comme il doit la volupté corporelle, mais il prefere celle de l'esprit, comme ayant plus de force, de constance, de facilité, de variété, de dignité. Cette-cy ne va nullement seule selon luy (Socrate), il n'est pas si fantastique, mais seulement premiere; pour luy la tempérance est moderatrice, non adversaire des voluptéz ».

« *Ces humeurs transcendantes m'effrayent comme les lieux hautains et inaccessibles; et rien ne m'est fascheux à digerer en la vie de Socrates que ses ecstaxes et ses demoneries.* » Puis il conclut : « *C'est une absolue perfection, et comme divine, de sçavoir jouyr loiallement de son estre.* »

J'ai regret, je l'avoue, de voir ici Montaigne renier ce qu'il écrivait du démon de Socrate au commencement des Essais *(mais il a la mémoire si courte qu'il l'aura sans doute oublié)* : « *Le demon de Socrates estoit à mon advis certaine impulsion de volonté qui se presentoit à luy sans le conseil de son discours (c'est-à-dire de sa raison). En une ame bien espurée comme la sienne, et preparée par continuel exercice de sagesse et de vertu, il est vraysemblable que ces inclinations, quoy que fortuites, estoyent tousjours bonnes et dignes d'estre suyvies*[1]. *Chacun a en soy quelque image de telles agitations. J'en ay eu auxquelles je me laissay emporter si utilement et heureusement qu'elles pourroyent estre jugées tenir quelque chose d'inspiration divine.* » Et n'est-ce point là ce qui lui faisait écrire : « *il en est de mesmes en la peinture, qu'il eschappe par fois des traits de la main du peintre surpassans sa conception et sa science, qui le tirent luy mesmes en admiration et qui l'estonnent. Mais la fortune montre bien encores plus evidemment la part qu'elle a en tous ces ouvrages, par les graces et beautez qui s'y treuvent, non seulement sans l'invention* (mot qu'il remplace plus tard par « *intention* »), *mais sans la cognoissance mesme de l'ouvrier* »; mots qu'éclaire et relève un peu plus loin cette phrase extraordinaire : « *Rien de noble ne se faict sans hazard.* » Si grande que soit la tentation d'extraire de ces paroles, sur l'invitation même de Montaigne, beaucoup plus que lui-même n'a voulu et su y mettre, ramenons-les honnêtement à leur sens véritable, précisé par ces mots que nous lisons dans le même chapitre XXIV du premier livre des Essais : « *La prudence, si tendre et circonspecte, est mortelle ennemye de hautes executions.* » Ce démon intérieur que

---

1. Cette dernière phrase a été corrigée par lui plus tard comme suit : « Quoy que témeraires et indigestes estoyent toujours importantes. »

Goethe sut admettre et écouter de plus en plus, Montaigne l'écouta de moins en moins, le fit taire; et c'est aussi de là que vient la supériorité de Goethe sur Montaigne.

Rien ne peut mieux nous aider à comprendre vraiment Montaigne, que de suivre à travers les Essais *(et les successives éditions des* Essais*), la lente modification de son attitude en face de l'idée de la mort : « Il n'est rien de quoy je me soye dés tousjours plus entretenu que des imaginations de la mort, voire en la saison la plus licencieuse de mon aage », écrit-il presque au début des* Essais *dans le chapitre qu'il intitule : « Que philosopher, c'est apprendre à mourir. » Et il ajoute, parlant des « piqueures de telles imaginations » que, « en les maniant et pratiquant, au long aller, on les apprivoise sans doubte ». C'est à quoi il s'efforce longtemps. Mais, dans la dernière édition qu'il nous donne des* Essais*, il ajoute : « Dieu mercy, je puis desloger quand il luy plaira, sans regret de chose quelconque. Je me desnoüe par tout; mes adieux sont tantost prins de chascun, sauf de moy. Jamais homme ne se prépara à quitter le monde plus purement et pleinement, et ne s'en desprint plus universellement que je m'attens de faire... et ne m'advertira de rien de nouveau la survenance de la mort. » Cette mort il s'efforce de l'aimer même, comme une chose naturelle. Il loue Socrate de s'être montré « courageux en la mort, non parce que son ame est immortelle, mais parce qu'il est mortel ». Il lui plaît de considérer que, « la deffaillance d'une vie est le passage à mille autres vies ». Il trouve pour parler de cette « défaillance » les mots les plus suaves : « Celle qui nous surprend, la vieillesse nous y conduisant, est de toutes la plus legere et aucunement delicieuse »; mais aussi les mots les plus solennels, les plus graves : « Je me plonge, la teste baissée, stupidement dans la mort, sans la considerer et recognoistre, comme dans une profondeur muette et obscure, qui m'engloutit tout d'un saut et m'accable en un instant d'un puissant sommeil, plein d'insipidité et indolence. » Et je ne connais pas dans tous les* Essais *de phrase plus admirable.*

Montaigne fit une fin très chrétienne, nous dit-on.

Reconnaissons qu'il n'en prenait guère le chemin[1]. *Il est vrai que sa femme et sa fille l'assistaient à ses derniers instants, et sans doute l'engagèrent-elles par sympathie, comme il advient souvent, à mourir, non de cette mort « recueillie en soy, quiete et solitaire, toute mienne, convenable à ma vie retirée et privée » dont il se fût « contenté », mais plus dévotement qu'il n'eût sans doute fait de lui-même. Est-ce le pressentiment de cela qui le faisait écrire : « Si toutesfois j'avois à choisir (ma mort), ce seroit, ce croys-je, plustost à cheval que dans un lict, hors de ma maison et esloigné des miens. »*

Montaigne n'a jamais éprouvé pour les siens une particulièrement vive tendresse, ou, s'il l'eut, ses écrits, du moins, ne la marquent guère. Il semble s'être marié sans grand enthousiasme et, s'il a pourtant été bon mari, il ne laisse pas d'écrire vers la fin de sa vie : « Il est à l'adventure plus facile de se passer nettement de tout le sexe que de se maintenir deuëment de tout poinct en la compagnie de sa femme »; ce qui n'indique guère qu'il l'ait fait. Rien de comparable ici avec son amitié pour La Boétie, sur laquelle il s'étend longuement dans les Essais, *et dont le souvenir le point longtemps encore après la mort de son unique ami. Certes, Montaigne aime les femmes; un peu plus que les melons, sans doute*[2], *mais ne les estime pas beaucoup plus, prenant son plaisir avec elles*[3], *et pour le reste, les confinant aux soins du ménage. J'ai relevé dans les* Essais *les passages où Montaigne parle des femmes. Il n'en est pas un qui ne soit injurieux. Il va jusqu'à dire : « Il est dangereux de laisser à leur jugement la dispensation de nostre succession, selon le chois qu'elles feront des enfans (et par ce mot, il entend aussi les productions de l'esprit, ainsi qu'un texte que je citerai plus loin le donne à entendre) qui est à tous les coups inique et fantastique : car cet appetit desreglé et*

---

1. Pourtant nous lisons, au chapitre IX du livre III : « Tout au commencement de mes fièvres et des maladies qui m'atterrent, entier encores et voisin de la santé, je me reconcilie à Dieu par les derniers offices chrestiens; et m'en trouve plus libre et deschargé. »

2. « ... L'usage de l'air et du vin, et de vostre femme, et des melons... »

3. Toutefois... « J'ayme à coucher dur et seul, voire sans femme, à la royalle... »

goust malade qu'elles ont au temps de leurs groisses, elles l'ont en l'ame en tout temps[1]. »

Quant aux enfants qu'il a eus, « *ils me meurent tous en nourrisse*[2] », nous apprend-il sommairement, et ces deuils successifs ne paraissent pas l'avoir beaucoup affecté. N'écrit-il pas dans ce même chapitre « *De l'affection des peres aux enfans* » : « *Or, à considerer cette simple occasion d'aymer nos enfans pour les avoir engendrez, pour laquelle nous les appelons chair de nos chairs et os de nos os, il semble qu'il y ait bien une autre production venant de nous qui ne soit pas de moindre recommandation; car ce que nous engendrons par l'ame, les enfantemens de nostre esprit, de nostre courage et suffisance sont produicts par une plus noble partie que la corporelle et sont plus nostres; nous sommes peres et meres ensemble en cette generation. Ceux cy nous coustent bien plus cher, et nous apportent plus d'honneurs, s'ils ont quelque chose de bon : car la valeur de nos autres enfans est beaucoup plus leur que nostre... par ainsin, ils nous representent et nous rapportent bien plus vivement que les autres.* » Et dans le troisième livre des Essais, il écrira plus expressément encore : « *Je n'ay jamais estimé qu'estre sans enfans fust un défaut qui deust rendre la vie moins complete et moins contente. La vacation sterile a bien aussi ses commoditez. Les enfans sont du nombre des choses qui n'ont pas fort dequoy estre desirées...* »

Pourtant Montaigne n'est nullement incapable de sympathie, et particulièrement à l'égard des petits et des humbles : « *Je m'adonne volontiers aux petits, soit pour ce qu'il y a plus de gloire, soit par naturelle compassion, qui peut infiniement en moy*[3]. » Mais il importe à l'équilibre de sa raison qu'aussitôt il se ressaisisse : « *Je me compassionne fort tendrement des afflictions d'autruy, et pleurerois aisement par compagnie, si, pour occasion*

1. Et n'est-il pas remarquable que le chapitre d'où j'extrais cette phrase soit dédié précisément à une femme (Mᵐᵉ d'Estissac).
2. A l'exception de « une seule fille qui est eschappée à cette infortune ».
3. Et je ne puis me retenir de citer ici les éloquentes lignes qui suivent : « Je condamne en nos troubles la cause de l'un des partis, mais plus quand elle fleurit et qu'elle prospere; elle m'a parfois aucunement concilié à soy pour la voir miserable et accablée. »

que ce soit, je sçavois pleurer. » *La Rochefoucauld dira plus tard, en attendant le fameux* « *soyons durs* » *de Nietzsche :* « *Je suis peu sensible à la pitié, et je voudrais ne l'y être point du tout.* » *Mais de telles déclarations m'émeuvent particulièrement chez Nietzsche ou chez Montaigne, parce qu'ils avaient naturellement l'âme tendre.*

Si l'on me reproche d'avoir à l'excès acéré les idées de Montaigne, je répondrai que nombre de ses commentateurs s'occupent assez d'en moucheter la pointe.

Je n'ai fait que les désemmitoufler, les dégager de l'étoupe qui encombre un peu les Essais *et souvent empêche les traits de nous atteindre. Vis-à-vis des auteurs hardis, néanmoins devenus classiques, la grande occupation des pédagogues c'est de les rendre inoffensifs; et j'admire combien déjà tout naturellement le travail des ans s'y emploie. Au bout de peu de temps, il semble que le tranchant de toutes les pensées neuves s'émousse; d'autre part une sorte d'accoutumance permet de les manier sans plus craindre de s'y blesser.*

Montaigne, dans son voyage en Italie, s'étonne de trouver les monuments les plus altiers de l'ancienne Rome souvent ensevelis à demi sous les décombres. On marche, dit-il, sur le toit des maisons. Le sol s'élève peu à peu; et si, de nos jours, telle flèche paraît moins haute, c'est aussi que nous la contemplons de moins bas.

André Gide.

LA VIE D'UN « HONNÊTE HOMME »

En 1530, influencé par l'humaniste Guillaume Budé, François Ier fonde le *Collège royal*, dont les *lecteurs* enseignent le grec et l'hébreu en même temps que le latin. En 1532, Rabelais publie à Lyon le premier de ses romans, *Pantagruel*. Ainsi Montaigne fait son entrée dans la vie en plein triomphe de l'humanisme.

Michel Eyquem naît en 1533, au château de Montaigne, situé à une lieue de Castillon, en Périgord. Sa famille s'était enrichie à Bordeaux dans le commerce des vins exportés en Angleterre, et du poisson. Son bisaïeul, Ramon Eyquem, avait acquis la terre noble et le château de Montaigne ou Montagne, comme on dira encore au XVIIIe siècle. Le père de Montaigne, loin de vendre des harengs, comme le prétend Scaliger, est un véritable seigneur; comme le père de Ronsard, il participe aux guerres d'Italie et revient ébloui par cette civilisation où les vestiges de l'Antiquité et les innovations de la Renaissance s'associent pour célébrer la beauté et la joie de vivre. Ses compatriotes l'estiment assez pour l'élire maire de Bordeaux.

UNE ÉDUCATION ORIGINALE

N'ayant aucune connaissance des lettres, selon le témoignage de Montaigne, Pierre Eyquem veut que son fils soit mieux instruit et, comme le latin est la langue universelle des savants et des clercs, il entreprend de la lui faire apprendre au sortir de nourrice, comme langue maternelle. Dans le chapitre *De l'institution des enfants*, Montaigne rappelle avec un sourire attendri comment son père lui donna un précepteur allemand, chèrement gagé, qui avait pour mission de parler latin avec l'enfant, à l'exclusion du français et du périgourdin que celui-ci apprit plus tard. Montaigne sut ainsi le latin comme une langue vivante et put avoir accès de très bonne heure non seulement aux chefs-d'œuvre de l'Antiquité, mais à tous les ouvrages modernes écrits en latin. Mais son père craignit de le retarder par rapport aux autres enfants, s'il prolongeait l'expérience, et le mit au Collège de Guyenne, à Bordeaux. Celui-ci venait d'être réorganisé par un principal portugais, André de Gouvéa, bien connu de Pierre Eyquem, puisqu'il avait reçu son brevet de naturalisation pendant la mairie de celui-ci. Le meilleur principal de France, au dire de Montaigne. Et quels éminents professeurs : les humanistes Buchanan, Guérente, Muret, qui furent même ses répétiteurs particuliers, si les souvenirs des *Essais* sont bien fidèles. Mais quoi! Le meilleur collège est toujours une « geôle de jeunesse captive » pour un enfant indépendant et personnel. Montaigne se présente lui-même comme un écolier lent et lourd, plus endormi que turbulent : il ne s'intéresse qu'aux livres de son choix, les *Métamorphoses* d'Ovide, l'*Enéide* de Virgile, qu'il « enfile tout d'un train », et puis Térence et Plaute... Mais il se réveille pour jouer les premiers rôles dans les tragédies latines de Buchanan, de Guérente et de Muret; plus tard, loin de renier cette passion pour le théâtre, il la justifie : « C'est un exercice que je ne mesloue[a] point aux jeunes enfants de maison », et s'étonne du discrédit où sont tenus les comédiens, considérant que le théâtre est un excellent divertissement social. S'il n'apprit pas grand-chose au collège, du moins n'y gâta-t-il pas son jugement, qui déjà était sûr.

LA CARRIÈRE JURIDIQUE

Au sortir du collège, Montaigne entreprend des études de droit, vraisemblablement à Toulouse et à Paris.

a. Blâme.

Il est conseiller à la cour des aides de Périgueux, puis au parlement de Bordeaux, quand la cour de Périgueux est supprimée. Bientôt, tout lui déplaît dans ses fonctions : la multitude des lois qui les rend inefficaces, leur origine « si faible » qu'elle appartient plus à la coutume qu'à la raison, l'abus que font certains juges de leur pouvoir, par ignorance ou fanatisme. « Combien ai-je vu de condamnations plus criminelles que le crime! » écrit-il dans les *Essais*. Pendant les treize ans qu'il exerce sa charge, il préfère manquer à la justice plutôt qu'à l'humanité. Avant Montesquieu, il condamne énergiquement la torture.

Cependant cette expérience prolongée de la magistrature, même si elle déçoit, lui procure d'heureuses rencontres : c'est dans les milieux parlementaires qu'il rencontre sa femme, Françoise de la Chassaigne, et son ami La Boétie. Né à Sarlat, La Boétie était le modèle des juges : énergique, incorruptible, nourri des philosophes stoïciens, il apporte à Montaigne avec la chaleur d'une amitié irremplaçable la fermeté qui lui manquait. Si la rencontre de Socrate orienta jadis Platon vers la philosophie, l'amitié de La Boétie fortifia l'indépendance de Montaigne en lui donnant le support d'une doctrine. Avec La Boétie, Montaigne admira les héros stoïciens, qu'ils fussent esclaves comme Epictète, philosophes comme Sénèque ou empereurs comme Marc Aurèle. La mort interrompt cette amitié unique en 1563, mais sans la briser. Par-delà la tombe, La Boétie continue à guider Montaigne dans les chemins difficiles de la vie. Les livres qu'il lui a légués, ses propres œuvres, sont à la fois une nourriture et un exemple. La première activité littéraire de Montaigne sera de publier les poèmes latins, les sonnets en français et les traductions du grec de l'ami disparu. Il ne laissera de côté que le discours *De la servitude volontaire*, que les protestants utilisaient comme pamphlet contre le roi. De même, par affection filiale, Montaigne traduit la *Théologie naturelle* de Raymond Sebond, voulant donner à son vieux père une consolation religieuse. Dans les *Essais*, il consacrera tout un chapitre (I, XXVIII) à l'amitié, avec ce mot touchant d'une sensibilité souvent masquée : « Parce que c'était lui, parce que c'était moi. »

UN HOMME LIBRE

En 1570, à trente-huit ans, Montaigne vend sa charge de conseiller et va résider dans son château. Rien ne le retenait plus au parlement : il avait mesuré la vanité de ses fonctions, il n'avait plus son ami pour l'exhorter à la patience; son père était mort depuis deux ans (1568) lui laissant le domaine et le titre de Montaigne; son mariage avait arrondi une fortune suffisante. Aussi « ennuyé de l'esclavage de la cour et du parlement », il pouvait se donner, selon une inscription latine de la *Librairie*, « à la liberté, à la tranquillité et aux loisirs ». Ce n'est nullement la retraite d'un misanthrope ou d'un ascète, mais d'un seigneur de village, qui a les moyens de diriger sa vie à sa guise, parfois poussé par l'ambition à s'approcher des grands et à se mêler de politique, le plus souvent ménageant avec soin son indépendance : « Il se faut réserver une arrière-boutique toute nôtre, toute franche, en laquelle nous établissons notre vraie liberté et principale retraite et solitude » (livre I, chap. XXXIX). Matériellement, il organise cette *arrière-boutique* dans une tour d'angle qui abrite sa chapelle, sa chambre à coucher et sa *Librairie,* son domaine propre qu'il a soustrait à « la communauté et conjugale et filiale et civile ». Il y a rassemblé mille volumes, chiffre considérable pour l'époque, et pour s'imprégner des leçons de la sagesse éternelle, il a peint sur les solives du plafond des maximes tirées de l'Evangile ou de la philosophie antique. C'est là qu'échappant à toute obligation, il lit, médite en marchant, annote ses auteurs préférés ou joue avec sa chatte en contemplant la campagne périgourdine. Par une grâce spéciale, l'incendie qui, au XIXᵉ siècle, a détruit le corps du logis a épargné la tour, permettant d'évoquer encore Montaigne dans le cadre même où il a composé les *Essais.*

LES ENFANTEMENTS
DE NOTRE ESPRIT (II, VIII)

En 1570 précisément, la Paix de Saint-Germain a mis fin, pour quelque temps, à la guerre religieuse; en 1571, naît Léonor, le seul de ses enfants qui survivra. Les *Essais* ne cachent pas la déception de Montaigne de n'avoir qu'une fille, dont il abandonne l'éducation à sa femme, alors qu'il aurait souhaité un garçon pour lui transmettre son expérience de la vie, son nom et son domaine. De là, une indifférence à l'égard des enfants, qui nous choque, et qui n'est qu'une tendresse refoulée. De là encore, cette consolation qu'il cherche dans les enfants de son esprit : « Les enfantements de notre esprit, de notre courage et suffisance sont produits par une plus noble partie que la corporelle, et sont plus nôtres... » (II, VIII). Cette même année 1571, il publie à Paris les œuvres de La Boétie, premier pas vers une œuvre personnelle.

L'absence de charge et une solitude relative n'apportent pas nécessairement la paix de l'âme, car « il y a moyen de faillir en la solitude » (I, XXXIX). L'oisiveté est source d'anarchie morale pour un esprit curieux; Montaigne en fait l'expérience : « Dernièrement que je me retirai chez moi, délibéré autant que je pourrais, ne me mêler d'autre chose que de passer en repos et à part ce peu qui me reste de vie, il me semblait ne pouvoir faire plus grande faveur à mon esprit, que de le laisser en pleine oisiveté s'entretenir soi-même, et s'arrêter et rasseoir en soi... mais je trouve qu'au rebours, faisant le cheval échappé, il se donne cent fois plus de carrière à soi-même qu'il n'en prenait pour autrui; et m'enfante tant de chimères et monstres fantasques les uns sur les autres sans ordre et sans propos, que, pour en contempler à mon aise l'ineptie et l'étrangeté, j'ai commencé de les mettre en rôle, espérant avec le temps en faire honte à lui-même » (I, VIII). Comme le Narcisse du mythe antique, Montaigne pour se connaître a besoin d'une fontaine, où il se mire. Cette fontaine, ce sont les livres de philosophie légués par La Boétie et ses propres acquisitions, en particulier les *Œuvres morales* de Plutarque, traduites par Amyot en 1572. Plus encore, ce sont les réflexions personnelles qu'il fait en essayant ses forces, confondant les leçons de la vie et celles des livres.

LES ESSAIS DE 1580

Quelle forme Montaigne allait-il donner à ses *chimères*? Le goût du siècle lui proposait de multiples compilations de maximes puisées chez les Anciens, tels les *Mots dorés* à Caton, ou les *Apophtegmes* d'Erasme, ou encore les *Maximes des Grecs et des Latins sur la Vertu* d'Henri Estienne. Il pouvait prendre aussi pour modèle des lettres ou dissertations morales imitées des *Lettres à Lucilius* de Sénèque, comme les *Epîtres dorées* de l'Espagnol Guevara, ou les *Diverses Leçons* de Pierre de Messie. Insérer ses *Mémoires* particuliers dans l'histoire générale de son temps le tentait : gentilhomme de la chambre du roi de France, ainsi que de celle du roi de Navarre, cette connaissance des affaires publiques et son objectivité faisaient de lui un observateur privilégié; aussi ses amis le conviaient-ils à cette œuvre. Mais quoi? En période de guerre civile, une histoire devient une prise de position : apologie ou pamphlet. Il n'avait pas d'exploits à conter comme les vétérans des guerres d'Italie, les capitaines du Bellay ou le maréchal de Monluc, son voisin. De plus le style périodique pratiqué en histoire déplaisait à son humeur portée aux saillies poétiques. Le coup de génie, ce fut de fondre des éléments pris à ces divers genres dans des *essais,* qui sont à la fois les ébauches d'un apprenti, les *verves* d'un esprit audacieux, les expériences d'une vie sans lustre, mais non sans épreuves. Certes, le lecteur d'aujourd'hui s'étonne qu'un écrivain ennemi du pédantisme ait tant emprunté aux Anciens, mais ces citations, ces lectures ne visent pas à l'érudition; incorporées au « moi » de Montaigne, elles l'enrichissent sans lui retirer de sa disponibilité. Ce livre, d'une conception encore jamais vue, devient consubstantiel à son auteur, et Montaigne peut déclarer dans son *Avis au lecteur* : « Je suis moi-même la matière de mon livre. »

LE VOYAGE DE 1580-1581

En 1580, les *Essais* en deux livres paraissent chez Simon Millanges à Bordeaux. Et voilà que Montaigne quitte femme, fille et château pour des grandes vacances, qui dureront dix-sept mois et huit jours. Ce qui ne manqua pas de faire jaser. A ces critiques, Montaigne répond dans le chapitre IX du livre III, en donnant ses raisons : d'abord, une série de cures thermales; depuis quelques années, il est atteint de la gravelle, dont son père était mort; maladie douloureuse et incurable en son temps. Or il y a chez Montaigne une *dispathie* (aversion) héréditaire avec la médecine. Comment avoir confiance dans les *crottes de rat pulvérisées* que les apothicaires offrent comme remèdes aux *coliqueux*? En revanche, la Nature propose la vertu de ses eaux : Montaigne a déjà essayé les sources des Pyrénées et de l'Auvergne, sans amélioration décisive. Mais il reste toutes celles de Lorraine, du Tyrol et d'Italie... D'autre part, n'est-il pas temps de voyager quand on a quarante-huit ans et qu'on se tient à cheval dix heures de suite sans éprouver de gêne? La pointe de son clocher importune Montaigne, qui grille de « frotter sa cervelle contre celle d'autrui », et qui après avoir surtout étudié dans les livres aspire à « remarquer des choses inconnues et nouvelles ».

Une petite troupe de parents et d'amis, sans compter les serviteurs, accompagne Montaigne : son frère cadet, son beau-frère, Bernard de Cazalis, un gentilhomme lorrain, M. du Hautoy, et le jeune d'Estissac, descendant de l'illustre famille poitevine, protectrice de Rabelais. L'itinéraire ne va pas au plus court : Montaigne commence par gagner Paris, où il présente ses *Essais* au roi, recevant à son tour des lettres de recommandation et des instructions. Intermède guerrier : il suit la cour au siège de La Fère, puis assiste à Soissons aux obsèques de son ami le comte de Gramont. De là, il revient dans la région parisienne, traverse la Champagne, la Lorraine, où il s'arrête devant la maison de Jeanne d'Arc à Domremy, prend les eaux à Plombières, puis gagne l'Allemagne du Sud, le Tyrol et pénètre en Italie par le Brenner. Alors les sources thermales sont si nombreuses et les sujets de curiosité si variés que les voyageurs prennent le chemin des écoliers : « S'il fait laid à droite, je prends à gauche... » (III, IX). Finalement, on arrive à Rome, rêve de tous les humanistes. Comme Rabelais et du Bellay, Montaigne vénère le *sépulcre* de la Rome antique, mais s'intéresse aussi à la Rome de la Renaissance et à la Rome pontificale, « seule ville commune et universelle..., ville métropolitaine de toutes les nations chrétiennes » (III, IX). Il est reçu en audience par le pape, admire les manuscrits uniques de la Bibliothèque vaticane et soumet les *Essais* à la censure du Saint-Office, souvent plus libérale que celle de la Sorbonne. Le séjour le plus agréable et le plus long est celui de Lucques et des bains della Villa. Jamais Montaigne ne s'est senti aussi libre : « Je dormais, j'étudiais quand je voulais; et lorsque la fantaisie me prenait de sortir, je trouvais partout compagnie de femmes et d'hommes avec qui je pouvais converser... » Il est probable que Montaigne aurait prolongé ses vacances italiennes, si les jurats de Bordeaux ne l'avaient élu maire. Quelque honorable que fût la charge, c'était quitter la liberté pour affronter des soucis pires que les tracas domestiques. Le 15 octobre 1581, il part de Rome et revient par Milan, Turin, Chambéry, Lyon, Clermont-Ferrand et Limoges. A son arrivée au château de Montaigne, il y trouve une lettre flatteuse, mais impérative d'Henri III lui enjoignant de prendre ses fonctions au plus tôt.

Le bénéfice du voyage? Montaigne ne revient pas guéri de la gravelle; il est vrai qu'il corrigeait la saveur fade des eaux minérales par le vin blanc et les huîtres. Plutôt mourir que s'en passer! Mais son expérience humaine est infiniment enrichie. Avant de voyager, il était déjà persuadé que la coutume gouverne les Etats comme les individus. La connaissance de tant de pays divers le confirme dans ce relativisme. Aussi le livre III des *Essais* sera-t-il beaucoup plus varié et personnel que les deux premiers. Se méfiant de sa mémoire, Montaigne notait au jour le jour les étapes avec leurs particularités : ce *Journal*, qui n'était pas destiné à la publication, fut retrouvé au XVIIIᵉ siècle par le chanoine Prunis et édité par Meusnier de Querlon (1774). La comparaison entre le *Journal* et les *Essais* montre la distance qui sépare la notation du fait avec sa transposition artistique et les réflexions morales qui en découlent.

LE MAIRE DE BORDEAUX

Voilà cet humaniste, fier de son brevet de bourgeois de Rome, promu à la direction de la capitale de l'Aquitaine. Il connaît d'avance le poids de ses fonctions : avant lui, son père « en oubliait le doux air de la maison ». Aussi Montaigne, qui entend ménager sa volonté, commence par poser ses conditions : « A mon arrivée, je me déchiffrai fidèlement et consciencieusement tout tel que je me sens être : sans mémoire, sans vigilance, sans expérience et sans vigueur; sans haine aussi, sans ambition, sans avarice et sans violence » (III, X). Pour juger de la portée de cette profession de foi, il est juste de la corriger par cette autre affirmation : « Je ne veux pas qu'on refuse aux charges qu'on prend l'attention, les pas, les paroles et la sueur et le sang au besoin » (*ibid.*). La première « mairie » s'écoule sans difficultés majeures, et certainement à la satisfaction des Bordelais, puisque Montaigne est réélu, fait exceptionnel. Mais la seconde lui coûte pas, paroles, sueur, et peu s'en faut, sang. La Guyenne et Bordeaux dépendaient de la couronne de France, mais le roi de Navarre y avait des intérêts; d'autre part, la Ligue était fort active. Enfin des aventuriers de toute sorte, sans compter les marins de Brouage, interceptaient les transports de vin sur la Gironde et rançonnaient les commerçants. Les troupes de Bordeaux ne sont pas sûres et complotent d'assassiner le maire au cours d'une revue. Dans une telle confusion, Montaigne fait preuve de décision. En liaison constante avec le maréchal de Matignon, gouverneur militaire de la place, il rétablit l'ordre et écarte les menaces protestantes. En fin de mandat, nouvelle calamité : une épidémie de peste éclate à Bordeaux pendant que Montaigne se trouve à son château; il s'excuse de ne pas revenir présider l'élection de son successeur : prudence et non lâcheté.

LA GUERRE AUX PORTES DE MONTAIGNE

Redevenu simple particulier, Montaigne n'en est que plus vulnérable. Or il n'est ni fanatique, ni *métis* : aussi est-il suspect aux extrémistes des deux camps : « Au gibelin, j'étais guelfe, au guelfe, gibelin. » En 1585, l'armée du roi et de la Ligue met le siège devant Castillon, tenu par les protestants; les soldats vivent sur le pays et pillent tout : « De ce qui m'advint lors, un ambitieux s'en fût pendu, si eût fait un avaricieux. » Cependant Montaigne ne modifie en rien son attitude pacifique, refusant d'armer son château : « J'essaie de soustraire ce coin à la tempête publique, comme je fais un autre coin en mon âme... Entre tant de maisons armées, moi seul, que je sache, en France, de ma condition, ai fié purement au ciel la protection de la mienne... je ne veux ni me craindre, ni me sauver à demi » (II, XV, addition de l'*exemplaire de Bordeaux*). Par surcroît de malheur, la peste s'abat sur la région; les gens meurent par milliers, le vignoble même est délaissé; une centaine d'ouvriers agricoles qui travaillaient sur les terres de Montaigne sont réduits au chômage. Lui-même, si hospitalier, est obligé de quitter sa maison, et de chercher refuge tantôt chez l'un, tantôt chez l'autre. Puis la guerre s'éloigne, la peste s'apaise et la vie reprend. Montaigne prépare une nouvelle édition des *Essais* et renoue ses liens avec Catherine de Médicis.

LES ESSAIS DE 1588

En 1588, le livre III, fruit du voyage en Italie, des deux *mairies*, et des épreuves de la guerre et de la peste est prêt. Montaigne se rend à Paris pour le faire imprimer par Abel L'Angelier. Il est aussi porteur d'un message d'Henri de Navarre pour Henri III : dans l'imbroglio de ces guerres qui durent depuis plus de trente ans, les deux souverains tentent enfin un rapprochement! Mais Montaigne arrive pour la Journée des Barricades : Henri de Guise, chef de la Ligue, s'empare de Paris et en chasse Henri III. Montaigne, connu pour son amitié personnelle pour Henri de Navarre, est embastillé, puis échangé contre un ligueur arrêté par Catherine de Médicis. Il quitte Paris et va passer quelques semaines en Picardie chez une fervente admiratrice, Mlle de Gournay, heureuse accalmie parmi tant de vicissitudes. Il accompagne ensuite la cour dans ses déplacements et assiste aux états de Blois, au cours desquels Henri de Guise est assassiné. Amère déception pour tous ceux qui espéraient enfin l'apaisement. De plus en plus désabusé de la politique, Montaigne s'en revient à son château.

« SE CONFORMER A NATURE »

Le poids des ans se fait sentir, les crises de gravelle se multiplient. Montaigne connaît alors la vraie retraite, occupée à remanier et à enrichir ses *Essais*, but suprême de son existence. Certes, il salue avec joie l'accession d'Henri IV au trône de France : enfin, il a un souverain selon son cœur! Mais il est trop vieux et trop indépendant pour se laisser embrigader dans le nouveau gouvernement; il se borne à donner des conseils de modération et de justice au nouveau roi. Après avoir cherché le secours des philosophies les plus diverses, il s'en remet désormais à la Nature, estimant que « les plus belles vies sont... celles qui se rangent au modèle commun et humain avec ordre ». Comme son ami La Boétie, il meurt courageusement, dans la foi catholique.

Ainsi disparaît sans bruit cet homme qui s'était appliqué toute sa vie à échapper à tous les entraînements de son époque, dépassant par sa sérénité ce chaos sanglant. « La grande singularité de Montaigne, remarque Sainte-Beuve, et ce qui fait de lui un phénomène, c'est d'avoir été la modération, le ménagement et le tempérament en un tel siècle. » Parmi les contemporains de Montaigne, il y eut des personnalités plus brillantes, comme le baron des Adrets, Monluc ou l'intrépide Agrippa d'Aubigné, toujours l'épée à la main. Montaigne, lui, a passé son existence mouvementée sans fracas, mais aussi sans ruines et sans meurtre. Si à première vue, il représente l'anti-héros par son absence d'outrance, il a mis en pratique des vertus plus rares. Les *Essais*, peinture de son « moi » profond, sont devenus le symbole de la civilisation, le bréviaire des honnêtes gens de tous pays. Non seulement ils sont lus et commentés dans toute l'Europe, mais dans les Amériques et en Asie : au lendemain de la deuxième guerre mondiale, une édition des *Essais* à dix mille exemplaires s'enleva, en un an, au Japon. Non, les *Essais* n'ont pas été écrits *à peu d'hommes et à peu d'années*, mais pour l'éternité et l'universalité de ceux qui croient encore dans la dignité humaine.

                                               P. Michel.

PRINCIPALES ÉDITIONS DES ESSAIS

La première édition des *Essais* parut en mars 1580, à Bordeaux, chez Simon Millanges, en deux volumes in-8° (qui se rencontrent d'ordinaire en un seul.) Elle ne comprenait encore que les livres I et II, eux-mêmes réduits à un état qui nous paraît aujourd'hui assez décharné par rapport aux développements qu'ils devaient comporter plus tard.

La deuxième édition parut chez le même éditeur en 1582 (un volume in-8°), après le voyage de Montaigne en Italie. Elle diffère relativement peu de la première, sinon, en particulier, par les allusions qui y sont faites à ce voyage et par les citations de poètes italiens qui y sont ajoutées.

La troisième édition parut à Paris, chez Jean Richer, en 1587 (un volume in-12). L'édition de 1588 porte à la page de titre la mention : « Cinquième édition ». Il y aurait donc eu une quatrième édition. Mais comme aucune trace n'en a encore été retrouvée, on considère, jusqu'à preuve contraire, le mot « cinquième » comme une erreur.

L'édition de 1588 serait ainsi en réalité la quatrième. Elle parut à Paris, en un volume in-4°, « chez Abel Langelier au premier pilier de la grand-salle du Palais ». Elle est d'une importance capitale, d'une part parce que, comme l'annonce la page de titre, elle était « augmentée d'un troisième livre et de six cents additions aux deux premiers », d'autre part parce qu'elle fut la dernière publiée du vivant de Montaigne.

Montaigne meurt le 13 septembre 1592. Sur un exemplaire de l'édition de 1588 il n'a pas cessé d'apporter des corrections dont la très grande majorité est faite d'additions. La page de titre elle-même est rectifiée et porte maintenant la mention « Sixième édition » (y aurait-il eu vraiment une quatrième édition – ou simplement une unité ajoutée au chiffre antérieur?), avec, en épigraphe, une devise tirée de l'*Enéide*, IV, 175 : « *Viresque acquirit eundo.* » Cet exemplaire de 1588, porteur des corrections manuscrites, et conservé aujourd'hui à la bibliothèque municipale de Bordeaux, est communément désigné sous le nom d'*exemplaire de Bordeaux.*

Répondant aux intentions de Montaigne, Mlle de Gournay, son admiratrice et sa « fille d'élection », donne en 1595, et toujours chez Langelier (ou L'Angelier, ou Langellier), une nouvelle édition, in-folio, revue et augmentée d'un tiers à l'aide des additions manuscrites. Celles-ci avaient été recopiées par un magistrat-poète de Bordeaux, Pierre de Brach, et par lui mises à la disposition de Marie de Gournay; mais l'édition de 1595 ne les reproduit pas toujours fidèlement, et les édulcore volontiers.

Il existe donc trois attitudes possibles pour un éditeur :

Ou bien suivre l'édition posthume de Mlle de Gournay, qui a pu bénéficier des confidences orales de Montaigne ainsi que de notes, brouillons et lettres aujourd'hui disparus.

Ou bien adopter, selon les règles actuelles de l'édition critique, le texte de 1588, dernière édition publiée du vivant de l'auteur.

Ou bien préférer l'*exemplaire de Bordeaux*, enrichi de multiples additions et corrections par Montaigne lui-même, sans toutefois avoir la certitude absolue que ce soit là l'état dernier de la pensée de l'auteur.

Du XVIe au XIXe siècle, l'*exemplaire de Bordeaux* est ignoré ou négligé. La plupart des éditeurs reproduisent le texte de Mlle de Gournay, en prenant pour base son édition de 1635.

En 1802, Naigeon, secrétaire de Diderot, découvre l'intérêt de l'*exemplaire de Bordeaux* et publie une édition des *Essais* remontant à cette source. Mais son exemple n'est pas suivi.

En 1906, Fortunat Strowski fait pencher la balance en faveur de l'*exemplaire de Bordeaux*. Il est suivi par P. Villey, A. Armaingaud, J. Plattard, A. Thibaudet, M. Rat, S. de Sacy. En 1912, la Librairie Hachette publie une reproduction photographique de l'*exemplaire de Bordeaux*. L'Imprimerie nationale (édition Armaingaud) en donne aussi une reproduction typographique (1931).

Les éditions Sacy (1952) et P. Michel (1957), sans négliger l'*exemplaire de Bordeaux*, reproduisent intégralement le texte de 1588 et donnent conjointement, en italique, les versions différentes ajoutées de 1588 à 1592 par Montaigne. L'édition Maurice Rat (« La Pléiade », 1963), refonte de l'édition Thibaudet, renvoie les variantes en fin de volume, considérant le texte de l'*exemplaire de Bordeaux* comme le plus satisfaisant.

NOTRE TEXTE

Cette édition étant destinée à un très vaste public, composé non seulement de lecteurs déjà familiarisés avec Montaigne ou d'étudiants, mais aussi de simples curieux, attirés par la réputation universelle des *Essais*, nous avons tenu à présenter un texte sûr et facile d'accès. Ce souci de libérer le lecteur des fatigues et des lenteurs de l'érudition a eu pour conséquences :

● De renoncer au texte de la dernière édition publiée du vivant de l'auteur (1588), règle des éditions critiques, et d'adopter celui de l'*exemplaire de Bordeaux*, comme dans l'édition de la Pléiade. Il en résulte une typographie unifiée, sans coupure, qui facilite la lecture.

● De moderniser l'orthographe. C'est la première édition complète et courante des *Essais*, qui adopte systématiquement l'orthographe d'aujourd'hui. Déjà Mlle de Gournay, *fille d'alliance* de Montaigne, avait rajeuni l'orthographe du XVIe siècle; au XVIIIe siècle, la grande édition Pierre Coste avait aussi modifié la graphie, pour la conformer aux usages du temps. Pourquoi s'en tenir là? La graphie du XVIe siècle est un obstacle sérieux pour le lecteur moderne qu'elle déroute sans apporter la moindre compensation. Un universitaire éminent, Henri Bernès, dans un rapport au Conseil supérieur de l'Instruction publique, préconise cette modernisation dès 1895 : « Il semble bon, pour inciter nos élèves à en faire plus tard l'objet de leurs études et de leurs réflexions, de leur présenter de bonne heure les grands écrivains du XVIe siècle, dans leurs parties les plus accessibles et les plus attrayantes, et peut-être dégagées, comme l'ont été depuis longtemps les écrivains du XVIIe siècle, d'une orthographe compliquée qui semble mettre entre eux et nous plus de distance... » Ce qui était vrai du public scolaire à la fin du

XIXᵉ siècle, l'est-il moins du public d'aujourd'hui beaucoup plus vaste et plus pressé encore que celui qu'envisageait Henri Bernès? La *distance* entre l'œuvre et le lecteur n'a fait que grandir; il fallait à tout prix la diminuer.

Ne serait-il pas étrange, d'ailleurs, de respecter des formes, qui, au XVIᵉ siècle, étaient encore flottantes, et de montrer tant de respect pour des graphies capricieuses, qui dépendaient plutôt des usages des ateliers d'imprimerie que de la volonté de l'auteur? La querelle de l'orthographe au XVIᵉ siècle mit aux prises Meigret, Ramus, Antoine de Baïf, Jacques Peletier du Mans, partisans d'une orthographe phonétique, et les défenseurs de l'orthographe étymologique, Guillaume des Autels, de Bèze, et surtout les Estienne, en leur double qualité d'humanistes et d'imprimeurs. Quant à Montaigne, d'abord séduit par les facilités apparentes de l'orthographe phonétique, que lui avait vantées Jacques Peletier lors d'un séjour dans son château, il en revint à l'usage le plus répandu pour la publication des *Essais :* « Je ne me mêle ni d'orthographe, et ordonne seulement (que les imprimeurs) suivent l'ancienne, ni de la ponctuation; je suis peu expert en l'un et en l'autre » (III, IX). Autrement dit, Montaigne s'en remettait à ses imprimeurs, sans même rectifier des bizarreries indéfendables : à quelques lignes d'intervalle, on trouve *Romme* et *Rome*, *Caesar* et *César*, et bien d'autres anomalies sans motif.

En modernisant l'orthographe et la ponctuation, à l'exclusion de la syntaxe et du vocabulaire, qui font partie du style inimitable de Montaigne, nous pensons rester fidèles à l'esprit de l'auteur, ennemi du pédantisme et de l'effort inutile. Tout lecteur d'aujourd'hui peut ainsi engager la conversation avec le sage d'autrefois, et en goûter la saveur, sans appréhension. Qu'il conserve ses forces intactes pour en pénétrer la pensée et la suivre dans sa mobilité!

● De placer en bas de la page les traductions (vérifiées et souvent rajeunies) des citations, annoncées dans le texte par des astérisques, ainsi que le sens actuel des expressions tombées en désuétude.

● D'insérer à la fin du dernier volume un lexique sommaire, mais commode. Ce lexique explique les mots qui ont disparu de l'usage, et dont l'orthographe moderne ne pourrait rendre compte.

● De donner à la fin de chaque volume des notes explicatives (références livresques, indications historiques, etc.) classées par chapitres des *Essais*, ainsi que les variantes les plus importantes de 1588 et de 1595.

Ces dispositifs nous ont paru les plus pratiques pour le maniement de volumes nourris de suc, et par cela même, trop souvent présentés d'une manière rébarbative. Or la lecture des *Essais*, comme celle de la philosophie véritable, doit être, selon le mot de Montaigne, une *éjouissance constante*.

ESSAIS

AU LECTEUR

C'est ici un livre de bonne foi, lecteur. Il t'avertit dès l'entrée, que je ne m'y suis proposé aucune fin, que domestique et privée. Je n'y ai eu nulle considération de ton service, ni de ma gloire. Mes forces ne sont pas capables d'un tel dessein. Je l'ai voué à la commodité particulière de mes parents et amis : à ce que m'ayant perdu (ce qu'ils ont à faire bientôt) ils y puissent retrouver aucuns traits de mes conditions et humeurs, et que par ce moyen ils nourrissent plus entière et plus vive, la connaissance qu'ils ont eue de moi. Si c'eût été pour rechercher la faveur du monde, je me fusse mieux paré et me présenterais en une marche étudiée. Je veux qu'on m'y voie en ma façon simple, naturelle et ordinaire, sans contention et artifice : car c'est moi que je peins. Mes défauts s'y liront au vif, et ma forme naïve, autant que la révérence publique me l'a permis. Que si j'eusse été entre ces nations qu'on dit vivre encore sous la douce liberté des premières lois de nature, je t'assure que je m'y fusse très volontiers peint tout entier, et tout nu. Ainsi, lecteur, je suis moi-même la matière de mon livre : ce n'est pas raison que tu emploies ton loisir en un sujet si frivole et si vain. Adieu donc; de Montaigne, ce premier de mars mil cinq cent quatre-vingt.

LIVRE PREMIER

CHAPITRE PREMIER

PAR DIVERS MOYENS
ON ARRIVE
A PAREILLE FIN

La plus commune façon d'amollir les cœurs de ceux qu'on a offensés, lorsque, ayant la vengeance en main, ils nous tiennent à leur merci, c'est de les émouvoir par soumission à commisération et à pitié. Toutefois, la braverie et la constance, moyens tout contraires, ont quelquefois servi à ce même effet.

Edouard[1], prince de Galles, celui qui régenta si long-temps notre Guyenne, personnage duquel les conditions et la fortune ont beaucoup de notables parties de grandeur, ayant été bien fort offensé par les Limousins, et prenant leur ville par force[2], ne put être arrêté par les cris du peuple et des femmes et enfants abandonnés à la boucherie, lui criant merci, et se jetant à ses pieds, jusqu'à ce que passant toujours outre dans la ville, il aperçut trois gentilshommes français, qui d'une hardiesse incroyable soutenaient seuls l'effort de son armée victorieuse. La considération et le respect d'une si notable vertu reboucha[a] premièrement la pointe de sa colère; et commença par ces trois, à faire miséricorde à tous les autres habitants de la ville.

Scanderberg[3], prince de l'Epire, suivant un soldat des siens pour le tuer, et ce soldat ayant essayé, par toute espèce d'humilité et de supplication, de l'apaiser, se résolut à toute extrémité de l'attendre, l'épée au poing. Cette sienne résolution arrêta sus bout[b] la furie de son maître, qui, pour lui avoir vu prendre un si honorable

a. Emoussa. – b. Sur-le-champ.

parti, le reçut en grâce[a]. Cet exemple pourra souffrir autre interprétation de ceux qui n'auront lu la prodigieuse force et vaillance de ce prince-là.

L'empereur Conrad troisième[4], ayant assiégé Guelphe, duc de Bavière, ne voulut condescendre à plus douces conditions, quelques viles et lâches satisfactions qu'on lui offrît, que de permettre seulement aux gentilles femmes qui étaient assiégées avec le duc, de sortir, leur honneur sauf, à pied, avec ce qu'elles pourraient emporter sur elles. Elles, d'un cœur magnanime, s'avisèrent de charger sur leurs épaules leurs maris, leurs enfants et le duc même. L'empereur prit si grand plaisir à voir la gentillesse de leur courage, qu'il en pleura d'aise, et amortit toute cette aigreur d'inimitié mortelle et capitale, qu'il avait portée contre ce duc, et dès lors en avant le traita humainement, lui et les siens.

L'un et l'autre de ces deux moyens m'emporterait aisément. Car j'ai une merveilleuse lâcheté vers la miséricorde et la mansuétude. Tant y a, qu'à mon avis, je serais pour me rendre plus naturellement à la compassion, qu'à l'estimation[5]; si est la pitié, passion vicieuse aux Stoïques : ils veulent qu'on secoure les affligés, mais non pas qu'on fléchisse et compatisse avec eux.

Or ces exemples me semblent plus à propos : d'autant qu'on voit ces âmes assaillies et essayées par ces deux moyens, en soutenir l'un sans s'ébranler, et courber sous l'autre. Il se peut dire, que de rompre son cœur à la commisération, c'est l'effet de la facilité, débonnaireté et mollesse, d'où il advient que les natures plus faibles, comme celles des femmes, des enfants et du vulgaire, y sont plus sujettes; mais ayant eu à dédain les larmes et les prières, de se rendre à la seule révérence de la sainte image de la vertu, que c'est l'effet d'une âme forte et imployable, ayant en affection et en honneur une vigueur mâle et obstinée. Toutefois ès âmes moins généreuses, l'étonnement et l'admiration peuvent faire naître un pareil effet. Témoin le peuple thébain[6], lequel ayant mis en justice d'accusation capitale ses capitaines, pour avoir continué leur charge outre le temps qui leur avait été prescrit et préordonné, absolut à toutes peines Pélopidas,

---

a. Se réconcilia avec lui.

qui pliait sous le faix de telles objections et n'employait à se garantir que requêtes et supplications; et, au contraire, Epaminondas, qui vint à raconter magnifiquement les choses par lui faites, et à les reprocher au peuple, d'une façon fière et arrogante, il n'eut pas le cœur de prendre seulement les balotes[a] en main; et se départit[b] l'assemblée, louant grandement la hautesse du courage de ce personnage.

Denys l'ancien, après des longueurs et difficultés extrêmes, ayant pris la ville de Regium[7] et en icelle le capitaine Phyton[8], grand homme de bien, qui l'avait si obstinément défendue, voulut en tirer un tragique exemple de vengeance. Il lui dit premièrement comment, le jour avant, il avait fait noyer son fils et tous ceux de sa parenté. A quoi Phyton répondit seulement, qu'ils en étaient d'un jour plus heureux que lui. Après, il le fit dépouiller et saisir à des bourreaux et le traîner par la ville en le fouettant très ignominieusement et cruellement, et en outre le chargeant de félonnes paroles et contuméliéuses. Mais il eut le courage toujours constant, sans se perdre; et, d'un visage ferme, allait au contraire ramentevant[c] à haute voix l'honorable et glorieuse cause de sa mort, pour n'avoir voulu rendre son pays entre les mains d'un tyran; le menaçant d'une prochaine punition des dieux. Denys, lisant dans les yeux de la commune de son armée qu'au lieu de s'animer des bravades de cet ennemi vaincu, au mépris de leur chef et de son triomphe, elle allait s'amollissant par l'étonnement d'une si rare vertu et marchandait de se mutiner, étant à même d'arracher Phyton d'entre les mains de ses sergents, fit cesser ce martyre, et à cachettes[d] l'envoya noyer en la mer.

Certes, c'est un sujet merveilleusement vain, divers et ondoyant, que l'homme. Il est malaisé d'y fonder jugement constant et uniforme. Voilà Pompée qui pardonna à toute la ville des Mamertins, contre laquelle il était fort animé, en considération de la vertu et magnanimité du citoyen Zénon[9], qui se chargeait seul de la faute publique, et ne requérait autre grâce que d'en porter seul

a. Prendre les boules servant à voter. – b. L'assemblée se sépara. – c. Rappelant. – d. En cachette.

la peine. Et l'hôte de Sylla ayant usé en la ville de Pérouse [10] de semblable vertu, n'y gagna rien, ni pour soi ni pour les autres.

Et directement contre mes premiers exemples, le plus hardi des hommes et si gracieux[a] aux vaincus, Alexandre [11], forçant après beaucoup de grandes difficultés la ville de Gaza, rencontra Betis qui y commandait, de la valeur duquel il avait, pendant ce siège, senti des preuves merveilleuses, lors seul, abandonné des siens, ses armes dépecées, tout couvert de sang et de plaies, combattant encore au milieu de plusieurs Macédoniens, qui le chamaillaient de toutes parts; et lui dit, tout piqué d'une si chère victoire, car entre autres dommages il avait reçu deux fraîches blessures sur sa personne : « Tu ne mourras pas comme tu as voulu, Betis; fais état qu'il te faut souffrir toutes les sortes de tourments qui se pourront inventer contre un captif. » L'autre, d'une mine non seulement assurée, mais rogue et altière, se tint sans mot dire à ces menaces. Lors Alexandre, voyant son fier et obstiné silence : « A-t-il fléchi un genou? lui est-il échappé quelque voix suppliante? Vraiment je vaincrai ta taciturnité; et si je n'en puis arracher parole, j'en arracherai au moins du gémissement. » Et tournant sa colère en rage, commanda qu'on lui perçât les talons, et le fit ainsi traîner tout vif, déchirer et démembrer au cul d'une charrette [12].

Serait-ce que la hardiesse lui fut si commune que, pour ne l'admirer point, il la respectât moins? Ou qu'il l'estimât si proprement sienne qu'en cette hauteur il ne pût souffrir de la voir en un autre sans le dépit d'une passion envieuse, ou que l'impétuosité naturelle de sa colère fût incapable d'opposition?

De vrai, si elle eût reçu la bride, il est à croire qu'en la prise et désolation de la ville de Thèbes, elle l'eût reçue, à voir cruellement mettre au fil de l'épée tant de vaillants hommes perdus et n'ayant plus moyen de défense publique. Car il en fut tué bien six mille, desquels nul ne fut vu ni fuyant ni demandant merci, au rebours cherchant, qui çà, qui là, par les rues, à affronter les ennemis victorieux, les provoquant à les faire mourir d'une mort honorable.

---

a. Miséricordieux.

Nul ne fut vu si abattu de blessures qui n'essayât en son dernier soupir de se venger encore, et à tout*a* les armes du désespoir consoler sa mort en la mort de quelque ennemi. Si ne trouva l'affliction de leur vertu aucune pitié, et ne suffit la longueur d'un jour à assouvir sa vengeance. Dura ce carnage jusqu'à la dernière goutte de sang qui se trouva épandable, et ne s'arrêta qu'aux personnes désarmées, vieillards, femmes et enfants, pour en tirer trente mille esclaves[13].

a. Avec.

CHAPITRE II

DE LA TRISTESSE

Je suis des plus exempts de cette passion, et ne l'aime ni l'estime, quoique le monde ait pris, comme à prix fait, de l'honorer de faveur particulière. Ils en habillent la sagesse, la vertu, la conscience : sot et monstrueux ornement. Les Italiens ont plus sortablement[a] baptisé de son nom la malignité. Car c'est une qualité toujours nuisible, toujours folle, et comme toujours, couarde et basse, les Stoïciens en défendent le sentiment à leurs sages.

Mais le conte dit[1] que Psammenite, roi d'Egypte, ayant été défait et pris par Cambyse, roi de Perse, voyant passer devant lui sa fille prisonnière, habillée en servante, qu'on envoyait puiser de l'eau, tous ses amis pleurant et lamentant autour de lui, se tint coi sans mot dire, les yeux fichés en terre; et voyant encore tantôt qu'on menait son fils à la mort, se maintint en cette même contenance; mais qu'ayant aperçu un de ses domestiques[2] conduit entre les captifs, il se mit à battre sa tête et mener un deuil extrême.

Ceci se pourrait apparier à ce qu'on vit dernièrement d'un prince des nôtres[3], qui, ayant ouï à Trente, où il était, nouvelles de la mort de son frère aîné, mais un frère en qui consistait l'appui et l'honneur de toute sa maison, et bientôt après d'un puîné, sa seconde espérance, et ayant soutenu ces deux charges d'une constance exemplaire, comme quelques jours après un de ses gens vint à

---

a. Convenablement.

mourir, il se laissa emporter à ce dernier accident, et, quittant sa résolution, s'abandonna au deuil et aux regrets, en manière qu'aucuns en prirent argument, qu'il n'avait été touché au vif que de cette dernière secousse. Mais à la vérité ce fut, qu'étant d'ailleurs plein et comblé de tristesse, la moindre surcharge brisa les barrières de la patience. Il s'en pourrait (dis-je) autant juger de notre histoire, n'était qu'elle ajoute que Cambyse, s'enquérant à Psammenite pourquoi, ne s'étant ému au malheur de son fils et de sa fille, il portait si impatiemment celui d'un de ses amis : « C'est, répondit-il, que ce seul dernier déplaisir se peut signifier par larmes, les deux premiers surpassant de bien loin tout moyen de se pouvoir exprimer. »

A l'aventure reviendrait à ce propos l'invention de cet ancien peintre[4], lequel, ayant à représenter au sacrifice d'Iphigénie le deuil des assistants, selon les degrés de l'intérêt que chacun apportait à la mort de cette belle fille innocente, ayant épuisé les derniers efforts de son art, quand se vint au père de la fille, il le peignit le visage couvert, comme si nulle contenance ne pouvait représenter ce degré de deuil. Voilà pourquoi les poètes feignent cette misérable mère Niobé, ayant perdu premièrement sept fils, et puis de suite autant de filles, surchargée de pertes, avoir été enfin transmuée en rocher,

diriguisse malis*,

pour exprimer cette morne, muette et sourde stupidité qui nous transit, lorsque les accidents nous accablent surpassant notre portée.

De vrai, l'effort d'un déplaisir, pour être extrême, doit étonner toute l'âme, et lui empêcher la liberté de ses actions : comme il nous advient, à la chaude alarme d'une bien mauvaise nouvelle, de nous sentir saisis, transis, et comme perclus de tous mouvements, de façon que l'âme se relâchant après aux larmes et aux plaintes,

---

* Ovide, *Métamorphoses*, chant VI : « et elle fut pétrifiée de douleur ».

semble se déprendre, se démêler et se mettre plus au large, et à son aise,

> *Et via vix tandem voci laxata dolore est*.*

En la guerre que le roi Ferdinand fit contre la veuve de Jean, roi de Hongrie, autour de Bude, Raïsciac, capitaine allemand, voyant rapporter le corps d'un homme de cheval, à qui chacun avait vu excessivement bien faire en la mêlée, le plaignait d'une plainte commune; mais curieux avec les autres de reconnaître qui il était, après qu'on l'eut désarmé, trouva que c'était son fils. Et, parmi les larmes publiques, lui seul se tint sans épandre ni voix, ni pleurs, debout sur ses pieds, ses yeux immobiles, le regardant fixement jusqu'à ce que l'effort de la tristesse venant à glacer ses esprits vitaux, le porta en cet état roide mort par terre[5].

Chi puo dir com'egli arde é in picciol fuoco**, disent les amoureux, qui veulent représenter une passion insupportable :

> *misero quod omnes*
> *Eripit sensus mihi. Nam simul te,*
> *Lesbia, aspexi, nihil est super mi*
> *Quod loquar amens.*
> *Lingua sed torpet, tenuis sub artus*
> *Flamma dimanat, sonitu suopte*
> *Tinniunt aures, gemina teguntur*
> *Lumina nocte***.*

Aussi n'est-ce pas en la vive et plus cuisante chaleur de l'accès que nous sommes propres à déployer nos plaintes et nos persuasions; l'âme est lors aggravée de profondes pensées, et le corps abattu et languissant d'amour.

---

* Virgile, *Enéide*, chant XI : « Et enfin, à grand-peine, la douleur laissa passer sa voix. »

** « C'est brûler peu que pouvoir dire combien on brûle. » Dernier vers du sonnet CXXXVII de Pétrarque.

*** Catulle, *Poème* LI : « Malheureux! Tous mes sens me sont ravis. Dès que je t'aperçois, Lesbie, je ne puis plus parler, dans mon égarement; ma langue est paralysée, une flamme subtile coule dans mes membres, mes oreilles tintent de leur propre bourdonnement, une double nuit couvre mes yeux. » Cette ode que Catulle avait imitée de Sapho a été adaptée au XVIIIe s. par l'abbé Delille avec assez de bonheur.

Et de là s'engendre parfois la défaillance fortuite, qui surprend les amoureux si hors de saison, et cette glace qui les saisit par la force d'une ardeur extrême, au giron même de la jouissance[6]. Toutes passions qui se laissent goûter et digérer, ne sont que médiocres,

> *Curæ leves loquuntur, ingentes stupent*.*

La surprise d'un plaisir inespéré nous étonne de même,

> *Ut me conspexit venientem, et Troïa circum*
> *Arma amens vidit, magnis exterrita monstris,*
> *Diriguit visu in medio, calor ossa reliquit,*
> *Labitur, et longo vix tandem tempore fatur**.*

Outre la femme romaine, qui mourut surprise d'aise de voir son fils revenu de la route[a] de Cannes[7], Sophocle et Denys le Tyran, qui trépassèrent d'aise, et Talva[8] qui mourut en Corse, lisant les nouvelles des honneurs que le Sénat de Rome lui avait décernés, nous tenons en notre siècle que le pape Léon dixième[9], ayant été averti de la prise de Milan, qu'il avait extrêmement souhaitée, entra en tel excès de joie, que la fièvre l'en prit et en mourut, et pour un plus notable témoignage de l'imbécillité[b] humaine, il a été remarqué par les Anciens que Diodore le Dialecticien[10] mourut sur-le-champ, épris d'une extrême passion de honte, pour en son école et en public ne se pouvoir développer d'un argument qu'on lui avait fait.

Je suis peu en prise de ce violentes passions. J'ai l'appréhension naturellement dure; et l'encroûte et épaissis tous les jours par discours.

---

a. Déroute. – b. Faiblesse.
* Sénèque, *Hippolyte*, acte II : « Légers, les soucis sont bavards, immenses, ils se taisent. »
** Virgile, *Enéide*, chant III : « Dès qu'elle me vit approcher, et qu'elle reconnut autour de moi les armes troyennes, hors d'elle-même, terrorisée par ce prodige, son regard devint fixe, la chaleur abandonna son corps : elle tombe évanouie et ce n'est que longtemps après qu'elle retrouve la parole. »

CHAPITRE III

NOS AFFECTIONS
S'EMPORTENT
AU-DELA DE NOUS

Ceux qui accusent les hommes d'aller toujours béant après les choses futures, et nous apprennent à nous saisir des biens présents et nous rasseoir en ceux-là, comme n'ayant aucune prise sur ce qui est à venir, voire*a* assez moins que nous n'avons sur ce qui est passé, touchent la plus commune des humaines erreurs, s'ils osent appeler erreur chose à quoi nature même nous achemine, pour le service de la continuation de son ouvrage, nous imprimant, comme assez d'autres, cette imagination fausse, plus jalouse de notre action que de notre science. Nous ne sommes jamais chez nous, nous sommes toujours au-delà. La crainte, le désir, l'espérance nous élancent vers l'avenir, et nous dérobent le sentiment et la considération de ce qui est, pour nous amuser à ce qui sera, voire quand nous ne serons plus.

*Calamitosus est animus futuri anxius**.*

Ce grand précepte est souvent allégué en Platon[1] : « Fais ton fait et te connais. » Chacun de ces deux membres enveloppe généralement tout notre devoir, et semblablement enveloppe son compagnon. Qui aurait à faire son fait, verrait que sa première leçon, c'est connaître ce qu'il est et ce qui lui est propre. Et qui se connaît, ne prend plus l'étranger fait pour le sien; s'aime et se

---

a. Même.
* Sénèque, *Epîtres*, 98 : « Malheureux est l'esprit préoccupé par l'avenir. »

cultive avant toute autre chose; refuse les occupations superflues et les pensées et propositions inutiles. *Ut stultitia etsi adepta est quod concupivit nunquam se tamen satis consecutam putat : sic sapientia semper eo contenta est quod adest, neque eam unquam sui pœnitet**.

Epicure dispense son sage de la prévoyance et sollicitude de l'avenir.

Entre les lois qui regardent les trépassés, celle-ci me semble autant solide, qui oblige les actions des princes à être examinées après leur mort. Ils sont compagnons, sinon maîtres des lois; ce que la Justice n'a pu sur leurs têtes, c'est raison qu'elle l'ait sur leur réputation, et biens de leurs successeurs : choses que souvent nous préférons à la vie. C'est une usance qui apporte des commodités singulières aux nations où elle est observée, et désirable à tous bons princes qui ont à se plaindre de ce qu'on traite la mémoire des méchants comme la leur. Nous devons la sujétion et l'obéissance également à tous rois, car elle regarde leur office : mais l'estimation, non plus que l'affection, nous ne la devons qu'à leur vertu. Donnons à l'ordre politique de les souffrir patiemment indignes, de celer leurs vices, d'aider de notre recommandation leurs actions indifférentes pendant que leur autorité a besoin de notre appui. Mais notre commerce fini, ce n'est pas raison de refuser à la justice et à notre liberté l'expression de nos vrais ressentiments*ᵃ*, et nommément de refuser aux bons sujets la gloire d'avoir révéremment et fidèlement servi un maître, les imperfections duquel leur étaient si bien connues, frustrant la postérité d'un si utile exemple. Et ceux qui, par respect de quelque obligation privée, épousent iniquement la mémoire d'un prince mèslouable, font justice particulière aux dépens de la justice publique. Tite-Live dit vrai, que le langage des hommes nourris sous la royauté est toujours plein de folles ostentations et vains témoignages, chacun élevant

a. Sentiments.
* Cicéron, *Tusculanes*, livre V, chap. XVIII. En 1595, l'édition de Mlle de Gournay remplaça la citation latine par la traduction suivante : « Comme la folie, quand on lui octroiera ce qu'elle désire, ne sera pas contente, aussi est la sagesse contente de ce qui est présent, ne se déplaît jamais de soi. »

indifféremment son roi à l'extrême ligne de valeur et grandeur souveraine.

On peut réprouver la magnanimité de ces deux soldats qui répondirent à Néron à sa barbe[2]. L'un, enquis de lui pourquoi il lui voulait du mal : « Je t'aimai quand tu le valais, mais depuis que tu es venu parricide, boutefeu, bateleur, cocher, je te hais comme tu mérites. » L'autre, pourquoi il le voulait tuer : « Parce que je ne trouve autre remède à tes continuelles méchancetés. » Mais les publics et universels témoignages qui après sa mort ont été rendus, et le seront à tout jamais[3] de ses tyranniques et vilains déportements, qui de sain entendement les peut réprouver?

Il me déplaît qu'en une si sainte police[a] que la Lacédémonienne[4] se fût mêlée une si feinte cérémonie. A la mort des rois, tous les confédérés et voisins, tous les ilotes, hommes, femmes, pêle-mêle, se découpaient le front pour témoignage de deuil et disaient en leurs cris et lamentations que celui-là, quel qu'il eût été, était le meilleur roi de tous les leurs : attribuant au rang le los qui appartenait au mérite, et qui appartenait au premier mérite au postrême et dernier rang. Aristote[5], qui remue toutes choses, s'enquiert sur le mot de Solon que nul avant sa mort ne peut être dit heureux, si celui-là même qui a vécu et qui est mort selon ordre, peut être dit heureux, si sa renommée va mal, si sa postérité est misérable. Pendant que nous nous remuons, nous nous portons par préoccupation où il nous plaît : mais étant hors de l'être, nous n'avons aucune communication avec ce qui est. Et serait meilleur de dire à Solon, que jamais homme n'est donc heureux, puisqu'il ne l'est qu'après qu'il n'est plus.

> *Quisquam*
> *Vix radicitus e vita se tollit, et ejicit;*
> *Sed facit esse sui quiddam super inscius ipse,*
> *Nec removet satis a projecto corpore sese, et vindicat*.*

---

a. Organisation politique.
* Lucrèce, *De Natura Rerum*, chant III : « Chacun ne s'arrache qu'à grand-peine de la vie jusqu'à la racine, mais à son insu même, il s'imagine

Bertrand du Guesclin[6] mourut au siège du château de Rangon près du Puy en Auvergne. Les assiégés s'étant rendus après, furent obligés de porter les clefs de la place sur le corps du trépassé.

Barthelemy d'Alviane, général de l'armée des Vénitiens[7], étant mort au service de leurs guerres en la Bresse[8], et son corps ayant à être rapporté à Venise par le Véronais, terre ennemie, la plupart de ceux de l'armée étaient d'avis qu'on demandât sauf-conduit pour le passage à ceux de Vérone. Mais Théodore Trivolce y contredit; et choisit plutôt de le passer par vive force, au hasard du combat : « N'étant convenable, disait-il, que celui qui en sa vie n'avait jamais eu peur de ses ennemis, étant mort fît démonstration de les craindre. »

De vrai, en chose voisine, par les lois grecques, celui qui demandait à l'ennemi un corps pour l'inhumer, renonçait à la victoire, et ne lui était plus loisible d'en dresser trophée. A celui qui en était requis, c'était titre de gain. Ainsi perdit Nicias l'avantage qu'il avait nettement gagné sur les Corinthiens. Et au rebours, Agésilas assura celui qui lui était bien douteusement acquis sur les Béotiens[9].

Ces traits se pourraient trouver étranges, s'il n'était reçu de tout temps, non seulement d'étendre le soin que nous avons de nous au-delà cette vie, mais encore de croire que bien souvent les faveurs célestes nous accompagnent au tombeau, et continuent à nos reliques. De quoi il y a tant d'exemples anciens, laissant à part les nôtres, qu'il n'est besoin que je m'y étende. Edouard premier[10], roi d'Angleterre, ayant essayé aux longues guerres d'entre lui et Robert, roi d'Ecosse, combien sa présence donnait d'avantage à ses affaires, rapportant toujours la victoire de ce qu'il entreprenait en personne, mourant, obligea son fils par solennel serment à ce qu'étant trépassé, il fît bouillir son corps pour déprendre sa chair d'avec les os, laquelle il fît enterrer; et quant aux os, qu'il les réservât pour les porter avec lui et en son armée, toutes les fois qu'il lui adviendrait d'avoir guerre contre les

qu'une partie de lui-même lui survit; et il ne peut se détacher et se libérer complètement de son corps abattu par la mort. » Le texte de Lucrèce a été modifié par Montaigne.

Ecossais. Comme si la destinée avait fatalement attaché la victoire à ses membres.

Jean Zischa[11] qui troubla la Bohême pour la défense des erreurs de Wiclef[12] voulut qu'on l'écorchât après sa mort et de sa peau qu'on fît un tambourin à porter à la guerre contre ses ennemis, estimant que cela aiderait à continuer les avantages qu'il avait eus aux guerres par lui conduites contre eux. Certains Indiens portaient ainsi au combat contre les Espagnols les ossements de l'un de leurs capitaines, en considération de l'heur qu'il avait eu en vivant[13]. Et d'autres peuples en ce même monde, traînent à la guerre les corps des vaillants hommes qui sont morts en leurs batailles, pour leur servir de bonne fortune et d'encouragement.

Les premiers exemples ne réservent au tombeau que la réputation acquise par leurs actions passées; mais ceux-ci y veulent encore mêler la puissance d'agir. Le fait du capitaine Bayard[14] est de meilleure composition, lequel, se sentant blessé à mort d'une arquebusade dans le corps, conseillé de se retirer de la mêlée, répondit, qu'il ne commencerait point sur sa fin à tourner le dos à l'ennemi; et, ayant combattu autant qu'il eut de force, se sentant défaillir et échapper de cheval, commanda à son maître d'hôtel de le coucher au pied d'un arbre, mais que ce fût en façon qu'il mourût le visage tourné vers l'ennemi, comme il fit.

Il me faut ajouter cet autre exemple aussi remarquable pour cette considération que nul des précédents. L'empereur Maximilien, bisaïeul du roi Philippe[15], qui est à présent, était prince doué de tout plein de grandes qualités, et entre autres d'une beauté de corps singulière. Mais parmi ces humeurs, il avait celle-ci, bien contraire à celle des princes, qui, pour dépêcher les plus importantes affaires, font leur trône de leur chaise-percée : c'est qu'il n'eut jamais valet de chambre si privé, à qui il permît de le voir en sa garde-robe. Il se dérobait pour tomber de l'eau, aussi religieux qu'une pucelle à ne découvrir ni à médecin, ni à qui que ce fût les parties qu'on a accoutumé de tenir cachées. Moi, qui ai la bouche si effrontée, suis pourtant par complexion touché de cette honte. Si ce n'est à une grande suasion de la nécessité ou de la volupté, je ne communique guère aux yeux de personne les membres et actions que notre coutume ordonne être couvertes. J'y souffre plus de contrainte, que je n'estime bienséant à un homme, et surtout, à un homme de ma profession. Mais, lui, en vint à telle superstition, qu'il ordonna par paroles expresses de son testament qu'on lui attachât des caleçons, quand il serait mort. Il devait ajouter par codicille, que celui qui les lui monterait eût les yeux bandés. L'ordonnance que Cyrus fait à ses enfants, que ni eux ni autre ne voie et touche son corps après que l'âme en sera séparée, je l'attribue à quelque sienne dévotion. Car et son historien [16] et lui, entre leurs grandes qualités, ont semé par tout le cours de leur vie un singulier soin et révérence à la religion.

Ce conte me déplut qu'un Grand me fit d'un mien allié, homme assez connu et en paix et en guerre. C'est que mourant bien vieil en sa cour, tourmenté de douleurs extrêmes de la pierre, il amusa toutes ses heures dernières avec un soin véhément, à disposer l'honneur et la cérémonie de son enterrement [17], et somma toute la noblesse qui le visitait de lui donner parole d'assister à son convoi. A ce prince même, qui le vit sur ces derniers traits, il fit une instante supplication que sa maison fût commandée de s'y trouver, employant plusieurs exemples et raisons à prouver que c'était chose qui appartenait à un homme de sa sorte; et sembla expirer content, ayant retiré cette promesse, et ordonné à son gré la distribution et ordre de sa montre. Je n'ai guère vu de vanité si persévérante.

Cette autre curiosité contraire, en laquelle je n'ai point aussi faute d'exemple domestique, me semble germaine à celle-ci, d'aller se soignant et passionnant à ce dernier point à régler son convoi, à quelque particulière et inusitée parcimonie, à un serviteur et une lanterne. Je vois louer cette humeur, et l'ordonnance de Marcus Emilius Lepidus [18], qui défendit à ses héritiers d'employer pour lui les cérémonies qu'on avait accoutumé en telles choses. Est-ce encore tempérance et frugalité, d'éviter la dépense et la volupté, desquelles l'usage et la connaissance nous est imperceptible? Voilà une aisée réformation et de peu de coût. S'il était besoin d'en ordonner, je serais d'avis qu'en celle-là, comme en toutes actions de la vie, chacun en rapportât la règle à la forme de sa fortune. Et le philosophe Lycon [19] prescrit sagement à ses amis de mettre son corps où ils aviseront pour le mieux, et quant aux funérailles de les faire ni superflues ni mécaniques. Je lairrai[a] purement la coutume ordonner de cette cérémonie; et[20] m'en remettrai à la discrétion des premiers à qui je tomberai en charge. « *Totus hic locus est contemnendus in nobis, non negligendus in nostris**. » Et est saintement dit à un saint : « *Curatio funeris, conditio sepulturae, pompa exequiarum magis sunt vivorum solatia quam subsidia mortuorum***. » Pourtant Socrate à Criton[21], qui sur l'heure de sa fin lui demande comment il veut être enterré : « Comme vous voudrez », répond-il. Si j'avais à m'en empêcher plus avant, je trouverais plus galant d'imiter ceux qui entreprennent, vivants et respirants, jouir de l'ordre et honneur de leur sépulture, et qui se plaisent de voir en marbre leur morte contenance. Heureux, qui savent réjouir et gratifier leur sens par l'insensibilité, et vivre de leur mort.

A peu que je n'entre en haine irréconciliable contre toute domination populaire, quoiqu'elle me semble la plus naturelle et équitable, quand il me souvient de cette inhumaine injustice du peuple athénien, de faire mourir sans rémission et sans le vouloir seulement ouïr en leurs défenses ses braves capitaines, venant de gagner contre les Lacédémoniens la bataille navale près des îles Arginuses, la plus contestée, la plus forte bataille que les Grecs aient onques donnée en mer de leurs forces, parce qu'après la victoire ils avaient suivi les occasions que la loi de la guerre leur présentait, plutôt que de s'arrêter, à recueillir et inhumer leurs morts. Et rend cette exécution plus odieuse le fait de Diomédon[22]. Celui-ci est l'un des condamnés, homme de notable vertu, et militaire et politique; lequel, se tirant avant pour parler, après avoir ouï l'arrêt de leur condamnation, et trouvant seulement lors temps de paisible audience, au lieu de s'en servir au bien de sa cause et à découvrir l'évidente injustice d'une

---

a. Laisserai.

* Cicéron, *Tusculanes*, livre I, chap. XLV : « C'est un soin qu'il faut totalement mépriser pour soi-même, mais ne pas négliger pour les siens. »

** Saint Augustin, *Cité de Dieu*, livre I : « Le soin des funérailles, le choix de la sépulture, la pompe des obsèques sont plutôt des consolations pour les vivants que des secours pour les morts. »

si cruelle conclusion, ne représenta qu'un soin de la conservation de ses juges, priant les dieux de tourner ce jugement à leur bien; et afin qu'à faute de rendre les vœux que lui et ses compagnons avaient voués, en reconnaissance d'une si illustre fortune, ils n'attirassent l'ire des dieux sur eux, les avertissant quels vœux c'étaient. Et sans dire autre chose, et sans marchander, s'achemina de ce pas courageusement au supplice.

La fortune quelques années après les punit de même pain soupe. Car Chabrias, capitaine général de l'armée de mer des Athéniens, ayant eu le dessus du combat contre Pollis[23], amiral de Sparte, en l'île de Naxos, perdit le fruit tout net et comptant de sa victoire, très important à leurs affaires, pour n'encourir le malheur de cet exemple. Et pour ne perdre peu des corps morts de ses amis qui flottaient en mer, laissa voguer en sauveté un monde d'ennemis vivants, qui depuis leur firent bien acheter cette importune superstition.

> *Quaeris quo jaceas post obitum loco?*
> *Quo non nata jacent*.*

Cet autre redonne le sentiment du repos à un corps sans âme :

Neque sepulchrum quo recipiat, habeat portum corporis,
Ubi, remissa humana vita, corpus requiescat a malis**.

Tout ainsi que nature nous fait voir que plusieurs choses mortes ont encore des relations occultes à la vie. Le vin s'altère aux caves, selon aucunes mutations des saisons de sa vigne. Et la chair de venaison change d'état aux saloirs et de goût, selon les lois de la chair vive, à ce qu'on dit.

---

* Sénèque, *Les Troyennes*, acte II : « Tu veux savoir où tu seras après la mort ? Où sont les choses à naître ? »
** Ennius, cité par Cicéron, dans les *Tusculanes*, livre I : « Qu'il n'ait pas de tombeau pour le recevoir, qu'il n'ait pas de port, où, déchargé du fardeau de la vie humaine, son corps repose en paix. »

COMME L'AME DÉCHARGE SES PASSIONS SUR DES OBJETS FAUX QUAND LES VRAIS LUI DÉFAILLENT

Un gentilhomme des nôtres merveilleusement sujet à la goutte, étant pressé par les médecins de laisser du tout l'usage des viandes salées, avait accoutumé de répondre fort plaisamment, que sur les efforts et tourments du mal, il voulait avoir à qui s'en prendre, et que s'écriant et maudissant tantôt le cervelas, tantôt la langue de bœuf et le jambon, il s'en sentait d'autant allégé. Mais en bon escient, comme le bras étant haussé pour frapper, il nous deult, si le coup ne rencontre et qu'il aille au vent; aussi que pour rendre une vue plaisante, il ne faut pas qu'elle soit perdue et écartée dans le vague de l'air, ains qu'elle ait butte pour la soutenir à raisonnable distance,

Ventus ut amittit vires, nisi robore densæ
Occurrant silvæ spatio diffusus inani * :

de même il semble que l'âme ébranlée et émue se perde en soi-même, si on ne lui donne prise; et faut toujours lui fournir d'objet où elle s'abutte[a] et agisse. Plutarque[1] dit, à propos de ceux qui s'affectionnent aux guenons et petits chiens, que la partie amoureuse qui est en nous, à faute de prise légitime, plutôt que de demeurer en vain, s'en forge ainsi une fausse et frivole. Et nous voyons que l'âme en ses passions se pipe plutôt elle-même, se dressant un

a. Prend pour but.
* Lucain, *Pharsale*, chant III : « Comme le vent, si d'épaisses forêts ne lui barrent la route de leur rouvre, perd ses forces et se dissipe dans l'espace vide. »

faux sujet et fantastique, voire contre sa propre créance, que de n'agir contre quelque chose.

Ainsi emporte les bêtes leur rage à s'attaquer à la pierre et au fer qui les a blessées, et à se venger à belles dents sur soi-même du mal qu'elles sentent,

> *Pannonis haud aliter post ictum sævior ursa*
> *Cum jaculum parva Lybis amentavit habena,*
> *Se rotat in vulnus, telúmque irata receptum*
> *Impetit, et secum fugientem circuit hastam*.*

Quelles causes n'inventons-nous des malheurs qui nous adviennent ? A quoi ne nous prenons-nous à tort ou à droit, pour avoir où nous escrimer ? Ce ne sont pas ces tresses blondes que tu déchires, ni la blancheur de cette poitrine que, dépitée, tu bats si cruellement, qui ont perdu d'un malheureux plomb ce frère bien-aimé : prends-t'en ailleurs. Tite-Live, parlant de l'armée romaine en Espagne après la perte des deux frères[2] ses grands capitaines : « *Flere omnes repente et offensare capita***. » C'est un usage commun. Et le philosophe Bion[3] de ce Roi qui de deuil s'arrachait les poils, fut-il pas plaisant : « Celui-ci pense-t-il que la pelade soulage le deuil ? » Qui n'a vu mâcher et engloutir les cartes, se gorger d'une balle de dés, pour avoir où se venger de la perte de son argent ? Xerxès[4] fouetta la mer de l'Hellespont, l'enforgea et lui fit dire mille vilenies, et écrivit un cartel de défi au mont Athos, et Cyrus amusa toute une armée plusieurs jours à se venger de la rivière de Gyndès pour la peur qu'il avait eue en la passant; et Caligula ruina une très belle maison, pour le plaisir que sa mère y avait eu[5].

Le peuple disait en ma jeunesse qu'un Roi de nos voisins, ayant reçu de Dieu une bastonnade, jura de s'en venger : ordonnant que de dix ans on ne le priât, ni parlât

---

* Lucain, *Pharsale*, chant VI : « De même, l'ourse de Pannonie devient plus féroce après avoir été frappée par le javelot à la mince courroie de Libye; elle se roule sur sa plaie, et, furieuse, elle s'élance sur le trait qu'elle a reçu, et tourne en rond pour saisir la javeline qui fuit avec elle. »
** « Tous de pleurer aussitôt et de se frapper la tête. »

de lui, ni, autant qu'il était en son autorité, qu'on ne crût en lui. Par où on voulait peindre non tant la sottise que la gloire naturelle à la nation de quoi était le conte. Ce sont vices toujours conjoints, mais telles actions tiennent, à la vérité, un peu plus encore d'outrecuidance que de bêtise.

L'empereur Auguste[6], ayant été battu de la tempête sur mer, se prit à défier le dieu Neptune et en la pompe des jeux circenses[7] fit ôter son image du rang où elle était parmi les autres dieux pour se venger de lui. En quoi il est encore moins excusable que les précédents, et moins qu'il ne fut depuis, lorsqu'ayant perdu une bataille sous Quintilius Varus en Allemagne, il allait de colère et de désespoir, choquant sa tête contre la muraille, en s'écriant : « Varus, rends-moi mes soldats. » Car ceux-là surpassent toute folie, d'autant que l'impiété y est jointe, qui s'en adressent à Dieu même, ou à la fortune, comme si elle avait des oreilles sujettes à notre batterie, à l'exemple des Thraces qui, quand il tonne ou éclaire, se mettent à tirer contre le ciel d'une vengeance titanienne, pour ranger Dieu à raison, à coups de flèches[8]. Or, comme dit cet ancien poète chez Plutarque[9],

> *Point ne se faut courroucer aux affaires.*
> *Il ne leur chaut de toutes nos colères.*

Mais nous ne dirons jamais assez d'injures au dérèglement de notre esprit.

CHAPITRE V

SI LE CHEF D'UNE PLACE ASSIÉGÉE DOIT SORTIR POUR PARLEMENTER

Lucius Marcius[1], légat des Romains, en la guerre contre Persée, roi de Macédoine, voulant gagner le temps qu'il lui fallait encore à mettre en point son armée, sema des entrejets[a] d'accord, desquels le Roi endormi accorda trêve pour quelques jours, fournissant par ce moyen son ennemi d'opportunité et loisir pour s'armer; d'où le Roi encourut sa dernière ruine. Si est-ce que[b] les vieils du Sénat, mémoratifs des mœurs de leurs pères, accusèrent cette pratique comme ennemie de leur style ancien; qui fut, disaient-ils, combattre de vertu, non de finesse, ni par surprises et rencontres de nuit, ni par fuites apostées[c]; et recharges inopinées, n'entreprenant guerre qu'après l'avoir dénoncée, et souvent après avoir assigné l'heure et lieu de la bataille. De cette conscience ils renvoyèrent à Pyrrhus son traître médecin, et aux Falisques leur méchant maître d'école[2]. C'étaient les formes vraiment romaines, non de la grecque subtilité et astuce punique, où le vaincre par force est moins glorieux que par fraude. Le tromper peut servir pour le coup; mais celui seul se tient pour surmonté, qui sait l'avoir été ni par ruse ni de sort, mais par vaillance, de troupe à troupe, en une loyale et juste guerre. Il appert bien par le langage de ces bonnes gens qu'ils n'avaient encore reçu cette belle sentence :

dolus an virtus quis in hoste requirat[*]?

a. Projets. – b. Toujours est-il que... – c. Feintes.
* Virgile, *Enéide*, chant II : « Ruse ou valeur, qui s'en inquiéterait à propos d'un ennemi? »

Les Achéens, dit Polybe[3] détestaient toute voie de tromperie en leurs guerres, n'estimant victoire, sinon où les courages des ennemis sont abattus. « *Eam vir sanctus et sapiens sciet veram esse victoriam, quæ salva fide et integra dignitate parabitur** », dit un autre.

Vos ne velit an me regnare hera quidve ferat fors
Virtute experiamur**.

Au royaume de Ternate[4], parmi ces nations que, si à pleine bouche, nous appelons barbares, la coutume porte qu'ils n'entreprennent guerre sans l'avoir premièrement dénoncée, y ajoutant ample déclaration des moyens qu'ils ont à y employer : quels, combien d'hommes, quelles munitions, quelles armes offensives et défensives. Mais cela fait aussi, si leurs ennemis ne cèdent et viennent à accord, ils se donnent loi au pis faire et ne pensent pouvoir être reprochés de trahison, de finesse et de tout moyen qui sert à vaincre.

Les anciens Florentins[5] étaient si éloignés de vouloir gagner davantage sur leurs ennemis par surprise, qu'ils les avertissaient un mois avant que de mettre leur exercité[a] aux champs par le continuel son de la cloche qu'ils nommaient Martinella[6].

Quant à nous, moins superstitieux, qui tenons celui avoir l'honneur de la guerre, qui en a le profit, et qui, après Lysandre[7], disons que où la peau du lion ne peut suffire, il y faut coudre un lopin de celle du renard, les plus ordinaires occasions de surprise se tirent de cette pratique; et n'est heure, disons-nous, où un chef doive avoir plus l'œil au guet, que celle des parlements et traités d'accord. Et pour cette cause, c'est une règle en la bouche de tous les hommes de guerre de notre temps, qu'il ne faut jamais que le gouverneur en une place assiégée sorte lui-même pour parlementer. Du temps de nos pères, cela fut reproché aux seigneurs de Montmort et de Lassigny,

a. Armée.
* Citation de Florus, livre I, chap. XII, prise dans les *Politiques* de Juste Lipse, livre V, chap. XVII : « L'homme vertueux et sage saura que seule est une véritable victoire celle qu'on gagne en gardant intacts loyauté et honneur. »
** Ennius, cité par Cicéron, *De Officiis*, livre I : « Eprouvons par le courage si c'est à vous ou à moi que la Fortune, maîtresse des événements, destine le gouvernement. »

défendant Mousson[8] contre le comte de Nassau. Mais aussi à ce compte, celui-là serait excusable, qui sortirait en telle façon, que la sûreté et l'avantage demeurassent de son côté : comme fit en la ville de Reggio le comte Guy de Rangon (s'il en faut croire du Bellay, car Guichardin dit que ce fut lui-même) lorsque le seigneur de l'Escut s'en approcha pour parlementer; car il abandonna de si peu son fort, qu'un trouble s'étant ému pendant ce parlement, non seulement monsieur de l'Escut et sa troupe, qui était approchée avec lui, se trouva la plus faible, de façon que Alexandre Trivulce y fut tué, mais lui-même fut contraint, pour le plus sûr, de suivre le comte et se jeter sur sa foi à l'abri des coups dans la ville.

Eumène[9] en la ville de Nora, pressé par Antigonos, qui l'assiégeait, de sortir parler à lui, et qui après plusieurs autres entremises alléguait que c'était raison qu'il vînt devers lui, attendu qu'il était le plus grand et le plus fort, après avoir fait cette noble réponse : « Je n'estimerai jamais homme plus grand que moi, tant que j'aurai mon épée en ma puissance », n'y consentit, qu'Antigonos ne lui eût donné Ptolomée son propre neveu, otage, comme il demandait.

Si est-ce que encor en y a-t-il, qui se sont très bien trouvés de sortir sur la parole de l'assaillant. Témoin Henry de Vaux[10], chevalier champenois, lequel étant assiégé dans le château de Commercy par les Anglais, et Barthélemy de Bonnes, qui commandait au siège, ayant par dehors fait saper la plupart du château, si qu'il ne restait que le feu pour accabler les assiégés sous les ruines, somma ledit Henry de sortir à parlementer pour son profit, comme il fit lui quatrième, et son évidente ruine lui ayant été montrée à l'œil, il s'en sentit singulièrement obligé à l'ennemi; à la discrétion duquel, après qu'il se fut rendu et sa troupe, le feu étant mis à la mine, les étançons[11] de bois venus à faillir, le château fut emporté de fond en comble.

Je me fie aisément à la foi d'autrui. Mais malaisément le ferais-je lorsque je donnerais à juger l'avoir plutôt fait par désespoir et faute de cœur que par franchise et fiance[a] de sa loyauté.

a. Confiance.

CHAPITRE VI

L'HEURE DES PARLEMENTS DANGEREUSE

Toutefois je vis dernièrement en mon voisinage de Mussidan[1], que ceux qui en furent délogés à force par notre armée, et autres de leur parti, criaient comme de trahison, de ce que pendant les entremises d'accord, et le traité se continuant encore, on les avait surpris et mis en pièces; chose qui eût eu à l'aventure apparence en un autre siècle; mais, comme je viens de dire, nos façons sont entièrement éloignées de ces règles; et ne se doit attendre fiance des uns aux autres, que le dernier sceau d'obligation n'y soit passé; encore y a-t-il lors assez affaire.

Et a toujours été conseil hasardeux de fier à la licence d'une armée victorieuse l'observation de la foi qu'on a donnée à une ville qui vient de se rendre par douce et favorable composition et d'en laisser sur la chaude l'entrée libre aux soldats. L. Emilius Regillus[2], préteur romain, ayant perdu son temps à essayer de prendre la ville de Phocée à force, pour la singulière prouesse des habitants à se bien défendre, fit pacte avec eux de les recevoir pour amis du peuple romain et d'y entrer comme en ville confédérée, leur ôtant toute crainte d'action hostile. Mais y ayant quant et lui[a] introduit son armée, pour s'y faire voir en plus de pompe, il ne fut en sa puissance, quelque effort qu'il y employât, de tenir la bride à ses gens; et vit devant ses yeux fourrager bonne partie de la ville, les droits de l'avarice et de la vengeance

a. Avec lui.

suppéditant*ᵃ* ceux de son autorité et de la discipline militaire.

Cléomène[3] disait que, quelque mal qu'on pût faire aux ennemis en guerre, cela était par-dessus la justice, et non sujet à icelle, tant envers les dieux qu'envers les hommes. Et, ayant fait trêve avec les Argiens pour sept jours, la troisième nuit après il les alla charger tout endormis et les défit, alléguant qu'en sa trêve il n'avait pas été parlé des nuits. Mais les dieux vengèrent cette perfide subtilité.

Pendant le parlement et qu'ils musaient sur leurs sûretés, la ville de Casilinum fut saisie par surprise[4], et cela pourtant aux siècles et des plus justes capitaines et de la plus parfaite milice romaine. Car il n'est pas dit, que, en temps et lieu, il ne soit permis de nous prévaloir de la sottise de nos ennemis, comme nous faisons de leur lâcheté. Et certes la guerre a naturellement beaucoup de privilèges raisonnables au préjudice de la raison; et ici faut la règle : « *neminem id agere ut ex alterius prædetur inscitia**. »

Mais je m'étonne de l'étendue que Xénophon leur donne, et par les propos et par divers exploits de son parfait empereur[5] : auteur de merveilleux poids en telles choses, comme grand capitaine et philosophe des premiers disciples de Socrate. Et ne consens pas à la mesure de sa dispense en tout et partout.

M. d'Aubigny, assiégeant Capoue, et après y avoir fait une furieuse batterie, le seigneur Fabrice Colonne, capitaine de la ville, ayant commencé à parlementer de dessus un bastion, et ses gens faisant plus molle garde, les nôtres s'en emparèrent et mirent tout en pièces[6]. Et de plus fraîche mémoire, à Yvoy[7], le seigneur Jullian Rommero, ayant fait ce pas de clerc de sortir pour parlementer avec M. le connétable, trouva au retour sa place saisie. Mais afin que nous ne nous en allions pas sans revanche, le marquis de Pesquaire assiégeant Gênes[8], où le duc Octavien Fregose commandait sous notre protection, et l'accord entre eux ayant été poussé si avant, qu'on le tenait pour fait, sur le point de la conclusion, les Espagnols

a. Supplantant.
* Cicéron, *De Officiis*, livre III : « Que personne ne cherche à profiter de la sottise d'autrui. »

s'étant coulés dedans, en usèrent comme en une victoire
plénière. Et depuis, en Ligny-en-Barrois[9], où le comte de
Brienne commandait, l'empereur l'ayant assiégé en personne, et Bertheuille, lieutenant dudit comte, étant sorti
pour parler, pendant le marché la ville se trouva saisie.

> *Fu il vincer sempre mai laudabil cosa,*
> *Vincasi o per fortuna o per ingegno**,

disent-ils. Mais le philosophe Chrysippe[10] n'eût pas été
de cet avis, et moi aussi peu : car il disait que ceux qui
courent à l'envi, doivent bien employer toutes leurs
forces à la vitesse; mais il ne leur est pourtant aucunement loisible de mettre la main sur leur adversaire pour
l'arrêter, ni de lui tendre la jambe pour le faire choir.

Et plus généreusement encore ce grand Alexandre[11] à
Polypercon, qui lui suadait[a] de se servir de l'avantage que
l'obscurité de la nuit lui donnait pour assaillir Darius :
« Point, fit-il, ce n'est pas à moi d'employer des victoires
dérobées : « *malo me fortunæ pæniteat, quam victoriæ*
pudeat** »;

> *Atque idem fugientem haud est dignatus Orodem*
> *Sternere, nec jacta cæcum dare cuspide vulnus :*
> *Obvius, adversóque occurrit, seque viro vir*
> *Contulit, haud furto melior, sed fortibus armis****.

---

a. Conseillait.
* Arioste, *Roland furieux* : « Vaincre est toujours chose glorieuse, que
la victoire soit due à la fortune ou à l'adresse. »
** Quinte-Curce, IV : « J'aime mieux avoir à me plaindre de la fortune
qu'à rougir de ma victoire. »
*** Virgile, *Enéide*, chant X : « Mézence ne jugea pas digne d'abattre
Orode en fuite, ni de le blesser d'un trait qu'il n'aurait pas vu. Il court à sa
rencontre, l'attaque face à face, homme contre homme, et triomphe non
par ruse, mais par le courage de ses armes. »

CHAPITRE VII

QUE L'INTENTION JUGE NOS ACTIONS

La mort, dit-on, nous acquitte de toutes nos obligations. J'en sais qui l'ont pris en diverse façon. Henry septième, roi d'Angleterre[1], fit composition avec Dom Philippe, fils de l'empereur Maximilien, ou, pour le confronter plus honorablement, père de l'empereur Charles cinquième, que ledit Philippe remettait entre ses mains le duc de Suffolk, de la rose blanche, son ennemi, lequel s'était enfui et retiré aux Pays-Bas, moyennant qu'il promettait de n'attenter rien sur la vie dudit duc; toutefois, venant à mourir, il commanda par son testament à son fils de le faire mourir, soudain après qu'il serait décédé.

Dernièrement, en cette tragédie que le duc d'Albe nous fit voir à Bruxelles ès comtes de Hornes et d'Egmont[2], il y eut tout plein de choses remarquables, et entre autres que ledit comte d'Egmont, sous la foi et assurance duquel le comte de Hornes s'était venu rendre au duc d'Albe, requit avec grande instance qu'on le fît mourir le premier : afin que sa mort l'affranchît de l'obligation qu'il avait audit comte de Hornes. Il semble que la mort n'ait point déchargé le premier de sa foi donnée, et que le second en était quitte, même sans mourir. Nous ne pouvons être tenus au-delà de nos forces et de nos moyens. A cette cause, parce que les effets et exécutions ne sont aucunement en notre puissance et qu'il n'y a rien en bon escient en notre puissance que la volonté : en celle-là se fondent par nécessité et s'établissent toutes les règles du devoir de l'homme. Par ainsi le comte d'Egmont, tenant son âme et volonté endettée à sa promesse, bien que la puissance de l'effectuer ne fût pas en ses mains, était sans doute absous de son devoir, quand il eût survécu au comte de Hornes. Mais le roi d'Angleterre, faillant à sa parole par son intention, ne se peut excuser pour avoir retardé jusques après sa mort l'exécution de sa déloyauté; non plus que le maçon de Hérodote, lequel, ayant loyalement conservé durant sa vie le secret des trésors du roi d'Egypte, son maître, mourant les découvrit à ses enfants[3].

J'ai vu plusieurs de mon temps convaincus par leur conscience retenir de l'autrui, se disposer à satisfaire par leur testament et après leur décès. Ils ne font rien qui vaille, ni de prendre terme à chose si pressante, ni de vouloir rétablir une injure*a* avec si peu de leur ressentiment*b* et intérêt. Ils doivent du plus leur. Et d'autant qu'ils payent plus pesamment, et incommodément, d'autant en est leur satisfaction plus juste et méritoire. La pénitence demande à se charger.

Ceux-là font encore pis, qui réservent la révélation de quelque haineuse volonté envers le proche à leur dernière volonté, l'ayant cachée pendant la vie; et montrent avoir peu de soin du propre honneur, irritant l'offensé à l'encontre de leur mémoire, et moins de leur conscience, n'ayant, pour le respect de la mort même, su faire mourir leur maltalent*c*, et en étendant la vie outre la leur. Iniques juges, qui remettent à juger alors qu'ils n'ont plus de connaissance de cause.

Je me garderai, si je puis, que ma mort dise chose que ma vie n'ait premièrement dite.

---

a. Injustice. – *b.* Sentiment. – *c.* Haine.

CHAPITRE VIII

DE L'OISIVETÉ

Comme nous voyons des terres oisives[1], si elles sont grasses et fertiles, foisonner en cent mille sortes d'herbes sauvages et inutiles, et que, pour les tenir en office, il les faut assujettir et employer à certaines semences, pour notre service; et comme nous voyons que les femmes produisent bien toutes seules des amas et pièces de chair informes, mais que pour faire une génération bonne et naturelle, il les faut embesogner d'une autre semence[2] : ainsi est-il des esprits. Si on ne les occupe à certain sujet, qui les bride et contraigne, ils se jettent déréglés, par-ci par-là, dans le vague champ des imaginations.

> *Sicut aquæ tremulum labris ubi lumen ahenis*
> *Sole repercussum, aut radiantis imagine Lunæ*
> *Omnia pervolitat latè loca, jámque sub auras*
> *Erigitur, summique ferit laquearia tecti* *.

Et n'est folie ni rêverie, qu'ils ne produisent en cette agitation,

> *velut ægri somnia, vanæ*
> *Finguntur species* **.

---

* Virgile, *Enéide,* chant VIII : « Ainsi quand dans un vase de bronze, une eau agitée réfléchit les rayons du soleil ou l'image de la lune, les reflets de lumière voltigent en tous sens, s'élèvent dans les airs et vont frapper les lambris. »
** Horace, *Art poétique* : « Ils imaginent de vaines chimères, comme des songes de malade. »

L'âme qui n'a point de but établi, elle se perd : car, comme on dit, c'est n'être en aucun lieu, que d'être partout.

Quisquis ubique habitat, Maxime, nusquam habitat*.

Dernièrement que je me retirai chez moi, délibéré autant que je pourrai, ne me mêler d'autre chose que de passer en repos et à part ce peu qui me reste de vie, il me semblait ne pouvoir faire plus grande faveur à mon esprit, que de le laisser en pleine oisiveté, s'entretenir soi-même, et s'arrêter et rasseoir en soi : ce que j'espérais qu'il peut meshuy*a* faire plus aisément, devenu avec le temps plus pesant, et plus mûr. Mais je trouve,

variam semper dant otia mentem**,

qu'au rebours, faisant le cheval échappé, il se donne cent fois plus d'affaire à soi-même, qu'il n'en prenait pour autrui; et m'enfante tant de chimères et monstres fantasques les uns sur les autres, sans ordre et sans propos, que pour en contempler à mon aise l'ineptie et l'étrangeté, j'ai commencé de les mettre en rôle[3], espérant avec le temps lui en faire honte à lui-même.

a. Désormais.
* Martial, *Epigrammes :* « Celui qui habite partout, n'habite nulle part. » Cf. aussi Sénèque, *Lettres à Lucilius,* XXVIII.
** Lucain, *Pharsale,* chant IV : « L'oisiveté toujours disperse l'esprit. »

CHAPITRE IX

DES MENTEURS

Il n'est homme à qui il siése si mal de se mêler de parler de mémoire. Car je n'en reconnais quasi trace en moi, et ne pense qu'il y en ait au monde une autre si monstrueuse en défaillance. J'ai toutes mes autres parties viles et communes. Mais en celle-là je pense être régulier et très rare, et digne de gagner par là nom et réputation[1].

Outre l'inconvénient naturel que j'en souffre, car certes, vu sa nécessité, Platon a raison de la nommer une grande et puissante déesse, si en mon pays on veut dire qu'un homme n'a point de sens, ils disent qu'il n'a point de mémoire, et quand je me plains du défaut de la mienne, ils me reprennent et mécroient, comme si je m'accusais d'être insensé. Ils ne voient pas de choix entre mémoire et entendement. C'est bien empirer mon marché. Mais ils me font tort, car il se voit par expérience plutôt au rebours que les mémoires excellentes se joignent volontiers aux jugements débiles. Ils me font tort aussi en ceci, qui ne sais rien si bien faire qu'être ami, que les mêmes paroles qui accusent ma maladie, représentent l'ingratitude. On se prend de mon affection à ma mémoire; et d'un défaut naturel, on en fait un défaut de conscience. Il a oublié, dit-on, cette prière ou cette promesse. Il ne se souvient point de ses amis. Il ne s'est point souvenu de dire, ou faire, ou taire cela, pour l'amour de moi. Certes, je puis aisément oublier, mais de mettre à nonchaloir la charge que mon ami m'a donnée, je ne le fais pas. Qu'on se contente de ma misère, sans en faire une espèce de malice, et de la malice autant ennemie de mon humeur.

Je me console aucunement. Premièrement sur ce que c'est un mal duquel principalement j'ai tiré la raison de corriger un mal pire qui se fût facilement produit en moi, savoir est l'ambition, car c'est une défaillance insupportable à qui s'empêche[a] des négociations du monde; que, comme disent plusieurs pareils exemples du progrès de nature, elle a volontiers fortifié d'autres facultés en moi, à mesure que celle-ci s'est affaiblie, et irais facilement couchant et alanguissant mon esprit et mon jugement sur les traces d'autrui, comme fait le monde, sans exercer leurs propres forces, si les inventions et opinions étrangères m'étaient présentes par le bénéfice de la mémoire; que mon parler en est plus court, car le magasin de la mémoire est volontiers plus fourni de matière que n'est celui de l'invention; si elle m'eût tenu bon, j'eusse assourdi tous mes amis de babil, les sujets éveillant cette telle quelle faculté que j'ai de les manier et employer, échauffant et attirant[2] mes discours. C'est pitié. Je l'essaie par la preuve d'aucuns de mes privés amis : à mesure que la mémoire leur fournit la chose entière et présente, ils reculent si arrière leur narration, et la chargent de vaines circonstances, que si le conte est bon, ils en étouffent la bonté; s'il ne l'est pas, vous êtes à maudire ou l'heur de leur mémoire, ou le malheur de leur jugement. Et c'est chose difficile de fermer un propos et de le couper depuis qu'on est arrouté[b]. Et n'est rien où la force d'un cheval se connaisse plus qu'à faire un arrêt rond et net. Entre les pertinents[c] mêmes, j'en vois qui veulent et ne se peuvent défaire de leur course. Cependant qu'ils cherchent le point de clore le pas, ils s'en vont balivernant et traînant comme des hommes qui défaillent de faiblesse. Surtout les vieillards sont dangereux à qui la souvenance des choses passées demeure et ont perdu la souvenance de leurs redites. J'ai vu des récits bien plaisants devenir très ennuyeux de la bouche d'un seigneur, chacun de l'assistance en ayant été abreuvé cent fois. Secondement, qu'il me souvient moins des offenses reçues, ainsi que disait cet

---

a. S'embarrasse. – *b.* Mis en route. – *c.* Ceux qui parlent à bon escient.

Ancien; il me faudrait un protocole[3], comme Darius,
pour n'oublier l'offense qu'il avait reçue des Athéniens,
faisait qu'un page à tous les coups qu'il se mettait à table,
lui vînt rechanter par trois fois à l'oreille : « Sire, souvenez-vous des Athéniens[4] »; et que les lieux et les
livres que je revois me rient toujours d'une fraîche nouvelleté.

Ce n'est pas sans raison qu'on dit que qui ne se sent
point assez ferme de mémoire, ne se doit pas mêler d'être
menteur. Je sais bien que les grammairiens[5] font différence entre dire mensonge et mentir; et disent que dire
mensonge, c'est dire chose fausse, mais qu'on a prise pour
vraie, et que la définition du mot de mentir en latin, d'où
notre français est parti, porte autant comme aller contre
sa conscience, et que par conséquent cela ne touche que
ceux qui disent contre ce qu'ils savent, desquels je parle.
Or ceux ici, ou ils inventent marc et tout[a], ou ils
déguisent et altèrent un fond véritable. Lorsqu'ils déguisent et changent, à les remettre souvent en ce même
conte, il est malaisé qu'ils ne se déferrent[b], parce que la
chose, comme elle est, s'étant logée la première dans la
mémoire et s'y étant empreinte, par la voie de la connaissance et de la science, il est malaisé qu'elle ne se
représente à l'imagination, délogeant la fausseté, qui n'y
peut avoir le pied si ferme, ni si rassis, et que les
circonstances du premier apprentissage, se coulant à tous
coups dans l'esprit, ne fassent perdre le souvenir des
pièces rapportées, fausses ou abâtardies. En ce qu'ils
inventent tout à fait, d'autant qu'il n'y a nulle impression
contraire, qui choque leur fausseté, ils semblent avoir
d'autant moins à craindre de se mécompter. Toutefois
encore ceci, parce que c'est un corps vain et sans prise,
échappe volontiers à la mémoire, si elle n'est bien
assurée. De quoi j'ai souvent vu l'expérience, et plaisamment, aux dépens de ceux qui font profession de ne
former autrement leur parole, que selon qu'il sert aux
affaires qu'ils négocient, et qu'il plaît aux grands à qui ils
parlent. Car ces circonstances, à quoi ils veulent asservir
leur foi et leur conscience, étant sujettes à plusieurs
changements, il faut que leur parole se diversifie quand et

a. Complètement (capital et intérêts). – b. Se démasquent.

quand[a], d'où il advient que de même chose ils disent gris tantôt, tantôt jaune; à tel homme d'une sorte, à tel d'une autre; et si par fortune ces hommes rapportent en butin leurs instructions si contraires, que devient ce bel art? Outre ce qu'imprudemment ils se déferrent eux-mêmes si souvent; car quelle mémoire leur pourrait suffire à se souvenir de tant de diverses formes, qu'ils ont forgées à un même sujet? J'ai vu plusieurs de mon temps, envier la réputation de cette belle sorte de prudence, qui ne voient pas que, si la réputation y est, l'effet n'y peut être.

En vérité, le mentir est un maudit vice. Nous ne sommes hommes et ne nous tenons les uns aux autres que par la parole. Si nous en connaissions l'horreur et le poids, nous le poursuivrions à feu plus justement que d'autres crimes. Je trouve qu'on s'amuse ordinairement à châtier aux enfants des erreurs innocentes très mal à propos et qu'on les tourmente pour des actions téméraires qui n'ont ni impression, ni suite. La menterie seule et, un peu au-dessous, l'opiniâtreté, me semblent être celles desquelles on devrait à toute instance combattre la naissance et le progrès. Elles croissent quant et eux. Et depuis qu'on a donné ce faux train à la langue, c'est merveille combien il est impossible de l'en retirer. Par où il advient que nous voyons des honnêtes hommes d'ailleurs y être sujets et asservis. J'ai un bon garçon de tailleur à qui je n'ouïs jamais dire une vérité, non pas quand elle s'offre pour lui servir utilement.

Si, comme la vérité, le mensonge n'avait qu'un visage, nous serions en meilleurs termes. Car nous prendrions pour certain l'opposé de ce que dirait le menteur. Mais le revers de la vérité a cent mille figures et un champ indéfini.

Les Pythagoriciens font le bien certain et fini, le mal infini et incertain. Mille routes dévoient du blanc[b], une y va. Certes je ne m'assure pas que je puisse venir à bout de moi, à garantir un danger évident et extrême par un effronté et solennel mensonge.

Un ancien père[6] dit que nous sommes mieux en la compagnie d'un chien connu qu'en celle d'un homme

a. En même temps. – *b.* S'écartent du blanc (de la cible).

duquel le langage nous est inconnu. « *Ut externus alieno non sit hominis vice**. » Et de combien est le langage faux moins sociable que le silence.

Le roi François Ier [7] se vantait d'avoir mis au rouet par ce moyen Francisque Taverna, ambassadeur de François Sforza, duc de Milan, homme très fameux en science de parlerie. Celui-ci avait été dépêché pour excuser son maître envers Sa Majesté d'un fait de grande conséquence, qui était tel. Le roi pour maintenir toujours quelques intelligences en Italie, d'où il avait été dernièrement chassé, même au duché de Milan, avait avisé d'y tenir près du duc un gentilhomme de sa part, ambassadeur par effet, mais par apparence homme privé, qui fit la mine d'y être pour ses affaires particulières; d'autant que le duc, qui dépendait beaucoup plus de l'empereur, lors principalement qu'il était en traité de mariage avec sa nièce, fille du roi de Danemark, qui est à présent douairière de Lorraine, ne pouvait découvrir avoir aucune pratique et conférence avec nous, sans son grand intérêt. A cette commission se trouva propre un gentilhomme milanais, écuyer d'écurie chez le roi, nommé Merveille. Celui-ci dépêché avec lettres secrètes de créance et instructions d'ambassadeur, et avec d'autres lettres de recommandation envers le duc en faveur de ses affaires particulières pour le masque et la montre, fut si longtemps auprès du duc, qu'il en vint quelque ressentiment à l'empereur, qui donna cause à ce qui s'ensuivit après, comme nous pensons; qui fut, que sous couleur de quelque meurtre, voilà le duc qui lui fait trancher la tête de belle nuit, et son procès fait en deux jours. Messire Francisque étant venu prêt d'une longue déduction contrefaite de cette histoire, – car le roi s'en était adressé, pour demander raison, à tous les princes de Chrétienté et au duc même –, fut ouï aux affaires du matin, et ayant établi pour le fondement de sa cause et dressé, à cette fin, plusieurs belles apparences du fait : que son maître n'avait jamais pris notre homme, que pour gentilhomme privé, et sien sujet, qui était venu faire ses affaires à Milan, et qui n'avait jamais vécu là sous autre visage,

---

* Pline l'Ancien, cité par le commentateur de saint Augustin : « De sorte que l'étranger n'est pas un homme pour l'homme. »

désavouant même avoir su qu'il fût en état de la maison
du roi, ni connu de lui, tant s'en faut qu'il le prît pour
ambassadeur; le roi à son tour, le pressant de diverses
objections et demandes, et le chargeant de toutes parts,
l'accula enfin sur le point de l'exécution faite de nuit, et
comme à la dérobée. A quoi le pauvre homme embarrassé répondit, pour faire l'honnête, que, pour le respect
de Sa Majesté, le duc eût été bien marri que telle
exécution se fût faite de jour. Chacun peut penser comme
il fut relevé, s'étant si lourdement coupé, et à l'endroit
d'un tel nez que celui du roi François[8].

Le pape Jules second ayant envoyé un ambassadeur
vers le roi d'Angleterre, pour l'animer contre le roi
François[9], l'ambassadeur ayant été ouï sur sa charge et le
roi d'Angleterre s'étant arrêté en sa réponse aux difficultés qu'il trouvait à dresser les préparatifs qu'il faudrait
pour combattre un roi si puissant, et en alléguant quelques raisons, l'ambassadeur répliqua mal à propos qu'il
les avait aussi considérées de sa part et les avait bien dites
au pape. De cette parole si éloignée de sa proposition, qui
était de le pousser incontinent à la guerre, le roi d'Angleterre prit le premier argument de ce qu'il trouva depuis
par effet, que cet ambassadeur, de son intention particulière, pendait du côté de France. Et en ayant averti son
maître, ses biens furent confisqués et ne tint à guère qu'il
n'en perdît la vie.

CHAPITRE X

DU PARLER PROMPT
OU TARDIF

Onc ne furent à tous, toutes grâces données[1].

Aussi voyons-nous qu'au don d'éloquence, les uns ont la facilité et la promptitude, et ce qu'on dit, le boute-hors si aisé, qu'à chaque bout de champ ils sont prêts; les autres plus tardifs ne parlent jamais rien qu'élaboré et prémédité. Comme on donne des règles aux dames de prendre les jeux et les exercices du corps, selon l'avantage de ce qu'elles ont le plus beau, si j'avais à conseiller de même, en ces deux divers avantages de l'éloquence, de laquelle il semble en notre siècle que les prêcheurs et les avocats fassent principale profession, le tardif serait mieux mieux prêcheur, ce me semble, et l'autre mieux avocat : parce que la charge de celui-là lui donne autant qu'il lui plaît de loisir pour se préparer, et puis sa carrière se passe d'un fil et d'une suite, sans interruption, là où les commodités de l'avocat le pressent à toute heure de se mettre en lice, et les réponses imprévues de sa partie adverse le rejettent hors de son branle, où il lui faut sur-le-champ prendre nouveau parti.

Si est-ce qu'à l'entrevue du pape Clément[2] et du roi François à Marseille, il advint tout au rebours, que M. Poyet[3], homme toute sa vie nourri au barreau, en grande réputation, ayant charge de faire la harangue au pape, et l'ayant de longue main pourpensée, voire, à ce qu'on dit, apportée de Paris toute prête, le jour même qu'elle devait être prononcée, le pape se craignant qu'on lui tînt propos qui pût offenser les ambassadeurs des autres princes, qui étaient autour de lui, manda au roi l'argument qui lui semblait être le plus propre au temps et au lieu, mais de fortune tout autre que celui sur lequel M. Poyet s'était travaillé; de façon que sa harangue demeurait inutile, et lui en fallait promptement refaire une autre. Mais, s'en sentant incapable, il fallut que M. le cardinal du Bellay en prît la charge.

La part de l'avocat est plus difficile que celle du prêcheur, et nous trouvons pourtant, ce m'est avis, plus de passables avocats que prêcheurs, au moins en France.

Il semble que ce soit plus le propre de l'esprit d'avoir son opération prompte et soudaine, et plus le propre du jugement de l'avoir lente et posée. Mais qui demeure du tout muet, s'il n'a loisir de se préparer, et celui aussi à qui le loisir ne donne avantage de mieux dire, ils sont en pareil degré d'étrangeté. On récite de Severus Cassius[4] qu'il disait mieux sans y avoir pensé; qu'il devait plus à la fortune qu'à sa diligence; qu'il lui venait à profit d'être troublé en parlant, et que ses adversaires craignaient de le piquer, de peur que la colère ne lui fît redoubler son éloquence. Je connais, par expérience, cette condition de nature, qui ne peut soutenir une véhémente préméditation et laborieuse. Si elle ne va gaiement et librement, elle ne va rien qui vaille. Nous disons d'aucuns ouvrages qu'ils puent l'huile et la lampe, pour certaine âpreté et rudesse que le travail imprime en ceux où il a grande part. Mais, outre cela, la sollicitude de bien faire, et cette contention de l'âme trop bandée et trop tendue à son entreprise, la met au rouet, la rompt et l'empêche, ainsi qu'il advient à l'eau qui, par force de[a] se presser de sa violence et abondance, ne peut trouver issue en un goulet ouvert.

En cette condition de nature, de quoi je parle, il y a quant et quant[b] aussi cela, qu'elle demande à être non pas ébranlée et piquée par ces passions fortes, comme la colère de Cassius (car ce mouvement serait trop âpre), elle veut être non pas secouée, mais sollicitée; elle veut être échauffée et réveillée par les occasions étrangères, présentes et fortuites. Si elle va toute seule, elle ne fait que traîner et languir. L'agitation est sa vie et sa grâce.

Je ne me tiens pas bien en ma possession et disposition. Le hasard y a plus de droit que moi. L'occasion, la compagnie, le branle même de ma voix tire plus de mon esprit que je n'y trouve lorsque je le sonde et emploie à part moi.

Ainsi les paroles en valent mieux que les écrits, s'il y peut avoir choix où il n'y a point de prix.

Ceci m'advient aussi : que je ne me trouve pas où je me cherche; et me trouve plus par rencontre que par l'inquisition de mon jugement. J'aurai élancé[a] quelque subtilité en écrivant. (J'entends bien : mornée pour un autre, affilée pour moi. Laissons toutes ces honnêtetés. Cela se dit par chacun selon sa force.) Je l'ai si bien perdue que je ne sais ce que j'ai voulu dire; et l'a l'étranger découverte parfois avant moi. Si je portais le rasoir partout où cela m'advient, je me déferais[b] tout. La rencontre m'en offrira le jour quelque autre fois plus apparent que celui du midi; et me fera étonner de mon hésitation.

a. Emoussé. – *b.* Je supprimerais.

CHAPITRE XI

DES PRONOSTICATIONS

Quant aux oracles, il est certain que, bonne pièce avant la venue de Jésus-Christ, ils avaient commencé à perdre leur crédit : car nous voyons que Cicéron se met en peine de trouver la cause de leur défaillance; et ces mots sont à lui : « *Cur isto modo jam oracula Delphis non eduntur non modo nostra ætate sed jamdiu, ut modo nihil possit esse contemptius**. » Mais quant aux autres pronostics, qui se tiraient de l'anatomie des bêtes aux sacrifices, auxquels Platon attribue en partie la constitution naturelle des membres internes d'icelles[1], du trépignement des poulets, du vol des oiseaux, « *aves quasdam rerum augurandarum causa natas esse putamus*** », des foudres, du tournoiement des rivières, « *multa cernunt aruspices, multa augures provident, multa oraculis declarantur, multa vaticinationibus, multa somniis, multa portentis**** », et autres sur lesquels l'ancienneté appuyait la plupart des entreprises, tant publiques que privées, notre religion les a abolis. Et encore qu'il reste entre nous quelques moyens de divination ès astres, ès esprits, ès figures du corps, ès songes, et ailleurs, – notable exemple

---

* Cicéron, *De Divinatione*, livre II : « Pourquoi des oracles de ce genre ne sont-ils plus rendus à Delphes, non seulement de notre temps, mais depuis longtemps, au point que rien ne saurait être plus méprisé. »
** Cicéron, *De Natura Deorum*, livre II : « Nous pensons que certains oiseaux sont nés pour servir aux augures. »
*** *Ibid.*, II : « Les aruspices voient beaucoup de choses; les augures en prévoient beaucoup; beaucoup sont annoncées par les oracles, beaucoup par les prophéties, beaucoup par les songes, beaucoup par les prodiges. »

de la forcenée curiosité de notre nature, s'amusant à préoccuper les choses futures, comme si elle n'avait pas assez affaire à digérer les présentes :

> *cur hanc tibi, rector Olympi,*
> *Sollicitis visum mortalibus addere curam*
> *Noscant venturas ut dira per omina clades :*
> *Sit subitum quodcumque paras, sit cæca futuri*
> *Mens hominum fati, liceat sperare timenti**.

« *Ne utile quidem est scire quid futurum sit. Miserum est enim nihil proficientem angi*** », si est-ce qu'elle est de beaucoup moindre autorité.

Voilà pourquoi l'exemple de François[2], marquis de Saluces, m'a semblé remarquable. Car, lieutenant du roi François en son armée delà les monts, infiniment favorisé de notre cour, et obligé au roi du marquisat même, qui avait été confisqué de son frère, au reste ne se présentant occasion de le faire, son affection même y contredisant, se laissa si fort épouvanter (comme il a été avéré) aux belles pronostications qu'on faisait lors courir de tous côtés à l'avantage de l'empereur Charles cinquième et à notre désavantage, même en Italie, où ces folles prophéties avaient trouvé tant de place, qu'à Rome fut baillé grande somme d'argent au change, pour cette opinion de notre ruine, qu'après s'être souvent condolu[a] à ses privés des maux qu'il voyait inévitablement préparés à la couronne de France et aux amis qu'il y avait, se révolta et changea de parti; à son grand dommage pourtant, quelque constellation qu'il y eût. Mais il s'y conduisit en homme combattu de diverses passions. Car ayant et villes et forces en sa main, l'armée ennemie sous Antoine de Leve à trois pas de lui, et nous sans soupçon de son fait, il était en lui de faire pis qu'il ne fit. Car, pour sa trahison, nous

---

a. S'être plaint.
* Lucain, *Pharsale*, chant II : « Pourquoi, maître de l'Olympe, as-tu jugé bon d'ajouter aux inquiétudes des mortels, l'angoisse de connaître les catastrophes futures par de cruels présages. Que soit imprévu le sort, quel qu'il soit, que tu prépares, que l'âme humaine soit aveugle sur l'avenir, et qu'il soit permis d'espérer à celui qui craint. »
** Cicéron, *De Natura Deorum*, livre III : « Il n'est pas même utile de connaître l'avenir. C'est une misère de se tourmenter sans profit. »

ne perdîmes ni homme, ni ville que Fossano³ encore
après l'avoir longtemps contestée.

> *Prudens futuri temporis exitum*
> *Caliginosa nocte premit Deus,*
> *Ridétque si mortalis ultra*
> *Fas trepidat.*

> *Ille potens sui*
> *Laetúsque deget, cui licet in diem*
> *Dixisse, vixi, cras vel atra*
> *Nube polum pater occupato*
> *Vel sole puro*.*

> *Laetus in praesens animus, quod ultra est,*
> *Oderit curare**.*

Et ceux qui croient ce mot au contraire, le croient
à tort : « *Ista sic reciprocantur, ut et, si divinatio sit,*
dii sint; et, si dii sint, sit divinatio***. » Beaucoup plus
sagement Pacuvius :

> *Nam istis qui linguam avium intelligunt,*
> *Plusque ex alieno jecore sapiunt, quam ex suo,*
> *Magis audiendum quam auscultandum censeo****.*

Ce tant célébré art de deviner des Toscans naquit ainsi.
Un laboureur, perçant de son coutre profondément la
terre, en vit sourdre Tages, demi-dieu d'un visage enfan-

---

* Horace, *Odes*, livre III : « Dans sa prudence, la Divinité couvre
d'une nuit épaisse les événements de l'avenir et se rit du mortel qui
s'inquiète au-delà de ce qui est permis. – Celui-là est maître de lui-même
et passe joyeusement sa vie, qui peut dire chaque jour : j'ai vécu;
qu'importe que demain Jupiter obscurcisse le ciel de sombres nuées ou
nous donne un ciel serein. »
** *Ibid.*, II : « L'esprit satisfait du présent détestera de s'inquiéter de
l'avenir. »
*** Cicéron, *De Divinatione*, livre I : « Voici leur argument : s'il y a
une divination, il y a des dieux; et s'il y a des dieux, il y a une
divination. »
**** Vers de Pacuvius, cités par Cicéron, *De Divinatione*, livre I :
« Car ceux qui comprennent la langue des oiseaux, et qui s'en rapportent
au foie d'un animal plutôt qu'au leur, je suis d'avis qu'on doit les écouter
plutôt que les croire. »

tin, mais de sénile prudence. Chacun y accourut, et furent ses paroles et science recueillie et conservée à plusieurs siècles, contenant les principes et moyens de cet art[4]. Naissance conforme à son progrès.

J'aimerais bien mieux régler mes affaires par le sort des dés que par ces songes.

Et de vrai en toutes républiques on a toujours laissé la bonne part d'autorité au sort. Platon en la police[5] qu'il forge à discrétion lui attribue la décision de plusieurs effets d'importance et veut entre autres choses que les mariages se fassent par sort entre les bons; et donne si grand poids à cette élection fortuite que les enfants qui en naissent, il ordonne qu'ils soient nourris au pays; ceux qui naissent des mauvais en soient mis hors; toutefois si quelqu'un de ces bannis venait par cas d'aventure à montrer en croissant quelque bonne espérance de soi, qu'on le puisse rappeler, et exiler aussi celui d'entre les retenus qui montrera peu d'espérance de son adolescence.

J'en vois qui étudient et glosent leurs almanachs, et nous en allèguent l'autorité aux choses qui se passent. A tant dire, il faut qu'ils disent et la vérité et le mensonge : « *Quis est enim qui totum diem jaculans non aliquando conlineet*.* » Je ne les estime de rien mieux, pour les voir tomber en quelque rencontre : ce serait plus de certitude, s'il y avait règle et vérité à mentir toujours. Joint que personne ne tient registre de leur mécompte, d'autant qu'ils sont ordinaires et infinis; et fait-on valoir leurs divinations de ce qu'elles sont rares, incroyables et prodigieuses. Ainsi répondit Diagoras[6] qui fut surnommé l'Athée, étant en la Samothrace, à celui qui en lui montrant au temple force vœux et tableaux de ceux qui avaient échappé le naufrage, lui dit : « Eh bien, vous qui pensez que les dieux mettent à nonchaloir les choses humaines, que dites-vous de tant d'hommes sauvés par leur grâce? – Il se fait ainsi, répondit-il : ceux-là ne sont pas peints qui sont demeurés noyés, en bien plus grand nombre. » Cicéron dit[7] que seul Xénophane de Colophon, entre tous les philosophes qui ont avoué les dieux,

---

* Cicéron, *De Divinatione*, livre II : « Quel est celui qui, tirant un jour entier, ne touchera pas une fois le but? »

a essayé déraciner toute sorte de divination. D'autant est-il moins de merveille si nous avons vu parfois à leur dommage aucunes de nos âmes principesques s'arrêter à ces vanités.

Je voudrais bien avoir reconnu de mes yeux ces deux merveilles : du livre de Joachim[8], abbé calabrais, qui prédisait tous les papes futurs, leurs noms et formes; et celui de Léon l'empereur, qui prédisait les empereurs et patriarches de Grèce. Ceci ai-je reconnu de mes yeux, qu'ès confusions publiques les hommes étonnés de leur fortune se vont rejetant, comme à toute superstition, à rechercher au ciel les causes et menaces anciennes de leur malheur. Et y sont si étrangement heureux de mon temps, qu'ils m'ont persuadé, qu'ainsi que c'est un amusement d'esprits aigus et oisifs, ceux qui sont duits[a] à cette subtilité de les replier et dénouer, seraient en tous écrits capables de trouver tout ce qu'ils y demandent. Mais surtout leur prête beau jeu le parler obscur, ambigu et fantastique du jargon prophétique, auquel leurs auteurs ne donnent aucun sens clair, afin que la postérité y en puisse appliquer de tel qu'il lui plaira.

Le démon de Socrate était à l'aventure certaine impulsion de volonté, qui se présentait à lui, sans attendre le conseil de son discours. En une âme bien épurée, comme la sienne, et préparée par continuel exercice de sagesse et de vertu, il est vraisemblable que ces inclinations, quoique téméraires et indigestes, étaient toujours importantes et dignes d'être suivies. Chacun sent en soi quelque image de telles agitations d'une opinion prompte, véhémente et fortuite. C'est à moi de leur donner quelque autorité, qui en donne si peu à notre prudence. Et en ai eu de pareillement faibles en raison et violentes en persuasion ou en dissuasion, qui étaient plus ordinaires en Socrate, auxquelles je me laissai emporter si utilement et heureusement qu'elles pourraient être jugées tenir quelque chose d'inspiration divine.

---

a. Exercés.

CHAPITRE XII

DE LA CONSTANCE

La loi de la résolution et de la constance ne porte pas que nous ne nous devions couvrir, autant qu'il est en notre puissance, des maux et inconvénients qui nous menacent, ni par conséquent d'avoir peur qu'ils nous surprennent. Au rebours, tous moyens honnêtes de se garantir des maux sont non seulement permis, mais louables. Et le jeu de la constance se joue principalement à porter patiemment les inconvénients, où il n'y a point de remède. De manière qu'il n'y a souplesse de corps, ni mouvement aux armes de main, que nous trouvions mauvais, s'il sert à nous garantir du coup qu'on nous rue.

Plusieurs nations très belliqueuses se servaient en leurs faits d'armes de la fuite pour avantage principal et montraient le dos à l'ennemi plus dangereusement que leur visage.

Les Turcs en retiennent quelque chose.

Et Socrate en Platon[1], se moquant de Lachès qui avait défini la fortitude[a] : se tenir ferme en son rang contre les ennemis. « Quoi, fait-il, serait-ce donc lâcheté de les battre en leur faisant place? » Et lui allègue Homère qui loue en Enée la science de fuir. Et parce que Lachès, se ravisant, avoue cet usage aux Scythes, et enfin généralement aux gens de cheval, il lui allègue encore l'exemple des gens de pied lacédémoniens, nation sur toutes duite[b] à combattre de pied ferme, qui en la journée de Platée[2],

---

a. Le courage. – b. Exercée.

ne pouvant ouvrir la phalange persienne, s'avisèrent de s'écarter et sier arrière[a], pour par l'opinion de leur fuite faire rompre et dissoudre cette masse en les poursuivant. Par où ils se donnèrent la victoire.

Touchant les Scythes, on dit d'eux[3], quand Darius alla pour les subjuguer, qu'il manda à leur Roi force reproches pour le voir toujours reculant devant lui et gauchissant la mêlée. A quoi Indathyrse, car ainsi se nommait-il, fit réponse que ce n'était pour avoir peur ni de lui, ni d'homme vivant, mais que c'était la façon de marcher de sa nation, n'ayant ni terre cultivée, ni ville, ni maison à défendre, et à craindre que l'ennemi en pût faire profit. Mais s'il avait si grand faim d'y mordre, qu'il approchât pour voir le lieu de leurs anciennes sépultures et que là il trouverait à qui parler.

Toutefois aux canonnades, depuis qu'on leur est planté en butte[b], comme les occasions de la guerre portent souvent, il est messéant de s'ébranler pour la menace du coup; d'autant que pour sa violence et vitesse nous le tenons inévitable. Et en y a maint un[c] qui pour avoir ou haussé la main, ou baissé la tête, en a pour le moins apprêté à rire à ses compagnons.

Si est-ce qu'au voyage[4] que l'empereur Charles cinquième fit contre nous en Provence, le marquis de Guast étant allé reconnaître la ville d'Arles, et s'étant jeté hors du couvert d'un moulin à vent, à la faveur duquel il s'était approché, fut aperçu par les seigneurs de Bonneval et sénéchal d'Agenais, qui se promenaient sur le théâtre aux arènes. Lesquels, l'ayant montré au seigneur de Villier, commissaire de l'artillerie, il braqua si à propos une couleuvrine, que sans ce que ledit marquis, voyant mettre le feu, se lança à quartier, il fût tenu qu'il en avait dans le corps. Et de même quelques années auparavant, Laurent de Médicis[5], duc d'Urbin, père de la reine, mère du roi, assiégeant Mondolphe, place d'Italie, aux terres qu'on nomme du Vicariat, voyant mettre le feu à une pièce qui le regardait, bien lui servit de faire la cane. Car autrement le coup, qui ne lui rasa que le dessus de la tête, lui donnait sans doute dans l'estomac. Pour en dire le vrai, je ne crois pas que ces mouvements se fissent avec

---

a. Reculer. – *b.* Exposé comme cible. – *c.* Plus d'un.

discours; car quel jugement pouvez-vous faire de la mire haute ou basse en chose si soudaine? Et est bien plus aisé à croire que la fortune favorisa leur frayeur, et que ce serait moyen une autre fois aussi bien pour se jeter dans le coup que pour l'éviter.

Je ne me puis défendre, si le bruit éclatant d'une arquebusade vient à me frapper les oreilles à l'imprévu, en lieu où je ne la dusse pas attendre, que je n'en tressaille; ce que j'ai vu encore advenir à d'autres qui valent mieux que moi.

Ni n'entendent les Stoïciens[6] que l'âme de leur sage puisse résister aux premières visions et fantaisies qui lui surviennent, ains*a* comme à une sujétion naturelle consentent qu'il cède au grand bruit du ciel, ou d'une ruine, pour exemple, jusques à la pâleur et contraction. Ainsi aux autres passions, pourvu que son opinion demeure sauve et entière et que l'assiette de son discours n'en souffre atteinte ni altération quelconque et qu'il ne prête nul consentement à son effroi et souffrance. De celui qui n'est pas sage il en va de même en la première partie, mais tout autrement en la seconde. Car l'impression des passions ne demeure pas en lui superficielle, ains va pénétrant jusques au siège de sa raison, l'infectant et la corrompant. Il juge selon icelles et s'y conforme. Voyez bien disertement et pleinement l'état du sage Stoïque.

Mens immota manet, lachrimae volvuntur inanes*.

Le sage Péripatéticien ne s'exempte pas des perturbations, mais il les modère.

---

a. Au contraire.
* Virgile, *Enéide*, livre IV. Les reproches de Didon ne détournent pas Enée de sa décision : « Son âme demeure inébranlable, ses larmes coulent en vain. » Montaigne a lu ce vers, cité par saint Augustin dans *la Cité de Dieu*.

CHAPITRE XIII

CÉRÉMONIE DE L'ENTREVUE
DES ROIS

Il n'est sujet si vain qui ne mérite un rang en cette rhapsodie. A nos règles communes, ce serait une notable discourtoisie, et à l'endroit d'un pareil et plus à l'endroit d'un grand, de faillir à vous trouver chez vous, quand il vous aurait averti d'y devoir venir. Voire, ajoutait la reine de Navarre, Marguerite, à ce propos, que c'était incivilité à un gentilhomme de partir de sa maison, comme il se fait le plus souvent, pour aller au-devant de celui qui le vient trouver, pour grand qu'il soit; et qu'il est plus respectueux et civil de l'attendre, pour le recevoir, ne fût que de peur de faillir sa route; et qu'il suffit de l'accompagner à son partement[a].

Pour moi, j'oublie souvent l'un et l'autre de ces vains offices, comme je retranche en ma maison toute cérémonie. Quelqu'un s'en offense : qu'y ferais-je? Il vaut mieux que je l'offense pour une fois, que à moi tous les jours; ce serait une sujétion continuelle. A quoi faire fuit-on la servitude des cours, si on l'en traîne jusques en sa tanière.

C'est aussi une règle commune en toutes assemblées, qu'il touche aux moindres de se trouver les premiers à l'assignation, d'autant qu'il est mieux dû aux plus apparents de se faire attendre. Toutefois à l'entrevue qui se dressa du pape Clément et du roi François à Marseille[1], le roi y ayant ordonné les apprêts nécessaires, s'éloigna de la ville et donna loisir au pape de deux ou trois jours

a. Départ.

pour son entrée et rafraîchissement[a], avant qu'il le vînt trouver. Et de même à l'entrée aussi du pape et de l'empereur à Bologne[2], l'empereur donna moyen au pape d'y être le premier, et y survint après lui. C'est, disent-ils, une cérémonie ordinaire aux abouchements de tels princes, que le plus grand soit avant les autres au lieu assigné, voire avant celui chez qui se fait l'assemblée; et le prennent de ce biais, que c'est afin que cette apparence témoigne que c'est le plus grand que les moindres vont trouver, et le recherchent, non pas lui eux.

Non seulement chaque pays, mais chaque cité a sa civilité particulière, et chaque vacation[b]. J'y ai été assez soigneusement dressé en mon enfance et ai vécu en assez bonne compagnie, pour n'ignorer pas les lois de la nôtre française; et en tiendrais école. J'aime à les ensuivre, mais non pas si couardement que ma vie en demeure contrainte. Elles ont quelques formes pénibles, lesquelles, pourvu qu'on oublie par discrétion, non par erreur, on n'en a pas moins de grâce. J'ai vu souvent des hommes incivils par trop de civilité, et importuns de courtoisie.

C'est, au demeurant, une très utile science que la science de l'entregent. Elle est, comme la grâce et la beauté, conciliatrice des premiers abords de la société et familiarité; et par conséquent nous ouvre la porte à nous instruire par les exemples d'autrui, et à exploiter et produire notre exemple, s'il a quelque chose d'instruisant et communicable.

a. Repos. – *b*. Profession.

CHAPITRE XIV

QUE LE GOÛT DES BIENS
ET DES MAUX
DÉPEND EN BONNE PARTIE DE L'OPINION
QUE NOUS EN AVONS

Les hommes (dit une sentence grecque ancienne) sont tourmentés par les opinions qu'ils ont des choses, non par les choses mêmes[1]. Il y aurait un grand point gagné pour le soulagement de notre misérable condition humaine, qui pourrait établir cette proposition vraie tout partout. Car si les maux n'ont entrée en nous que par notre jugement, il semble qu'il soit en notre pouvoir de les mépriser ou contourner à bien. Si les choses se rendent à notre merci, pourquoi n'en chevirons[a]-nous, ou ne les accommoderons-nous à notre avantage? Si ce que nous appelons mal et tourment n'est ni mal ni tourment de soi, ains[b] seulement que notre fantaisie lui donne cette qualité, il est en nous de la changer. Et en ayant le choix, si nul ne nous force, nous sommes étrangement fols de nous bander pour le parti qui nous est le plus ennuyeux, et de donner aux maladies, à l'indigence et au mépris un aigre et mauvais goût, si nous le leur pouvons donner bon, et si, la fortune fournissant simplement de matière, c'est à nous de lui donner la forme. Or que ce que nous appelons mal ne le soit pas de soi, ou au moins tel qu'il soit, qu'il dépende de nous de lui donner autre saveur et autre visage, car tout revient à un, voyons s'il se peut maintenir.

Si l'être originel de ces choses que nous craignons, avait crédit de se loger en nous de son autorité, il logerait pareil et semblable en tous; car les hommes sont tous d'une

a. N'en disposerons-nous. – b. Mais au contraire.

espèce, et sauf le plus et le moins, se trouvent garnis de pareils outils et instruments pour concevoir et juger. Mais la diversité des opinions que nous avons de ces choses-là montre clairement qu'elles n'entrent en nous que par composition; tel à l'aventure les loge chez soi en leur vrai être, mais mille autres leur donnent un être nouveau et contraire chez eux.

Nous tenons la mort, la pauvreté et la douleur pour nos principales parties.

Or cette mort que les uns appellent des choses horribles la plus horrible, qui ne sait que d'autres la nomment l'unique port[2] des tourments de cette vie? le souverain bien de nature? seul appui de notre liberté? et commune et prompte recette à tous maux? et comme les uns l'attendent tremblants et effrayés, d'autres la supportent plus aisément que la vie.

Celui-là se plaint de sa facilité :

> *Mors, utinam pavidos vita subducere nolles,*
> *Sed virtus te sola daret*[*]*!*

Or laissons ces glorieux courages. Théodore répondit à Lysimaque menaçant de le tuer : « Tu feras un grand coup, d'arriver à la force d'une cantharide[3]!... » La plupart des philosophes se trouvent avoir ou prévenu par dessein ou hâté et secouru leur mort.

Combien voit-on de personnes populaires, conduites à la mort, et non à une mort simple, mais mêlée de honte et quelquefois de griefs[a] tourments, y apporter une telle assurance, qui par opiniâtreté, qui par simplesse naturelle, qu'on n'y aperçoit rien de changé de leur état ordinaire; établissant leurs affaires domestiques, se recommandant à leurs amis, chantant, prêchant et entretenant le peuple; voire y mêlant quelquefois des mots pour rire, et buvant à leurs connaissances, aussi bien que Socrate. Un[4] qu'on menait au gibet, disait que ce ne fût pas par telle rue, car il y avait danger qu'un marchand lui fît mettre la main

---

a. Graves.
* Lucain, *Pharsale*, chant IV : « Plût aux dieux, ô Mort, que tu ne voulusses pas retirer les lâches de la vie, et que seule la vertu pût te donner. »

sur le collet, à cause d'une vieille dette. Un autre disait au bourreau qu'il ne le touchât pas à la gorge, de peur de le faire tressaillir de rire, tant il était chatouilleux. L'autre répondit à son confesseur, qui lui promettait qu'il souperait ce jour-là avec Notre-Seigneur : « Allez-vous-y-en, vous, car de ma part, je jeûne. » Un autre, ayant demandé à boire, et le bourreau ayant bu le premier, dit ne vouloir boire après lui, de peur de prendre la vérole. Chacun a ouï faire le conte du Picard, auquel, étant à l'échelle, on présenta une garce, et que (comme notre justice permet quelquefois) s'il la voulait épouser, on lui sauverait la vie : lui, l'ayant un peu contemplée, et aperçu qu'elle boitait : « Attache, attache, dit-il, elle cloche. » Et on dit de même qu'en Danemark un homme condamné à avoir la tête tranchée, étant sur l'échafaud, comme on lui présenta une pareille condition, la refusa, parce que la fille qu'on lui offrit avait les joues avalées[a] et le nez trop pointu. Un valet à Toulouse, accusé d'hérésie, pour toute raison de sa créance se rapportait à celle de son maître, jeune écolier prisonnier avec lui; et aima mieux mourir que se laisser persuader que son maître pût faillir. Nous lisons[5] de ceux de la ville d'Arras, lorsque le roi Louis onzième la prit, qu'il s'en trouva bon nombre parmi le peuple qui se laissèrent pendre, plutôt que de dire : « Vive le roi! ».

Au royaume de Narsinque, encore aujourd'hui les femmes de leurs prêtres sont vives ensevelies avec leurs maris morts. Toutes autres femmes sont brûlées vives non constamment seulement, mais gaiement aux funérailles de leurs maris. Et quand on brûle le corps de leur roi trépassé, toutes ses femmes et concubines, ses mignons et toute sorte d'officiers et serviteurs qui font un peuple, accourent si allégrement à ce feu pour s'y jeter quand et leur maître, qu'ils semblent tenir à honneur d'être compagnons de son trépas[6].

Et de ces viles âmes de bouffons il s'en est trouvé qui n'ont voulu abandonner leur gaudisserie en la mort même. Celui à qui le bourreau donnait le branle s'écria : « Vogue la galère! » qui était son refrain ordinaire. Et l'autre qu'on avait couché, sur le point de rendre sa vie,

a. Tombantes.

le long du foyer sur une paillasse, à qui le médecin demandant où le mal le tenait : « Entre le banc et le feu », répondit-il. Et le prêtre, pour lui donner l'extrême-onction, cherchant ses pieds, qu'il avait resserrés et contraints par la maladie : « Vous les trouverez, dit-il, au bout de mes jambes. » A l'homme qui l'exhortait de se recommander à Dieu : « Qui y va? » demanda-t-il; et l'autre répondant : « Ce sera tantôt vous-même, s'il lui plaît. – Y fussé-je bien demain au soir, répliqua-t-il. – Recommandez-vous seulement à lui, suivit l'autre, vous y serez bientôt. – Il vaut donc mieux, ajouta-t-il, que je lui porte mes recommandations moi-même[7]. »

Pendant nos dernières guerres de Milan et tant de prises et rescousses, le peuple, impatient de si divers changements de fortune, prit telle résolution à la mort, que j'ai ouï dire à mon père, qu'il y vit tenir compte de bien vingt-cinq maîtres de maison, qui s'étaient défaits eux-mêmes en une semaine. Accident approchant à celui de la ville des Xanthiens[8], lesquels, assiégés par Brutus, se précipitèrent pêle-mêle, hommes, femmes et enfants, à un si furieux appétit de mourir, qu'on ne fait rien pour fuir la mort, que ceux-ci ne fissent pour fuir la vie; en manière qu'à peine put Brutus en sauver un bien petit nombre.

Toute opinion est assez forte pour se faire épouser au prix de la vie. Le premier article de ce beau serment que la Grèce jura et maintint en la guerre médoise, ce fut que chacun changerait plutôt la mort à la vie que les lois persiennes aux leurs[9]. Combien voit-on de monde, en la guerre des Turcs et des Grecs, accepter plutôt la mort très âpre que de se décirconcire pour se baptiser? Exemple de quoi nulle sorte de religion n'est incapable.

Les rois de Castille[10] ayant banni de leurs terres les Juifs, le roi Jean de Portugal leur vendit à huit écus pour tête la retraite aux siennes, en condition que dans certain jour ils auraient à les vider; et lui, promettait leur fournir de vaisseaux à les trajeter[a] en Afrique. Le jour venu, lequel passé il était dit que ceux qui n'auraient obéi demeureraient esclaves, les vaisseaux leur furent fournis

a. Transporter.

escharsement*ᵃ*, et ceux qui s'y embarquèrent, rudement
et vilainement traités par les passagers, qui, outre plusieurs autres indignités, les amusèrent sur mer, tantôt
avant, tantôt arrière, jusques à ce qu'ils eussent consommé leurs victuailles et fussent contraints d'en acheter d'eux si chèrement et si longuement qu'ils fussent rendus à bord après avoir été du tout mis en chemise. La
nouvelle de cette inhumanité rapportée à ceux qui étaient
en terre, la plupart se résolurent à la servitude; aucuns
firent contenance de changer de religion. Emmanuel[11],
venu à la couronne, les mit premièrement en liberté; et,
changeant d'avis depuis, leur donna temps de vider ses
pays, assignant trois ports à leur passage. Il espérait, dit
l'évêque Osorio, le meilleur historien latin de nos siècles,
que la faveur de la liberté, qu'il leur avait rendue, ayant
failli de les convertir au christianisme, la difficulté de se
commettre, comme leurs compagnons, à la volerie des
mariniers, d'abandonner un pays où ils étaient habitués
avec grandes richesses, pour s'aller jeter en région inconnue, et étrangère, les y ramènerait. Mais, se voyant déchu
de son espérance, et eux tous délibérés*ᵇ* au passage, il
retrancha deux des ports qu'il leur avait promis, afin que
la longueur et incommodité du trajet en ravisât aucuns;
ou pour les amonceler tous à un lieu, pour une plus
grande commodité de l'exécution qu'il avait destinée. Ce
fut qu'il ordonna qu'on arrachât d'entre les mains des
pères et des mères tous les enfants au-dessous de quatorze
ans, pour les transporter hors de leur vue et conversation,
en lieu où ils fussent instruits à notre religion. Ils disent
que cet effet produisit un horrible spectacle; la naturelle
affection d'entre les pères et les enfants et de plus le zèle à
leur ancienne créance combattant à l'encontre de cette
violente ordonnance. Il y fut vu communément des pères
et mères se défaisant*ᶜ* eux-mêmes; et, d'un plus rude
exemple encore, précipitant par amour et compassion
leurs jeunes enfants dans des puits pour fuir à la loi. Au
demeurant, le terme qu'il leur avait préfix*ᵈ* expiré, par
faute de moyens, ils se remirent en servitude. Quelques-
uns se firent chrétiens; de la foi desquels, ou de leur race,
encore aujourd'hui cent ans après peu de Portugais

a. Parcimonieusement. – *b.* Décidés. – *c.* Se tuant. – *d.* Fixé d'avance.

s'assurent, quoique la coutume et la longueur du temps soient bien plus fortes conseillères que toute autre contrainte[12]. « *Quoties non modo ductores nostri*, dit Cicéron, *sed universi, etiam exercitus ad non dubiam mortem concurrerunt**. »

J'ai vu quelqu'un de mes intimes amis[13] courir la mort à force, d'une vraie affection et enracinée en son cœur par divers visages de discours, que je ne lui sus rabattre, et, à la première qui s'offrit coiffée d'un lustre d'honneur, s'y précipiter hors de toute apparence, d'une faim âpre et ardente.

Nous avons plusieurs exemples en notre temps de ceux, jusques aux enfants, qui, de crainte de quelque légère incommodité, se sont donnés à la mort. Et à ce propos, que ne craindrons-nous, dit un Ancien[14], si nous craignons ce que la couardise même a choisi pour sa retraite? D'enfiler ici un grand rôle[a] de ceux de tous sexes et conditions et de toutes sectes ès siècles plus heureux, qui ont ou attendu la mort constamment, ou recherchée volontairement, et recherchée non seulement pour fuir les maux de cette vie, mais aucuns pour fuir simplement la satiété de vivre, et d'autres pour l'espérance d'une meilleure condition ailleurs, je n'aurais jamais fait. Et en est le nombre si infini, qu'à la vérité j'aurais meilleur marché de mettre en compte ceux qui l'ont crainte.

Ceci seulement. Pyrrhon le Philosophe, se trouvant un jour de grande tourmente dans un bateau, montrait à ceux qu'il voyait les plus effrayés autour de lui, et les encourageait par l'exemple d'un pourceau, qui y était, nullement soucieux de cet orage[15]. Oserons-nous donc dire que cet avantage de la raison, de quoi nous faisons tant de fête, et pour le respect duquel nous nous tenons maîtres et empereurs du reste des créatures, ait été mis en nous pour notre tourment? A quoi faire la connaissance des choses, si nous en perdons le repos et la tranquillité, où nous serions sans cela, et si elle nous rend de pire condition que le pourceau de Pyrrhon? L'intelligence qui

a. Registre.
* Cicéron, *Tusculanes*, livre I : « Combien de fois non seulement nos généraux, mais nos armées tout entières ont couru à une mort certaine. »

nous a été donnée pour notre plus grand bien, l'emploie-
rons-nous à notre ruine, combattant le dessein de nature,
et l'universel ordre des choses, qui porte que chacun use
de ses outils et moyens pour sa commodité?

Bien, me dira-t-on, votre règle serve à la mort, mais
que direz-vous de l'indigence? Que direz-vous encore de
la douleur, que Aristippe, Hieronymus[16] et la plupart des
sages ont estimé le dernier mal; et ceux qui le niaient de
parole, le confessaient par effet? Possidonius étant extrêmement tourmenté d'une maladie aiguë et douloureuse,
Pompée le fut voir, et s'excusa d'avoir pris heure si
importune pour l'ouïr deviser de la philosophie : « Jà à
Dieu ne plaise, lui dit Possidonius, que la douleur gagne
tant sur moi, qu'elle m'empêche d'en discourir et d'en
parler! » et se jeta sur ce même propos du mépris de la
douleur. Mais cependant elle jouait son rôle et le pressait incessamment. A quoi il s'écriait : « Tu as beau faire,
douleur, si ne dirai-je pas que tu sois mal. » Ce conte
qu'ils font tant valoir, que porte-t-il pour le mépris de la
douleur? Il ne débat que du mot, et cependant si ces
pointures ne l'émeuvent, pourquoi en rompt-il son propos? Pourquoi pense-t-il faire beaucoup de ne l'appeler
pas mal?

Ici tout ne consiste pas en l'imagination. Nous opinons
du reste, c'est ici la certaine science, qui joue son rôle.
Nos sens même en sont juges,

> *Qui nisi sunt veri, ratio quoque falsa sit omnis* *.

Ferons-nous accroire à notre peau que les coups d'étri-
vière la chatouillent? Et à notre goût que l'aloès soit du
vin de Graves? Le pourceau de Pyrrhon est ici de notre
écot. Il est bien sans effroi à la mort, mais si on le bat, il
crie et se tourmente. Forcerons-nous la générale habitude
de nature, qui se voit en tout ce qui est vivant sous le ciel,
de trembler sous la douleur? Les arbres mêmes semblent
gémir aux offenses qu'on leur fait. La mort ne se sent que
par le discours, d'autant que c'est le mouvement d'un
instant :

---

* Lucrèce, *De Natura Rerum*, chant IV : « Si nos sens ne sont pas
véridiques, tout notre raisonnement doit aussi être faux. »

Aut fuit, aut veniet, nihil est præsentis in illa *
Morsque minus pœnæ quam mora mortis habet **.

Mille bêtes, mille hommes sont plus tôt morts que menacés. Et à la vérité ce que nous disons craindre principalement en la mort, c'est la douleur, son avant-coureuse coutumière.

Toutefois s'il en faut croire un saint père : « *Malam mortem non facit, nisi quod sequitur mortem* ***. » Et je dirai encore plus vraisemblablement que ni ce qui va devant, ni ce qui vient après, n'est des appartenances de la mort. Nous nous excusons faussement. Et je trouve par expérience que c'est plutôt l'impatience de l'imagination de la mort qui nous rend impatients de la douleur, et que nous la sentons doublement griève de ce qu'elle nous menace de mourir. Mais la raison accusant notre lâcheté de craindre chose si soudaine, si inévitable, si insensible, nous prenons cet autre prétexte plus excusable.

Tous les maux qui n'ont autre danger que du mal, nous les disons sans danger; celui des dents ou de la goutte, pour grief qu'il soit, d'autant qu'il n'est pas homicide, qui le met en compte de maladie? Or bien présupposons-le, qu'en la mort nous regardons principalement la douleur. Comme aussi la pauvreté n'a rien à craindre que cela, qu'elle nous jette entre ses bras, par la soif, la faim, le froid, le chaud, les veilles, qu'elle nous fait souffrir.

Ainsi n'ayons affaire qu'à la douleur. Je leur donne que ce soit le pire accident de notre être et volontiers; car je suis l'homme du monde qui lui veux autant de mal, et qui la fuis autant, pour jusques à présent n'avoir pas eu, Dieu merci! grand commerce avec elle. Mais il est en nous, sinon de l'anéantir, au moins de l'amoindrir par la patience, et, quand bien le corps s'en émouvrait, de

---

* Vers tiré d'une satire que La Boétie avait envoyée à Montaigne : « Ou elle a été, ou elle viendra : il n'y a rien de présent en elle. »

** Ovide, *Héroïdes*, lettre d'Ariane à Thésée : « La mort est moins terrible que l'attente de la mort. »

*** Saint Augustin souvent cité par Montaigne : « La mort n'est un mal que par ce qui vient après elle », *Cité de Dieu*, livre I.

maintenir ce néanmoins l'âme et la raison en bonne trempe.

Et s'il ne l'était, qui aurait mis en crédit parmi nous la vertu, la vaillance, la force, la magnanimité et la résolution? Où joueraient-elles leur rôle, s'il n'y a plus de douleur à défier : « *avida est periculi virtus* * ». S'il ne faut coucher sur la dure, soutenir armé de toutes pièces la chaleur du midi, se paître d'un cheval ou d'un âne, se voir détailler*ᵃ* en pièces, et arracher une balle d'entre les os, se souffrir recoudre, cautériser et sonder, par où s'acquerra l'avantage que nous voulons avoir sur le vulgaire? C'est bien loin de fuir le mal et la douleur, ce que disent les Sages, que des actions également bonnes, celle-là est plus souhaitable à faire, où il y a plus de peine. « *Non enim hilaritate, nec lascivia, nec risu aut ioco comite levitatis, sed sæpe etiam tristes firmitate et constantia sunt beati* **. » Et à cette cause il a été impossible de persuader à nos pères que les conquêtes faites par vive force, au hasard de la guerre, ne fussent plus avantageuses, que celles qu'on fait en toute sûreté par pratiques et menées :

Lætius est, quoties magno sibi constat honestum ***.

Davantage, cela doit nous consoler : que naturellement, si la douleur est violente, elle est courte; si elle est longue, elle est légère, « *si gravis brevis, si longus levis* **** ». Tu ne la sentiras guère longtemps, si tu la sens trop; elle mettra fin à soi, ou à toi : l'un et l'autre revient à un. Si tu ne la portes, elle t'emportera. « *Memineris maximos morte finiri; parvos multa habere intervalla requietis; mediocrium nos esse dominos : ut si*

_____

a. Mettre en pièces.
* Sénèque, *De Providentia*, livre IV : « La vertu est avide de danger. »
** Cicéron, *De Finibus*, livre II : « Ce n'est pas dans la gaieté, ni les plaisirs, le rire et les jeux, compagnons de la frivolité, qu'on trouve le bonheur, mais dans la fermeté et la constance malgré la tristesse. »
*** Lucain, *Pharsale*, chant IX : « La vertu est d'autant plus agréable qu'elle nous coûte davantage. »
**** Cicéron, *De Finibus*, livre II : « Si elle est violente, elle est brève, si elle est longue, elle est légère. »

tolerabiles sint, feramus; sin minus, e vita quum ea non placeat, tanquam e theatro exeamus*. »

Ce qui nous fait souffrir avec tant d'impatience la douleur, c'est de n'être pas accoutumés[17] de prendre notre principal contentement en l'âme, de ne nous attendre[a] point assez à elle, qui est seule et souveraine maîtresse de notre condition et conduite. Le corps n'a, sauf le plus et le moins, qu'un train et qu'un pli. Elle est variable en toute sorte de formes, et range à soi et à son état, quel qu'il soit, les sentiments du corps et tous autres accidents. Pourtant la faut-il étudier et enquérir, et éveiller en elle ses ressorts tout-puissants. Il n'y a raison, ni prescription, ni force, qui puisse contre son inclination et son choix. De tant de milliers de biais qu'elle a en sa disposition, donnons-lui-en un propre à notre repos et conservation, nous voilà non couverts seulement de toute offense, mais gratifiés même et flattés, si bon lui semble, des offenses et des maux.

Elle fait son profit de tout indifféremment. L'erreur, les songes, lui servent utilement, comme une loyale matière à nous mettre à garant et en contentement.

Il est aisé à voir que ce qui aiguise en nous la douleur et la volupté, c'est la pointe de notre esprit. Les bêtes, qui le tiennent sous boucle, laissent aux corps leurs sentiments, libres et naïfs, et par conséquent uns, à peu près en chaque espèce, comme nous voyons par la semblable application de leurs mouvements. Si nous ne troublions pas en nos membres la juridiction qui leur appartient en cela, il est à croire que nous en serions mieux et que nature leur a donné un juste et modéré tempérament envers la volupté et envers la douleur. Et ne peut faillir d'être juste, étant égal et commun. Mais puisque nous nous sommes émancipés de ses règles, pour nous abandonner à la vagabonde liberté de nos fantaisies, au moins aidons-nous à les plier du côté le plus agréable.

Platon[18] craint notre engagement âpre à la douleur et

a. Prêter attention à.
* Cicéron, *De Finibus*, livre I : « Souviens-toi que les plus grandes douleurs sont terminées par la mort; que les petites ont de nombreux intervalles de repos; que nous sommes maîtres des moyennes. Si donc elles sont supportables, endurons-les; sinon quittons la vie, si elle nous déplaît, comme un théâtre. »

à la volupté, d'autant qu'il oblige et attache par trop l'âme au corps. Moi plutôt au rebours, d'autant qu'il l'en dépend et décloue.

Tout ainsi que l'ennemi se rend plus aigre à notre fuite, aussi s'enorgueillit la douleur à nous voir trembler sous elle. Elle se rendra de bien meilleure composition à qui lui fera tête[19]. Il se faut opposer et bander contre. En nous acculant et tirant arrière, nous appelons à nous et attirons la ruine qui nous menace. Comme le corps est plus ferme à la charge en le raidissant, aussi est l'âme[20].

Mais venons aux exemples, qui sont proprement du gibier des gens faibles de reins, comme moi, où nous trouverons qu'il va de la douleur, comme des pierres qui prennent couleur ou plus haute ou plus morne selon la feuille où l'on les couche, et qu'elle ne tient qu'autant de place en nous que nous lui en faisons. « *Tantum dolue-runt*, dit saint Augustin, *quantum doloribus se inserue-runt **. » Nous sentons plus un coup de rasoir du chirurgien que dix coups d'épée en la chaleur du combat. Les douleurs de l'enfantement par les médecins et par Dieu même estimées grandes[21], et que nous passons avec tant de cérémonies, il y a des nations entières qui n'en font nul compte. Je laisse à part les femmes lacédémoniennes; mais aux Suisses[22], parmi nos gens de pied, quel changement y trouvez-vous? Sinon que trottant après leurs maris, vous leur voyez aujourd'hui porter au col l'enfant qu'elles avaient hier au ventre. Et ces Egyptiennes contrefaites, ramassées d'entre nous, vont, elles-mêmes, laver les leurs, qui viennent de naître, et prennent leur bain en la plus proche rivière. Outre tant de garces qui dérobent tous les jours leurs enfants tant en la génération qu'en la conception, cette honnête femme de Sabinus, patricien romain, pour l'intérêt d'autrui supporta le travail de l'enfantement de deux jumeaux, seule, sans assistance, et sans voix et gémissement[23]. Un simple garçonnet de Lacédémone[24], ayant dérobé un renard (car ils craignaient encore plus la honte de leur sottise au larcin que nous ne craignons sa peine) et l'ayant mis sous cape, endura plutôt qu'il lui eut rongé le ventre que de se

---

* Saint Augustin, *Cité de Dieu*, livre I : « Ils ont souffert dans la mesure où ils se sont engagés dans la douleur. »

découvrir. Et un autre donnant de l'encens à un sacrifice, le charbon lui étant tombé dans la manche, se laissa brûler jusques à l'os pour ne troubler le mystère[25]. Et s'en est vu un grand nombre pour le seul essai de vertu, suivant leur institution, qui ont souffert en l'âge de sept ans d'être fouettés jusques à la mort, sans altérer leur visage. Et Cicéron les a vus se battre à troupes, de poings, de pieds et de dents, jusques à s'évanouir avant que d'avouer être vaincus. « *Nunquam naturam mos vinceret : est enim ea semper invicta; sed nos umbris, deliciis, otio, languore, desidia animum infecimus; opinionibus maloque more delinitum mollivimus* *. » Chacun sait l'histoire[26] de Scaevola qui, s'étant coulé dans le camp ennemi pour en tuer le chef et ayant failli d'atteinte, pour reprendre son effet d'une plus étrange invention et décharger sa patrie, confessa à Porsenna, qui était le roi qu'il voulait tuer, non seulement son dessein, mais ajouta qu'il avait en son camp un grand nombre de Romains complices de son entreprise tels que lui. Et pour montrer quel il était, s'étant fait apporter un brasier, vit et souffrit griller et rôtir son bras, jusques à ce que l'ennemi même en ayant horreur commandât ôter le brasier. Quoi, celui[27] qui ne daigna interrompre la lecture de son livre pendant qu'on l'incisait? Et celui qui s'obstina à se moquer et à rire à l'envi des maux qu'on lui faisait : de façon que la cruauté irritée des bourreaux qui le tenaient, et toutes les inventions des tourments redoublés les uns sur les autres, lui donnèrent gagné. Mais c'était un philosophe. Quoi? un gladiateur de César endura toujours riant qu'on lui sondât et détaillât ses plaies[28]. « *Quis mediocris gladiator ingemuit? Quis vultum mutavit unquam? Quis non modo stetit, verum etiam decubuit turpiter? Quis, cum decubuisset, ferrum recipere jussus, collum contraxit* **? » Mêlons-y les femmes. Qui n'a ouï

---

* Cicéron, *Tusculanes*, livre V : « Jamais la coutume ne pourrait vaincre la nature : elle est toujours invincible; mais c'est nous-mêmes qui, par les illusions, les plaisirs, l'oisiveté, l'indolence, la paresse avons altéré notre âme; qui, par les préjugés et de mauvaises habitudes, l'avons corrompue. »
** Cicéron, *Tusculanes*, livre II : « Quel gladiateur quelconque jamais a-t-il gémi ou changé de visage? Quand s'est-il tenu ou est-il tombé lâchement? Quand, étant abattu et contraint à recevoir la mort, a-t-il détourné la tête? »

parler à Paris de celle qui se fit écorcher pour seulement en acquérir le teint plus frais d'une nouvelle peau? Il y en a qui se sont fait arracher des dents vives et saines pour en former la voix plus molle et plus grasse, ou pour les ranger en meilleur ordre. Combien d'exemples du mépris de la douleur avons-nous en ce genre? Que ne peuvent-elles? que craignent-elles? pour peu qu'il y ait d'agencement à espérer en leur beauté :

> *Vellere queis cura est albos a stirpe capillos*
> *Et faciem dempta pelle referre novam* *.

J'en ai vu engloutir du sable, de la cendre, et se travailler à point nommé de ruiner leur estomac, pour acquérir les pâles couleurs. Pour faire un corps bien espagnolé[29], quelle gêne ne souffrent-elles, guindées et sanglées, à tout*[a]* de grosses coches[30] sur les côtés, jusques à la chair vive? oui, quelquefois à en mourir.

Il est ordinaire à beaucoup de nations de notre temps de se blesser à escient, pour donner foi à leur parole; et notre Roi[31] en récite de notables exemples de ce qu'il en a vu en Pologne et en l'endroit de lui-même. Mais, outre ce que je sais en avoir été imité en France par aucuns, j'ai vu [32] une fille, pour témoigner l'ardeur de ses promesses et aussi sa constance, se donner du poinçon qu'elle portait en son poil, quatre ou cinq bons coups dans le bras, qui lui faisaient craqueter la peau et la saignaient bien en bon escient. Les Turcs se font des grandes escarres[33] pour leurs dames; et afin que la marque y demeure, ils portent soudain du feu sur la plaie et l'y tiennent un temps incroyable, pour arrêter le sang et former la cicatrice. Gens qui l'ont vu, l'ont écrit et me l'ont juré. Mais pour dix aspres*[b]*, il se trouve tous les jours entre eux qui se donnera une bien profonde taillade dans le bras ou dans les cuisses.

Je suis bien aise que les témoins nous sont plus à main, où nous en avons plus affaire; car la Chrétienté nous en

---

a. Avec. – *b.* Monnaie turque.
* Tibulle, *Élégies*, livre I, VIII : « Elles prennent soin d'arracher jusqu'à la racine leurs cheveux blancs et de se refaire un visage neuf en ôtant la vieille peau. » Les Romaines pratiquaient déjà la chirurgie esthétique.

fournit à suffisance. Et, après l'exemple de notre saint guide, il y en a eu force qui par dévotion ont voulu porter la croix. Nous apprenons par témoin très digne de foi[34], que le roi saint Louis porta la haire jusques à ce que, sur la vieillesse, son confesseur l'en dispensât, et que, tous les vendredis, il se faisait battre les épaules par son prêtre de cinq chaînettes de fer, que pour cet effet il portait toujours dans une boîte. Guillaume[35], notre dernier duc de Guyenne, père de cette Alienor qui transmit ce duché aux maisons de France et d'Angleterre, porta les dix ou douze derniers ans de sa vie, continuellement, un corps de cuirasse, sous un habit de religieux, par pénitence. Foulques, comte d'Anjou[36], alla jusques en Jérusalem, pour là se faire fouetter à deux de ses valets, la corde au col, devant le Sépulcre de Notre-Seigneur. Mais ne voit-on encore tous les jours le Vendredi Saint en divers lieux un grand nombre d'hommes et femmes se battre jusques à se déchirer la chair et percer jusques aux os[37]? Cela ai-je vu souvent et sans enchantement; et disait-on (car ils vont masqués) qu'il y en avait, qui pour de l'argent entreprenaient en cela de garantir la religion d'autrui, par un mépris de la douleur d'autant plus grand que plus peuvent les aiguillons de la dévotion que de l'avarice.

Q. Maximus enterra son fils consulaire, Marcus Caton le sien préteur désigné; et L. Paulus les siens deux en peu de jours, d'un visage rassis et ne portant aucun témoignage de deuil[38]. Je disais, en mes jours, de quelqu'un[39] en gaussant, qu'il avait choué[a] la divine justice; car la mort violente de trois grands enfants lui ayant été envoyée en un jour pour un âpre coup de verge, comme il est à croire, peu s'en fallut qu'il ne la prît à gratification. Et j'en ai perdu, mais en nourrice, deux ou trois, sinon sans regret, au moins sans fâcherie. Si n'est-il guère accident qui touche plus au vif les hommes. Je vois assez d'autres communes occasions d'affliction qu'à peine sentirais-je, si elles me venaient, et en ai méprisé quand elles me sont venues, de celles auxquelles le monde donne une si atroce figure, que je n'oserais m'en vanter au peuple

a. Dupé.

sans rougir. « *Ex quo intelligitur non in natura, sed in opinione esse aegritudinem* *. »

L'opinion est une puissante partie, hardie et sans mesure. Qui rechercha jamais de telle faim la sûreté et le repos, qu'Alexandre et César ont fait l'inquiétude et les difficultés? Térès, le Père de Sitalcès, soulait*a* dire que quand il ne faisait point la guerre, il lui était avis qu'il n'y avait point différence entre lui et son palefrenier[40].

Caton consul, pour s'assurer d'aucunes villes en Espagne, ayant seulement interdit aux habitants d'icelles de porter les armes, grand nombre se tuèrent : « *ferox gens nullam vitam rati sine armis esse* **. » Combien en savons-nous qui ont fui la douceur d'une vie tranquille, en leurs maisons, parmi leurs cognaissants*b*, pour suivre l'horreur des déserts inhabitables; et qui se sont jetés à l'abjection, vilité et mépris du monde, et s'y sont plu jusques à l'affectation. Le cardinal Borromée, qui mourut dernièrement à Milan[41], au milieu de la débauche, à quoi le conviait et sa noblesse, et ses grandes richesses, et l'air de l'Italie, et sa jeunesse, se maintint en une forme de vie si austère, que la même robe qui lui servait en été lui servait en hiver; n'avait pour son coucher que la paille; et les heures qui lui restaient des occupations de sa charge, il les passait étudiant continuellement, planté sur ses genoux, ayant un peu d'eau et de pain à côté de son livre, qui était toute la provision de ses repas, et tout le temps qu'il y employait. J'en sais qui à leur escient ont tiré et profit et avantage du cocuage, de quoi le seul nom effraye tant de gens. Si la vue n'est plus le nécessaire de nos sens, il est au moins le plus plaisant; mais et les plaisants et utiles de nos membres semblent être ceux qui servent à nous engendrer : toutefois assez de gens les ont pris en haine mortelle, pour cela seulement qu'ils étaient trop aimables, et les ont rejetés à cause de leur prix et valeur. Autant en opina des yeux celui qui se les creva[42].

---

a. Avait l'habitude de... – *b.* Parents.
* Cicéron, *Tusculanes*, livre III : « D'où l'on peut comprendre que le chagrin ne provient pas de la nature, mais de l'opinion. »
** Tite-Live, livre XXXIV : « Nation farouche, persuadée qu'on ne peut vivre sans combattre. »

La plus commune et la plus saine part des hommes tient à grand heur l'abondance des enfants; moi et quelques autres à pareil heur le défaut.

Et quand on demande à Thalès pourquoi il ne se marie point, il répond qu'il n'aime point à laisser lignée de soi.

Que notre opinion donne prix aux choses, il se voit par celles en grand nombre auxquelles nous ne regardons pas seulement pour les estimer, ains à nous; et ne considérons ni leurs qualités, ni leurs utilités, mais seulement notre coût à les recouvrer; comme si c'était quelque pièce de leur substance; et appelons valeur en elles non ce qu'elles apportent, mais ce que nous y apportons. Sur quoi je m'avise que nous sommes grands ménagers de notre mise. Selon qu'elle pèse, elle sert de ce même qu'elle pèse. Notre opinion ne la laisse jamais courir à faux fret[a]. L'achat donne titre au diamant, et la difficulté à la vertu, et la douleur à la dévotion, et l'âpreté à la médecine.

Tel[43], pour arriver à la pauvreté, jeta ses écus en cette même mer que tant d'autres fouillent de toutes parts pour y pêcher des richesses. Epicure[44] dit que l'être riche n'est pas soulagement, mais changement d'affaires. De vrai, ce n'est pas la disette, c'est plutôt l'abondance qui produit l'avarice. Je veux dire mon expérience autour de ce sujet.

J'ai vécu en trois sortes de condition, depuis être sorti de l'enfance. Le premier temps, qui a duré près de vingt années, je le passai, n'ayant autres moyens que fortuits, et dépendant de l'ordonnance et secours d'autrui, sans état[45] certain et sans prescription. Ma dépense se faisait d'autant plus allégrement et avec moins de soin qu'elle était toute en la témérité[b] de la fortune. Je ne fus jamais mieux. Il ne m'est oncques advenu de trouver la bourse de mes amis close; m'étant enjoint au-delà de toute autre nécessité la nécessité de ne faillir au terme que j'avais pris à m'acquitter. Lequel ils m'ont mille fois allongé, voyant l'effort que je me faisais pour leur satisfaire; en manière que j'en rendais une loyauté ménagère et aucunement piperesse. Je sens naturellement quelque volupté à payer,

a. Sans charge utile. – *b.* Au hasard de.

comme si je déchargeais mes épaules d'un ennuyeux poids et de cette image de servitude; aussi, qu'il y a quelque contentement qui me chatouille à faire une action juste et contenter autrui. J'excepte les paiements où il faut venir à marchander et compter, car si je ne trouve à qui en commettre la charge, je les éloigne honteusement et injurieusement tant que je puis, de peur de cette altercation, à laquelle et mon humeur et ma forme de parler est du tout incompatible. Il n'est rien que je haïsse comme à marchander. C'est un pur commerce de trichoterie et d'impudence : après une heure de débat et de barguignage[46], l'un et l'autre abandonne sa parole et ses serments pour cinq sous d'amendement. Et si, empruntais avec désavantage; car n'ayant point le cœur de requérir en présence, j'en renvoyais le hasard sur le papier, qui ne fait guère d'effort, et qui prête grandement la main au refuser. Je me remettais de la conduite de mon besoin plus gaiement aux astres, et plus librement, que je n'ai fait depuis à ma providence et à mon sens.

La plupart des ménagers estiment horrible de vivre ainsi en incertitude, et ne s'avisent pas, premièrement, que la plupart du monde vit ainsi. Combien d'honnêtes hommes ont rejeté tout leur certain à l'abandon, et le font tous les jours, pour chercher le vent de la faveur des Rois et de la fortune? César s'endetta d'un million d'or outre son vaillant[a] pour devenir César. Et combien de marchands commencent leur trafic par la vente de leur métairie, qu'ils envoient aux Indes!

Tot per impotentia freta[*]!

En une si grande siccité[b] de dévotion, nous avons mille et mille collèges, qui la passent commodément, attendant tous les jours de la libéralité du ciel ce qu'il faut à leur dîner.

Secondement, ils ne s'avisent pas que cette certitude sur laquelle ils se fondent n'est guère moins incertaine et

a. Sa fortune disponible. – b. Sécheresse, d'où : absence.
* Catulle, poème dédié à un navire. Le vers exact est : « *Et inde tot per impotentia freta* » : « Et de là à travers tant de mers déchaînées. »

hasardeuse que le hasard même. Je vois d'aussi près la misère, au-delà de deux mille écus de rente, que si elle était tout contre moi. Car, outre ce que le sort a de quoi ouvrir cent brèches à la pauvreté au travers de nos richesses, n'y ayant souvent nul moyen entre la suprême et infinie fortune :

Fortuna vitrea est; tunc cum splendet frangitur * ;

et envoyer cul sur pointe toutes nos défenses et levées, je trouve que par diverses causes l'indigence se voit autant ordinairement logée chez ceux qui ont des biens que chez ceux qui n'en ont point, et qu'à l'aventure elle est aucunement moins incommode, quand elle est seule, que quand elle se rencontre en compagnie des richesses. Elles viennent plus de l'ordre que de la recette : « *Faber est suæ quisque fortunæ* **. » Et me semble plus misérable un riche malaisé nécessiteux, affaireux, que celui qui est simplement pauvre. « *In divitiis inopes, quod genus egestatis gravissimum est* ***. » Les plus grands princes et plus riches sont par pauvreté et disette poussés ordinairement à l'extrême nécessité. Car en est-il de plus extrême que d'en devenir tyrans et injustes usurpateurs des biens de leurs sujets?

Ma seconde forme, ç'a été d'avoir de l'argent. A quoi m'étant pris, j'en fis bientôt des réserves notables selon ma condition; n'estimant que ce fût avoir, sinon autant qu'on possède outre sa dépense ordinaire, ni qu'on se puisse fier du bien qui est encore en espérance de recette, pour claire qu'elle soit. Car, quoi? disais-je, si j'étais surpris d'un tel, ou d'un tel accident? Et, à la suite de ces vaines et vicieuses imaginations, j'allais, faisant l'ingénieux à pourvoir par cette superflue réserve à tous

---

* Montaigne a lu cette citation de Publius Syrus (*Mimes*) dans les *Politiques* de Juste Lipse, livre V, chap. XVIII : « La fortune est de verre : au moment où elle brille, elle se brise. » L'image a été reprise par Corneille dans les *Stances* de *Polyeucte* (Acte IV, scène II), après Malherbe :
> « Et comme elle a l'éclat du verre,
> Elle en a la fragilité. »

** « Chacun est l'artisan de sa fortune. »
*** Sénèque, *Lettres à Lucilius*, 74 : « L'indigence au milieu des richesses est la plus pesante des pauvretés. »

inconvénients; et savais encore répondre à celui qui m'alléguait que le nombre des inconvénients était trop infini, que si ce n'était à tous, c'était à aucuns et plusieurs. Cela ne se passait pas sans pénible sollicitude. J'en faisais un secret; et moi, qui ose tant dire de moi, ne parlais de mon argent qu'en mensonge, comme font les autres, qui s'appauvrissent riches, s'enrichissent pauvres, et dispensent leur conscience de jamais témoigner sincèrement de ce qu'ils ont. Ridicule et honteuse prudence. Allais-je en voyage, il ne me semblait être jamais suffisamment pourvu. Et plus je m'étais chargé de monnaie, plus aussi je m'étais chargé de crainte; tantôt de la sûreté des chemins, tantôt de la fidélité de ceux qui conduisaient mon bagage, duquel, comme d'autres que je connais, je ne m'assurais jamais assez si je ne l'avais devant mes yeux. Laissais-je ma boîte chez moi, combien de soupçons et pensements épineux, et, qui pis est, incommunicables! J'avais toujours l'esprit de ce côté. Tout compté, il y a plus de peine à garder l'argent qu'à l'acquérir. Si je n'en faisais du tout tant que j'en dis, au moins il me coûtait à m'empêcher de le faire. De commodité, j'en tirais peu ou rien : pour avoir plus de moyen de dépense, elle ne m'en pesait pas moins. Car, comme disait Bion[47], autant se fâche le chevelu comme le chauve, qu'on lui arrache le poil; et depuis que vous êtes accoutumé et avez planté votre fantaisie sur certain monceau, il n'est plus à votre service; vous n'oseriez l'écorner. C'est un bâtiment qui, comme il vous semble, croulera tout, si vous y touchez. Il faut que la nécessité vous prenne à la gorge pour l'entamer. Et auparavant j'engageais mes hardes et vendais un cheval avec bien moins de contrainte et moins envis, que lors je ne faisais brèche à cette bourse favorite, que je tenais à part. Mais le danger était, que mal aisément peut-on établir bornes certaines à ce désir (elles sont difficiles à trouver ès choses qu'on croit bonnes) et arrêter un point à l'épargne. On va toujours grossissant cet amas et l'augmentant d'un nombre à autre, jusques à se priver vilainement de la jouissance de ses propres biens, et l'établir toute en la garde et à n'en user point.

Selon cette espèce d'usage, ce sont les plus riches gens de monnaie, ceux qui ont charge de la garde des portes et murs d'une bonne ville. Tout homme pécunieux est avaricieux à mon gré.

Platon range ainsi les biens corporels ou humains : la santé, la beauté, la force, la richesse. Et la richesse, dit-il, n'est pas aveugle, mais très clairvoyante, quand elle est illuminée par la prudence.

Denys le fils[48] eut sur ce propos bonne grâce. On l'avertit que l'un de ses Syracusains avait caché dans terre un trésor. Il lui manda de le lui apporter, ce qu'il fit, s'en réservant à la dérobée quelque partie, avec laquelle il s'en alla en une autre ville, où, ayant perdu cet appétit de thésauriser, il se mit à vivre plus libéralement. Ce qu'entendant, Denys lui fit rendre le demeurant de son trésor, disant que puisqu'il avait appris à en savoir user, il le lui rendait volontiers.

Je fus quelques années[49] en ce point. Je ne sais quel bon démon m'en jeta hors très utilement, comme le Syracusain, et m'envoya toute cette conserve à l'abandon, le plaisir de certain voyage de grande dépense ayant mis au pied cette sotte imagination. Par où je suis retombé à une tierce sorte de vie (je dis ce que j'en sens) certes plus plaisante beaucoup et plus réglée : c'est que je fais courir ma dépense quant et ma recette; tantôt l'une devance, tantôt l'autre; mais c'est de peu qu'elles s'abandonnent. Je vis du jour à la journée, et me contente d'avoir de quoi suffire aux besoins présents et ordinaires; aux extraordinaires toutes les provisions du monde n'y sauraient suffire. Et est folie de s'attendre que fortune elle-même nous arme jamais suffisamment contre soi. C'est de nos armes qu'il la faut combattre. Les fortuites nous trahiront au bon du fait. Si j'amasse, ce n'est que pour l'espérance de quelque voisine emplette : non pour acheter des terres, de quoi je n'ai que faire, mais pour acheter du plaisir. « *Non esse cupidum pecunia est, non esse emacem vectigal est* *. » Je n'ai ni guère peur que bien me faille, ni nul désir qu'il m'augmente : « *Divitiarum fructus est in copia, copiam declarat satietas* **. » Et me gratifie singu-

---

* Cicéron, *Paradoxes des stoïciens*, livre VI : « C'est une richesse de ne pas être avide et un revenu de ne pas être dépensier. »

** Cicéron, *ibid.*, VI : « Le fruit des richesses est l'abondance, et c'est la satiété qui indique l'abondance. »

lièrement que cette correction me soit arrivée en un âge naturellement enclin à l'avarice, et que je me vois défait de cette maladie si commune aux vieux, et la plus ridicule de toutes les humaines folies.

Féraulez[50], qui avait passé par les deux fortunes et trouvé que l'accroît de chevance[a] n'était pas accroît d'appétit au boire, manger, dormir et embrasser sa femme (et qui d'autre part sentait peser sur ses épaules l'importunité de l'économie, ainsi qu'elle fait à moi), délibéra de contenter un jeune homme pauvre, son fidèle ami, aboyant après les richesses, et lui fit présent de toutes les siennes, grandes et excessives, et de celles encore qu'il était en train d'accumuler tous les jours par la libéralité de Cyrus son bon maître et par la guerre; moyennant qu'il prît la charge de l'entretenir et nourrir honnêtement comme son hôte et son ami. Ils vécurent ainsi depuis très heureusement et également contents du changement de leur condition. Voilà un tour que j'imiterais de grand courage.

Et loue grandement la fortune d'un vieil prélat[51], que je vois s'être si purement démis de sa bourse, de sa recette et de sa mise, tantôt à un serviteur choisi, tantôt à un autre, qu'il a coulé un long espace d'années, autant ignorant cette sorte d'affaires de son ménage comme un étranger. La fiance[b] de la bonté d'autrui est un non léger témoignage de la bonté propre; partant la favorise Dieu volontiers. Et, pour son regard, je ne vois point d'ordre de maison, ni plus dignement, ni plus constamment conduit que le sien. Heureux qui ait réglé à si juste mesure son besoin que ses richesses y puissent suffire sans son soin et empêchement, et sans que leur dispensation ou assemblage interrompe d'autres occupations qu'il suit, plus sortables, tranquilles et selon son cœur.

L'aisance donc et l'indigence dépendent de l'opinion d'un chacun; et non plus la richesse, que la gloire, que la santé, n'ont qu'autant de beauté et de plaisir que leur en prête celui qui les possède. Chacun est bien ou mal selon qu'il s'en trouve. Non de qui on le croit, mais qui le croit de soi est content. Et en cela seul la créance se donne essence et vérité.

---

a. Fortune. – *b.* Confiance.

La fortune ne nous fait ni bien ni mal : elle nous en offre seulement la matière et la semence, laquelle notre âme, plus puissante qu'elle, tourne et applique comme il lui plaît, seule cause et maîtresse de sa condition heureuse ou malheureuse[52].

Les accessions externes prennent saveur et couleur de l'interne constitution, comme les accoutrements nous échauffent, non de leur chaleur, mais de la nôtre, laquelle ils sont propres à couver et nourrir; qui en abriterait un corps froid, il en tirerait même service pour la froideur : ainsi se conserve la neige et la glace[53].

Certes tout en la manière qu'à un fainéant[54], l'étude sert de tourment, à un ivrogne l'abstinence du vin, la frugalité est supplice au luxurieux, et l'exercice gêne à un homme délicat et oisif : ainsi est-il du reste. Les choses ne sont pas si douloureuses, ni difficiles d'elles-mêmes; mais notre faiblesse et lâcheté les fait telles. Pour juger des choses grandes et hautes, il faut une âme de même, autrement nous leur attribuons le vice qui est le nôtre. Un aviron droit semble courbe en l'eau. Il n'importe pas seulement qu'on voie la chose, mais comment on la voit.

Or sus, pourquoi tant de discours, qui persuadent diversement les hommes de mépriser la mort et de porter la douleur, n'en trouvons-nous quelqu'un qui fasse pour nous? Et de tant d'espèces d'imaginations, qui l'ont persuadé à autrui, que chacun n'en applique-t-il à soi une le plus selon son humeur? S'il ne peut digérer la drogue forte et abstersive[a], pour déraciner le mal, au moins qu'il la prenne lénitive, pour le soulager. « *Opinio est quædam effeminata ac levis, nec in dolore magis, quam eadem in voluptate : qua, cum liquescimus fluimusque mollitia, apis aculeum sine clamore ferre non possumus. Totum in eo est, ut tibi imperes**. » Au demeurant, on n'échappe pas à la philosophie, pour faire valoir outre mesure l'âpreté des douleurs et l'humaine faiblesse. Car on la

---

a. Détersive.
* Cicéron, *Tusculanes*, livre II : « Un certain préjugé efféminé et frivole nous domine dans le plaisir tout autant que dans la douleur. Nos âmes en sont amollies, liquéfiées; nous ne pouvons supporter une piqûre d'abeille sans pousser des cris : tout consiste à savoir se commander. »

contraint de se rejeter à ces invincibles répliques : s'il est mauvais de vivre en nécessité, au moins de vivre en nécessité, il n'est aucune nécessité.

Nul n'est mal longtemps qu'à sa faute.

Qui n'a le cœur de souffrir ni la mort ni la vie, qui ne veut ni résister ni fuir, que lui ferait-on?

CHAPITRE XV

ON EST PUNI POUR S'OPINIATRER
A UNE PLACE SANS RAISON

La vaillance a ses limites, comme les autres vertus, lesquelles franchies, on se trouve dans le train du vice; en manière que par chez elle on se peut rendre à la témérité, obstination et folie, qui n'en sait bien les bornes, malaisées en vérité à choisir sur leurs confins. De cette considération est née la coutume, que nous avons aux guerres, de punir, voire[a] de mort, ceux qui s'opiniâtrent à défendre une place qui, par les règles militaires, ne peut être soutenue. Autrement, sous l'espérance de l'impunité, il n'y aurait pouillier[1] qui n'arrêtât une armée. M. le connétable de Montmorency au siège de Pavie, ayant été commis pour passer le Tessin et se loger aux faubourgs Saint-Antoine, étant empêché d'une tour au bout du pont, qui s'opiniâtra jusques à se faire battre, fit pendre tout ce qui était dedans. Et encore depuis, accompagnant M. le dauphin au voyage delà les monts, ayant pris par force le château de Villane, et tout ce qui était dedans ayant été mis en pièces par la furie des soldats, hormis le capitaine et l'enseigne, il les fit pendre et étrangler, pour cette même raison; comme fit aussi le capitaine Martin du Bellay[2], lors gouverneur de Turin en cette même contrée, le capitaine de Saint-Bony, le reste de ses gens ayant été massacré à la prise de la place. Mais, d'autant que le jugement de la valeur et faiblesse du lieu se prend par l'estimation et contrepoids des forces qui l'assaillent, car tel s'opiniâtrerait justement contre deux couleuvrines,

a. Même.

qui ferait l'enragé d'attendre trente canons; où se met
encore en compte la grandeur du prince conquérant, sa
réputation, le respect qu'on lui doit, il y a danger qu'on
presse un peu la balance de ce côté-là. Et en advient par
ces mêmes termes, que tels ont si grande opinion d'eux et
de leurs moyens, que, ne leur semblant point raisonnable
qu'il y ait rien digne de leur faire tête, passent le couteau
partout où ils trouvent résistance, autant que fortune leur
dure; comme il se voit par les formes de sommation et
défi que les princes d'Orient et leurs successeurs, qui sont
encore, ont en usage, fière, hautaine et pleine d'un
commandement barbaresque.

Et au quartier par où les Portugais[3] écornèrent les
Indes, ils trouvèrent des Etats avec cette loi universelle et
inviolable, que tout ennemi vaincu du roi en présence, ou
de son lieutenant, est hors de composition de rançon et
de merci.

Ainsi sur tout il se faut garder, qui peut, de tomber
entre les mains d'un juge ennemi, victorieux et armé.

CHAPITRE XVI

DE LA PUNITION DE LA COUARDISE

J'ouïs autrefois tenir à un prince et très grand capitaine, que pour lâcheté de cœur un soldat ne pouvait être condamné à mort; lui étant, à table, fait récit du procès du seigneur de Vervins, qui fut condamné à mort pour avoir rendu Boulogne[1].

A la vérité, c'est raison qu'on fasse grande différence entre les fautes qui viennent de notre faiblesse, et celles qui viennent de notre malice. Car en celles-ci nous nous sommes bandés à notre escient contre les règles de la raison, que nature a empreintes en nous; et en celles-là, il semble que nous puissions appeler à garant cette même nature, pour nous avoir laissé en telle imperfection et défaillance; de manière que prou de gens ont pensé qu'on ne se pouvait prendre à nous, que de ce que nous faisons contre notre conscience; et sur cette règle est en partie fondée l'opinion de ceux qui condamnent les punitions capitales aux hérétiques et mécréants, et celle qui établit qu'un avocat et un juge ne puissent être tenus de ce que par ignorance ils ont failli en leur charge.

Mais, quant à la couardise, il est certain que la plus commune façon est de la châtier par honte et ignominie. Et tient-on que cette règle a été premièrement mise en usage par le législateur Charondas[2], et qu'avant lui les lois de Grèce punissaient de mort ceux qui s'en étaient fuis d'une bataille, là où il ordonna seulement qu'ils fussent par trois jours assis emmi la place publique, vêtus de robe de femme, espérant encore s'en pouvoir servir, leur ayant fait revenir le courage par cette honte.

« *Suffundere malis hominis sanguinem quam effundere**. »
Il semble aussi que les lois romaines condamnaient
anciennement à mort ceux qui avaient fui. Car Ammien
Marcellin[3] raconte que l'empereur Julien condamna dix
de ses soldats, qui avaient tourné le dos en une charge
contre les Parthes, a être dégradés et après à souffrir mort,
suivant, dit-il, les lois anciennes. Toutefois ailleurs pour
une pareille faute, il en condamne d'autres seulement à se
tenir parmi les prisonniers sous l'enseigne du bagage.
L'âpre condamnation du peuple romain contre les soldats
échappés de Cannes et, en cette même guerre, contre
ceux qui accompagnèrent Cn. Fulvius en sa défaite, ne
vint pas à la mort[4].

Si est-il à craindre que la honte les désespère et les
rende non froids seulement, mais ennemis.

Du temps de nos pères, le seigneur de Franget[5], jadis
lieutenant de la compagnie de M. le maréchal de Châtil-
lon, ayant été mis par M. le maréchal de Chabannes,
gouverneur de Fontarabie, au lieu de M. du Lude, et
l'ayant rendue aux Espagnols, fut condamné à être
dégradé de noblesse, et tant lui que sa postérité déclaré
roturier, taillable, et incapable de porter armes; et fut
cette rude sentence exécutée à Lyon. Depuis souffrirent
pareille punition tous les gentilshommes qui se trouvèrent dans Guise, lorsque le comte de Nassau[6] y entra; et
autres encore depuis.

Toutefois, quand il y aurait une si grossière et apparente ou ignorance ou couardise, qu'elle surpassât toutes
les ordinaires, ce serait raison de la prendre pour suffisante preuve de méchanceté et de malice, et de la châtier
pour telle.

---

* Citation de Tertullien, *Apologétique*, lue dans Juste Lipse. *Adversus
dialogistam*, livre III : « Préfère faire monter le sang au visage que le
répandre. »

CHAPITRE XVII

UN TRAIT DE
QUELQUES AMBASSADEURS

J'observe en mes voyages cette pratique, pour apprendre toujours quelque chose par la communication d'autrui (qui est une des plus belle écoles qui puisse être), de ramener toujours ceux avec qui je confère, aux propos des choses qu'ils savent le mieux.

> *Basti al nocchiero ragionar de' venti,*
> *Al bifolco dei tori, e le sue piaghe*
> *Conti'l guerrier, conti'l pastor gli armenti*.*

Car il advient le plus souvent au rebours, que chacun choisit plutôt à discourir du métier d'un autre que du sien, estimant que c'est autant de nouvelle réputation acquise : témoin le reproche qu'Archidamus fait à Périandre, qu'il quittait la gloire de bon médecin, pour acquérir celle de mauvais poète[1].

Voyez combien César se déploie largement à nous faire entendre ses inventions à bâtir ponts et engins[2]; et combien au prix il va se serrant, où il parle des offices de sa profession, de sa vaillance et conduite de sa milice.

---

* Ces vers italiens tirés de la *Civil conversation* de Stefano Guazzo traduisent les vers suivants du poète élégiaque latin Properce :

Navita de ventis, de tauris narrat arator
Enumerat miles vulnera, pastor oves. (Elégie I du livre II.) :

« Le pilote parle des vents, le laboureur de ses taureaux, le soldat dénombre ses blessures, le berger ses brebis. »

Ses exploits le vérifient assez capitaine excellent : il se
veut faire connaître excellent ingénieur, qualité aucunement étrangère.

Un homme de vacation[a] juridique, mené ces jours
passés voir une étude fournie de toutes sortes de livres de
son métier, et de toute autre sorte, n'y trouva nulle
occasion de s'entretenir. Mais il s'arrête à gloser rudement et magistralement une barricade logée sur la vis[3] de
l'étude, que cent capitaines et soldats rencontrent tous les
jours, sans remarque et sans offense.

Denys l'Ancien était très grand chef de guerre[4], comme
il convenait à sa fortune; mais il se travaillait à donner
principale recommandation de soi par la poésie : et si,
n'y savait rien.

   Optat ephippia bos piger, optat arare caballus*.

Par ce train vous ne faites jamais rien qui vaille.

Ainsi, il faut rejeter toujours l'architecte, le peintre, le
cordonnier, et ainsi du reste, chacun à son gibier. Et, à ce
propos, à la lecture des histoires, qui est le sujet de toutes gens, j'ai accoutumé de considérer qui en sont les
écrivains[5] : si ce sont personnes qui ne fassent autre
profession que de lettres, j'en apprends principalement
le style et le langage; si ce sont médecins, je les crois
plus volontiers en ce qu'ils nous disent de la température
de l'air, de la santé et complexion des princes, des blessures et maladies; si jurisconsultes, il en faut prendre
les controverses des droits, les lois, l'établissement des
polices et choses pareilles; si théologiens, les affaires de
l'Eglise, censures ecclésiastiques, dispenses et mariages; si
courtisans, les mœurs et les cérémonies; si gens de guerre,
ce qui est de leur charge, et principalement les déductions
des exploits où ils se sont trouvés en personne; si
ambassadeurs, les menées, intelligences et pratiques, et
manière de les conduire.

A cette cause, ce que j'eusse passé à un autre sans m'y
arrêter, je l'ai pesé et remarqué en l'histoire du seigneur

   a. Profession.
   * Horace, *Epître XIV* du livre I : « Le bœuf pesant désire la selle et le
cheval la charrue. » On sait que les Anciens n'employaient pas le cheval
pour labourer, mais le bœuf ou le taureau.

de Langey, très entendu en telles choses[6]. C'est qu'après avoir conté ces belles remontrances de l'empereur Charles cinquième, faites au consistoire à Rome, présent l'évêque de Mâcon[7] et le seigneur du Velly, nos ambassadeurs, où il avait mêlé plusieurs paroles outrageuses contre nous, et entre autres que, si ses capitaines, soldats et sujets n'étaient d'autre fidélité et suffisance en l'art militaire que ceux du roi, tout sur l'heure il s'attacherait la corde au col, pour lui aller demander miséricorde (et de ceci il semble qu'il en crut quelque chose, car deux ou trois fois en sa vie depuis il lui advint de redire ces mêmes mots); aussi qu'il défia le roi de le combattre en chemise avec l'épée et le poignard, dans un bateau. Ledit seigneur de Langey, suivant son histoire, ajoute que lesdits ambassadeurs faisant une dépêche au roi de ces choses, lui en dissimulèrent la plus grande partie, même lui celèrent les deux articles précédents. Or j'ai trouvé bien étrange qu'il fût en la puissance d'un ambassadeur de dispenser sur les avertissements qu'il doit faire à son maître, même de telle conséquence, venant de telle personne, et dites en si grande assemblée. Et m'eût semblé l'office du serviteur être de fidèlement représenter les choses en leur entier, comme elles sont advenues, afin que la liberté d'ordonner, juger et choisir demeurât au maître. Car de lui altérer ou cacher la vérité, de peur qu'il ne la prenne autrement qu'il ne doit, et que cela ne le pousse à quelque mauvais parti, et cependant le laisser ignorant de ses affaires, cela m'eût semblé appartenir à celui qui donne la loi, non à celui qui la reçoit, au curateur et maître d'école, non à celui qui se doit penser inférieur, non en autorité seulement, mais aussi en prudence et bon conseil. Quoi qu'il en soit, je ne voudrais pas être servi de cette façon, en mon petit fait.

Nous nous soustrayons si volontiers du commandement sous quelque prétexte, et usurpons sur la maîtrise; chacun aspire si naturellement à la liberté et autorité, qu'au supérieur nulle utilité ne doit être si chère, venant de ceux qui le servent, comme lui doit être chère leur naïve et simple obéissance.

On corrompt l'office du commander quand on y obéit par discrétion, non par sujétion. Et P. Crassus[8], celui que les Romains estimèrent cinq fois heureux, lorsqu'il était en Asie consul, ayant mandé à un ingénieur grec de lui faire mener le plus grand des deux mâts de navire qu'il avait vu à Athènes, pour quelque engin de batterie qu'il en voulait faire, celui-ci sous titre de sa science, se donna loi de choisir autrement, et mena le plus petit et, selon la raison de son art, le plus commode. Crassus, ayant patiemment ouï ses raisons, lui fit très bien donner le fouet, estimant l'intérêt de la discipline plus que l'intérêt de l'ouvrage.

D'autre part, pourtant, on pourrait aussi considérer que cette obéissance si contrainte n'appartient qu'aux commandements précis et préfix[a]. Les ambassadeurs ont une charge plus libre, qui, en plusieurs parties, dépend souverainement de leur disposition; ils n'exécutent pas simplement, mais fortement aussi et dressent par leur conseil la volonté du maître. J'ai vu en mon temps des personnes de commandement repris d'avoir plutôt obéi aux paroles des lettres du roi, qu'à l'occasion des affaires qui étaient près d'eux.

Les hommes d'entendement accusent encore l'usage des rois de Perse de tailler les morceaux si courts à leurs agents et lieutenants, qu'aux moindres choses ils eussent à recourir à leur ordonnance; ce délai, en une si longue étendue de domination, ayant souvent apporté de notables dommages à leurs affaires.

Et Crassus, écrivant à un homme du métier et lui donnant avis de l'usage auquel il destinait ce mât, semblait-il pas entrer en conférence de sa délibération et le convier à interposer son décret?

_a._ Décidés à l'avance.

CHAPITRE XVIII

DE LA PEUR

Obstupui, steterúntque comæ, et vox
faucibus hæsit*.

Je ne suis pas bon naturaliste, (qu'ils disent) et ne sais guère par quels ressorts la peur agit en nous; mais tant y a que c'est une étrange passion; et disent les médecins qu'il n'en est aucune qui emporte plutôt notre jugement hors de sa due assiette. De vrai, j'ai vu beaucoup de gens devenus insensés de peur; et aux plus rassis, il est certain, pendant que son accès dure, qu'elle engendre de terribles éblouissements. Je laisse à part le vulgaire à qui elle représente tantôt les bisaïeux sortis du tombeau, enveloppés en leur suaire, tantôt des loups-garous, des lutins et des chimères. Mais, parmi les soldats même, où elle devrait trouver moins de place, combien de fois a-t-elle changé un troupeau de brebis en escadron de corselets[a]? des roseaux et des canes en gens d'armes et lanciers? nos amis en nos ennemis? et la croix blanche à la rouge?

Lorsque M. de Bourbon prit Rome[1], un porte-enseigne, qui était à la garde du bourg Saint-Pierre, fut saisi d'un tel effroi à la première alarme, que, par le trou d'une ruine il se jeta, l'enseigne au poing, hors la ville, droit aux ennemis, pensant tirer vers le dedans de la ville; et à peine enfin, voyant la troupe de M. de Bourbon se ranger

---

a. Cuirassiers.
* Virgile, *Enéide*, chant II : « Je fus frappé de stupeur, mes cheveux se dressèrent, et ma voix s'arrêta dans ma gorge. »

pour le soutenir, estimant que ce fut une sortie que ceux
de la ville fissent, il se reconnut, et, tournant tête rentra
par ce même trou, par lequel il était sorti plus de trois
cents pas avant en la campagne. Il n'en advint pas du tout
si heureusement à l'enseigne du capitaine Juille, lorsque
Saint-Pol fut pris sur nous par le comte de Bures et
M. du Reu; car, étant si fort éperdu de la frayeur de
se jeter à tout son enseigne hors de la ville par une
canonnière[a], il fut mis en pièces par les assaillants. Et au
même siège fut mémorable la peur qui serra, saisit et
glaça si fort le cœur d'un gentilhomme, qu'il en tomba
raide mort par terre à la brèche, sans aucune blessure.

Pareille peur saisit parfois toute une multitude. En
l'une des rencontres de Germanicus contre les Allemands, deux grosses troupes prirent d'effroi deux routes
opposites; l'une fuyait d'où l'autre partait[2].

Tantôt elle nous donne des ailes aux talons, comme
aux deux premiers; tantôt elle nous cloue les pieds et les
entrave, comme on lit de l'empereur Théophile, lequel,
en une bataille qu'il perdit contre les Agaréniens[3], devint
si étonné et si transi, qu'il ne pouvait prendre parti de
s'enfuir : « *adeó pavor etiam auxilia formidat** », jusques à ce que Manuel, l'un des principaux chefs de son
armée, l'ayant tirassé et secoué comme pour l'éveiller
d'un profond somme, lui dit : « Si vous ne me suivez, je
vous tuerai; car il vaut mieux que vous perdiez la vie, que
si, étant prisonnier, vous veniez à perdre l'Empire. »

Lors exprime-t-elle sa dernière force, quand pour son
service elle nous rejette à la vaillance qu'elle a soustraite
à notre devoir et à notre honneur. En la première juste
bataille que les Romains perdirent contre Hannibal, sous
le consul Sempronius[4], une troupe de bien dix mille
hommes de pied ayant pris l'épouvante, ne voyant ailleurs par où faire passage à sa lâcheté, s'alla jeter au
travers le gros des ennemis, lequel elle perça d'un merveilleux effort, avec grand meurtre de Carthaginois, ache-
tant une honteuse fuite au même prix qu'elle eût eu d'une

---

a. Meurtrière.
* Quinte-Curce, *Histoire*, livre III : « Tant la peur s'effraye même du
secours. »

glorieuse victoire. C'est ce de quoi j'ai le plus de peur que la peur.

Aussi surmonte-t-elle en aigreur tous autres accidents.

Quelle affection peut être plus âpre et plus juste, que celle des amis de Pompée, qui étaient en son navire, spectateurs de cet horrible massacre? Si est-ce que la peur des voiles égyptiennes, qui commençaient à les approcher, l'étouffa, de manière qu'on a remarqué qu'ils ne s'amusèrent qu'à hâter les mariniers de diligenter et de se sauver à coups d'aviron; jusques à ce qu'arrivés à Tyr, libres de crainte, ils eurent loi de tourner leur pensée à la perte qu'ils venaient de faire, et lâcher la bride aux lamentations et aux larmes[5], que cette autre plus forte passion avait suspendues.

Tum pavor sapientiam omnem mihi ex animo expectorat[*].

Ceux qui auront été bien frottés en quelque estour[a] de guerre, tout blessés encore et ensanglantés, on les ramène bien le lendemain à la charge. Mais ceux qui ont conçu quelque bonne peur des ennemis, vous ne les leur feriez pas seulement regarder en face. Ceux qui sont en pressante crainte de perdre leur bien, d'être exilés, d'être subjugués, vivant en continuelle angoisse, en perdant le boire, le manger et le repos; là où les pauvres, les bannis, les serfs vivent souvent aussi joyeusement que les autres. Et tant de gens qui de l'impatience des pointures[b] de la peur se sont pendus, noyés et précipités, nous ont bien appris qu'elle est encore plus importune et insupportable que la mort.

Les Grecs[6] en reconnaissent une autre espèce qui est outre l'erreur de notre discours, venant, disent-ils, sans cause apparente et d'une impulsion céleste. Des peuples entiers s'en voient souvent saisis, et des armées entières. Telle fut celle qui apporta à Carthage une merveilleuse désolation. On n'y oyait que cris et voix effrayées. On voyait les habitants sortir de leurs maisons, comme à

---

a. Combat. – b. Piqûres.
* Citation d'Ennius, *Tusculanes*, livre IV, chap. VIII : « Alors la peur m'arrache du cœur tout mon courage. »

l'alarme, et se charger, blesser et entretuer les uns les autres, comme si ce fussent ennemis qui vinssent à occuper leur ville. Tout y était en désordre et en tumulte; jusques à ce que, par oraisons et sacrifices, ils eussent apaisé l'ire des dieux. Ils nomment cela terreurs paniques.

CHAPITRE XIX

QU'IL NE FAUT JUGER
DE NOTRE HEUR
QU'APRÈS LA MORT

*Scilicet ultima semper
Expectanda dies homini est, dicique beatus
Ante obitum nemo, supremáque funera debet*.*

Les enfants savent le conte du roi Crésus[1] à ce propos; lequel, ayant été pris par Cyrus et condamné à la
mort sur le point de l'exécution, il s'écria : « O Solon,
Solon! » Cela rapporté à Cyrus, et s'étant enquis que
c'était à dire, il lui fit entendre qu'il vérifiait lors à ses
dépens l'avertissement qu'autrefois lui avait donné Solon,
que les hommes, quelque beau visage que fortune leur
fasse, ne se peuvent appeler heureux jusques à ce qu'on
leur ait vu passer le dernier jour de leur vie, pour
l'incertitude et variété des choses humaines, qui d'un bien
léger mouvement se changent d'un état en autre, tout
divers. Et pourtant Agésilas, à quelqu'un qui disait
heureux le roi de Perse, de ce qu'il était venu fort jeune à
un si puissant état. « Oui mais, dit-il, Priam en tel âge ne
fut pas malheureux[2]. » Tantôt, des rois de Macédoine,
successeurs de ce grand Alexandre, il s'en fait des menui-
siers et greffiers à Rome[3]; des tyrans de Sicile, des

---

* Ovide, *Métamorphoses*, livre III : « Certes, l'homme doit attendre son dernier jour et personne ne doit être dit heureux avant sa mort
et ses funérailles. » Ces considérations philosophiques étaient fréquentes
au XVIᵉ siècle; Montaigne lui-même en avait touché un mot à l'essai III
du livre I.

pédantes[a] à Corinthe[4]. D'un conquérant de la moitié
du monde[5] et empereur de tant d'armées, il s'en fait
un misérable suppliant des bélîtres officiers d'un roi
d'Egypte; tant coûta à ce grand Pompée la prolongation
de cinq ou six mois de vie. Et, du temps de nos pères, ce
Ludovic Sforza[6], dixième duc de Milan, sous qui avait si
longtemps branlé toute l'Italie, on l'a vu mourir prisonnier à Loches; mais après y avoir vécu dix ans, qui est le
pis de son marché. La plus belle reine, veuve du plus
grand roi de la Chrétienté, vient-elle pas de mourir par
main de bourreau[7]? Et mille tels exemples. Car il semble
que, comme les orages et tempêtes se piquent contre
l'orgueil et hautaineté de nos bâtiments, il y ait aussi
là-haut des esprits envieux des grandeurs de ça-bas.

> *Usque adeo res humanas vis abdita quædam*
> *Obterit, et pulchros fasces sævásque secures*
> *Proculcare, ac ludibrio sibi habere videtur*.*

Et semble que la fortune quelquefois guette à point
nommé le dernier jour de notre vie, pour montrer sa
puissance de renverser en un moment ce qu'elle avait bâti
en longues années; et nous fait crier, après Laberius :
« *Nimirum hac die una plus vixi, mihi quam vivendum
fuit**.* »

Ainsi se peut prendre avec raison ce bon avis de Solon.
Mais d'autant que c'est un philosophe, à l'endroit desquels les faveurs et disgrâces de la fortune ne tiennent
rang ni d'heur, ni de malheur et sont les grandeurs et
puissances accidents de qualité à peu près indifférente,
je trouve vraisemblable qu'il ait regardé plus avant, et
voulu dire que ce même bonheur de notre vie, qui dépend
de la tranquillité et contentement d'un esprit bien né, et
de la résolution et assurance d'une âme réglée, ne se
doive jamais attribuer à l'homme, qu'on ne lui ait vu
jouer le dernier acte de sa comédie, et sans doute le plus

---

a. Maîtres d'école.
* Lucrèce, chant V : « Tant il est vrai qu'une puissance cachée broie le
pouvoir humain et semble prendre plaisir à fouler aux pieds les nobles
faisceaux et les haches cruelles. »
** Macrobe, *Saturnales*, livre II : « Assurément, j'ai trop vécu d'un
jour. »

difficile. En tout le reste il y peut avoir du masque : ou ces beaux discours de la philosophie ne sont en nous que par contenance; ou les accidents, ne nous essayant pas jusques au vif, nous donnent loisir de maintenir toujours notre visage rassis. Mais à ce dernier rôle de la mort et de nous, il n'y a plus que feindre, il faut parler français, il faut montrer ce qu'il y a de bon et de net dans le fond du pot,

> *Nam veræ voces tum demum pectore ab imo*
> *Ejiciuntur, et eripitur persona, manet res*.*

Voilà pourquoi se doivent à ce dernier trait toucher et éprouver toutes les autres actions de notre vie. C'est le maître jour, c'est le jour juge de tous les autres : c'est le jour, dit un Ancien[8], qui doit juger de toutes mes années passées. Je remets à la mort l'essai du fruit de mes études. Nous verrons là si mes discours me partent de la bouche, ou du cœur.

J'ai vu plusieurs donner par leur mort réputation en bien ou en mal à toute leur vie. Scipion[9], beau-père de Pompée, rhabilla en bien mourant la mauvaise opinion qu'on avait eue de lui jusques lors. Epaminondas[10], interrogé lequel des trois il estimait le plus, ou Chabrias, ou Iphicrate, ou soi-même : « Il nous faut voir mourir, fit-il, avant que d'en pouvoir résoudre. » De vrai, on déroberait beaucoup à celui-là, qui le pèserait sans l'honneur et grandeur de sa fin. Dieu l'a voulu comme il lui a plu; mais en mon temps, les trois plus exécrables personnes que je connusse en toute abomination de vie, et les plus infâmes, ont eu des morts réglées et en toute circonstance composées jusques à la perfection.

Il est des morts braves et fortunées. Je lui ai vu trancher le fil d'un progrès de merveilleux avancement, et dans la fleur de son croist[a], à quelqu'un, d'une fin si pompeuse, qu'à mon avis ses ambitieux et courageux desseins n'avaient rien de si haut que fut leur interruption[11]. Il arriva sans y aller où il prétendait, plus grandement et

---

a. Croissance.
* Lucrèce, chant III : « Alors enfin des paroles sincères jaillissent du fond du cœur; le masque tombe, l'homme demeure. »

glorieusement que ne portait son désir et espérance. Et devança par sa chute le pouvoir et le nom où il aspirait par sa course.

Au jugement de la vie d'autrui, je regarde toujours comment s'en est porté le bout; et des principaux études de la mienne, c'est qu'il se porte bien, c'est-à-dire quiètement et sourdement.

CHAPITRE XX

QUE PHILOSOPHER
C'EST APPRENDRE A MOURIR

Cicéron dit que philosopher ce n'est autre chose que s'apprêter à la mort[1]. C'est d'autant que l'étude et la contemplation retirent aucunement notre âme hors de nous, et l'embesognent à part du corps, qui est quelque apprentissage et ressemblance de la mort; ou bien, c'est que toute la sagesse et discours du monde se résout enfin à ce point, de nous apprendre à ne craindre point à mourir. De vrai, ou la raison se moque, ou elle ne doit viser qu'à notre contentement, et tout son travail, tendre en somme à nous faire bien vivre, et à notre aise, comme dit la Sainte Ecriture[2]. Toutes les opinions du monde en sont là, que le plaisir est notre but, quoiqu'elles en prennent divers moyens; autrement, on les chasserait d'arrivée[a], car qui écouterait celui qui pour sa fin établirait notre peine et mésaise?

Les dissensions des sectes philosophiques, en ce cas, sont verbales. « *Transcurramus solertissimas nugas**. » Il n'y a plus d'opiniâtreté et de picoterie qu'il n'appartient à une si sainte profession. Mais quelque personnage que l'homme entreprenne, il joue toujours le sien parmi. Quoi qu'ils disent, en la vertu même, le dernier but de notre visée, c'est la volupté. Il me plaît de battre leurs oreilles de ce mot qui leur est si fort à contrecœur. Et s'il signifie quelque suprême plaisir et excessif contentement,

a. De prime abord.
* Sénèque, *Lettre* 117 : « Passons rapidement sur ces bagatelles spirituelles ».

il est mieux dû à l'assistance de la vertu qu'à nulle autre assistance. Cette volupté, pour être plus gaillarde, nerveuse, robuste, virile, n'en est que plus sérieusement voluptueuse. Et lui devions donner le nom du plaisir, plus favorable, plus doux et naturel : non celui de la vigueur, duquel nous l'avons dénommée[3]. Cette autre volupté plus basse, si elle méritait ce beau nom, ce devait être en concurrence, non par privilège. Je la trouve moins pure d'incommodités et de traverses que n'est la vertu. Outre que son goût est plus momentané, fluide et caduque, elle a ses veillées, ses jeûnes et ses travaux et la sueur et le sang; et en outre particulièrement ses passions tranchantes de tant de sortes, et à son côté une satiété si lourde qu'elle équipolle[a] à pénitence. Nous avons grand tort d'estimer que ces incommodités lui servent d'aiguillon et de condiment à sa douceur, comme en nature le contraire se vivifie par son contraire, et de dire, quand nous venons à la vertu, que pareilles suites et difficultés l'accablent, la rendent austère et inaccessible, là où, beaucoup plus proprement qu'à la volupté, elles ennoblissent, aiguisent et rehaussent le plaisir divin et parfait qu'elle nous moyenne. Celui-là est certes bien indigne de son accointance, qui contrepèse son coût à son fruit, et n'en connaît ni les grâces ni l'usage. Ceux qui nous vont instruisant que sa quête est scabreuse et laborieuse, sa jouissance agréable, que nous disent-ils par là, sinon qu'elle est toujours désagréable? Car quel moyen humain arriva jamais à sa jouissance? Les plus parfaits se sont bien contentés d'y aspirer et de l'approcher sans la posséder. Mais ils se trompent : vu que tous les plaisirs que nous connaissons, la poursuite même en est plaisante. L'entreprise se sent de la qualité de la chose qu'elle regarde, car c'est une bonne portion de l'effet et consubstantielle. L'heur et la béatitude qui reluit en la vertu, remplit toutes ses appartenances et avenues, jusques à la première entrée et extrême barrière. Or, des principaux bienfaits de la vertu est le mépris de la mort, moyen qui fournit notre vie d'une molle tranquillité, nous en donne le goût pur et aimable, sans qui toute autre volupté est éteinte[4]?

a. Équivaut.

Voilà pourquoi toutes les règles se rencontrent et conviennent à cet article. Et, bien qu'elle nous conduisent aussi toutes d'un commun accord à mépriser la douleur, la pauvreté et autres accidents à quoi la vie humaine est sujette, ce n'est pas d'un pareil soin, tant parce que ces accidents ne sont pas de telle nécessité (la plupart des hommes passent leur vie sans goûter de la pauvreté, et tels encore sans sentiment de douleur et de maladie, comme Xenophilus le Musicien[5], qui vécut cent et six ans d'une entière santé), qu'aussi d'autant qu'au pis aller la mort peut mettre fin, quand il nous plaira, et couper broche à tous autres inconvénients. Mais quant à la mort, elle est inévitable,

> *Omnes eodem cogimur, omnium*
> *Versatur urna, serius ocius*
> *Sors exitura et nos in æternum*
> *Exitium impositura cymbæ*.*

Et par conséquent, si elle nous fait peur, c'est un sujet continuel de tourment, et qui ne se peut aucunement soulager. Il n'est lieu d'où elle ne nous vienne; nous pouvons tourner sans cesse la tête çà et là comme en pays suspect[6] : « *quæ quasi saxum Tantalo semper impendet*** ». Nos parlements renvoient souvent exécuter les criminels au lieu où le crime est commis : durant le chemin, promenez-les par des belles maisons, faites-leur tant de bonne chère qu'il vous plaira,

> *Non siculæ dapes*
> *Dulcem elaborabunt saporem,*
> *Non avium cytharæque cantus*
> *Somnum reducent***,*

---

* Horace, *Ode 3* du livre II : « Tous nous sommes poussés au même endroit; l'urne tourne pour nous tous; un peu plus tard, un peu plus tôt, le sort en sortira et nous placera dans la barque fatale pour une mort éternelle. »
** Cicéron, *De Finibus*, livre I : « Qui toujours nous menace comme le rocher de Tantale. » La légende de Sisyphe a été confondue avec celle de Tantale.
*** Horace, *Ode I* du livre III : « Les mets siciliens n'arriveront pas à lui paraître savoureux, ni le chant des oiseaux et de la cithare ne ramèneront le sommeil. »

pensez-vous qu'ils s'en puissent réjouir, et que la finale intention de leur voyage, leur étant ordinairement devant les yeux, ne leur ait altéré et affadi le goût à toutes ces commodités?

> *Audit iter, numérátque dies, spacióque viarum*
> *Metitur vitam, torquetur peste futura*.*

Le but de notre carrière, c'est la mort, c'est l'objet nécessaire de notre visée : si elle nous effraie, comme est-il possible d'aller un pas avant, sans fièvre? Le remède du vulgaire, c'est de n'y penser pas... Mais de quelle brutale stupidité lui peut venir un si grossier aveuglement? Il lui faut faire brider l'âne par la queue,

> *Qui capite ipse suo instituit vestigia retro**.*

Ce n'est pas de merveille s'il est si souvent pris au piège. On fait peur à nos gens, seulement de nommer la mort et la plupart s'en signent, comme du nom du diable. Et parce qu'il s'en fait mention aux testaments, ne vous attendez pas qu'ils y mettent la main, que le médecin ne leur ait donné l'extrême sentence; et Dieu sait lors, entre la douleur et la frayeur, de quel bon jugement ils vous le pâtissent.

Parce que cette syllabe frappait trop rudement leurs oreilles, et que cette voix leur semblait malencontreuse, les Romains avaient appris de l'amollir ou de l'étendre en périphrases. Au lieu de dire : il est mort; il a cessé de vivre, disent-ils, il a vécu[7]. Pourvu que ce soit vie, soit-elle passée, ils se consolent. Nous en avons emprunté notre feu[8] Maître-Jehan.

A l'aventure, est-ce que, comme on dit, le terme vaut l'argent. Je naquis entre onze heures et midi, le dernier jour de Février mil cinq cent trente-trois, comme nous comptons à cette heure[9], commençant l'an en Janvier. Il

---

* Claudien, poète officiel de l'empereur Honorius (Vᵉ siècle), *Contre Rufin*, livre II, vers 137 : « Il s'informe de l'étape, il compte les jours, il mesure sa vie sur la longueur du chemin, torturé par le fléau à venir. »
** Lucrèce, chant IV : « Lui qui s'est mis en tête d'avancer à reculons. »

n'y a justement que quinze jours que j'ai franchi trente-
neuf ans, il m'en faut pour le moins encore autant;
cependant s'empêcher du pensement de chose si éloignée,
ce serait folie. Mais quoi, les jeunes et les vieux laissent la
vie de même condition. Nul n'en sort autrement que
comme si tout présentement il y entrait. Joint qu'il n'est
homme si décrépit, tant qu'il voit Mathusalem devant,
qui ne pense avoir encore vingt ans dans le corps.
Davantage, pauvre fol que tu es, qui t'a établi les termes
de ta vie? Tu te fondes sur les contes des médecins.
Regarde plutôt l'effet de l'expérience. Par le commun
train des choses, tu vis pieça*a* par faveur extraordinaire.
Tu as passé les termes accoutumés de vivre. Et qu'il soit
ainsi, compte de tes connaissants combien il en est mort
avant ton âge, plus qu'il n'en y a qui l'aient atteint; et
de ceux même qui ont ennobli leur vie par renommée,
fais-en registre, et j'entrerai en gageure d'en trouver plus
qui sont morts avant, qu'après trente-cinq ans. Il est plein
de raison et de piété de prendre exemple de l'humanité
même de Jésus-Christ : or il finit sa vie à trente et trois
ans. Le plus grand homme, simplement homme, Alexandre, mourut aussi à ce terme[10].

Combien a la mort de façons de surprise?

> *Quid quisque vitet, nunquam homini satis*
> *Cautum est in horas*.*

Je laisse à part les fièvres et les pleurésies. Qui eût jamais
pensé qu'un duc de Bretagne[11] dût être étouffé de la
presse, comme fut celui-là à l'entrée du pape Clément,
mon voisin[12], à Lyon? N'as-tu pas vu tuer un de nos rois
en se jouant[13]? Et un de ses ancêtres mourut-il pas
choqué par un pourceau[14]? Eschyle menacé de la chute
d'une maison, a beau se tenir à l'airte*b* : le voilà assommé
d'un toit de tortue, qui échappa des pattes d'un aigle en
l'air. L'autre mourut d'un grain de raisin; un empereur[15],
de l'égratignure d'un peigne, en se testonnant*c*, Emilius
Lepidus, pour avoir heurté du pied contre le seuil de son

---

a. Depuis longtemps. – *b.* A l'écart. – *c.* Coiffant.
* Horace, *Ode 13* du livre II : « L'homme ne peut jamais prendre assez
de précautions pour les dangers qui le menacent à chaque heure. »

huis, et Aufidius[16], pour avoir choqué en entrant contre la porte de la chambre du conseil; et entre les cuisses des femmes, Cornelius Gallus, préteur, Tigillinus, capitaine du guet à Rome, Ludovic, fils de Guy de Gonzague, marquis de Mantoue, et d'un encore pire exemple, Speusippe, philosophe platonicien, et l'un de nos papes[17]. Le pauvre Bebius, juge, cependant qu'il donne délai de huitaine à une partie, le voilà saisi, le sien de vivre étant expiré. Et Caius Julius, médecin, graissant les yeux d'un patient, voilà la mort qui clôt les siens. Et s'il m'y faut mêler, un mien frère, le capitaine Saint-Martin, âgé de vingt et trois ans, qui avait déjà fait assez bonne preuve de sa valeur, jouant à la paume, reçut un coup d'esteuf[a] qui l'assena[b] un peu au-dessus de l'oreille droite, sans aucune apparence de contusion, ni de blessure. Il ne s'en assit, ni reposa, mais cinq ou six heures après il mourut d'une apoplexie que ce coup lui causa. Ces exemples si fréquents et si ordinaires nous passant devant les yeux, comme est-il possible qu'on se puisse défaire du pensement de la mort, et qu'à chaque instant il ne nous semble qu'elle nous tient au collet?

Qu'importe-t-il, me direz-vous, comment que ce soit, pourvu qu'on ne s'en donne point de peine? Je suis de cet avis, et en quelque manière qu'on se puisse mettre à l'abri des coups, fût-ce sous la peau d'un veau[18], je ne suis pas homme qui y reculasse. Car il me suffit de passer à mon aise; et le meilleur jeu que je me puisse donner, je le prends, si peu glorieux au reste et exemplaire que vous voudrez.

> *prætulerim delirus inérsque videri,*
> *Dum mea delectent mala me, vel denique fallant,*
> *Quam sapere et ringi*.*

Mais c'est folie d'y penser arriver par là. Ils vont, ils viennent, ils trottent, ils dansent, de mort nulles nouvelles. Tout cela est beau. Mais aussi quand elle arrive, ou à eux, ou à leurs femmes, enfants et amis, les surprenant

a. Balle. – b. Frappa.
* Horace, *Epître 2* du livre II : « J'aimerais mieux encore passer pour fou ou idiot, pourvu que mes maux me plaisent ou m'échappent, que d'être sage et d'enrager. »

en dessoude et à découvert, quels tourments, quels cris, quelle rage, et quel désespoir les accable? Vîtes-vous jamais rien si rabaissé, si changé, si confus? Il y faut pourvoir de meilleure heure : et cette nonchalance bestiale, quand elle pourrait loger en la tête d'un homme d'entendement, ce que je trouve entièrement impossible, nous vend trop cher ses denrées. Si c'était ennemi qui se peut éviter, je conseillerais d'emprunter les armes de la couardise. Mais puisqu'il ne se peut, puisqu'il vous attrape fuyant et poltron aussi bien qu'honnête homme,

> *Nempe et fugacem persequitur virum,*
> *Nec parcit imbellis juventæ*
> *Poplitibus, timidóque tergo*,*

et que nulle trempe de cuirasse vous couvre,

> *Ille licet ferro cautus se condat ære,*
> *Mors tamen inclusum protrahet inde caput**,*

apprenons à le soutenir de pied ferme, et à le combattre. Et pour commencer à lui ôter son plus grand avantage contre nous, prenons voie toute contraire à la commune. Otons-lui l'étrangeté, pratiquons-le, accoutumons-le, n'ayons rien si souvent en la tête que la mort. A tous instants représentons-la à notre imagination et en tous visages. Au broncher d'un cheval, à la chute d'une tuile, à la moindre piqûre d'épingle, remâchons soudain : « Eh bien? quand ce serait la mort même? » et là-dessus, raidissons-nous et efforçons-nous. Parmi les fêtes et la joie, ayons toujours ce refrain de la souvenance de notre condition, et nous ne laissons pas si fort emporter au plaisir, que parfois il ne nous repasse en la mémoire, en combien de sortes cette nôtre allégresse est en butte à la mort et de combien de prises elle la menace. Ainsi

---

* Horace, *Ode 2* du livre III : « La mort poursuit le guerrier dans sa fuite et n'épargne pas les jarrets et le dos craintif de la jeunesse lâche. » Le premier vers de la strophe dit : « Il est doux et glorieux de mourir pour la patrie. »
** Properce, *Elégie 18* du livre III : « Il a beau se cacher prudemment sous le fer et l'airain : la mort cependant lui fera sortir sa tête si bien protégée. »

faisaient les Egyptiens[19], qui, au milieu de leurs festins, et
parmi leur meilleure chère, faisaient apporter l'anatomie
sèche d'un corps d'homme mort, pour servir d'avertissement aux conviés.

> *Omnem crede diem tibi diluxisse supremum.*
> *Grata superveniet, quæ non sperabitur hora*.*

Il est incertain où la mort nous attende, attendons-la
partout. La préméditation de la mort est préméditation
de la liberté. Qui a appris à mourir, il a désappris à
servir[20]. Le savoir mourir nous affranchit de toute sujétion et contrainte. Il n'y a rien de mal en la vie pour celui
qui a bien compris que la privation de la vie n'est pas
mal. Paul-Emile répondit à celui que ce misérable roi de
Macédoine, son prisonnier, lui envoyait pour le prier de
ne le mener pas en son triomphe : « Qu'il en fasse la
requête à soi-même[21]. »

À la vérité, en toutes choses, si nature ne prête un peu,
il est malaisé que l'art et l'industrie aillent guère avant. Je
suis de moi-même non mélancolique, mais songe-creux.
Il n'est rien de quoi je me sois dès toujours plus entretenu
que des imaginations de la mort : voire en la saison la
plus licencieuse de mon âge,

> *Jucundum cum ætas florida ver ageret**,*

parmi les dames et les jeux, tel me pensait empêché à
digérer à part moi quelque jalousie, ou l'incertitude de
quelque espérance, cependant que je m'entretenais de je
ne sais qui, surpris les jours précédents d'une fièvre
chaude, et de sa fin, au partir d'une fête pareille, et la tête
pleine d'oisiveté, d'amour et de bon temps, comme moi,
et qu'autant m'en pendait à l'oreille :

> *Jam fuerit, nec post unquam revocare licebit***.*

---

* Horace, *Epître 4* du livre I : « Imagine-toi que chaque jour est le der-
nier qui luit pour toi : elle te sera agréable l'heure que tu n'espérais plus. »
** Catulle, poème LXVIII. Mlle de Gournay a traduit joliment :
« Quand mon âge fleuri roulait son gai printemps. »
*** Lucrèce, chant III : « Bientôt le temps présent ne sera plus et jamais
plus nous ne pourrons le rappeler. »

Je ne ridais non plus le front de ce pensement-là, que
d'un autre. Il est impossible que d'arrivée nous ne
sentions des piqûres de telles imaginations. Mais en les
maniant et repassant, au long aller, on les apprivoise sans
doute. Autrement de ma part je fusse en continuelle
frayeur et frénésie; car jamais homme ne se défia tant de
sa vie, jamais homme ne fit moins d'état de sa durée. Ni
la santé, que j'ai joui jusques à présent très vigoureuse et
peu souvent interrompue, ne m'en allonge l'espérance, ni
les maladies ne me l'accourcissent. A chaque minute il
me semble que je m'échappe. Et me rechante sans cesse :
« Tout ce qui peut être fait un autre jour, le peut être
aujourd'hui. » De vrai, les hasards et dangers nous appro-
chent peu ou rien de notre fin; et si nous pensons
combien il en reste, sans cet accident qui semble nous
menacer le plus, de millions d'autres sur nos têtes, nous
trouverons que, gaillards et fiévreux, en la mer et en nos
maisons, en la bataille et en repos, elle nous est également
ment près. « *Nemo altero fragilior est : nemo in crasti-
num sui certior*.* »

Ce que j'ai affaire avant mourir, pour l'achever tout
loisir me semble court, fût-ce d'une heure. Quelqu'un,
feuilletant l'autre jour mes tablettes, trouva un mémoire
de quelque chose que je voulais être faite après ma mort.
Je lui dis, comme il était vrai, que, n'étant qu'à une lieue
de ma maison, et sain et gaillard, je m'étais hâté de
l'écrire là, pour ne m'assurer *ᵃ* point d'arriver jusque chez
moi. Comme celui qui continuellement me couvre de
mes pensées et les couche en moi, je suis à toute heure
préparé environ ce que je puis être. Et ne m'avertira de
rien de nouveau la survenance de la mort.

Il faut être toujours botté et prêt à partir, en tant qu'en
nous est, et surtout se garder qu'on n'ait lors affaire qu'à
soi :

> *Quid brevi fortes jaculamur ævo*
> *Multa**.*

---

a. N'étant pas sûr de...
* Sénèque, *Lettre* 91 : « Aucun homme n'est plus fragile que les
autres, aucun n'est plus assuré du lendemain. »
** Horace, *Ode 16* du livre II : « Pourquoi, dans une vie si courte,
visons-nous audacieusement des buts si nombreux ? »

Car nous y aurons assez de besogne, sans autre surcroît.
L'un se plaint plus que de la mort, de quoi elle lui rompt
le train d'une belle victoire; l'autre, qu'il lui faut déloger
avant qu'avoir marié sa fille, ou contrôlé l'institution de
ses enfants; l'un plaint la compagnie de sa femme, l'autre
de son fils, comme commodités principales de son être.

Je suis pour cette heure en tel état, Dieu merci, que je
puis déloger quand il lui plaira, sans regret de chose
quelconque, si ce n'est de la vie, si sa perte vient à me
peser. Je me dénoue partout; mes adieux sont à demi pris
de chacun, sauf de moi. Jamais homme ne se prépara à
quitter le monde plus purement et pleinement, et ne s'en
déprit plus universellement que je m'attends de faire. Les
plus mortes morts sont les plus saines.

> *Miser ô miser, aiunt, omnia ademit*
> *Una dies infesta mihi tot præmia vitæ**.

Et le bâtisseur :

> *Manent* (dit-il) *opera interrupta, minæque*
> *Murorum ingentes***.

Il ne faut rien dessiner de si longue haleine, ou au moins
avec telle intention de se passionner pour n'en voir la fin.
Nous sommes nés pour agir :

> *Cum moriar, medium solvar et inter opus****.

Je veux qu'on agisse, et qu'on allonge les offices de la
vie tant qu'on peut, et que la mort me trouve plantant
mes choux, mais nonchalant d'elle, et encore plus de mon
jardin imparfait. J'en vis mourir un, qui, étant à l'extrémité, se plaignait incessamment, de quoi sa destinée

---

* Lucrèce, chant III : « Ah ! malheureux, malheureux, disent-ils, un
seul jour, un jour fatal m'a ravi tous les biens de la vie. »
** Virgile, *Enéide*, chant IV : « Les travaux restent inachevés, énormes
murailles qui menacent le ciel... » Le texte exact de Virgile est *pendent* et
non *manent*. Pendant que Didon s'abandonne à sa passion, les chantiers
de Carthage restent à l'abandon.
*** Ovide, *Amours*, chant II, poème X : « Quand je mourrai, je veux
que la mort me prenne en plein travail. »

coupait le fil de l'histoire qu'il avait en main, sur le quinzième ou seizième de nos Rois.

> *Illud in his rebus non addunt, nec tibi earum*
> *Jam desiderium rerum super insidet una*.*

Il faut se décharger de ces humeurs vulgaires et nuisibles. Tout ainsi qu'on a planté nos cimetières joignant les églises, et aux lieux les plus fréquentés de la ville, pour accoutumer, disait Lycurgue[22], le bas populaire, les femmes et les enfants à ne s'effaroucher point de voir un homme mort, et afin que ce continuel spectacle d'ossements, de tombeaux et de convois nous avertisse de notre condition :

> *Quin etiam exhilarare viris convivia cæde*
> *Mos olim, et miscere epulis spectacula dira*
> *Certantum ferro, sæpe et super ipsa cadentum*
> *Pocula respersis non parco sanguine mensis**;*

et comme les Egyptiens, après leurs festins, faisaient présenter aux assistants une grande image de la mort par un qui leur criait : « Bois et t'éjouis, car, mort, tu seras tel[23] »; aussi ai-je pris en coutume d'avoir, non seulement en l'imagination, mais continuellement la mort en la bouche; et n'est rien de quoi je m'informe si volontiers que de la mort des hommes : quelle parole, quel visage, quelle contenance ils y ont eus; ni endroit des histoires, que je remarque si attentivement.

Il y paraît à la farcissure de mes exemples; et que j'ai en particulière affection cette matière. Si j'étais faiseur de livres, je ferais un registre commenté des morts diverses[24]. Qui apprendrait les hommes à mourir, leur apprendrait à vivre.

Dicéarque en fit un de pareil titre, mais d'autre et moins utile fin[25].

---

* Lucrèce, chant III : « Sur ce sujet, ils oublient d'ajouter que le regret de ces biens ne survivra pas à notre mort. »

** Silius Italicus, poète épique contemporain de Néron, cité par Juste Lipse : « Bien plus, c'était la coutume jadis d'égayer les banquets par des meurtres et de mêler au repas le cruel spectacle de combattants qui s'écroulaient sur les coupes mêmes et inondaient les tables de leur sang. »

On me dira que l'effet surmonte de si loin l'imagination, qu'il n'y a si belle escrime qui ne se perde, quand on en vient là. Laissez-les dire : le préméditer donne sans doute grand avantage. Et puis, n'est-ce rien, d'aller au moins jusque-là sans altération et sans fièvre? Il y a plus : Nature même nous prête la main, et nous donne courage. Si c'est une mort courte et violente, nous n'avons pas loisir de la craindre; si elle est autre, je m'aperçois qu'à mesure que je m'engage dans la maladie, j'entre naturellement en quelque dédain de la vie. Je trouve que j'ai bien plus affaire à digérer cette résolution de mourir quand je suis en santé, que quand je suis en fièvre. D'autant que je ne tiens plus si fort aux commodités de la vie, à raison que je commence à en perdre l'usage et le plaisir, j'en vois la mort d'une vue beaucoup moins effrayée. Cela me fait espérer que, plus je m'éloignerai de celle-là, et approcherai de celle-ci, plus aisément j'entrerai en composition de leur échange. Tout ainsi que j'ai essayé en plusieurs autres occurrences ce que dit César[26], que les choses nous paraissent souvent plus grandes de loin que de près, j'ai trouvé que sain j'avais eu les maladies beaucoup plus en horreur, que lorsque je les ai senties; l'allégresse où je suis, le plaisir et la force me font paraître l'autre état si disproportionné à celui-là, que par imagination je grossis ces incommodités de moitié, et les conçois plus pesantes, que je ne les trouve, quand je les ai sur les épaules. J'espère qu'il m'en adviendra ainsi de la mort.

Voyons à ces mutations et déclinaisons[a] ordinaires que nous souffrons, comme nature nous dérobe le goût de notre perte et empirement. Que reste-t-il à un vieillard de la vigueur de sa jeunesse, et de sa vie passée?

Heu! senibus vitæ portio quanta manet *!*

César à un soldat de sa garde, recru et cassé, qui vint en la rue lui demander congé de se faire mourir, regardant son maintien décrépit, répondit plaisamment : « Tu

a. Diminutions (cf. Déclin).
* Citation d'une élégie de Maximianus (*Elégie I*) qu'on attribuait au XVIᵉ siècle à Cornelius Gallus, l'ami de Virgile : « Hélas! quelle portion de vie reste-t-il aux vieillards? »

penses donc être en vie[27]. » Qui y tomberait d'un seul coup, je ne crois pas que nous fussions capables de porter un tel changement. Mais, conduits par sa main, d'une douce pente et comme insensible, peu à peu, de degré en degré, elle nous roule dans ce misérable état et nous y apprivoise; si que nous ne sentons aucune secousse, quand la jeunesse meurt en nous, qui est en essence et en vérité une mort plus dure que n'est la mort entière d'une vie languissante, et que n'est la mort de la vieillesse. D'autant que le saut n'est pas si lourd du mal-être au non-être, comme il est d'un être doux et fleurissant à un être pénible et douloureux.

Le corps, courbe et plié, a moins de force à soutenir un faix; aussi a notre âme : il la faut dresser et élever contre l'effort de cet adversaire. Car, comme il est impossible qu'elle se mette en repos pendant qu'elle le craint; si elle s'en assure ainsi, elle se peut vanter, qui est chose comme surpassant l'humaine condition, qu'il est impossible que l'inquiétude, le tourment, la peur, non le moindre déplaisir loge en elle,

> *Non vultus instantis tyranni*
> *Mente quatit solida, neque Auster,*
> *Dux inquieti turbidus Adriæ,*
> *Nec fulminantis magna Jovis manus*.*

Elle est rendue maîtresse de ses passions et concupiscences, maîtresse de l'indigence, de la honte, de la pauvreté et de toutes autres injures de fortune. Gagnons cet avantage qui pourra; c'est ici la vraie et souveraine liberté, qui nous donne de quoi faire la figue à la force et à l'injustice, et nous moquer des prisons et des fers :

> *in manicis, et*
> *Compedibus, sævo te sub custode tenebo.*
> *– Ipse Deus simul atque volam, me solvet – : opinor*
> *Hoc sentit, moriar. Mors ultima linea rerum est**.*

---

* Horace, *Ode 3* du livre III : « Ni le regard cruel du tyran ni l'Auster qui se déchaîne sur l'Adriatique agitée, ni la grande main de Jupiter brandissant la foudre n'ébranle son âme inflexible. »

** Horace, *Epître 16* du livre I : « Les menottes aux mains et les entraves aux pieds, je te ferai garder par un cruel geôlier. – Un dieu en personne, dès que je le voudrai, me délivrera. – Sans doute, il veut dire : je mourrai. La mort est le terme ultime des choses. »

Notre religion n'a point eu de plus assuré fondement humain, que le mépris de la vie. Non seulement le discours de la raison nous y appelle, car pourquoi craindrions-nous de perdre une chose, laquelle perdue ne peut être regrettée; et puisque nous sommes menacés de tant de façons de mort, n'y a-t-il pas plus de mal à les craindre toutes, qu'à en soutenir une[28]?

Que chaut-il quand ce soit, puisqu'elle est inévitable? A celui qui disait à Socrate : « Les trente tyrans t'ont condamné à la mort. – Et nature à eux », répondit-il[29].

Quelle sottise de nous peiner sur le point du passage à l'exemption de toute peine!

Comme notre naissance nous apporta la naissance de toutes choses, aussi fera la mort de toutes choses, notre mort. Par quoi, c'est pareille folie de pleurer de ce que d'ici à cent ans nous ne vivrons pas, que de pleurer de ce que nous ne vivions pas il y a cent ans. La mort est origine d'une autre vie. Ainsi pleurâmes-nous; ainsi nous coûta-t-il d'entrer en celle-ci; ainsi nous dépouillâmes-nous de notre ancien voile, en y entrant.

Rien ne peut être grief, qui n'est qu'une fois. Est-ce raison de craindre si longtemps chose de si bref temps? Le longtemps vivre et le peu de temps vivre est rendu tout un par la mort. Car le long et le court n'est point aux choses qui ne sont plus. Aristote[30] dit qu'il y a des petites bêtes sur la rivière de Hypanis, qui ne vivent qu'un jour. Celle qui meurt à huit heures du matin, elle meurt en jeunesse; celle qui meurt à cinq heures du soir, meurt en sa décrépitude. Qui de nous ne se moque de voir mettre en considération d'heur ou de malheur ce moment de durée? Le plus ou le moins en la nôtre, si nous la comparons à l'éternité, ou encore à la durée des montagnes, des rivières, des étoiles, des arbres, et même d'aucuns animaux, n'est pas moins ridicule.

Mais nature nous y force. « Sortez, dit-elle, de ce monde[31], comme vous y êtes entrés. Le même passage que vous fîtes de la mort à la vie, sans passion et sans frayeur, refaites-le de la vie à la mort. Votre mort est une des pièces de l'ordre de l'univers; c'est une pièce de la vie du monde,

> *inter se mortales mutua vivunt*
> *Et, quasi cursores, vitaï lampada tradunt*.*

Changerai-je pas pour vous cette belle contexture des choses? C'est la condition de votre création, c'est une partie de vous que la mort; vous vous fuyez vous-mêmes. Cet être qui est vôtre, que vous jouissez, est également parti à la mort et à la vie. Le premier jour de votre naissance vous achemine à mourir comme à vivre,

> *Prima, quæ vitam dedit, hora carpsit**.*
> *Nascentes morimur, finisque ab origine pendet***.*

Tout ce que vous vivez, vous le dérobez à la vie; c'est à ses dépens. Le continuel ouvrage de votre vie, c'est bâtir la mort. Vous êtes en la mort pendant que vous êtes en vie. Car vous êtes après la mort quand vous n'êtes plus en vie.

Ou si vous aimez mieux ainsi, vous êtes mort après la vie; mais pendant la vie vous êtes mourant, et la mort touche bien plus rudement le mourant que le mort, et plus vivement et essentiellement.

Si vous avez fait votre profit de la vie, vous en êtes repu, allez-vous-en satisfait,

> *Cur non ut plenus vitæ conviva recedis****?*

Si vous n'en avez su user, si elle vous était inutile, que vous chaut-il de l'avoir perdue, à quoi faire la voulez-vous encore?

> *Cur amplius addere quæris*
> *Rursum quod pereat male, et ingratum occidat omne*****?*

---

* Lucrèce, chant II : « Les mortels se prêtent mutuellement la vie; tels les coureurs, ils se passent le flambeau de la vie. »
** Sénèque, *Hercule furieux*, acte III : « La première heure qui t'a donné la vie, l'a entamée. »
*** Manilius, poète scientifique du Iᵉʳ siècle après J.-C., auteur des *Astronomiques*. La citation est tirée du chant IV : « Dès notre naissance nous mourons et notre fin est la conséquence de notre commencement. »
**** Lucrèce, chant III : « Pourquoi ne pas se retirer comme un convive rassasié de la vie? »
***** Lucrèce, chant II : « Pourquoi ajouter à ta vie d'autres jours qui se perdront de nouveau et disparaîtront sans profit? »

La vie n'est de soi ni bien ni mal : c'est la place du bien et du mal selon que vous la leur faites.

Et si vous avez vécu un jour, vous avez tout vu. Un jour est égal à tous jours. Il n'y a point d'autre lumière, ni d'autre nuit. Ce Soleil, cette Lune, ces Etoiles, cette disposition, c'est celle même que vos aïeux ont joui, et entretiendra vos arrière-neveux :

> *Non alium videres patres : aliumve nepotes*
> *Aspicient*.*

Et, au pis-aller, la distribution et variété de tous les actes de ma comédie se parfournit en un an. Si vous avez pris garde au branle de mes quatre saisons, elles embrassent l'enfance, l'adolescence, la virilité et la vieillesse du monde. Il a joué son jeu. Il n'y sait autre finesse que de recommencer. Ce sera toujours cela même,

> *versamur ibidem, atque insumus usque**.*
> *Atque in se sua per vestigia volvitur annus***.*

Je ne suis pas délibérée de vous forger autres nouveaux passe-temps,

> *Nam tibi præterea quod machiner, inveniámque*
> *Quod placeat, nihil est : eadem sunt omnia semper****.*

Faites place aux autres, comme d'autres vous l'ont faite.

L'équalité est la première pièce de l'équité. Qui se peut plaindre d'être compris, où tous sont compris? Aussi avez-vous beau vivre, vous n'en rabattrez rien du temps que vous avez à être mort; c'est pour néant : aussi longtemps serez-vous en cet état-là, que vous craignez, comme si vous étiez mort en nourrice,

---

* Manilius, *Astronomiques*, chant I : « Vos pères n'en ont pas vu d'autre, et vos descendants n'en contempleront pas d'autre. »

** Lucrèce, chant III : « Nous tournons dans le même cercle et nous y restons toujours enfermés. »

*** Virgile, *Géorgiques*, chant II : « L'année revient sur elle-même et suit ses propres traces. »

**** Lucrèce, chant III : « Te fabriquer, t'inventer de nouveaux plaisirs, c'est impossible : ce sont toujours les mêmes. »

> *licet, quod vis, vivendo vincera secla,*
> *Mors æterna tamen nihilominus illa manebit*.*

Et si vous mettrai en tel point, auquel vous n'aurez
aucun mécontentement,

> *In vera nescis nullum fore morte alium te,*
> *Qui possit vivus tibi te lugere peremptum,*
> *Stánsque jacentem**?*

Ni ne désirerez la vie que vous plaignez tant,

> *Nec sibi enim quisquam tum se vitámque requirit,*
> *Nec desiderium nostri nos afficit ullum***.*

La mort est moins à craindre que rien, s'il y avait quelque
chose de moins,

> *multo mortem minus ad nos esse putandum*
> *Si minus esse potest quam quod nihil esse videmus****.*

Elle ne vous concerne ni mort ni vif : vif, parce que
vous êtes; mort, parce que vous n'êtes plus.

Nul ne meurt avant son heure. Ce que vous laissez de
temps n'était non plus vôtre que celui qui s'est passé
avant votre naissance; et ne vous touche non plus,

> *Respice enim quam nil ad nos ante acta vetustas*
> *Temporis æterni fuerit*****.*

Où que votre vie finisse, elle y est toute. L'utilité du
vivre n'est pas en l'espace, elle est en l'usage : tel a vécu
longtemps, qui a peu vécu; attendez-vous-y pendant que

---

* Lucrèce, chant III : « Tu peux vaincre les générations en vivant aussi
longtemps qu'il te plaît, la mort n'en restera pas moins éternelle. »
** Lucrèce, chant III : « Ne sais-tu pas que la mort ne laissera pas
survivre un autre toi-même qui, vivant, puisse te pleurer mort, debout
devant ton cadavre gisant. »
*** Lucrèce, chant III : « Personne alors ne s'inquiète ni de la vie ni de
soi-même; il ne nous reste aucun regret de nous. »
**** Lucrèce, chant III : Montaigne cite le texte latin après l'avoir
traduit.
***** Lucrèce, chant III : « Retourne-toi vers l'éternité des siècles
écoulés avant toi : elle n'est rien pour toi. »

vous y êtes. Il gît en votre volonté, non au nombre
des ans, que vous ayez assez vécu. Pensiez-vous jamais
n'arriver là, où vous alliez sans cesse? Encore n'y a-t-il
chemin qui n'ait son issue. Et si la compagnie vous peut
soulager, le monde ne va-t-il pas même train que vous
allez?

> *omnia te, vita perfuncta, sequentur* *.

Tout ne branle-t-il pas votre branle? Y a-t-il chose qui
ne vieillisse quant et vous? Mille hommes, mille animaux
et mille autres créatures meurent en ce même instant que
vous mourez :

> *Nam nox nulla diem, neque noctem aurora sequuta est,*
> *Quæ non audierit mixtos vagitibus ægris*
> *Ploratus, mortis comites et funeris atri* **.

A quoi faire y reculez-vous, si vous ne pouvez tirer
arrière. Vous en avez assez vu, qui se sont bien trouvés de
mourir, eschevant[a] par là des grandes misères. Mais
quelqu'un qui s'en soit mal trouvé, en avez-vous vu? Si
est-ce grande simplesse de condamner chose que vous
n'avez éprouvé ni par vous, ni par autre. Pourquoi te
plains-tu de moi et de la destinée? te faisons-nous tort?
Est-ce à toi de nous gouverner, ou à nous toi? Encore que
ton âge ne soit pas achevé, ta vie l'est. Un petit homme
est homme entier, comme un grand.

Ni les hommes, ni leurs vies ne se mesurent à l'aune.
Chiron refusa l'immortalité, informé des conditions
d'icelle par le dieu même du temps et de la durée,
Saturne, son père. Imaginez de vrai combien serait une
vie perdurable, moins supportable à l'homme et plus
pénible, que n'est la vie que je lui ai donnée. Si vous
n'aviez la mort, vous me maudiriez sans cesse de vous en
avoir privé. J'y ai à escient mêlé quelque peu d'amertume

---

a. Evitant.
* Lucrèce, chant III : « Tout te suivra dans la mort. »
** Lucrèce, chant II : « Jamais la nuit n'a succédé au jour, jamais
l'aurore n'a succédé à la nuit sans qu'on n'entendît, mêlés aux vagisse-
ments plaintifs de l'enfant, les lamentations qui accompagnent la mort et
les lugubres funérailles. »

pour vous empêcher, voyant la commodité de son usage, de l'embrasser trop avidement et indiscrètement. Pour vous loger en cette modération, ni de fuir la vie, ni de refuir à la mort, que je demande de vous, j'ai tempéré l'une et l'autre entre la douceur et l'aigreur.

J'appris à Thalès[32], le premier de vos sages, que le vivre et le mourir était indifférent; par où, à celui qui lui demanda pourquoi donc il ne mourait, il répondit très sagement : « Parce qu'il est indifférent. »

« L'eau, la terre, le feu et autres membres de ce mien bâtiment ne sont non plus instruments de ta vie qu'instruments de ta mort. Pourquoi crains-tu ton dernier jour? il ne confère non plus à ta mort que chacun des autres. Le dernier pas ne fait pas la lassitude : il la déclare. Tous les jours vont à la mort, le dernier y arrive[33]. »

Voilà les bons avertissements de notre mère nature. Or j'ai pensé souvent d'où venait cela, qu'aux guerres le visage de la mort, soit que nous la voyons en nous ou en autrui, nous semble sans comparaison moins effroyable qu'en nos maisons, autrement ce serait une armée de médecins et de pleurards; et, elle étant toujours une, qu'il y ait toutefois beaucoup plus d'assurance parmi les gens de village et de basse condition qu'ès autres. Je crois à la vérité que ce sont ces mines et appareils effroyables de quoi nous l'entournons, qui nous font plus peur qu'elle : une toute nouvelle forme de vivre, les cris des mères, des femmes et des enfants, la visitation de personnes étonnées et transies, l'assistance d'un nombre de valets pâles et éplorés, une chambre sans jour, des cierges allumés, notre chevet assiégé de médecins et de prêcheurs; somme, tout horreur et tout effroi autour de nous. Nous voilà déjà ensevelis et enterrés. Les enfants ont peur de leurs amis mêmes quand ils les voient masqués; aussi avons-nous. Il faut ôter le masque aussi bien des choses que des personnes; ôté qu'il sera, nous ne trouverons au-dessous que cette même mort, qu'un valet ou simple chambrière passèrent dernièrement sans peur[34]. Heureuse la mort qui ôte le loisir aux apprêts de tel équipage!

CHAPITRE XXI

DE LA FORCE
DE L'IMAGINATION

« *Fortis imaginatio generat casum** », disent les clercs. Je suis de ceux qui sentent très grand effort de l'imagination. Chacun en est heurté, mais aucuns en sont renversés[1]. Son impression me perce. Et mon art est de lui échapper, non pas de lui résister. Je vivrais de la seule assistance de personnes saines et gaies. La vue des angoisses d'autrui m'angoisse matériellement, et a mon sentiment souvent usurpé le sentiment d'un tiers. Un tousseur continuel irrite mon poumon et mon gosier. Je visite plus mal volontiers les malades auxquels le devoir m'intéresse, que ceux auxquels je m'attends moins et que je considère moins. Je saisis le mal que j'étudie, et le couche en moi. Je ne trouve pas étrange qu'elle donne et les fièvres et la mort à ceux qui la laissent faire et qui lui applaudissent. Simon Thomas était un grand médecin de son temps. Il me souvient que, me rencontrant un jour à Toulouse chez un riche vieillard pulmonique, et traitant avec lui des moyens de sa guérison, il lui dit que c'en était l'un de me donner occasion de me plaire en sa compagnie, et, que, fichant ses yeux sur la fraîcheur de mon visage et sa pensée sur cette allégresse et vigueur qui regorgeait de mon adolescence, et remplissant tous ses sens de cet état florissant[2] en quoi j'étais, son habitude s'en pourrait amender. Mais il oubliait à dire que la mienne s'en pourrait empirer aussi.

Gallus Vibius[3] banda si bien son âme à comprendre

---

* « Une imagination forte produit l'événement. »

l'essence et les mouvements de la folie, qu'il emporta son jugement hors de son siège, si qu'onques depuis il ne l'y put remettre; et se pouvait vanter d'être devenu fol par sagesse. Il y en a qui, de frayeur, anticipent la main du bourreau. Et celui qu'on débandait pour lui lire sa grâce, se trouva raide mort sur l'échafaud du seul coup de son imagination. Nous tressuons, nous tremblons, nous pâlissons et rougissons aux secousses de nos imaginations, et renversés dans la plume sentons notre corps agité à leur branle, quelquefois jusques à en expirer. Et la jeunesse bouillante s'échauffe si avant en son harnois, tout endormie, qu'elle assouvit en songe ses amoureux désirs,

Ut quasi transactis saepe omnibus rebus profundant
Fluminis ingentes fluctus, vestémque cruentent*.

Et encore qu'il ne soit pas nouveau de voir croître la nuit des cornes à tel qui ne les avait pas en se couchant, toutefois l'événement de Cyppus, roi d'Italie, est mémorable, lequel pour avoir assisté le jour avec grande affection au combat des taureaux, et avoir eu en songe toute la nuit des cornes en la tête, les produisit en son front par la force de l'imagination[4]. La passion donna au fils de Crésus la voix que nature lui avait refusée[5]. Et Antiochus prit la fièvre de la beauté de Stratonice trop vivement empreinte en son âme. Pline[6] dit avoir vu Lucius Cossitius de femme changé en homme le jour de ses noces. Pontanus et d'autres racontent pareilles métamorphoses advenues en Italie ces siècles passés, et par véhément désir de lui et de sa mère,

Vota puer solvit, quae fœmina voverat Iphis**.

Passant à Vitry-le-François[7], je pus voir un homme que l'évêque de Soissons avait nommé Germain en confirmation, lequel tous les habitants de là ont connu et vu fille, jusques à l'âge de vingt-deux ans, nommée Marie.

---

* Lucrèce, chant IV : « Souvent, comme s'ils avaient consommé l'acte, ils répandent les vastes flots de leur sève et en souillent leur vêtement. »
** Ovide, *Métamorphoses*, chant IX : « Iphis acquitta garçon, les vœux qu'il avait faits étant fille. »

Il était à cette heure-là fort barbu, et vieil, et point marié. Faisant, dit-il, quelque effort en sautant, ses membres virils se produisirent; et est encore en usage, entre les filles de là, une chanson, par laquelle elles s'entravertissent de ne faire point de grandes enjambées, de peur de devenir garçons, comme Marie Germain. Ce n'est pas tant de merveille, que cette sorte d'accident se rencontre fréquent; car si l'imagination peut en telles choses, elle est si continuellement et si vigoureusement attachée à ce sujet, que, pour n'avoir si souvent à rechoir en même pensée et âpreté de désir, elle a meilleur compte d'incorporer, une fois pour toutes, cette virile partie aux filles.

Les uns attribuent à la force de l'imagination les cicatrices du roi Dagobert[8] et de saint François. On dit que les corps s'en enlèvent telle fois de leur place. Et Celse récite d'un prêtre, qui ravissait son âme en telle extase, que le corps en demeurait longue espace sans respiration et sans sentiment. Saint Augustin[9] en nomme un autre, à qui il ne fallait que faire ouïr des cris lamentables et plaintifs, soudain il défaillait et s'emportait si vivement hors de soi, qu'on avait beau le tempêter et hurler, et le pincer, et le griller, jusques à ce qu'il fût ressuscité : lors il disait avoir ouï des voix, mais comme venant de loin, et s'apercevait de ses échaudures et meurtrissures. Et, que ce ne fût une obstination apostée[a] contre son sentiment, cela le montrait, qu'il n'avait cependant ni pouls ni haleine.

Il est vraisemblable que le principal crédit des miracles, des visions, des enchantements et de tels effets extraordinaires, vienne de la puissance de l'imagination agissant principalement contre les âmes du vulgaire, plus molles. On leur a si fort saisi la créance qu'ils pensent voir ce qu'ils ne voient pas.

Je suis encore de cette opinion, que ces plaisantes liaisons de quoi notre monde se voit si entravé, qu'il ne se parle d'autre chose, ce sont volontiers des impressions de l'appréhension et de la crainte. Car je sais par expérience[10], que tel, de qui je puis répondre comme de moi-même, en qui il pouvait choir soupçon aucun de faiblesse, et aussi peu d'enchantement, ayant ouï faire le

_a._ Feinte.

conte à un sien compagnon, d'une défaillance extraordinaire, en quoi il était tombé sur le point qu'il en avait le moins de besoin, se trouvant en pareille occasion, l'horreur de ce conte lui vint à coup si rudement frapper l'imagination, qu'il en encourut une fortune pareille; et de là en hors*a* fut sujet à y rechoir, ce vilain souvenir de son inconvénient le gourmandant et tyrannisant. Il trouva quelque remède à cette rêverie par une autre rêverie. C'est que, avouant lui-même et prêchant avant la main cette sienne sujétion, la contention de son âme se soulageait sur ce, qu'apportant ce mal comme attendu, son obligation en amoindrissait et lui en pesait moins. Quand il a eu loi, à son choix (sa pensée débrouillée et débandée, son corps se trouvant en son dû) de le faire lors premièrement tenter, saisir et surprendre à la connaissance d'autrui, il s'est guéri tout net à l'endroit de ce sujet.

À qui on a été une fois capable, on n'est plus incapable, sinon par juste faiblesse [11].

Ce malheur n'est à craindre qu'aux entreprises où notre âme se trouve outre mesure tendue de désir et de respect, et notamment si les commodités se rencontrent imprévues et pressantes; on n'a pas moyen de se ravoir de ce trouble. J'en sais, à qui il a servi d'y apporter le corps même commencé à rassasier d'ailleurs, pour endormir l'ardeur de cette fureur, et qui par l'âge se trouve moins impuissant de ce qu'il est moins puissant. Et tel autre à qui il a servi aussi qu'un ami l'ait assuré d'être fourni d'une contre-batterie d'enchantements certains à le préserver. Il vaut mieux que je dise comment ce fut. Un comte [12] de très bon lieu, de qui j'étais fort privé, se mariant avec une belle dame qui avait été poursuivie de tel qui assistait à la fête, mettait en grand peine ses amis et nommément une vieille dame, sa parente, qui présidait à ces noces et les faisait chez elle, craintive de ces sorcelleries; ce qu'elle me fit entendre. Je la priai s'en reposer sur moi. J'avais de fortune en mes coffres certaine petite pièce d'or plate, où étaient gravées quelques figures célestes, contre le coup de soleil et ôter la douleur de tête, la logeant à point sur la couture du test, et, pour l'y tenir, elle était cousue à un ruban propre à rattacher sous le

a. Désormais.

menton. Rêverie germaine à celle de quoi nous parlons. Jacques Peletier[13] m'avait fait ce présent singulier. J'avisai d'en tirer quelque usage. Et dis au comte qu'il pourrait courir fortune comme les autres, y ayant là des hommes pour lui en vouloir prêter d'une; mais que hardiment il s'allât coucher; que je lui ferais un tour d'ami; et n'épargnerais à son besoin un miracle, qui était en ma puissance, pourvu que, sur son honneur, il me promît de le tenir très fidèlement secret; seulement, comme sur la nuit on irait lui porter le réveillon, s'il lui était mal allé, il me fît un tel signe. Il avait eu l'âme et les oreilles si battues, qu'il se trouva lié du trouble de son imagination, et me fit son signe. Je lui dis lors, qu'il se levât sous couleur de nous chasser, et prît en se jouant la robe de nuit que j'avais sur moi (nous étions de taille fort voisine) et s'en vêtît, tant qu'il aurait exécuté mon ordonnance, qui fut : quand nous serions sortis, qu'il se retirât à tomber de l'eau; dît trois fois telles oraisons, et fît tels mouvements; qu'à chacune de ces trois fois, il ceignît le ruban que je lui mettais en main, et couchât bien soigneusement la médaille qui y était attachée, sur ses rognons, la figure en telle posture; cela fait, ayant bien étreint ce ruban pour qu'il ne se pût ni dénouer, ni mouvoir de sa place, que, en toute assurance, il s'en retournât à son prix fait, et n'oubliât de rejeter ma robe sur son lit, en manière qu'elle les abritât tous deux. Ces singeries sont le principal de l'effet, notre pensée ne se pouvant démêler que moyens si étranges ne viennent de quelqu'abstruse science. Leur inanité leur donne poids et révérence. Somme, il fut certain que mes caractères se trouvèrent plus Vénériens que Solaires, plus en action qu'en prohibition. Ce fut une humeur prompte et curieuse qui me convia à tel effet, éloigné de ma nature. Je suis ennemi des actions subtiles et feintes, et hais la finesse, en mes mains, non seulement récréative, mais aussi profitable. Si l'action n'est vicieuse, la route l'est.

Amasis[14], roi d'Egypte, épousa Laodice, très belle fille grecque; et lui, qui se montrait gentil compagnon partout ailleurs, se trouva court à jouir d'elle, et menaça de la tuer, estimant que ce fut quelque sorcerie. Comme ès choses qui consistent en fantaisie, elle le rejeta à la dévotion, et ayant fait ses vœux et promesses à Vénus, il se trouva divinement remis dès la première nuit d'emprès ses oblations et sacrifices.

Or, elles ont tort de nous recueillir de ces contenances mineuses[a], querelleuses et fuyardes, qui nous éteignent en nous allumant. La bru[15] de Pythagore disait que la femme qui se couche avec un homme, doit avec la cotte laisser aussi la honte, et la reprendre avec le cotillon. L'âme de l'assaillant, troublée de plusieurs diverses alarmes, se perd aisément; et à qui l'imagination a fait une fois souffrir cette honte (et elle ne le fait souffrir qu'aux premières accointances, d'autant qu'elles sont plus bouillantes et âpres, et aussi qu'en cette première connaissance, on craint beaucoup plus de faillir), ayant mal commencé, il entre en fièvre et dépit de cet accident qui lui dure aux occasions suivantes.

Les mariés, le temps étant tout leur, ne doivent ni presser, ni tâter leur entreprise, s'ils ne sont prêts; et vaut mieux faillir indécemment à étrenner la couche nuptiale, pleine d'agitation et de fièvre, attendant une et une autre commodité plus privée et moins alarmée, que de tomber en une perpétuelle misère, pour s'être étonné et désespéré du premier refus. Avant la possession prise, le patient se doit à saillies et divers temps légèrement essayer et offrir, sans se piquer et opiniâtrer à se convaincre définitivement soi-même. Ceux qui savent leurs membres de nature docile, qu'ils se soignent seulement de contrepiper leur fantaisie.

On a raison de remarquer l'indocile liberté de ce membre, s'ingérant si importunément, lorsque nous n'en avons que faire, et défaillant si importunément, lorsque nous en avons le plus affaire, et contestant de l'autorité si impérieusement avec notre volonté, refusant avec tant de fierté et d'obstination nos sollicitations et mentales et manuelles. Si toutefois en ce qu'on gourmande sa rébellion, et qu'on en tire preuve de sa condamnation, il m'avait payé pour plaider sa cause, à l'aventure mettrais-je en soupçon nos autres membres, ses compagnons, de lui être allé dresser, par belle envie de l'importance et douceur de son usage, cette querelle apostée, et avoir par

a. Minaudières.

complot armé le monde à l'encontre de lui, le chargeant
malignement seul de leur faute commune. Car je vous
donne à penser, s'il y a une seule des parties de notre
corps qui ne refuse à notre volonté souvent son opération
et qui souvent ne l'exerce contre notre volonté. Elles ont
chacune des passions propres, qui les éveillent et endorment, sans notre congé. A quant de fois témoignent les
mouvements forcés de notre visage les pensées que nous
tenions secrètes, et nous trahissent aux assistants. Cette
même cause qui anime ce membre, anime aussi sans
notre su le cœur, le poumon et le pouls; la vue d'un objet
agréable répandant imperceptiblement en nous la flamme
d'une émotion fiévreuse. N'y a-t-il que ces muscles et ces
veines qui s'élèvent et se couchent sans l'aveu, non
seulement de notre volonté, mais aussi de notre pensée?
Nous ne commandons pas à nos cheveux de se hérisser, et
à notre peau de frémir de désir ou de crainte. La main se
porte souvent où nous ne l'envoyons pas. La langue se
transit, et la voix se fige à son heure. Lors même que,
n'ayant de quoi frire, nous le lui défendrions volontiers,
l'appétit de manger et de boire ne laisse pas d'émouvoir
les parties qui lui sont sujettes, ni plus ni moins que cet
autre appétit; et nous abandonne de même, hors de
propos, quand bon lui semble. Les outils qui servent à
décharger le ventre ont leurs propres dilatations et com-
pressions, outre et contre notre avis, comme ceux-ci
destinés à décharger nos rognons. Et ce que, pour autoriser la toute-puissance de notre volonté, saint Augustin[16]
allègue avoir vu quelqu'un qui commandait à son derrière autant de pets qu'il en voulait, et que Vivès[17], son
glossateur, enchérit d'un autre exemple de son temps, de
pets organisés suivant le ton des vers qu'on leur pronon-
çait, ne suppose non plus pure l'obéissance de ce membre; car en est-il ordinairement de plus indiscret et
tumultuaire. Joint que j'en sais un si turbulent et revêche,
qu'il y a quarante ans qu'il tient son maître à péter d'une
haleine et d'une obligation constante et irrémittente, et le
mène ainsi à la mort. Et plût à Dieu que je ne le susse que
par les histoires, combien de fois notre ventre par le refus
d'un seul pet, nous mène jusqu'aux portes d'une mort très
angoisseuse; et que l'Empereur, qui nous donna liberté de
péter partout, nous en eût donné le pouvoir[18]!

Mais notre volonté, pour les droits de qui nous mettons en avant ce reproche, combien plus vraisemblablement la pouvons-nous marquer de rébellion et sédition par son dérèglement et désobéissance! Veut-elle toujours ce que nous voudrions qu'elle voulût? Ne veut-elle pas souvent ce que nous lui prohibons de vouloir; et à notre évident dommage? Se laisse-t-elle non plus mener aux conclusions de notre raison? Enfin je dirais pour monsieur ma partie, que « plaise à considérer qu'en ce fait, sa cause étant inséparablement conjointe à un consort et indistinctement, on ne s'adresse pourtant qu'à lui, et par des arguments et charges telles, vu la condition des parties, qu'elles ne peuvent aucunement appartenir ni concerner son dit consort. Partant se voit l'animosité et illégalité manifeste des accusateurs ». Quoi qu'il en soit, protestant que les avocats et juges ont beau quereller et sentencier, nature tirera cependant son train; qui n'aurait fait que raison, quand elle aurait doué ce membre de quelque particulier privilège, auteur du seul ouvrage immortel des mortels. Pourtant[a] est à Socrate action divine que la génération; et amour, désir d'immortalité et Démon immortel lui-même[19].

Tel, à l'aventure, par cet effet de l'imagination, laisse ici les écrouelles, que son compagnon rapporte en Espagne[20]. Voilà pourquoi, en telles choses, l'on a accoutumé de demander une âme préparée. Pourquoi pratiquent les médecins avant main[b] la créance de leur patient avec tant de fausses promesses de sa guérison, si ce n'est afin que l'effet de l'imagination supplée l'imposture de leur aposème[c]? Ils savent qu'un des maîtres de ce métier leur a laissé par écrit, qu'il s'est trouvé des hommes à qui la seule vue de la médecine faisait l'opération.

Et tout ce caprice m'est tombé présentement en main, sur le conte que me faisait un domestique apothicaire de feu mon père, homme simple et Suisse, nation peu vaine et mensongère, d'avoir connu longtemps un marchand à Toulouse, maladif et sujet à la pierre, qui avait souvent besoin de clystères, et se les faisait diversement ordonner aux médecins, selon l'occurrence de son mal. Apportés

a. C'est pourquoi. – *b.* D'avance. – *c.* Décoction.

qu'ils étaient, il n'y avait rien omis des formes accoutumées; souvent il tâtait s'ils étaient trop chauds. Le voilà couché, renversé, et toutes les approches faites, sauf qu'il ne s'y faisait aucune injection. L'apothicaire retiré après cette cérémonie, le patient accommodé, comme s'il avait véritablement pris le clystère, il en sentait pareil effet à ceux qui les prennent. Et si le médecin n'en trouvait l'opération suffisante, il lui en redonnait deux ou trois autres, de même forme. Mon témoin jure que, pour épargner la dépense (car il les payait comme s'il les eût reçus), la femme de ce malade ayant quelquefois essayé d'y faire seulement mettre de l'eau tiède, l'effet en découvrit la fourbe, et pour avoir trouvé ceux-là inutiles, qu'il fallut revenir à la première façon.

Une femme, pensant avoir avalé une épingle avec son pain, criait et se tourmentait comme ayant une douleur insupportable au gosier, où elle pensait la sentir arrêtée; mais, parce qu'il n'y avait ni enflure ni altération par le dehors, un habile homme, ayant jugé que ce n'était que fantaisie et opinion, prise de quelque morceau de pain qui l'avait piquée en passant, la fit vomir et jeta à la dérobée, dans ce qu'elle rendit, une épingle tordue. Cette femme, cuidant l'avoir rendue, se sentit soudain déchargée de sa douleur. Je sais qu'un gentilhomme, ayant traité chez lui une bonne compagnie, se vanta trois ou quatre jours après, par manière de jeu (car il n'en était rien), de leur avoir fait manger un chat en pâte; de quoi une demoiselle de la troupe prit telle horreur, qu'en étant tombée en un grand dévoiement d'estomac et fièvre, il fut impossible de la sauver. Les bêtes mêmes se voient comme nous sujettes à la force de l'imagination. Témoin les chiens, qui se laissent mourir de deuil de la perte de leurs maîtres. Nous les voyons aussi japper et trémousser en songe, hennir les chevaux et se débattre.

Mais tout ceci se peut rapporter à l'étroite couture de l'esprit et du corps s'entre-communiquant leurs fortunes. C'est autre chose que l'imagination agisse quelquefois, non contre son corps seulement, mais contre le corps d'autrui. Et tout ainsi qu'un corps rejette son mal à son voisin, comme il se voit en la peste, en la vérole, et au mal des yeux, qui se chargent de l'un à l'autre :

> *Dum spectant oculi laesos, laeduntur et ipsi*
> *Multaque corporibus transitione nocent**;

pareillement, l'imagination ébranlée avec véhémence, élance des traits qui puissent offenser l'objet étranger. L'ancienneté[21] a tenu de certaines femmes en Scythie, qu'animées et courroucées contre quelqu'un, elles le tuaient du seul regard. Les tortues et les autruches couvent leurs œufs de la seule vue, signe qu'ils y ont quelque vertu éjaculatrice. Et quant aux sorciers, on les dit avoir des yeux offensifs et nuisants,

> *Nescio quis teneros oculus mihi fascinat agnos***.

Ce sont pour moi mauvais répondants, que magiciens. Tant y a que nous voyons par expérience les femmes envoyer aux corps des enfants qu'elles portent au ventre des marques de leurs fantaisies, témoin celle qui engendra le more[22]. Et il fut présenté à Charles, roi de Bohême et empereur, une fille d'auprès de Pise, toute velue et hérissée, que sa mère disait avoir été ainsi conçue, à cause d'une image de saint Jean-Baptiste pendue en son lit. Des animaux il en est de même, témoin les brebis de Jacob[23], et les perdrix et les lièvres, que la neige blanchit aux montagnes. On vit[24] dernièrement chez moi un chat guettant un oiseau au haut d'un arbre, et, s'étant fiché la vue ferme l'un contre l'autre quelque espace de temps, l'oiseau s'être laissé choir comme mort entre les pattes du chat, ou enivré par sa propre imagination, ou attiré par quelque force attractive du chat. Ceux qui aiment la volerie[a] ont ouï faire le conte du fauconnier qui, arrêtant obstinément sa vue contre un milan en l'air, gageait de la seule force de sa vue le ramener contre-bas; et le faisait, à ce qu'on dit. Car les histoires que j'emprunte, je les renvoie sur la conscience de ceux de qui je les prends. Les discours sont à moi, et se tiennent par la preuve de

---

a. La chasse au moyen des oiseaux de proie.
* Ovide, *Les Remèdes de l'Amour*, chant V : « En regardant des yeux malades, les yeux deviennent malades eux aussi, et beaucoup de maux se transmettent d'un corps à l'autre. »
** Virgile, *Bucoliques*, III : « Je ne sais quel œil fascine mes tendres agneaux. »

la raison, non de l'expérience; chacun y peut joindre ses exemples : et qui n'en a point, qu'il ne laisse pas de croire qu'il en est, vu le nombre et variété des accidents.

Si je ne comme*[a]* bien, qu'un autre comme pour moi.

Aussi en l'étude que je traite de nos mœurs et mouvements, les témoignages fabuleux, pourvu qu'ils soient possibles, y servent comme les vrais. Advenu ou non advenu, à Paris ou à Rome, à Jean ou à Pierre, c'est toujours un tour de l'humaine capacité, duquel je suis utilement avisé par ce récit. Je le vois et en fais mon profit également en ombre que en corps. Et aux diverses leçons qu'ont souvent les histoires, je prends à me servir de celle qui est la plus rare et mémorable. Il y a des auteurs desquels la fin, c'est dire les événements. La mienne, si j'y savais advenir, serait dire sur ce qui peut advenir. Il est justement permis aux écholes de supposer des similitudes, quand ils n'en ont point. Je n'en fais pas ainsi pourtant, et surpasse de ce côté-là en religion superstitieuse, toute foi historiale. Aux exemples que je tire céans, de ce que j'ai ouï, fait ou dit, je me suis défendu d'oser altérer jusques aux plus légères et inutiles circonstances. Ma conscience ne falsifie pas un iota, ma science, je ne sais. Sur ce propos, j'entre parfois en pensée qu'il puisse assez bien convenir à un théologien, à un philosophe, et telles gens d'exquise et exacte conscience et prudence, d'écrire l'histoire. Comment peuvent-ils engager leur foi sur une foi populaire? Comment répondre des pensées de personnes inconnues et donner pour argent comptant leurs conjectures? Des actions à divers membres, qui se passent en leur présence, ils refuseraient d'en rendre témoignage, assermentés par un juge; et n'ont homme si familier, des intentions duquel ils entreprennent de pleinement répondre. Je tiens moins hasardeux d'écrire les choses passées que présentes; d'autant que l'écrivain n'a à rendre compte que d'une vérité empruntée. Aucuns me convient d'écrire les affaires de mon temps, estimant que je les vois d'une vue moins blessée de passion qu'un autre, et de plus près, pour l'accès que fortune m'a donné aux chefs de divers partis. Mais ils ne

a. Commente.

disent pas que, pour la gloire de Salluste, je n'en prendrais pas la peine; ennemi juré d'obligation, d'assiduité, de constance; qu'il n'est rien si contraire à mon style qu'une narration étendue : je me recoupe si souvent à faute d'haleine, je n'ai ni composition, ni explication qui vaille, ignorant au-delà d'un enfant les phrases et vocables qui servent aux choses plus communes; pourtant ai-je pris à dire ce que je sais dire, accommodant la matière à ma force; si j'en prenais qui me guidât, ma mesure pourrait faillir à la sienne; que ma liberté, étant si libre, j'eusse publié des jugements, à mon gré même et selon raison, illégitimes et punissables. Plutarque nous dirait volontiers de ce qu'il en a fait, que c'est l'ouvrage d'autrui que ses exemples soient en tout et partout véritables; qu'ils soient utiles à la postérité, et présentés d'un lustre qui nous éclaire à la vertu, que c'est son ouvrage. Il n'est pas dangereux, comme en une drogue médicinale en un conte ancien, qu'il soit ainsi ou ainsi.

CHAPITRE XXII

LE PROFIT DE L'UN
EST DOMMAGE
DE L'AUTRE

Demade[1], Athénien, condamna un homme de sa ville, qui faisait métier de vendre les choses nécessaires aux enterrements, sous titre de ce qu'il en demandait trop de profit, et que ce profit ne lui pouvait venir sans la mort de beaucoup de gens. Ce jugement semble être mal pris, d'autant qu'il ne se fait aucun profit qu'au dommage d'autrui, et qu'à ce compte il faudrait condamner toute sorte de gain.

Le marchand ne fait bien ses affaires qu'à la débauche de la jeunesse; le laboureur, à la cherté des blés; l'architecte, à la ruine des maisons; les officiers de la justice, aux procès et querelles des hommes; l'honneur même et pratique des ministres de la religion se tire de notre mort et de nos vices. Nul médecin ne prend plaisir à la santé de ses amis mêmes, dit l'ancien Comique grec[2], ni soldat à la paix de sa ville : ainsi du reste. Et qui pis est, que chacun se sonde au-dedans, il trouvera que nos souhaits intérieurs pour la plupart naissent et se nourrissent aux dépens d'autrui.

Ce que considérant, il m'est venu en fantaisie, comme nature ne se dément point en cela de sa générale police; car les physiciens tiennent que la naissance, nourrissement et augmentation de chaque chose est l'altération et corruption d'une autre :

Nam quodcunque suis mutatum finibus exit,
Continuo hoc mors est illius, quod fuit ante*.

---

* Lucrèce, *De Natura Rerum*, chants II et III : « En effet toute chose qui se transforme et sort de sa nature, aussitôt voit mourir l'objet qui existait antérieurement. »

CHAPITRE XXIII

DE LA COUTUME
ET DE NE CHANGER AISÉMENT
UNE LOI REÇUE

Celui me semble avoir très bien conçu la force de la coutume[1], qui premier forgea ce conte, qu'une femme de village, ayant appris de caresser et porter entre ses bras un veau dès l'heure de sa naissance, et continuant toujours à ce faire, gagna cela par l'accoutumance, que tout grand bœuf qu'il était, elle le portait encore[2]. Car c'est à la vérité une violente et traîtresse maîtresse d'école que la coutume. Elle établit en nous, peu à peu, à la dérobée, le pied de son autorité; mais par ce doux et humble commencement, l'ayant rassis et planté avec l'aide du temps, elle nous découvre tantôt un furieux et tyrannique visage, contre lequel nous n'avons plus la liberté de hausser seulement les yeux. Nous lui voyons forcer tous les coups les règles de nature. « *Usus efficacissimus rerum omnium magister**. »

J'en crois l'antre de Platon en sa République[3], et crois les médecins, qui quittent si souvent à son autorité les raisons de leur art; et ce Roi[4] qui, par son moyen, rangea son estomac à se nourrir de poison; et la fille qu'Albert[5] récite s'être accoutumée à vivre d'araignées.

Et en ce monde des Indes nouvelles[6] on trouva des grands peuples et en fort divers climats, qui en vivaient, en faisaient provision, et les appâtaient, comme aussi des sauterelles, fourmis, lézards, chauves-souris, et fut un crapaud vendu six écus en une nécessité de vivres; ils les

---

* Pline, *Histoire naturelle*, livre XXVI, chap. II : « L'usage est le plus puissant maître en toutes choses. »

cuisent et apprêtent à diverses sauces. Il en fut trouvé
d'autres auxquels nos chairs et nos viandes étaient
mortelles et venimeuses. « *Consuetudinis magna vis
est. Pernoctant venatores in nive; in montibus uri se
patiuntur. Pugiles cæstibus contusi ne ingemiscunt
quidem**. »

Ces exemples étrangers ne sont pas étranges, si nous
considérons, ce que nous essayons ordinairement, combien l'accoutumance hébète nos sens. Il ne nous faut pas
aller chercher ce qu'on dit des voisins des cataractes du
Nil[7], et ce que les philosophes estiment de la musique
céleste, que les corps de ces cercles, étant solides et
venant à se lécher et frotter l'un à l'autre en roulant, ne
peuvent faillir de produire une merveilleuse harmonie,
aux coupures et nuances de laquelle se manient les
contours et changements des caroles[a] des astres; mais
qu'universellement les ouïes des créatures, endormies
comme celles des Egyptiens par la continuation de ce
son, ne le peuvent apercevoir, pour grand qu'il soit. Les
maréchaux, meuniers, armuriers ne sauraient durer au
bruit qui les frappe, s'ils s'en étonnaient comme nous.
Mon collet de fleur sert à mon nez, mais, après que je
m'en suis vêtu trois jours de suite, il ne sert qu'aux nez
assistants. Ceci est plus étrange, que, nonobstant des
longs intervalles et intermissions, l'accoutumance puisse
joindre et établir l'effet de son impression sur nos sens;
comme essayent les voisins des clochers. Je loge chez moi
en une tour où, à la diane et à la retraite, une fort grosse
cloche sonne tous les jours l'*Ave Maria*. Ce tintamarre
effraie ma tour même; et, aux premiers jours me semblant
insupportable, en peu de temps m'apprivoise, de manière
que je l'ouïs sans offense et souvent sans m'en éveiller.

Platon tança un enfant qui jouait aux noix. Il lui
répondit : « Tu me tances de peu de chose. – L'accoutumance, répliqua Platon, n'est pas chose de peu[8]. »

Je trouve que nos plus grands vices prennent leur pli de
notre plus tendre enfance, et que notre principal gouver-

---

a. Danses.
* Cicéron, *Tusculanes*, livre II, chap. XVII : « La force de l'habitude est
grande : les chasseurs passent des nuits entières dans la neige; ils endurent
d'être brûlés sur les montagnes; les athlètes, meurtris par le ceste, ne
gémissent même pas. »

nement est entre les mains des nourrices. C'est passe-temps aux mères de voir un enfant tordre le col à un poulet et s'ébattre à blesser un chien et un chat; et tel père est si sot de prendre à bon augure d'une âme martiale, quand il voit son fils gourmer injurieusement un paysan ou un laquais qui ne se défend point, et à gentillesse, quand il le voit affiner*a* son compagnon par quelque malicieuse déloyauté et tromperie. Ce sont pourtant les vraies semences et racines de la cruauté, de la tyrannie, de la trahison; elles se germent là, et s'élèvent après gaillardement, et profitent à force entre les mains de la coutume. Et est une très dangereuse institution d'excuser ces vilaines inclinations par la faiblesse de l'âge et légèreté du sujet. Premièrement, c'est nature qui parle, de qui la voix est lors plus pure et plus forte qu'elle est plus grêle. Secondement, la laideur de la piperie ne dépend pas de la différence des écus aux épingles. Elle dépend de soi. Je trouve bien plus juste de conclure ainsi : « Pourquoi ne tromperait-il aux écus, puisqu'il trompe aux épingles? » que, comme ils font : « Ce n'est qu'aux épingles, il n'aurait garde de le faire aux écus. » Il faut apprendre soigneusement aux enfants de haïr les vices de leur propre contexture, et leur en faut apprendre la naturelle difformité, à ce qu'ils les fuient, non en leur action seulement, mais surtout en leur cœur; que la pensée même leur en soit odieuse, quelque masque qu'ils portent. Je sais bien que, pour m'être duit*b* en ma puérilité*c* de marcher toujours mon grand et plein chemin, et avoir eu à contrecœur de mêler ni tricotterie*d*, ni finesse à mes jeux enfantins (comme de vrai il faut noter que les jeux des enfants ne sont pas jeux, et les faut juger en eux comme leurs plus sérieuses actions), il n'est passe-temps si léger où je n'apporte du dedans, d'une propension naturelle, et sans étude, une extrême contradiction à tromper. Je manie les cartes pour les doubles*e* et tiens compte, comme pour les doubles doublons, lorsque le gagner et le perdre contre ma femme et ma fille m'est indifférent, comme lorsqu'il y va de bon. En tout et partout il y a assez de mes yeux à me tenir en office; il

a. Abuser. – *b.* Habitué. – *c.* Enfance. – *d.* Tricherie. – *e.* Doubles deniers.

n'y en a point qui me veillent de si près, ni que je respecte plus.

Je viens de voir[9] chez moi un petit homme natif de Nantes, né sans bras, qui a si bien façonné ses pieds au service que lui devaient les mains, qu'ils en ont à la vérité à demi oublié leur office naturel. Au demeurant il les nomme ses mains, il tranche, il charge un pistolet et le lâche, il enfile son aiguille, il coud, il écrit, il tire le bonnet, il se peigne, il joue aux cartes et aux dés, et les remue avec autant de dextérité que saurait faire quelqu'autre; l'argent que je lui ai donné (car il gagne sa vie à se faire voir), il l'a emporté en son pied, comme nous faisons en notre main. J'en vis un autre, étant enfant, qui maniait une épée à deux mains et une hallebarde du pli du col, à faute de mains, les jetait en l'air et les reprenait, lançait une dague, et faisait craqueter un fouet aussi bien que charretier de France[10].

Mais on découvre bien mieux ses effets aux étranges impressions qu'elle fait en nos âmes, où elle ne trouve pas tant de résistance. Que ne peut-elle en nos jugements et en nos créances? Y a-t-il opinion si bizarre (je laisse à part la grossière imposture des religions, de quoi tant de grandes nations et tant de suffisants personnages se sont vus enivrés; car cette partie étant hors de nos raisons humaines, il est plus excusable de s'y perdre, à qui n'y est extraordinairement éclairé par faveur divine), mais d'autres opinions y en a-t-il de si étranges, qu'elle n'ait planté et établi par lois ès régions que bon lui a semblé? Et très juste cette ancienne exclamation : « *Non pudet physicum, id est speculatorem venatoremque naturæ, ab animis consuetudine imbutis quærere testimonium veritatis**. »

J'estime qu'il ne tombe en l'imagination humaine aucune fantaisie si forcenée qui ne rencontre l'exemple de quelque usage public, et par conséquent que notre discours n'étaye et ne fonde. Il est des peuples[11] où on tourne le dos à celui qu'on salue, et ne regarde-t-on jamais celui qu'on veut honorer. Il en est où, quand le roi

---

* Cicéron, *De Natura Deorum*, livre I, chap. XXX : « N'est-il pas honteux pour un physicien dont la mission est d'observer et de scruter la nature de demander un témoignage sur la vérité à des esprits imprégnés par la coutume. »

crache, la plus favorite des dames de sa cour tend la main; et en autre nation les plus apparents qui sont autour de lui, se baissent à terre pour amasser en du linge son ordure.

Dérobons ici la place d'un conte. Un gentilhomme français [12] se mouchait toujours de sa main; chose très ennemie de notre usage. Défendant là-dessus son fait (et était fameux en bonnes rencontres) il me demanda quel privilège avait ce sale excrément que nous allassions lui apprêtant un beau linge délicat à le recevoir, et puis, qui plus est, à l'empaqueter et serrer soigneusement sur nous; que cela devait faire plus de horreur et de mal au cœur, que de le voir verser où que ce fût, comme nous faisons tous autres excréments. Je trouvai qu'il ne parlait pas du tout sans raison; et m'avait la coutume ôté l'apercevance de cette étrangeté, laquelle pourtant nous trouvons si hideuse, quand elle est récitée d'un autre pays.

Les miracles sont selon l'ignorance en quoi nous sommes de la nature, non selon l'être de la nature. L'assuéfaction [a] endort la vue de notre jugement. Les barbares ne nous sont de rien plus merveilleux, que nous sommes à eux, ni avec plus d'occasion; comme chacun avouerait, si chacun savait, après s'être promené par ces nouveaux exemples, se coucher sur les propres et les conférer sainement. La raison humaine est une teinture infuse environ de pareil poids à toutes nos opinions et mœurs, de quelque forme qu'elles soient : infinie en matière, infinie en diversité. Je m'en retourne. Il est des peuples où sauf sa femme et ses enfants aucun ne parle au roi que par sarbacane. En une même nation, et les vierges montrent à découvert leurs parties honteuses, et les mariées les couvrent et cachent soigneusement; à quoi cette autre coutume qui est ailleurs a quelque relation : la chasteté n'y est en prix que pour le service du mariage, car les filles se peuvent abandonner à leur poste, et, engrossées, se faire avorter par médicaments propres, au vu d'un chacun. Et ailleurs, si c'est un marchand qui se marie, tous les marchands conviés à la noce couchent avec l'épousée avant lui; et plus il y en a, plus a elle d'honneur et de recommandation de fermeté et de capa-

a. L'habitude.

cité; si un officier se marie, il en va de même; de même si c'est un noble, et ainsi des autres, sauf si c'est un laboureur ou quelqu'un du bas peuple : car lors c'est au seigneur à faire; et si, on ne laisse pas d'y recommander étroitement la loyauté, pendant le mariage. Il en est où il se voit des bordeaux publics de mâles, voire et des mariages; où les femmes vont à la guerre quant et *a* leurs maris, et ont rang, non au combat seulement, mais aussi en commandement. Où non seulement les bagues se portent au nez, aux lèvres, aux joues, et aux orteils des pieds, mais des verges d'or bien pesantes au travers des tétins et des fesses. Où en mangeant on s'essuie les doigts aux cuisses et à la bourse des génitoires et à la plante des pieds. Où les enfants ne sont pas héritiers, ce sont les frères et neveux; et ailleurs les neveux seulement, sauf en la succession du prince. Où pour régler la communauté des biens, qui s'y observe, certains magistrats souverains ont charge universelle de la culture des terres et de la distribution des fruits, selon le besoin d'un chacun. Où l'on pleure la mort des enfants et festoie-t-on celle des vieillards. Où ils couchent en des lits dix ou douze ensemble avec leurs femmes. Où les femmes qui perdent leurs maris par mort violente se peuvent remarier, les autres non. Où l'on estime si mal de la condition des femmes, qu'on y tue les femelles qui y naissent, et achète-t-on des voisins des femmes pour le besoin. Où les maris peuvent répudier sans alléguer aucune cause les femmes, non pour cause quelconque. Où les maris ont loi de les vendre, si elles sont stériles. Où ils font cuire le corps du trépassé, et puis piler, jusques à ce qu'il se forme comme en bouillie, laquelle ils mêlent à leur vin et la boivent. Où la plus désirable sépulture est d'être mangé des chiens, ailleurs des oiseaux [13]. Où l'on croit que les âmes heureuses vivent en toute liberté, en des champs plaisants fournis de toutes commodités; et que ce sont elles qui font cet écho que nous oyons. Où ils combattent en l'eau, et tirent sûrement de leurs arcs en nageant. Où, pour signe de sujétion, il faut hausser les épaules et baisser la tête, et déchausser ses souliers quand on entre au logis du roi. Où les Eunuques qui ont les femmes

a. Avec.

religieuses en garde, ont encore le nez et lèvres à dire, pour ne pouvoir être aimés; et les prêtres se crèvent les yeux pour accointer leurs démons, et prendre les oracles. Où chacun fait un dieu de ce qui lui plaît, le chasseur d'un lion ou d'un renard, le pêcheur de certain poisson, et des idoles de chaque action ou passion humaine; le soleil, la lune, et la terre sont les dieux principaux; la forme de jurer, c'est toucher la terre, regardant le soleil; et y mange-t-on la chair et le poisson cru. Où le grand serment, c'est jurer de nom de quelque homme trépassé qui a été en bonne réputation au pays, touchant de la main sa tombe. Où les étrennes annuelles que le roi envoie aux princes ses vassaux, c'est du feu[14]. L'ambassadeur qui l'apporte, arrivant, l'ancien feu est éteint tout partout en la maison. Et de ce feu nouveau, le peuple dépendant de ce prince en doit venir prendre chacun pour soi, sur peine de crime de lèse-majesté. Où quand le roi, pour s'adonner du tout à la dévotion (comme ils font souvent), se retire de sa charge, son premier successeur est obligé d'en faire autant, et passe le droit du royaume au troisième successeur. Où l'on diversifie la forme de la police, selon que les affaires le requièrent; on dépose le roi quand il semble bon, et substitue-t-on des anciens à prendre le gouvernement de l'Etat et le laisse-t-on parfois aussi ès mains de la commune. Où hommes et femmes sont circoncis et pareillement baptisés. Où le soldat qui en un ou divers combats est arrivé à présenter à son roi sept têtes d'ennemis, est fait noble. Où l'on vit sous cette opinion si rare et incivile de la mortalité des âmes. Où les femmes s'accouchent sans plainte et sans effroi. Où les femmes en l'une et l'autre jambe portent des grèves[a] de cuivre; et, si un pou les mord, sont tenues par devoir de magnanimité de le remordre; et n'osent épouser, qu'elles n'aient offert à leur roi s'il veut de leur pucelage. Où l'on salue mettant le doigt à terre, et puis le haussant vers le ciel. Où les hommes portent les charges sur la tête, les femmes sur les épaules; elles pissent debout, les hommes accroupis. Où ils envoient de leur sang en signe d'amitié, et encensent comme les dieux les hommes qu'ils veulent honorer. Où non seulement jusques au quatrième degré,

a. Jambières.

mais en aucun plus éloigné, la parenté n'est soufferte aux mariages. Où les enfants sont quatre ans en nourrice, et souvent douze; et là même, il est estimé mortel de donner à l'enfant à téter tout le premier jour. Où les pères ont charge du châtiment des mâles; et les mères à part, des femelles; et est le châtiment de les fumer, pendus par les pieds. Où on fait circoncire les femmes. Où l'on mange toute sorte d'herbes, sans autre discrétion que de refuser celles qui leur semblent avoir mauvaise senteur. Où tout est ouvert, et les maisons pour belles et riches qu'elles soient, sans porte, sans fenêtre, sans coffre qui ferme; et sont les larrons doublement punis qu'ailleurs. Où ils tuent les poux avec les dents, comme les Magots, et trouvent horrible de les voir escacher[a] sous les ongles. Où l'on ne coupe en toute la vie ni poil ni ongle; ailleurs où l'on ne coupe que les ongles de la droite, celles de la gauche se nourrissent par gentillesse. Où ils nourrissent tout le poil du corps du côté droit, tant qu'il peut croître, et tiennent ras le poil de l'autre côté. Et en voisines provinces celle-ci nourrit le poil de devant, celle-là le poil de derrière, et rasent l'opposite. Où les pères prêtent leurs enfants, les maris leurs femmes, à jouir aux hôtes, en payant. Où on peut honnêtement faire des enfants à sa mère, les pères se mêler à leurs filles, et à leurs fils. Où, aux assemblées des festins, ils s'entreprêtent les enfants les uns aux autres.

Ici on vit de chair humaine[15]; là c'est office de piété de tuer son père en certain âge; ailleurs les pères ordonnent des enfants encore au ventre des mères, ceux qu'ils veulent être nourris et conservés, et ceux qu'ils veulent être abandonnés et tués; ailleurs les vieux maris prêtent leurs femmes à la jeunesse pour s'en servir; et ailleurs elles sont communes sans péché; voire en tel pays portent pour marque d'honneur autant de belles houppes frangées au bord de leurs robes, qu'elles ont accointé de mâles. N'a pas fait la coutume encore une chose publique[16] de femmes à part? leur a-t-elle pas mis les armes à la main? fait dresser des armées, et livrer des batailles? Et ce que toute la philosophie ne peut planter en la tête des plus sages, ne l'apprend-elle pas de sa seule ordonnance

---

a. Ecraser.

au plus grossier vulgaire? car nous savons des nations entières où non seulement la mort était méprisée, mais festoyée; où les enfants de sept ans souffraient à être fouettés jusques à la mort, sans changer de visage; où la richesse était en tel mépris, que le plus chétif citoyen de la ville n'eût daigné baisser le bras pour amasser une bourse d'écus. Et savons des régions très fertiles en toutes façons de vivres, où toutefois, les plus ordinaires mets et les plus savoureux, c'étaient du pain, du nasitort[17] et de l'eau.

Fit-elle pas encore ce miracle en Chio, qu'il s'y passa sept cents ans, sans mémoire que femme ni fille y eût fait faute à son honneur?

Et somme, à ma fantaisie, il n'est rien qu'elle ne fasse, ou qu'elle ne puisse; et avec raison l'appelle Pindare, à ce qu'on m'a dit, la reine et emperière du monde.

Celui qu'on rencontra battant son père, répondit que c'était la coutume de sa maison : que son père avait ainsi battu son aïeul; son aïeul, son bisaïeul; et, montrant son fils : « Et celui-ci me battra quand il sera venu au terme de l'âge où je suis[18]. »

Et le père que le fils tirassait et saboulait[a] emmi la rue, lui commanda de s'arrêter à certain huis; car lui n'avait traîné son père que jusque-là; que c'était la borne des injurieux traitements héréditaires que les enfants avaient en usage faire aux pères en leur famille. Par coutume, dit Aristote, aussi souvent que par maladie, des femmes s'arrachent le poil, rongent leurs ongles, mangent des charbons et de la terre; et autant par coutume que par nature les mâles se mêlent aux mâles.

Les lois de la conscience, que nous disons naître de nature, naissent de la coutume; chacun ayant en vénération interne les opinions et mœurs approuvées et reçues autour de lui, ne s'en peut déprendre sans remords, ni s'y appliquer sans applaudissement.

Quand ceux de Crète voulaient au temps passé maudire quelqu'un, ils priaient les dieux de l'engager en quelque mauvaise coutume[19].

Mais le principal effet de sa puissance, c'est de nous saisir et empiéter de telle sorte, qu'à peine soit-il en nous

a. Houspillait dans.

de nous ravoir de sa prise et de rentrer en nous, pour discourir et raisonner de ses ordonnances. De vrai, parce que nous les humons avec le lait de notre naissance, et que le visage du monde se présente en cet état à notre première vue, il semble que nous soyons nés à la condition de suivre ce train. Et les communes imaginations, que nous trouvons en crédit autour de nous et infuses en notre âme par la semence de nos pères, il semble que ce soient les générales et naturelles.

Par où il advient que ce qui est hors des gonds de coutume, on le croit hors des gonds de raison; Dieu sait combien déraisonnablement, le plus souvent. Si, comme nous, qui nous étudions, avons appris de faire, chacun qui ouït une juste sentence regardait incontinent[a] par où elle lui appartient en son propre, chacun trouverait que celle-ci n'est pas tant un bon mot, qu'un bon coup de fouet à la bêtise ordinaire de son jugement. Mais on reçoit les avis de la vérité et ses préceptes comme adressés au peuple, non jamais à soi; et au lieu de les coucher sur ses mœurs, chacun les couche en sa mémoire, très sottement et très inutilement. Revenons à l'empire de la coutume.

Les peuples nourris à la liberté et à se commander eux-mêmes, estiment toute autre forme de police monstrueuse et contre nature. Ceux qui sont duits[b] à la monarchie en font de même. Et quelque facilité que leur prête fortune au changement, lors même qu'ils se sont, avec grandes difficultés, défaits de l'importunité d'un maître, ils courent à en replanter un nouveau avec pareilles difficultés, pour ne se pouvoir résoudre de prendre en haine la maîtrise.

C'est par l'entremise de la coutume que chacun est content du lieu où Nature l'a planté, et les sauvages d'Ecosse n'ont que faire de la Touraine, ni les Scythes de la Thessalie.

Darius[20] demandait à quelques Grecs pour combien ils voudraient prendre la coutume des Indes, de manger leurs pères trépassés (car c'était leur forme, estimant ne leur pouvoir donner plus favorable sépulture, que dans eux-mêmes), ils lui répondirent que pour chose du monde

a. Immédiatement. – b. Habitués.

ils ne le feraient; mais, s'étant aussi essayé de persuader aux Indiens de laisser leur façon et prendre celle de Grèce, qui était de brûler les corps de leurs pères, il leur fit encore plus d'horreur. Chacun en fait ainsi, d'autant que l'usage nous dérobe le vrai visage des choses,

> *Nil adeo magnum, nec tam mirabile quicquam*
> *Principio, quod non minuant mirarier omnes*
> *Paulatim*.*

Autrefois, ayant à faire valoir quelqu'une de nos observations, et reçue avec résolue autorité bien loin autour de nous, et ne voulant point, comme il se fait, l'établir seulement par la force des lois et des exemples, mais quêtant toujours jusques à son origine, j'y trouvai le fondement si faible, qu'à peine que je ne m'en dégoûtasse, moi qui avais à la confirmer en autrui.

C'est cette recette, de quoi Platon[21] entreprend de chasser les amours dénaturées de son temps, qu'il estime souveraine et principale : assavoir que l'opinion publique les condamne, que les poètes, que chacun en fasse des mauvais contes. Recette par le moyen de laquelle les plus belles filles n'attirent plus l'amour des pères, ni les frères plus excellents en beauté l'amour des sœurs, les fables mêmes de Thyeste, d'Œdipe[22], de Macarée ayant, avec le plaisir de leur chant, infus[a] cette utile créance en la tendre cervelle des enfants.

De vrai, la pudicité est une belle vertu, et de laquelle l'utilité est assez connue; mais de la traiter et faire valoir selon nature, il est autant malaisé, comme il est aisé de la faire valoir selon l'usage, les lois et les préceptes. Les premières et universelles raisons sont de difficile perscrutation[b]. Et les passent nos maîtres en écumant, ou, ne les osant pas seulement tâter, se jettent d'abordée dans la franchise de la coutume, où ils s'enflent et triomphent à bon compte. Ceux qui ne se veulent laisser tirer hors de cette originelle source faillent encore plus et s'obligent à

---

a. Répandu. – *b.* Examen.
* Lucrèce, *De Natura Rerum*, chant II : « Rien n'est si grand ni si admirable au premier abord que peu à peu on ne le regarde avec moins d'étonnement. » Le texte cité par Montaigne est différent des textes actuels, il l'a emprunté à l'édition Lambin.

des opinions sauvages, comme Chrysippe qui sema en tant de lieux de ses écrits le peu de compte en quoi il tenait les conjonctions incestueuses, quelles qu'elles fussent[23]. Qui voudra se défaire de ce violent préjudice[a] de la coutume, il trouvera plusieurs choses reçues d'une résolution indubitable, qui n'ont appui qu'en la barbe chenue et rides de l'usage qui les accompagne; mais, ce masque arraché, rapportant les choses à la vérité et à la raison, il sentira son jugement comme tout bouleversé, et remis pourtant en bien plus sûr état. Pour exemple, je lui demanderai lors, quelle chose peut être plus étrange, que de voir un peuple obligé à suivre des lois qu'il n'entendit onques, attaché en tous ses affaires domestiques, mariages, donations, testaments, ventes et achats, à des règles qu'il ne peut savoir, n'étant écrites ni publiées en sa langue, et desquelles par nécessité il lui faille acheter l'interprétation et l'usage? non selon l'ingénieuse opinion d'Isocrate[24], qui conseille à son Roi de rendre les trafics et négociations de ses sujets libres, franches et lucratives, et leurs débats et querelles onéreuses, les chargeant de pesants subsides; mais selon une opinion monstrueuse, de mettre en trafic la raison même et donner aux lois cours de marchandise. Je sais bon gré à la fortune, de quoi, comme disent nos historiens[25], ce fut un gentilhomme gascon et de mon pays, qui le premier s'opposa à Charlemagne nous voulant donner les lois latines et impériales. Qu'est-il plus farouche que de voir une nation, où par légitime coutume la charge de juger se vende, et les jugements soient payés à purs deniers comptants, et où légitimement la justice soit refusée à qui n'a de quoi la payer[26], et ait cette marchandise si grand crédit, qu'il se fasse en une police un quatrième état, de gens maniant les procès, pour le joindre aux trois anciens, de l'Eglise, de la Noblesse et du Peuple? lequel état, ayant la charge des lois et souveraine autorité des biens et des vies, fasse un corps à part de celui de la noblesse; d'où il advienne qu'il y ait doubles lois, celles de l'honneur, et celles de la justice, en plusieurs choses fort contraires, (aussi rigoureusement condamnent celles-là un démenti

a. Préjugé.

souffert, comme celles-ci un démenti revanché); par le devoir des armes, celui-là soit dégradé d'honneur et de noblesse, qui souffre une injure, et par le devoir civil, celui qui s'en venge, encore une peine capitale, (qui s'adresse aux lois, pour avoir raison d'une offense faite à son honneur, il se déshonore; et qui ne s'y adresse, il en est puni et châtié par les lois); et, de ces deux pièces si diverses se rapportant toutefois à un seul chef, ceux-là aient la paix, ceux-ci la guerre en charge; ceux-là aient le gain, ceux-ci l'honneur; ceux-là le savoir, ceux-ci la vertu; ceux-là la parole, ceux-ci l'action; ceux-là la justice, ceux-ci la vaillance; ceux-là la raison, ceux-ci la force; ceux-là la robe longue, ceux-ci la courte en partage[27].

Quant aux choses indifférentes, comme vêtements, qui les voudra ramener à leur vraie fin, qui est le service et commodité du corps, d'où dépend leur grâce et bien-séance originelle, pour les plus monstrueux à mon gré qui se puissent imaginer, je lui donnerai entre autres nos bonnets carrés, cette longue queue de velours plissé qui pend aux têtes de nos femmes avec son attirail bigarré, et ce vain modèle et inutile d'un membre que nous ne pouvons seulement honnêtement nommer, duquel toutefois nous faisons montre et parade en public. Ces considérations ne détournent pourtant pas un homme d'entendement de suivre le style commun[28]; ains, au rebours, il me semble que toutes façons écartées et particulières partent plutôt de folie ou d'affectation ambitieuse que de vraie raison; et que le sage doit au-dedans retirer son âme de la presse, et la tenir en liberté et puissance de juger librement des choses; mais, quant au-dehors, qu'il doit suivre entièrement les façons et formes reçues. La société publique n'a que faire de nos pensées; mais le demeurant, comme nos actions, notre travail, nos fortunes et notre vie propre, il la faut prêter et abandonner à son service et aux opinions communes, comme ce bon et grand Socrate refusa de sauver sa vie par la désobéissance du magistrat, voire d'un magistrat très injuste et très inique[29]. Car c'est la règle des règles, et générale loi des lois, que chacun observe celles du lieu où il est :

Νόμοις ἕπεσθαι τοῖσιν ἐγχώροις καλόν*.

En voici d'une autre cuvée. Il y a grand doute, s'il se peut trouver si évident profit au changement d'une loi reçue, telle qu'elle soit, qu'il y a de mal à la remuer, d'autant qu'une police, c'est comme un bâtiment de diverses pièces jointes ensemble, d'une telle liaison, qu'il est impossible d'en ébranler une que tout le corps ne s'en sente. Le législateur des Thuriens[30] ordonna que quiconque voudrait ou abolir une des vieilles lois, ou en établir une nouvelle, se présenterait au peuple la corde au col; afin que si la nouvelleté n'était approuvée d'un chacun, il fût incontinent étranglé. Et celui de Lacédémone[31] employa sa vie pour tirer de ses citoyens une promesse assurée de n'enfreindre aucune de ses ordonnances. L'éphore[32] qui coupa si rudement les deux cordes que Phrinys avait ajoutées à la musique, ne s'esmaie[a] pas si elle en vaut mieux, ou si les accords en sont mieux remplis; il lui suffit pour les condamner que ce soit une altération de la vieille façon. C'est ce que signifiait cette épée rouillée de la justice de Marseille[33].

Je suis dégoûté de la nouvelleté[34], quelque visage qu'elle porte, et ai raison, car j'en ai vu des effets très dommageables. Celle qui nous presse depuis tant d'ans, elle n'a pas tout exploité, mais on peut dire avec apparence, que par accident elle a tout produit et engendré, voire et les maux et ruines qui se font depuis sans elle, et contre elle; c'est à elle à s'en prendre au nez,

*Heu! patior telis vulnera facta meis**!*

Ceux qui donnent le branle à un Etat sont volontiers les premiers absorbés en sa ruine. Le fruit du trouble ne demeure guère à celui qui l'a ému; il bat et brouille l'eau pour d'autres pêcheurs. La liaison et contexture de cette monarchie et ce grand bâtiment ayant été démis et

---

a. Ne se demande pas.
* Maxime grecque : « Il est beau d'obéir aux lois de son pays. »
** Ovide, *Héroïdes*, Epître de Phyllis à Démophon : « Hélas! je souffre les blessures causées par mes propres traits. »

dissous, notamment sur ses vieux ans, par elle, donne tant qu'on veut d'ouverture et d'entrée à pareilles injures. La majesté royale, dit un Ancien, s'avale[a] plus difficilement du sommet au milieu qu'elle ne se précipite du milieu à fond.

Mais si les inventeurs sont plus dommageables, les imitateurs sont plus vicieux, de se jeter en des exemples, desquels ils ont senti et puni l'horreur et le mal. Et s'il y a quelque degré d'honneur, même au mal faire, ceux-ci doivent aux autres la gloire de l'invention et le courage du premier effort.

Toutes sortes de nouvelle débauche puisent heureusement en cette première et féconde source les images et patrons à troubler notre police[b]. On lit en nos lois mêmes, faites pour le remède de ce premier bal, l'apprentissage et l'excuse de toute sorte de mauvaises entreprises; et nous advient, ce que Thucydide dit des guerres civiles de son temps, qu'en faveur des vices publics on les baptisait de mots nouveaux plus doux, pour leur excuse, abâtardissant et amollissant leurs vrais titres[35]. C'est pourtant pour réformer nos consciences et nos créances. « *Honesta oratio est**. » Mais le meilleur prétexte de nouvelleté est très dangereux : « *adeo nihil motum ex antiquo probabile est***. » Si me semble-t-il, à le dire franchement, qu'il y a grand amour de soi et présomption, d'estimer ses opinions jusque-là que, pour les établir, il faille renverser une paix publique et introduire tant de maux inévitables et une si horrible corruption de mœurs que les guerres civiles apportent, et les mutations d'état, en chose de tel poids; et les introduire en son pays propre. Est-ce pas mal ménagé, d'avancer tant de vices certains et connus, pour combattre des erreurs contestées et débattables? Est-il quelque pire espèce de vices, que ceux qui choquent la propre conscience et naturelle connaissance?

Le Sénat osa donner en payement cette défaite, sur le différend d'entre lui et le peuple, pour le ministère de leur

---

a. Tombe. – b. Organisation politique.
* Térence, *Andrienne :* « Le prétexte est honnête. »
** Tite-Live, *Histoire*, livre XXXIV, chap. LIV : « Tant il est vrai qu'aucun changement apporté aux institutions anciennes ne mérite d'être approuvé. »

religion : « *Ad deos id magis quam ad se pertinere, ipsos visuros ne sacra sua polluantur** », conformément à ce que répondit l'oracle à ceux de Delphes en la guerre médoise. Craignant l'invasion des Perses, ils demandèrent au Dieu ce qu'ils avaient à faire des trésors sacrés de son temple, ou les cacher, ou les emporter. Il leur répondit qu'ils ne bougeassent rien; qu'ils se soignassent d'eux; qu'il était suffisant pour pourvoir à ce qui lui était propre.

La religion chrétienne a toutes les marques d'extrême justice et utilité; mais nulle plus apparente, que l'exacte recommandation de l'obéissance du magistrat et manutention des polices. Quel merveilleux exemple nous en a laissé la sapience[a] divine, qui, pour établir le salut du genre humain et conduire cette sienne glorieuse victoire contre la mort et le péché, ne l'a voulu faire qu'à la merci de notre ordre politique; et a soumis son progrès, et la conduite d'un si haut effet et si salutaire, à l'aveuglement et injustice de nos observations et usances, y laissant courir le sang innocent de tant d'élus ses favoris, et souffrant une longue perte d'années à mûrir ce fruit inestimable.

Il y a grand à dire, entre la cause de celui qui suit les formes et les lois de son pays, et celui qui entreprend de les régenter et changer. Celui-là allègue pour son excuse la simplicité, l'obéissance et l'exemple; quoi qu'il fasse, ce ne peut être malice, c'est, pour le plus, malheur. « *Quis est enim quem non moveat clarissimis monumentis testata consignataque antiquitas***? »

Outre ce que dit Isocrate[36], que la défectuosité a plus de part à la modération que n'a l'excès. L'autre est en bien plus rude parti; car qui se mêle de choisir et de changer, usurpe l'autorité de juger, et se doit faire fort de voir la faute de ce qu'il chasse, et le bien de ce qu'il

---

a. Sagesse.

* Tite-Live, Livre X, chap. VI : « Cette protection concernait les dieux plus que lui-même; ceux-ci veilleraient à ce que leurs sanctuaires ne soient pas souillés. » – L'oracle de Delphes répondit qu'il garderait lui-même son bien, selon Hérodote, livre VIII, chap. XXXVI.

** Cicéron, *De Divinatione*, livre I, chap. XL : « Qui ne serait ému par une antiquité attestée et certifiée par les témoignages les plus éclatants? »

introduit. Cette si vulgaire considération m'a fermi[a] en mon siège, et tenu ma jeunesse même, plus téméraire, en bride : de ne charger mes épaules d'un si lourd faix, que de me rendre répondant d'une science de telle importance, et oser en celle-ci ce qu'en sain jugement je ne pourrais oser en la plus facile de celles auxquelles on m'avait instruit, et auxquelles la témérité de juger est de nul préjudice; me semblant très inique de vouloir soumettre les constitutions et observances publiques et immobiles à l'instabilité d'une privée fantaisie (la raison privée n'a qu'une juridiction privée) et entreprendre sur les lois divines ce que nulle police ne supporterait aux civiles, auxquelles encore que l'humaine raison ait beaucoup plus de commerce, si sont-elles souverainement juges de leurs juges; et l'extrême suffisance sert à expliquer et étendre l'usage qui en est reçu, non à le détourner et innover. Si quelquefois la Providence divine a passé par-dessus les règles auxquelles elle nous a nécessairement astreints, ce n'est pas pour nous en dispenser. Ce sont coups de sa main divine, qu'il nous faut, non pas imiter, mais admirer, et exemples extraordinaires, marqués d'un exprès et particulier aveu, du genre des miracles qu'elle nous offre, pour témoignage de sa toute-puissance, au-dessus de nos ordres et de nos forces, qu'il est folie et impiété d'essayer à représenter et que nous ne devons pas suivre, mais contempler avec étonnement. Actes de son personnage, non pas du nôtre.

Cotta proteste bien opportunément : « *Quum de religione agitur T. Coruncanium, P. Scipionem, P. Scaevolam, pontifices maximos, non Zenonem aut Cleanthem aut Chrysippum sequor**. »

Dieu le sache, en notre présente querelle, où il y a cent articles à ôter et remettre, grands et profonds articles, combien ils sont qui se puissent vanter d'avoir exactement reconnu les raisons et fondements de l'un et l'autre parti? C'est un nombre, si c'est nombre, qui n'aurait pas grand moyen de nous troubler. Mais toute cette autre

---

a. Affermi.
* Cicéron, *De Natura Deorum*, livre III, chap. II : « Lorsqu'il s'agit de religion, je suis T. Coruncanius, P. Scipion, P. Scaevola, grands pontifes, non Zénon ou Cléanthe ou Chrysippe », c'est-à-dire les prêtres et non les philosophes.

presse, où va-t-elle? sous quelle enseigne se jette-t-elle à quartier? Il advient de la leur, comme des autres médecines faibles et mal appliquées; les humeurs qu'elle voulait purger en nous, elle les a échauffées, exaspérées et aigries par le conflit, et si nous est demeurée dans le corps. Elle n'a su nous purger par sa faiblesse, et nous a cependant affaiblis, en manière que nous ne la pouvons vider non plus, et ne recevons de son opération que des douleurs longues et intestines.

Si est-ce que la fortune, réservant toujours son autorité au-dessus de nos discours, nous présente aucune fois la nécessité si urgente, qu'il est besoin que les lois lui fassent quelque place.

Et quand on résiste à l'accroissance d'une innovation qui vient par violence à s'introduire, de se tenir, en tout et partout, en bride et en règle contre ceux qui ont la clef des champs, auxquels tout cela est loisible qui peut avancer leur dessein, qui n'ont ni loi ni ordre que de suivre leur avantage, c'est une dangereuse obligation et inéqualité : « *Aditum nocendi perfido præstat fides**. » D'autant que la discipline ordinaire d'un Etat qui est en sa santé ne pourvoit pas à ces accidents extraordinaires; elle présuppose un corps qui se tient en ses principaux membres et offices, et un commun consentement à son observation et obéissance. L'aller légitime est un aller froid, pesant et contraint, et n'est pas pour tenir bon à un aller licencieux et effréné.

On sait qu'il est encore reproché à ces deux grands personnages, Octave et Caton [37], aux guerres civiles, l'un de Sylla, l'autre de César, d'avoir plutôt laissé encourir toutes extrémités à leur patrie, que de la secourir aux dépens de ses lois et que de rien remuer. Car, à la vérité, en ces dernières nécessités où il n'y a plus que tenir, il serait à l'aventure plus sagement fait de baisser la tête et prêter un peu au coup, que, s'ahurtant[a] outre la possibilité à ne rien relâcher, donner occasion à la violence de fouler tout aux pieds; et vaudrait mieux faire vouloir aux lois ce qu'elles peuvent, puisqu'elles ne peuvent ce

_____

a. S'obstinant.
* Sénèque, *Œdipe*, acte III : « Avoir confiance dans un perfide procure le moyen de nuire. »

qu'elles veulent. Ainsi fit celui[38] qui ordonna qu'elles dormissent vingt et quatre heures, et celui qui remua pour cette fois un jour du calendrier, et cet autre qui du mois de juin fit le second mai[39]. Les Lacédémoniens mêmes, tant religieux observateurs des ordonnances de leur pays, étant pressés de leur loi qui défendait d'élire par deux fois amiral un même personnage, et de l'autre part leurs affaires requérant de toute nécessité que Lysandre prît de rechef cette charge, ils firent bien un Aracus amiral, mais Lysandre surintendant de la marine[40]. Et de même subtilité, un de leurs ambassadeurs, étant envoyé vers les Athéniens pour obtenir le changement de quelque ordonnance, et Périclès[41] lui alléguant qu'il était défendu d'ôter le tableau où une loi était une fois posée, lui conseilla de le tourner seulement d'autant que cela n'était pas défendu. C'est ce de quoi Plutarque loue Philopœmen[42], qu'étant né pour commander, il savait non seulement commander selon les lois, mais aux lois même, quand la nécessité publique le requérait.

CHAPITRE XXIV

DIVERS ÉVÉNEMENTS DE
MÊME CONSEIL

Jacques Amyot[1], grand aumônier de France, me récita[a] un jour cette histoire à l'honneur d'un prince[2] des nôtres (et nôtre était-il à très bonnes enseignes, encore que son origine fût étrangère) que durant nos premiers troubles, au siège de Rouen[3], ce prince ayant été averti par la reine, mère du roi, d'une entreprise qu'on faisait sur sa vie, et instruit particulièrement par ses lettres de celui qui la devait conduire à chef, qui était un gentilhomme angevin ou manceau, fréquentant lors ordinairement pour cet effet la maison de ce prince, il ne communiqua à personne cet avertissement; mais, se promenant lendemain au mont Sainte-Catherine, d'où se faisait notre batterie à Rouen (car c'était au temps que nous la tenions assiégée), ayant à ses côtés ledit seigneur grand aumônier et un autre évêque, il aperçut ce gentilhomme qui lui avait été remarqué, et le fit appeler. Comme il fut en sa présence, il lui dit ainsi, le voyant déjà pâlir et frémir des alarmes de sa conscience : « Monsieur de tel lieu, vous vous doutez bien de ce que je vous veux, et votre visage le montre. Vous n'avez rien à me cacher, car je suis instruit de votre affaire si avant, que vous ne feriez qu'empirer votre marché d'essayer à le couvrir. Vous savez bien telle chose et telle (qui étaient les tenants et aboutissants des plus secrètes pièces de cette menée); ne faillez sur votre vie à me confesser la vérité de tout ce dessein. » Quand ce pauvre homme se trouva pris

a. Raconta.

et convaincu (car le tout avait été découvert à la reine par l'un des complices), il n'eut qu'à joindre les mains et requérir la grâce et miséricorde de ce prince, aux pieds duquel il se voulut jeter; mais il l'en garda, suivant ainsi son propos : « Venez çà; vous ai-je autrefois fait déplaisir? ai-je offensé quelqu'un des vôtres par haine particulière? Il n'y a pas trois semaines que je vous connais, quelle raison vous a pu mouvoir à entreprendre ma mort? » Le gentilhomme répondit à cela d'une voix tremblante, que ce n'était aucune occasion particulière qu'il en eût, mais l'intérêt de la cause générale de son parti; et qu'aucuns lui avaient persuadé que ce serait une exécution pleine de piété, d'extirper, en quelque manière que ce fût, un si puissant ennemi de leur religion. « Or, suivit ce prince, je vous veux montrer combien la religion que je tiens est plus douce que celle de quoi vous faites profession. La vôtre vous a conseillé de me tuer sans m'ouïr, n'ayant reçu de moi aucune offense; et la mienne me commande que je vous pardonne, tout convaincu que vous êtes de m'avoir voulu homicider sans raison. Allezvous-en, retirez-vous, que je ne vous voie plus ici; et, si vous êtes sage, prenez dorénavant en vos entreprises des conseillers plus gens de bien que ceux-là. »

L'empereur Auguste[4], étant en la Gaule, reçut certain avertissement d'une conjuration que lui brassait Lucius Cinna; il délibéra de s'en venger, et manda pour cet effet au lendemain le conseil de ses amis; mais la nuit d'entredeux il la passa avec grande inquiétude, considérant qu'il avait à faire mourir un jeune homme de bonne maison et neveu du grand Pompée; et produisit en se plaignant plusieurs divers discours : « Quoi donc, faisait-il, sera-t-il dit que je demeurerai en crainte et en alarme, et que je lairrai[a] mon meurtrier se promener cependant à son aise? S'en ira-t-il quitte, ayant assailli ma tête que j'ai sauvée de tant de guerres civiles, de tant de batailles, par mer et par terre? et, après avoir établi la paix universelle du monde, sera-t-il absous, ayant délibéré non de me meurtrir seulement, mais de me sacrifier? » Car la conjuration était faite de le tuer, comme il ferait quelque sacrifice.

a. Laisserai.

Après cela, s'étant tenu coi quelque espace de temps, il recommençait d'une voix plus forte, et s'en prenait à soi-même : « Pourquoi vis-tu, s'il importe à tant de gens que tu meures? N'y aura-t-il point de fin à tes vengeances et à tes cruautés? Ta vie vaut-elle que tant de dommage se fasse pour la conserver? » Livia, sa femme, le sentant en ces angoisses : « Et les conseils des femmes y seront-ils reçus? lui fit-elle. Fais ce que font les médecins, quand les recettes accoutumées ne peuvent servir : ils en essaient de contraires. Par sévérité tu n'as jusques à cette heure rien profité : Lepidus a suivi Salvidienus; Murena, Lepidus; Cæpio, Murena; Egnatius, Cæpio. Commence à expérimenter comment te succéderont la douceur et la clémence. Cinna est convaincu : pardonne-lui; de te nuire désormais il ne pourra, et profitera à ta gloire. »

Auguste fut bien aise d'avoir trouvé un avocat de son humeur, et, ayant remercié sa femme et contremandé ses amis qu'il avait assignés au Conseil, commanda qu'on fît venir à lui Cinna tout seul; et, ayant fait sortir tout le monde de sa chambre et fait donner un siège à Cinna, il lui parla en cette manière : « En premier lieu je te demande, Cinna, paisible audience. N'interromps pas mon parler, je te donnerai temps et loisir d'y répondre. Tu sais, Cinna, que t'ayant pris au camp de mes ennemis, non seulement t'étant fait mon ennemi, mais étant né tel, je te sauvai, je te mis entre mains tous tes biens, et t'ai enfin rendu si accommodé et si aisé, que les victorieux sont envieux de la condition du vaincu. L'office du sacerdoce que tu me demandas, je te l'octroyai, l'ayant refusé à d'autres, desquels les pères avaient toujours combattu avec moi. T'ayant si fort obligé, tu as entrepris de me tuer. » A quoi Cinna s'étant écrié qu'il était bien éloigné d'une si méchante pensée : « Tu ne me tiens pas, Cinna, ce que tu m'avais promis, suivit Auguste; tu m'avais assuré que je ne serais pas interrompu : oui, tu as entrepris de me tuer, en tel lieu, tel jour, en telle compagnie, et de telle façon. » Et le voyant transi de ces nouvelles, et en silence, non plus pour tenir le marché de se taire, mais de la presse de sa conscience : « Pourquoi, ajouta-t-il, le fais-tu? Est-ce pour être empereur? Vraiment, il va bien mal à la chose publique, s'il n'y a que moi qui t'empêche d'arriver à l'empire. Tu ne peux pas seulement défendre ta maison, et perdis dernièrement un procès par la faveur d'un simple libertin. Quoi, n'as-tu moyen ni pouvoir en autre chose, qu'à entreprendre César? Je le quitte, s'il n'y a que moi qui empêche tes espérances. Penses-tu que Paulus, que Fabius, que les Cosséens et Serviliens te souffrent? et une si grande troupe de nobles, non seulement nobles de nom, mais qui par leur vertu honorent leur noblesse? » Après plusieurs autres propos (car il parla à lui plus de deux heures entières) : « Or va, lui dit-il; je te donne, Cinna, la vie, à traître et à parricide, que je te donnai autrefois à ennemi : que l'amitié commence de ce jourd'hui entre nous; essayons qui de nous deux, de meilleure foi, moi t'ai donné ta vie, ou tu l'as reçue. »

Et se départit d'avec lui en cette manière. Quelque temps après il lui donna le consulat, se plaignant de quoi il ne le lui avait osé demander. Il l'eut depuis pour fort ami et fut seul fait par lui héritier de ses biens. Or depuis cet accident, qui advint à Auguste au quarantième an de son âge, il n'y eut jamais de conjuration ni d'entreprise contre lui et reçut une juste récompense de cette sienne clémence. Mais il n'en advint pas de même au nôtre : car sa douceur ne le sut garantir qu'il ne chût depuis aux lacs de pareille trahison[5]. Tant c'est chose vaine et frivole que l'humaine prudence; et au travers de tous nos projets, de nos conseils et précautions, la fortune maintient toujours la possession des événements.

Nous appelons les médecins heureux, quand ils arrivent à quelque bonne fin; comme s'il n'y avait que leur art, qui ne se pût maintenir de lui-même, et qui eût les fondements trop frêles pour s'appuyer de sa propre force; et comme s'il n'y avait qu'elle, qui ait besoin que la fortune prête la main à ses opérations. Je crois d'elle tout le pis ou le mieux qu'on voudra. Car nous n'avons, Dieu merci, nul commerce ensemble; je suis au rebours des autres, car je la méprise bien toujours; mais quand je suis malade, au lieu d'entrer en composition, je commence encore à la haïr et à la craindre; et réponds à ceux qui me pressent de prendre médecine, qu'ils attendent au moins que je sois rendu à mes forces et à ma santé, pour avoir plus de moyen de soutenir l'effort et le hasard de leur breuvage. Je laisse faire nature, et présuppose qu'elle se soit pourvue de dents et de griffes, pour se défendre des assauts qui lui viennent, et pour maintenir cette contexture, de quoi elle fuit la dissolution. Je crains, au lieu de l'aller secourir, ainsi comme elle est aux prises bien étroites et bien jointes avec la maladie, qu'on secoure son adversaire au lieu d'elle, et qu'on la recharge de nouvelles affaires.

Or je dis que, non en la médecine seulement, mais en plusieurs arts plus certains, la fortune y a bonne part. Les saillies poétiques[6], qui emportent leur auteur et le ravissent[a] hors de soi, pourquoi ne les attribuerons-nous à son bonheur? puisqu'il confesse lui-même qu'elles surpassent sa suffisance et ses forces, et les reconnaît venir d'ailleurs que de soi, et ne les avoir aucunement en sa puissance; non plus que les orateurs ne disent avoir en la leur ces mouvements et agitations extraordinaires, qui les poussent au-delà de leur dessein. Il en est de même en la peinture, qu'il échappe parfois des traits de la main du peintre, surpassant sa conception et sa science, qui le tiennent lui-même en admiration et qui l'étonnent. Mais la fortune montre bien encore plus évidemment la part qu'elle a en tous ces ouvrages, par les grâces et les beautés qui s'y trouvent, non seulement sans l'intention, mais sans la connaissance même de l'ouvrier. Un suffisant lecteur découvre souvent ès écrits d'autrui des perfections autres que celles que l'auteur y a mises et aperçues, et y prête des sens et des visages plus riches.

Quant aux entreprises militaires, chacun voit comment la fortune y a bonne part. En nos conseils mêmes et en nos délibérations, il faut certes qu'il y ait du sort et du bonheur mêlé parmi; car tout ce que notre sagesse peut, ce n'est pas grand-chose; plus elle est aiguë et vive, plus elle trouve en soi de faiblesse, et se défie d'autant plus d'elle-même. Je suis de l'avis de Sylla[7]; et quand je me prends garde de près aux plus glorieux exploits de la guerre, je vois, ce me semble, que ceux qui les conduisent n'y emploient la délibération et le conseil que par acquit, et que la meilleure part de l'entreprise ils l'abandonnent

***

a. Emportent.

à la fortune, et, sur la fiance*ᵃ* qu'ils ont à son secours, passent à tous les coups au-delà des bornes de tout discours. Il survient des allégresses fortuites et des fureurs étrangères parmi leurs délibérations, qui les poussent le plus souvent à prendre le parti le moins fondé en apparence, et qui grossissent leur courage au-dessus de la raison. D'où il est advenu à plusieurs grands capitaines anciens, pour donner crédit à ces conseils téméraires, d'alléguer à leurs gens qu'ils y étaient conviés par quelque inspiration, par quelque signe et pronostic.

Voilà pourquoi, en cette incertitude et perplexité que nous apporte l'impuissance de voir et choisir ce qui est le plus commode, pour les difficultés que les divers accidents et circonstances de chaque chose tirent, le plus sûr, quand autre considération ne nous y convierait, est, à mon avis, de se rejeter au parti où il y a plus d'honnêteté et de justice; et puisqu'on est en doute du plus court chemin, tenir toujours le droit; comme, en ces deux exemples que je viens de proposer, il n'y a point de doute, qu'il ne fut plus beau et plus généreux à celui qui avait reçu l'offense, de la pardonner, que s'il eût fait autrement. S'il en est mésadvenu au premier, il ne s'en faut pas prendre à ce sien bon dessein; et ne sait-on, quand il eût pris le parti contraire, s'il eût échappé la fin à laquelle son destin l'appelait; et si, eût perdu la gloire d'une si notable bonté.

Il se voit dans les histoires force gens en cette crainte, d'où la plupart ont suivi le chemin de courir au-devant des conjurations qu'on faisait contre eux, par vengeance et par supplices; mais j'en vois fort peu auxquels ce remède ait servi, témoin tant d'empereurs romains. Celui qui se trouve en ce danger ne doit pas beaucoup espérer ni de sa force, ni de sa vigilance. Car combien est-il malaisé de se garantir d'un ennemi, qui est couvert du visage du plus officieux ami que nous ayons? et de connaître les volontés et pensements intérieurs de ceux qui nous assistent? Il a beau employer des nations étrangères pour sa garde et être toujours ceint d'une haie d'hommes armés : quiconque aura sa vie à mépris, se rendra toujours maître de celle d'autrui[8]. Et puis ce

a. Confiance.

continuel soupçon, qui met le prince en doute de tout le monde, lui doit servir d'un merveilleux tourment.

Pourtant, Dion[9], étant averti que Callipus épiait les moyens de le faire mourir, n'eut jamais le cœur d'en informer, disant qu'il aimait mieux mourir que vivre en cette misère, d'avoir à se garder non de ses ennemis seulement, mais aussi de ses amis. Ce qu'Alexandre[10] représenta bien plus vivement par effet, et plus roidement, quand ayant eu avis par une lettre de Parménion, que Philippe, son plus cher médecin, était corrompu par l'argent de Darius pour l'empoisonner, en même temps qu'il donnait à lire sa lettre à Philippe, il avala le breuvage qu'il lui avait présenté. Fut-ce pas exprimer cette résolution, que si ses amis le voulaient tuer, il consentait qu'ils le pussent faire? Ce prince est le souverain patron des actes hasardeux; mais je ne sais s'il y a trait en sa vie, qui ait plus de fermeté que celui-ci, ni une beauté illustre par tant de visages.

Ceux qui prêchent aux princes la défiance si attentive, sous couleur de leur prêcher leur sûreté, leur prêchent leur ruine et leur honte. Rien de noble ne se fait sans hasard. J'en sais un[11], de courage très martial de sa complexion, et entreprenant, de qui tous les jours on corrompt la bonne fortune par telles persuasions : qu'il se resserre entre les siens, qu'il n'entende à aucune réconciliation de ses anciens ennemis, se tienne à part, et ne se commette entre mains plus fortes, quelque promesse qu'on lui fasse, quelque utilité qu'il y voie. J'en sais un autre[12] qui a inespérément avancé sa fortune, pour avoir pris conseil tout contraire. La hardiesse, de quoi ils cherchent si avidement la gloire, se représente, quand il est besoin, aussi magnifiquement en pourpoint qu'en armes, en un cabinet qu'en un camp, le bras pendant que le bras levé. La prudence si tendre et circonspecte est mortelle ennemie de hautes exécutions. Scipion sut[13] pour pratiquer la volonté de Syphax, quittant son armée et abandonnant l'Espagne, douteuse encore sous sa nouvelle conquête, passer en Afrique dans deux simples vaisseaux, pour se commettre en terre ennemie, à la puissance d'un roi barbare, à une foi inconnue, sans obligation, sans otage, sous la seule sûreté de la grandeur de son propre courage, de son bonheur et de la promesse de ses hautes espérances : « *habita fides ipsam plerum-que fidem obligat*.* »

A une vie ambitieuse et fameuse il faut, au rebours, prêter peu et porter la bride courte aux soupçons; la crainte et la défiance attirent l'offense et la convient. Le plus défiant de nos rois[14] établit ses affaires, principalement pour avoir volontairement abandonné et commis[a] sa vie et sa liberté entre les mains de ses ennemis, montrant avoir entière fiance d'eux, afin qu'ils la prissent de lui. A ses légions, mutinées et armées contre lui, César opposait seulement l'autorité de son visage et la fierté de ses paroles; et se fiait tant à soi et à sa fortune, qu'il ne craignait point de l'abandonner et commettre à une armée séditieuse et rebelle.

> *Stetit aggere fulti*
> *Cespitis, intrepidus vultu, meruitque timeri*
> *Nil metuens**.*

Mais il est bien vrai que cette forte assurance ne se peut représenter bien entière et naïve, que par ceux auxquels l'imagination de la mort et du pis qui peut advenir après tout, ne donne point d'effroi; car de la présenter tremblante, encore douteuse et incertaine, pour le service d'une importante réconciliation, ce n'est rien faire qui vaille. C'est un excellent moyen de gagner le cœur et volonté d'autrui, de s'y aller soumettre et fier, pourvu que ce soit librement et sans contrainte d'aucune nécessité, et que ce soit en condition qu'on y porte une fiance pure et nette, le front au moins déchargé de tout scrupule. Je vis en mon enfance un gentilhomme, commandant à une grande ville, empressé à l'émotion d'un peuple furieux[15]. Pour éteindre ce commencement de trouble, il prit parti de sortir d'un lieu très assuré où il était, et se rendre à cette tourbe mutine; d'où mal lui prit, et y fut misérablement tué. Mais il ne me semble pas que sa faute fut tant

---

a. Confié.
* Tite-Live, livre XXII, chap. XXII : « La plupart du temps la bonne foi appelle la bonne foi. »
** Lucain, *Pharsale*, chant V : « Il parut sur un tertre de gazon, debout, le visage intrépide, et en ne craignant rien, il mérita d'être craint. »

d'être sorti, ainsi qu'ordinairement on le reproche à sa mémoire, comme ce fut d'avoir pris une voie de soumission et de mollesse, et d'avoir voulu endormir cette rage, plutôt en suivant que en guidant, et en requérant plutôt qu'en remontrant; et estime que la fermeté, l'autorité et une contenance de parole, une gracieuse sévérité, avec un commandement militaire plein de sécurité, de confiance, convenable à son rang et à la dignité de sa charge, lui eût mieux succédé[a], au moins avec plus d'honneur et de bienséance. Il n'est rien moins espérable de ce monstre ainsi agité que l'humanité et la douceur; il recevra bien plutôt la révérence et la crainte. Je lui reprocherais aussi, qu'ayant pris une résolution, plutôt brave, à mon gré, que téméraire[16], de se jeter faible et en pourpoint[b] emmi cette mer tempétueuse d'hommes insensés, il la devait avaler toute, et n'abandonner ce personnage, là où il lui advint, après avoir reconnu le danger de près[17], de saigner du nez et d'altérer encore depuis cette contenance démise et flatteuse qu'il avait entreprise, en une contenance effrayée; chargeant sa voix et ses yeux d'étonnement et de pénitence. Cherchant à conniller[c] et se dérober, il les enflamma et appela sur soi.

On délibérait de faire une montre[18] générale de diverses troupes en armes (c'est le lieu des vengeances secrètes, et n'est point où, en plus grande sûreté, on les puisse exercer); il y avait publiques et notoires apparences qu'il n'y faisait pas fort bon pour aucuns, auxquels touchait la principale et nécessaire charge de les reconnaître. Il s'y proposa divers conseils, comme en chose difficile et qui avait beaucoup de poids et de suite. Le mien fut, qu'on évitât surtout de donner aucun témoignage de ce doute, et qu'on s'y trouvât et mêlât parmi les files, la tête droite et le visage ouvert, et qu'au lieu d'en retrancher aucune chose (à quoi les autres opinions visaient le plus), qu'au contraire on sollicitât les capitaines d'avertir les soldats de faire leurs salves belles et gaillardes en l'honneur des assistants, et n'épargner leur poudre. Cela servit de gratification envers ces troupes suspectes, et engendra dès lors en avant une mutuelle et utile confiance.

---

a. Aurait mieux réussi. – *b.* Sans protection. – *c.* Se tapir comme un lapin.

La voie qu'y tint Jules César, je trouve que c'est la plus belle qu'on y puisse prendre. Premièrement, il essaya, par clémence et douceur, à se faire aimer de ses ennemis mêmes, se contentant, aux conjurations qui lui étaient découvertes, de déclarer simplement qu'il en était averti; cela fait, il prit une très noble résolution d'attendre, sans effroi et sans sollicitude, ce qui lui en pourrait advenir, s'abandonnant et se remettant à la garde des dieux et de la fortune; car certainement c'est l'état où il était quand il fut tué [19].

Un étranger [20], ayant dit et publié partout qu'il pourrait instruire Denys, tyran de Syracuse, d'un moyen de sentir et découvrir en toute certitude les parties que ses sujets machineraient contre lui, s'il lui voulait donner une bonne pièce d'argent, Denys, en étant averti, le fit appeler à soi pour l'éclaircir d'un art si nécessaire à sa conservation; cet étranger lui dit qu'il n'y avait pas d'autre art, sinon qu'il lui fît délivrer un talent et se vantât d'avoir appris de lui un singulier secret. Denys trouva cette invention bonne et lui fit compter six cents écus. Il n'était pas vraisemblable qu'il eût donné si grande somme à un homme inconnu, qu'en récompense d'un très utile apprentissage; et servait cette réputation à tenir ses ennemis en crainte. Pourtant, les princes sagement publient les avis qu'ils reçoivent des menées qu'on dresse contre leur vie, pour faire croire qu'ils sont bien avertis et qu'il ne se peut rien entreprendre de quoi ils ne sentent le vent. Le duc d'Athènes fit plusieurs sottises en l'établissement de sa fraîche tyrannie sur Florence; mais celle-ci la plus notable, qu'ayant reçu le premier avis des monopoles que ce peuple dressait contre lui, par Matteo di Morozo, complice d'icelles, il le fit mourir, pour supprimer cet avertissement et ne faire sentir qu'aucun en la ville se peut ennuyer de son juste gouvernement [21].

Il me souvient avoir lu autrefois [22] l'histoire de quelque Romain, personnage de dignité, lequel, fuyant la tyrannie du triumvirat, avait échappé mille fois les mains de ceux qui le poursuivaient, par la subtilité de ses inventions. Il advint un jour, qu'une troupe de gens de cheval, qui avait charge de le prendre, passa tout joignant un hallier où il s'était tapi, et faillit de le découvrir; mais lui, sur ce point-là, considérant la peine et les difficultés auxquelles il avait déjà si longtemps duré, pour se sauver des continuelles et curieuses recherches qu'on faisait de lui partout, le peu de plaisir qu'il pouvait espérer d'une telle vie, et combien il lui valait mieux passer une fois le pas que demeurer toujours en cette transe, lui-même les rappela et leur trahit sa cachette, s'abandonnant volontairement à leur cruauté, pour ôter eux et lui d'une plus longue peine. D'appeler les mains ennemies, c'est un conseil un peu gaillard; si crois-je qu'encore vaudrait-il mieux le prendre que de demeurer en la fièvre continuelle d'un accident qui n'a point de remède. Mais, puisque les provisions qu'on y peut apporter sont pleines d'inquiétude et d'incertitude, il vaut mieux d'une belle assurance se préparer à tout ce qui en pourra advenir et tirer quelque consolation de ce qu'on n'est pas assuré qu'il advienne.

CHAPITRE XXV

DU PÉDANTISME

Je me suis souvent dépité[1], en mon enfance, de voir ès comédies italiennes toujours un pedante[a] pour badin[b] et le surnom de magister n'avoir guère plus honorable signification parmi nous. Car, leur étant donné en gouvernement et en garde, que pouvais-je moins faire que d'être jaloux de leur réputation? Je cherchais bien de les excuser par la disconvenance naturelle qu'il y a entre le vulgaire et les personnes rares et excellentes en jugement et en savoir; d'autant qu'ils vont un train entièrement contraire les uns des autres. Mais en ceci perdrais-je mon latin, que les plus galants hommes c'étaient ceux qui les avaient le plus à mépris, témoin notre bon du Bellay :

« Mais je hais par sur tout un savoir pédantesque[2]. »

Et est cette coutume ancienne; car Plutarque[3] dit que Grec et écolier étaient mots de reproche entre les Romains, et de mépris.

Depuis, avec l'âge, j'ai trouvé qu'on avait une grandissime raison, et que « *magis magnos clericos non sunt magis magnos sapientes** ». Mais d'où il puisse advenir qu'une âme riche de la connaissance de tant de choses n'en devienne pas plus vive et plus éveillée, et qu'un esprit grossier et vulgaire puisse loger en soi, sans s'amen-

---

a. Maître d'école. – b. Personnage ridicule.
* Dicton cité par frère Jean des Entommeurs dans *Gargantua*, chap. XXXIX et que Régnier dans la *Satire III* traduit de la façon suivante : « Pardieu les plus grands clercs ne sont pas les plus fins. »

der, les discours et les jugements des plus excellents esprits que le monde ait portés, j'en suis encore en doute.

A recevoir tant de cervelles étrangères, et si fortes, et si grandes, il est nécessaire (me disait une fille, la première de nos princesses[4], parlant de quelqu'un), que la sienne se foule, se contraigne et rapetisse, pour faire place aux autres.

Je dirais volontiers que, comme les plantes s'étouffent de trop d'humeur, et les lampes de trop d'huile; aussi l'action de l'esprit par trop d'étude et de matière, lequel, saisi et embarrassé d'une grande diversité de choses, perde le moyen de se démêler; et que cette charge le tienne courbe et croupi. Mais il en va autrement; car notre âme s'élargit d'autant plus qu'elle se remplit; et aux exemples des vieux temps il se voit, tout au rebours, des suffisants hommes aux maniements des choses publiques, des grands capitaines et grands conseillers aux affaires d'Etat avoir été ensemble très savants.

Et, quant aux philosophes retirés de toute occupation publique, ils ont été aussi quelquefois, à la vérité, méprisés par la liberté comique de leur temps[5], leurs opinions et façons les rendant ridicules. Les voulez-vous faire juges des droits d'un procès, des actions d'un homme? Ils en sont bien prêts! Ils cherchent encore s'il y a vie, s'il y a mouvement, si l'homme est autre chose qu'un bœuf; que c'est qu'agir et souffrir; quelles bêtes ce sont que lois et justice. Parlent-ils du magistrat, ou parlent-ils à lui? C'est d'une liberté irrévérente et incivile. Oient-ils louer leur prince ou un roi? c'est un pâtre pour eux, oisif comme un pâtre, occupé à pressurer et tondre ses bêtes, mais bien plus rudement qu'un pâtre. En estimez-vous quelqu'un plus grand, pour posséder deux mille arpents de terre? eux s'en moquent, accoutumés d'embrasser tout le monde comme leur possession. Vous vantez-vous de votre noblesse pour compter sept aïeux riches? ils vous estiment de peu, ne concevant à l'image universelle de nature, et combien chacun de nous a eu de prédécesseurs : riches, pauvres, rois, valets, Grecs et Barbares. Et quand vous seriez cinquantième descendant de Hercule, ils vous trouvent vain de faire valoir ce présent de la fortune. Ainsi les dédaignait le vulgaire, comme ignorants[a] les premières choses et communes, et comme présomptueux et insolents. Mais cette peinture platonique est bien éloignée de celle qu'il faut à nos gens. On enviait ceux-là comme étant au-dessus de la commune façon, comme méprisants les actions publiques, comme ayant dressé une vie particulière et inimitable, réglée à certains discours hautains et hors d'usage. Ceux-ci on les dédaigne, comme étant au-dessous de la commune façon, comme incapables des charges publiques, comme traînant une vie et des mœurs basses et viles après le vulgaire.

Odi homines ignava opera, philosopha sententia*.

Quant à ces philosophes, dis-je, comme ils étaient grands en science, ils étaient encore plus grands, en toute action. Et tout ainsi qu'on dit de ce géomètre de Syracuse[6], lequel, ayant été détourné de sa contemplation pour en mettre quelque chose en pratique à la défense de son pays, qu'il mit soudain en train des engins épouvantables et des effets surpassant toute créance humaine, dédaignant toutefois lui-même toute cette sienne manufacture[b], et pensant en cela avoir corrompu la dignité de son art, de laquelle ses ouvrages n'étaient que l'apprentissage et le jouet; aussi eux, si quelquefois on les a mis à la preuve de l'action, on les a vus voler d'une aile si haute, qu'il paraissait bien leur cœur et leur âme s'être merveilleusement grossie et enrichie par l'intelligence des choses. Mais aucuns, voyant la place du gouvernement politique saisie par hommes incapables, s'en sont reculés; et celui qui demanda à Cratès jusques à quand il faudrait philosopher, en reçut cette réponse : « Jusques à tant que ce ne soient plus des âniers qui conduisent nos armées[7]. » Héraclite résigna la royauté à son frère; et aux Ephésiens qui lui reprochaient à quoi il passait son temps à jouer avec les enfants devant le temple : « Vaut-il pas mieux faire ceci, que gouverner les affaires en votre

a. Le participe présent, aux XVIe et XVIIe siècles, s'accorde avec le sujet (cf. *méprisants*). – *b.* Technique.
* Vers de Pacuvius cité par Aulu-Gelle, XIII, 8 : « Je hais les hommes lâches en action et philosophes en paroles. » Montaigne a pu le trouver dans les *Politiques* de Juste Lipse.

compagnie? » D'autres ayant leur imagination logée au-dessus de la fortune et du monde, trouvèrent les sièges de la justice et les trônes mêmes des rois, bas et vils. Et refusa Empédocle la royauté que les Agrigentins lui offrirent[8]. Thalès accusant quelquefois le soin du ménage et de s'enrichir, on lui reprocha que c'était à la mode du renard[9], pour n'y pouvoir advenir. Il lui prit envie, par passe-temps, d'en montrer l'expérience; et, ayant pour ce coup ravalé son savoir au service du profit et du gain, dressa un trafic, qui dans un an rapporta telles richesses, qu'à peine en toute leur vie les plus expérimentés de ce métier-là en pouvaient faire de pareilles[10].

Ce qu'Aristote[11] récite d'aucuns qui appelaient et celui-là et Anaxagoras et leurs semblables, sages et non prudents, pour n'avoir assez de soin des choses plus utiles, outre ce que je ne digère pas bien cette différence de mots, cela ne sert point d'excuse à mes gens; et, à voir la basse et nécessiteuse fortune de quoi ils se payent, nous aurions plutôt occasion de prononcer tous les deux, qu'ils sont et non sages et non prudents.

Je quitte cette première raison, et crois qu'il vaut mieux dire que ce mal vienne de leur mauvaise façon de se prendre aux sciences; et qu'à la mode de quoi nous sommes instruits, il n'est pas merveille si ni les écoliers, ni les maîtres n'en deviennent pas plus habiles, quoiqu'ils s'y fassent plus doctes. De vrai, le soin et la dépense de nos pères ne vise qu'à nous meubler la tête de science; du jugement et de la vertu, peu de nouvelles. Criez d'un passant à notre peuple : « O le savant homme! » Et d'un autre : « O le bon homme! » Il ne faudra pas de tourner les yeux et son respect vers le premier. Il y faudrait un tiers crieur : « O les lourdes têtes[12]! » Nous nous enquérons volontiers : « Sait-il du grec ou du latin? écrit-il en vers ou en prose? » Mais s'il est devenu meilleur ou plus avisé, c'était le principal, et c'est ce qui demeure derrière. Il fallait s'enquérir qui est mieux savant, non qui est plus savant.

Nous ne travaillons qu'à remplir la mémoire, et laissons l'entendement et la conscience vide. Tout ainsi que les oiseaux vont quelquefois à la quête du grain et le portent au bec sans le tâter, pour en faire becquée à leurs petits, ainsi nos pédantes vont pillotant la science dans les livres, et ne la logent qu'au bout de leurs lèvres, pour la dégorger seulement et mettre au vent.

C'est merveille combien proprement la sottise se loge sur mon exemple. Est-ce pas faire de même, ce que je fais en la plupart de cette composition? Je m'en vais écorniflant par-ci par-là des livres les sentences qui me plaisent, non pour les garder, car je n'ai point de gardoires, mais pour les transporter en celui-ci, où, à vrai dire, elles ne sont plus miennes qu'en leur première place. Nous ne sommes, ce crois-je, savants que de la science présente, non de la passée, aussi peu que de la future.

Mais, qui pis est, leurs écoliers et leurs petits ne s'en nourrissent et alimentent non plus; ainsi elle passe de main en main, pour cette seule fin d'en faire parade, d'en entretenir autrui, et d'en faire des contes, comme une vaine monnaie inutile à tout autre usage et emploi qu'à compter et jeter[13].

« *Apud alios loqui didicerunt, non ipsi secum**. » – « *Non est loquendum, sed gubernandum***. »

Nature, pour montrer qu'il n'y a rien de sauvage en ce qui est conduit par elle, fait naître ès nations moins cultivées par art des productions d'esprit souvent, qui luttent les plus artistes productions[14]. Comme sur mon propos, le proverbe Gascon[15] est-il délicat : « Bouha prou bouha, mas a remuda lous dits qu'em : souffler prou souffler, mais nous en sommes à remuer les doigts », tiré d'une chalemie[16].

Nous savons dire : « Cicéron dit ainsi; voilà les mœurs de Platon; ce sont les mots mêmes d'Aristote. » Mais nous, que disons-nous nous-mêmes? que jugeons-nous? que faisons-nous? Autant en dirait bien un perroquet. Cette façon me fait souvenir de ce riche Romain[17], qui avait été soigneux, à fort grande dépense, de recouvrer des hommes suffisants en tout genre de sciences, qu'il tenait continuellement autour de lui, afin que, quand il

---

* Cicéron, *Tusculanes*, livre V : « Ils ont appris à parler aux autres, non à eux-mêmes. »
** Sénèque, *Lettre* 108 : « Il ne s'agit pas de parler, mais de manier le gouvernail. »

écherrait*ᵃ* entre ses amis quelque occasion de parler
d'une chose ou d'autre, ils supplissent*ᵇ* sa place et fussent
tous prêts à lui fournir, qui d'un discours, qui d'un vers
d'Homère, chacun selon son gibier; et pensait ce savoir
être sien parce qu'il était en la tête de ses gens; et comme
font aussi ceux desquels la suffisance loge en leurs
somptueuses librairies*ᶜ*.

J'en connais à qui, quand je demande ce qu'il sait, il
me demande un livre pour me le montrer; et n'oserait me
dire qu'il a le derrière galeux, s'il ne va sur-le-champ
étudier en son lexicon, que c'est que galeux, et que c'est
que derrière.

Nous prenons en garde les opinions et le savoir d'autrui, et puis c'est tout. Il les faut faire nôtres. Nous
semblons proprement celui qui, ayant besoin de feu, en
irait querir chez son voisin, et, y en ayant trouvé un beau
et grand, s'arrêterait là à se chauffer, sans plus se souvenir
d'en rapporter chez soi[18]. Que nous sert-il d'avoir la
panse pleine de viande, si elle ne se digère? si elle ne se
transforme en nous? si elle ne nous augmente et fortifie?
Pensons-nous que Lucullus[19], que les lettres rendirent et
formèrent si grand capitaine sans l'expérience, les eût
prises à notre mode?

Nous nous laissons si fort aller sur les bras d'autrui,
que nous anéantissons nos forces. Me veux-je armer
contre la crainte de la mort? c'est aux dépens de Sénèque.
Veux-je tirer de la consolation pour moi, ou pour un
autre? je l'emprunte de Cicéron. Je l'eusse prise en
moi-même, si on m'y eût exercé. Je n'aime point cette
suffisance relative et mendiée.

Quand bien nous pourrions être savants du savoir
d'autrui, au moins sages ne pouvons-nous être que de
notre propre sagesse.

Μίσῶ σοφιστὴν, ὅστις οὐχ αὑτῷ σοφός*.

---

a. Il surviendrait. – *b.* Remplissent. – *c.* Bibliothèques.
* L'édition de 1580 donnait la traduction faite par Montaigne : « Je
hais le sage qui n'est pas sage pour soi-même. » C'est un vers d'Euripide
cité par Stobée.

« *Ex quo Ennius : Nequicquam sapere sapientem, qui ipse sibi prodesse non quiret* *. »

« *si cupidus, si Vanus et Euganea quamtumvis vilior agna* **. »

« *Non enim paranda nobis solum, sed fruenda sapientia est* ***. »

Denys se moquait des grammairiens qui ont soin de s'enquérir des maux d'Ulysse, et ignorent les propres; des musiciens qui accordent leurs flûtes et n'accordent pas leurs mœurs; des orateurs qui étudient à dire justice, non à la faire[20].

Si notre âme n'en va un meilleur branle, si nous n'en avons le jugement plus sain, j'aimerais aussi cher que mon écolier eût passé le temps à jouer à la paume; au moins le corps en serait plus allègre. Voyez-le revenir de là, après quinze ou seize ans employés : il n'est rien si malpropre à mettre en besogne. Tout ce que vous y reconnaissez d'avantage, c'est que son latin et son grec l'ont rendu plus fier et plus outrecuidé qu'il n'était parti de la maison[21]. Il en devait rapporter l'âme pleine, il ne l'en rapporte que bouffie; et l'a seulement enflée au lieu de la grossir.

Ces maîtres-ci, comme Platon dit des sophistes, leurs germains, sont de tous les hommes ceux qui promettent d'être les plus utiles aux hommes, et, seuls entre tous les hommes, qui non seulement n'amendent point ce qu'on leur commet, comme fait un charpentier et un maçon, mais l'empirent, et se font payer de l'avoir empiré[22].

Si la loi que Protagoras proposait à ses disciples était suivie[23] : ou qu'ils le payassent selon son mot, ou qu'ils jurassent au temple combien ils estimaient le profit qu'ils avaient reçu de ses disciplines, et selon icelui satisfissent

---

* Cicéron, *De Officiis*, livre III, chap. XV, cite Ennius. « C'est pourquoi Ennius dit : Vaine est la sagesse du sage, si elle ne profite pas à lui-même. »

** Juvénal, *Satire VIII* : « S'il est avide, s'il est vain, s'il est plus lâche qu'une brebis d'Euganée. »

*** Cicéron, *De Finibus*, livre I : « Il ne suffit pas d'acquérir la sagesse, il faut en profiter. » Montaigne a pu lire cette pensée dans les *Politiques* de Juste Lipse, livre I, chap. X.

sa peine, mes pédagogues se trouveraient choués[a], s'étant remis au serment de mon expérience.

Mon vulgaire périgourdin[24] appelle fort plaisamment « lettreférits » ces savanteaux, comme si vous disiez « lettre-férus », auxquels les lettres ont donné un coup de marteau, comme on dit. De vrai, le plus souvent ils semblent être ravalés[b], même du sens commun. Car le paysan et le cordonnier, vous leur voyez aller simplement et naïvement leur train, parlant de ce qu'ils savent; ceux-ci, pour se vouloir élever et gendarmer de ce savoir qui nage en la superficie de leur cervelle, vont s'embarrassant et empêtrant sans cesse. Il leur échappe de belles paroles, mais qu'un autre les accommode. Ils connaissent bien Galien, mais nullement le malade. Ils vous ont déjà rempli la tête de lois, et si n'ont encore conçu le nœud de la cause. Ils savent la théorique de toutes choses, cherchez qui la mette en pratique.

J'ai vu chez moi un mien ami, par manière de passetemps, ayant affaire à un de ceux-ci, contrefaire un jargon de galimatias, propos sans suite, tissu de pièces rapportées, sauf qu'il était souvent entrelardé de mots propres à leur dispute, amuser ainsi tout un jour ce sot à débattre, pensant toujours répondre aux objections qu'on lui faisait; et si était homme de lettres et de réputation, et qui avait une belle robe.

> *Vos, o patritius sanguis, quos vivere par est*
> *Occipiti cæco, posticæ occurrite sannæ*.

Qui regardera de bien près à ce genre de gens, qui s'étend bien loin, il trouvera, comme moi, que le plus souvent ils ne s'entendent, ni autrui, et qu'ils ont la souvenance assez pleine, mais le jugement entièrement creux, sinon que leur nature d'elle-même le leur ait autrement façonné; comme j'ai vu Adrien Turnèbe[25], qui, n'ayant fait autre profession que des lettres, en laquelle c'était, à mon opinion, le plus grand homme qui

---

a. Joués. – b. Rabaissés.
* Perse, *Satire I* : « O vous, nobles patriciens, condamnés à vivre avec une tête aveugle par-derrière, retournez-vous pour voir les grimaces qu'on fait dans votre dos. » Perse dans cette satire se moque des gens de lettres et de leurs admirateurs.

fut il y a mille ans, n'avait autrefois rien de pédantesque que le port de sa robe, et quelque façon externe, qui pouvait n'être pas civilisée à la courtisane, qui sont choses de néant. Et hais nos gens qui supportent plus malaisément une robe qu'une âme de travers, et regardent à sa révérence, à son maintien et à ses bottes, quel homme il est. Car au-dedans c'était l'âme la plus polie du monde. Je l'ai souvent à mon escient jeté en propos éloignés de son usage; il y voyait si clair, d'une appréhension si prompte, d'un jugement si sain, qu'il semblait qu'il n'eût jamais fait autre métier que la guerre et affaires d'Etat. Ce sont natures belles et fortes,

> *queis arte benigna*
> *Et meliore luto finxit præcordia Titan*,*

qui se maintiennent au travers d'une mauvaise institution. Or ce n'est pas assez que notre institution ne nous gâte pas, il faut qu'elle nous change en mieux.

Il y a aucuns de nos parlements, quand ils ont à recevoir des officiers, qui les examinent seulement sur la science; les autres y ajoutent encore l'essai du sens, en leur présentant le jugement de quelque cause. Ceux-ci me semblent avoir un beaucoup meilleur style; et encore que ces deux pièces soient nécessaires et qu'il faille qu'elles s'y trouvent toutes deux, si est-ce qu'à la vérité celle du savoir est moins prisable que celle du jugement. Celle-ci se peut passer de l'autre, et non l'autre de celle-ci. Car, comme dit ce vers grec,

> Ὡς οὐδὲν ἡ μάθησις, ἤν μὴ νοῦς παρῇ [26],

à quoi faire la science, si l'entendement n'y est? Plût à Dieu que pour le bien de notre justice ces compagnies-là se trouvassent aussi bien fournies d'entendement et de conscience, comme elles sont encore de science! « *Non vitæ sed scholæ discimus***. » Or il ne faut pas attacher le

---

* Juvénal, *Satire XVI* : « Ceux à qui le titan Prométhée, par une grâce particulière, a façonné le cœur d'un meilleur limon. »
** Sénèque, *Lettre* 105 : « Nous sommes instruits non pour la vie, mais pour l'école. »

savoir à l'âme, il l'y faut incorporer[27]; il ne l'en faut pas arroser, il l'en faut teindre; et, s'il ne la change, et améliore son état imparfait, certainement il vaut beaucoup mieux le laisser là. C'est un dangereux glaive, et qui empêche et offense son maître, s'il est en main faible et qui n'en sache l'usage, « *ut fuerit melius non didicisse** ».

A l'aventure est-ce la cause que et nous et la théologie ne requérons pas beaucoup de science aux femmes, et que François, duc de Bretagne, fils de Jean cinquième, comme on lui parla de son mariage avec Isabeau, fille d'Ecosse, et qu'on lui ajouta qu'elle avait été nourrie simplement et sans aucune instruction de lettres, répondit qu'il l'en aimait mieux, et qu'une femme était assez savante quand elle savait mettre différence entre la chemise et le pourpoint de son mari[28].

Aussi ce n'est pas si grande merveille, comme on crie que nos ancêtres n'aient pas fait grand état des lettres, et qu'encore aujourd'hui elles ne se trouvent que par rencontre aux principaux conseils de nos rois; et, si cette fin de s'en enrichir, qui seule nous est aujourd'hui proposée par le moyen de la jurisprudence, de la médecine, du pédantisme, et de la théologie encore, ne les tenait en crédit, vous les verriez sans doute aussi marmiteuses qu'elles furent onques. Quel dommage, si elles ne nous apprennent ni à bien penser, ni à bien faire? « *Postquam docti prodierunt, boni desunt***. »

Toute autre science est dommageable à celui qui n'a la science de la bonté. Mais la raison que je cherchais tantôt, serait-elle point aussi de là : que notre étude en France n'ayant quasi autre but que le profit, moins de ceux que nature a fait naître à plus généreux offices que lucratifs, s'adonnant aux lettres, ou si courtement (retirés, avant que d'en avoir pris le goût, à une profession qui n'a rien de commun avec les livres), il ne reste plus ordinairement, pour s'engager tout à fait à l'étude, que les gens de basse fortune qui y quêtent des moyens à vivre. Et de

---

* Cicéron, *Tusculanes*, livre II, chap. IV : « Il aurait mieux valu ne rien avoir appris. »
** Sénèque, *Lettre* 95 : « Depuis que les savants ont paru, les gens de bien ont disparu. »

ces gens-là les âmes, étant et par nature et par domestique institution et exempte du plus bas aloi, rapportent faussement le fruit de la science. Car elle n'est pas pour donner jour à l'âme qui n'en a point, ni pour faire voir un aveugle; son métier est, non de lui fournir de vue, mais de la lui dresser, de lui régler ses allures pourvu qu'elle ait de soi les pieds et les jambes droites et capables. C'est une bonne drogue que la science; mais nulle drogue n'est assez forte pour se préserver sans altération et corruption, selon le vice du vase qui l'estuie[a]. Tel a la vue claire, qui ne l'a pas droite; et par conséquent voit le bien et ne le suit pas; et voit la science, et ne s'en sert pas. La principale ordonnance de Platon[29] en sa République, c'est donner à ses citoyens, selon leur nature, leur charge. Nature peut tout et fait tout. Les boiteux sont mal propres aux exercices du corps; et aux exercices de l'esprit les âmes boiteuses; les bâtardes et vulgaires sont indignes de la philosophie. Quand nous voyons un homme mal chaussé, nous disons que ce n'est pas merveille, s'il est chaussetier. De même il semble que l'expérience nous offre souvent un médecin plus mal médeciné, un théologien moins réformé, un savant moins suffisant que tout autre.

Ariston Chios avait anciennement raison de dire que les philosophes nuisaient aux auditeurs, d'autant que la plupart des âmes ne se trouvent propres à faire leur profit de telle instruction, qui, si elle ne se met à bien, se met à mal : « *asotos ex Aristippi, acerbos ex Zenonis schola exire* [*] ».

En cette belle institution[30] que Xénophon prête aux Perses, nous trouvons qu'ils apprenaient la vertu à leurs enfants, comme les autres nations font les lettres. Platon dit[31] que le fils aîné, en leur succession royale, était ainsi nourri. Après sa naissance, on le donnait, non à des femmes, mais à des eunuques de la première autorité autour des rois, à cause de leur vertu. Ceux-ci prenaient charge de lui rendre le corps beau et sain, et après

a. Qui lui sert d'étui.
* Cicéron, *De Natura Deorum*, livre III, chap. XXXI : « L'école d'Aristippe produit des débauchés, celle de Zénon, des sauvages. » Aristippe était un philosophe épicurien, Zénon, le chef de l'école stoïcienne.

sept ans le duisaient^a à monter à cheval et aller à la chasse. Quand il était arrivé au quatorzième, ils le déposaient entre les mains de quatre : le plus sage, le plus juste, le plus tempérant, le plus vaillant de la nation. Le premier lui apprenait la religion; le second à être toujours véritable; le tiers à se rendre maître des cupidités; le quart à ne rien craindre.

C'est chose digne de très grande considération que, en cette excellente police^b de Lycurgue^{32}, et à la vérité monstrueuse par sa perfection, si soigneuse pourtant de la nourriture des enfants comme de sa principale charge, et au gîte même des Muses, il s'y fasse si peu de mention de la doctrine; comme si cette généreuse jeunesse, dédaignant tout autre joug que de la vertu, on lui ait dû fournir, au lieu de nos maîtres de science, seulement des maîtres de vaillance, prudence et justice, exemple que Platon en ses Lois a suivi. La façon de leur discipline^{33}, c'était leur faire des questions sur le jugement des hommes et de leurs actions; et, s'ils condamnaient et louaient ou ce personnage ou ce fait, il fallait raisonner leur dire, et par ce moyen ils aiguisaient ensemble leur entendement et apprenaient le droit. Astyage, en Xénophon^{34}, demande à Cyrus conte de sa dernière leçon : « C'est, dit-il, qu'en notre école un grand garçon, ayant un petit saye^c, le donna à un de ses compagnons de plus petite taille, et lui ôta son saye, qui était plus grand. Notre précepteur m'ayant fait juge de ce différend, je jugeai qu'il fallait laisser les choses en cet état, et que l'un et l'autre semblait être mieux accommodé en ce point; sur quoi il me remontra que j'avais mal fait, car je m'étais arrêté à considérer la bienséance, et il fallait premièrement avoir pourvu à la justice, qui voulait que nul ne fût forcé en ce qui lui appartenait. » Et dit qu'il en fut fouetté, tout ainsi que nous sommes en nos villages pour avoir oublié le premier aoriste de τύπτω *. Mon régent me ferait une belle harangue *in genere Demonstrativo*, avant qu'il me persuadât que son école vaut celle-là. Ils ont voulu couper chemin; et, puisqu'il est ainsi que les

a. L'exerçaient. – b. Gouvernement. – c. Manteau.
* *Frapper.* Verbe qui servait de modèle dans les grammaires, comme aujourd'hui λύω.

sciences, lors même qu'on les prend de droit fil, ne peuvent que nous enseigner la prudence, la prudhomie et la résolution, ils ont voulu d'arrivée mettre leurs enfants au propre des effets, et les instruire non par ouï-dire, mais par l'essai de l'action, en les formant et moulant vivement, non seulement de préceptes et paroles, mais principalement d'exemples et d'œuvres, afin que ce ne fût pas une science en leur âme, mais sa complexion et habitude; que ce ne fût pas un acquêt, mais une naturelle possession. A ce propos, on demandait à Agésilas ce qu'il serait d'avis que les enfants apprissent : « Ce qu'ils doivent faire, étant hommes », répondit-il[35]. Ce n'est pas merveille si une telle institution a produit des effets si admirables.

On allait, dit-on, aux autres villes de Grèce chercher des rhétoriciens, des peintres et des musiciens; mais en Lacédémone, des législateurs, des magistrats et empereurs d'armée. A Athènes on apprenait à bien dire, et ici à bien faire; là, à se démêler d'un argument sophistique, et à rabattre l'imposture des mots captieusement entrelacés; ici, à se démêler des appâts de la volupté, et à rabattre d'un grand courage les menaces de la fortune et de la mort; ceux-là s'embesognaient après les paroles; ceux-ci, après les choses; là, c'était une continuelle exercitation de la langue; ici, une continuelle exercitation de l'âme. Par quoi il n'est pas étrange si, Antipater leur demandant cinquante enfants pour otages, ils répondirent, tout au rebours de ce que nous ferions, qu'ils aimaient mieux donner deux fois autant d'hommes faits, tant ils estimaient la perte de l'éducation de leur pays. Quand Agésilas convie Xénophon d'envoyer nourrir ses enfants à Sparte, ce n'est pas pour y apprendre la rhétorique ou dialectique, mais pour apprendre (ce dit-il) la plus belle science qui soit; à savoir la science d'obéir et de commander[36].

Il est très plaisant de voir Socrate, à sa mode, se moquant de Hippias[37] qui lui récite comment il a gagné, spécialement en certaines petites villettes de la Sicile, bonne somme d'argent à régenter; et qu'à Sparte il n'a gagné pas un sol : que ce sont gens idiots, qui ne savent ni mesurer ni compter, ne font état ni de grammaire ni de rythme, s'amusant seulement à savoir la suite des rois, établissements et décadences des Etats, et tels fatras de contes. Et au bout de cela Socrate, lui faisant avouer par le menu l'excellence de leur forme de gouvernement public, l'heur et vertu de leur vie, lui laisse deviner la conclusion de l'inutilité de ses arts.

Les exemples nous apprennent, et en cette martiale police et en toutes ses semblables, que l'étude des sciences amollit et effémine les courages, plus qu'il ne les fermit et aguerrit. Le plus fort Etat qui paraisse pour le présent au monde, est celui des Turcs : peuples également duits à l'estimation des armes et mépris des lettres. Je trouve Rome plus vaillante avant qu'elle fût savante. Les plus belliqueuses nations en nos jours sont les plus grossières et ignorantes. Les Scythes, les Parthes, Tamerlan [38] nous servent à cette preuve. Quand les Goths ravagèrent la Grèce, ce qui sauva toutes les librairies d'être passées au feu, ce fut un d'entre eux qui sema cette opinion, qu'il fallait laisser ce meuble entier aux ennemis, propre à les détourner de l'exercice militaire et amuser à des occupations sédentaires et oisives [39]. Quand notre roi Charles huitième, sans tirer l'épée du fourreau, se vit maître du royaume de Naples et d'une bonne partie de la Toscane, les seigneurs de sa suite attribuèrent cette inespérée facilité de conquête à ce que les princes et la noblesse d'Italie s'amusaient plus à se rendre ingénieux et savants que vigoureux et guerriers.

CHAPITRE XXVI

DE L'INSTITUTION
DES ENFANTS

A Madame Diane de Foix,
comtesse de Gurson[1].

Je ne vis jamais père, pour teigneux ou bossu que fût
son fils, qui laissât de l'avouer[a]. Non pourtant, s'il n'est
du tout[b] enivré de cette affection, qu'il ne s'aperçoive de
sa défaillance; mais tant y a qu'il est sien. Aussi moi, je
vois, mieux que tout autre, que ce ne sont ici que rêveries
d'homme qui n'a goûté des sciences que la croûte première, en son enfance, et n'en a retenu qu'un général et
informe visage : un peu de chaque chose, et rien du tout[c],
à la Française. Car, en somme, je sais qu'il y a une
Médecine, une Jurisprudence, quatre parties en la Mathé-
matique, et grossièrement ce à quoi elles visent. Et à
l'aventure encore sais-je la prétention des sciences en
général au service de notre vie. Mais, d'y enfoncer plus
avant, de m'être rongé les ongles[2] à l'étude de Platon ou
d'Aristote, monarque de la doctrine moderne, ou opiniâ-
tré après quelque science, je ne l'ai jamais fait : ce n'est
pas mon occupation, ni n'est art de quoi je susse peindre
seulement les premiers linéaments. Et n'est enfant des
classes moyennes qui ne se puisse dire plus savant que
moi, qui n'ai seulement pas de quoi l'examiner sur sa
première leçon, au moins selon icelle. Et, si l'on m'y
force, je suis contraint, assez ineptement, d'en tirer

---

a. De le reconnaître (pour son fils). – *b.* Complètement. – *c.* Rien à
fond.

quelque matière de propos universel, sur quoi j'examine son jugement naturel : leçon qui leur est autant inconnue, comme à moi la leur.

Je n'ai dressé commerce avec aucun livre solide, sinon Plutarque et Sénèque, où je puise comme les Danaïdes, remplissant et versant sans cesse. J'en attache quelque chose à ce papier; à moi, si peu que rien.

L'Histoire, c'est plus mon gibier, ou la poésie, que j'aime d'une particulière inclination. Car, comme disait Cléanthe[3], tout ainsi que la voix, contrainte dans l'étroit canal d'une trompette, sort plus aiguë et plus forte, ainsi me semble-t-il que la sentence, pressée aux pieds nombreux de la poésie, s'élance bien plus brusquement et me fiert[a] d'une plus vive secousse. Quant aux facultés naturelles qui sont en moi, de quoi c'est ici l'essai, je les sens fléchir sous la charge. Mes conceptions et mon jugement ne marchent qu'à tâtons, chancelant, bronchant et choppant[b]; et quand je suis allé le plus avant que je puis si ne me suis-je aucunement satisfait; je vois encore du pays au-delà, mais d'une vue trouble et en nuage, que je ne puis démêler. Et, entreprenant de parler indifféremment de tout ce qui se présente à ma fantaisie et n'y employant que mes propres et naturels moyens, s'il m'advient, comme il fait souvent, de rencontrer de fortune dans les bons auteurs ces mêmes lieux que j'ai entrepris de traiter, comme je viens de faire chez Plutarque tout présentement son discours de la force de l'imagination[4], à me reconnaître, au prix de ces gens-là, si faible et si chétif, si pesant et si endormi, je me fais pitié ou dédain à moi-même. Si me gratifié-je de ceci, que mes opinions ont cet honneur de rencontrer souvent aux leurs; et que je vais au moins de loin après, disant que voire[5]. Aussi que j'ai cela, qu'un chacun n'a pas, de connaître l'extrême différence d'entre eux et moi. Et laisse, ce néanmoins, courir mes inventions ainsi faibles et basses, comme je les ai produites, sans en replâtrer et recoudre les défauts que cette comparaison m'y a découverts[6]. Il faut avoir les reins bien fermes pour entreprendre de marcher front à front avec ces gens-là. Les écrivains indiscrets de notre siècle, qui, parmi leurs ouvrages de néant, vont semant

***

a. Frappe. – *b.* Buter contre un obstacle, d'où : se tromper.

des lieux entiers des anciens auteurs pour se faire honneur, font le contraire. Car cette infinie dissemblance de lustres rend un visage si pâle, si terni et si laid à ce qui est leur, qu'ils y perdent beaucoup plus qu'ils n'y gagnent.

C'était deux contraires fantaisies. Le philosophe Chrysippe[7] mêlait à ses livres, non les passages seulement, mais des ouvrages entiers d'autres auteurs, et, en un, la *Médée* d'Euripide; et disait Apollodore que, qui en retrancherait ce qu'il y avait d'étranger, son papier demeurerait en blanc. Epicure au rebours, en trois cents volumes qu'il laissa, n'avait pas semé une seule allégation étrangère[8].

Il m'advint l'autre jour de tomber sur un tel passage. J'avais traîné languissant après des paroles françaises si exsangues, si décharnées et si vides de matière et de sens que ce n'étaient vraiment que paroles françaises; au bout d'un long et ennuyeux chemin, je vins à rencontrer une pièce haute, riche et élevée jusques aux nues. Si j'eusse trouvé la pente douce et la montée un peu allongée, cela eût été excusable; c'était un précipice si droit et si coupé que, des six premières paroles, je connus que je m'envolais en l'autre monde. De là je découvris la fondrière d'où je venais, si basse et si profonde, que je n'eus onques plus le cœur de m'y ravaler[a]. Si j'étoffais l'un de mes discours de ces riches dépouilles, il éclairerait par trop la bêtise des autres.

Reprendre en autrui mes propres fautes ne me semble non plus incompatible que de reprendre, comme je fais souvent, celles d'autrui en moi. Il les faut accuser partout et leur ôter tout lieu de franchise. Si sais-je bien combien audacieusement j'entreprends moi-même à tous coups de m'égaler à mes larcins, d'aller pair à pair quant et eux[b], non sans une téméraire espérance que je puisse tromper les yeux des juges à les discerner. Mais c'est autant par le bénéfice de mon application que par le bénéfice de mon invention et de ma force. Et puis je ne lutte point en gros ces vieux champions-là, et corps à corps : c'est par reprises, menues et légères atteintes. Je ne m'y aheurte[c] pas; je ne fais que les tâter; et ne vais point tant comme je marchande d'aller.

a. D'y redescendre. – *b.* Avec eux. – *c.* Je ne m'obstine pas.

Si je leur pouvais tenir palot[a], je serais honnête homme[9], car je ne les entreprends que par où ils sont les plus raides.

De faire ce que j'ai découvert d'aucuns, se couvrir des armes d'autrui, jusques à ne montrer pas seulement le bout de ses doigts, conduire son dessein, comme il est aisé aux savants en une matière commune, sous les inventions anciennes rapiécées par ci par là; à ceux qui les veulent cacher et faire propres, c'est premièrement injustice et lâcheté, que, n'ayant rien en leur vaillant[b] par où se produire, ils cherchent à se présenter par une valeur étrangère, et puis, grande sottise, se contentant par piperie de s'acquérir l'ignorante approbation du vulgaire, se décrier envers les gens d'entendement qui hochent du nez notre incrustation empruntée, desquels seuls la louange a du poids. De ma part, il n'est rien que je veuille moins faire. Je ne dis les autres, sinon pour d'autant plus me dire. Ceci ne touche pas les centons qui se publient pour centons; et j'en ai vu de très ingénieux en mon temps, entre autres un, sous le nom de Capilupus[10], outre les anciens. Ce sont des esprits qui se font voir et par ailleurs et par là, comme Lipse en ce docte et laborieux tissu de ses *Politiques*[11].

Quoi qu'il en soit, veux-je dire, et quelles que soient ces inepties, je n'ai pas délibéré de les cacher, non plus qu'un mien portrait chauve[12] et grisonnant, où le peintre aurait mis non un visage parfait, mais le mien. Car aussi ce sont ici mes humeurs et opinions; je les donne pour ce qui est en ma créance, non pour ce qui est à croire. Je ne vise ici qu'à découvrir moi-même, qui serai par aventure autre demain, si nouveau apprentissage me change. Je n'ai point l'autorité d'être cru, ni ne le désire, me sentant trop mal instruit pour instruire autrui.

Quelqu'un donc, ayant vu l'article précédent[13], me disait chez moi, l'autre jour, que je me devais être un peu étendu sur le discours de l'institution des enfants. Or, Madame, si j'avais quelque suffisance en ce sujet, je ne pourrais la mieux employer que d'en faire un présent à ce petit homme qui vous menace de faire tantôt une belle sortie de chez vous (vous êtes trop généreuse pour

_____
a. Si je pouvais rivaliser. – b. En leur bien propre.

commencer autrement que par un mâle). Car, ayant eu
tant de part à la conduite de votre mariage, j'ai quelque
droit et intérêt à la grandeur et prospérité de tout ce qui
en viendra, outre ce que l'ancienne possession que vous
avez sur ma servitude m'oblige assez à désirer honneur,
bien et avantage à tout ce qui vous touche. Mais, à la
vérité, je n'y entends sinon cela, que la plus grande
difficulté et importante de l'humaine science semble être
en cet endroit où il se traite de la nourriture[a] et institution des enfants.

Tout ainsi qu'en l'agriculture, les façons qui vont avant
le planter sont certaines et aisées, et le planter même;
mais depuis que ce qui est planté vient à prendre vie, à
l'élever il y a une grande variété de façons et difficulté :
pareillement aux hommes, il y a peu d'industrie à les
planter; mais, depuis qu'ils sont nés, on se charge d'un
soin divers, plein d'embesognement et de crainte, à les
dresser et nourrir[14].

La montre de leurs inclinations est si tendre en ce bas
âge, et si obscure, les promesses si incertaines et fausses,
qu'il est malaisé d'y établir aucun solide jugement.

Voyez Cimon, voyez Thémistocle, et mille autres,
combien ils se sont disconvenus à eux-mêmes. Les petits
des ours, des chiens, montrent leur inclination naturelle;
mais les hommes, se jetant incontinent en des accoutu-
mances, en des opinions, en des lois, se changent ou se
déguisent facilement[15].

Si est-il difficile de forcer les propensions naturelles.
D'où il advient que, par faute d'avoir bien choisi leur
route, pour néant se travaille-t-on souvent et emploie-
t-on beaucoup d'âge à dresser des enfants aux choses
auxquelles ils ne peuvent prendre pied. Toutefois, en
cette difficulté, mon opinion est de les acheminer toujours aux meilleurs choses et plus profitables, et qu'on se
doit peu appliquer à ces légères divinations et pronostics
que nous prenons des mouvements de leur enfance.
Platon même, en sa *République*[16], me semble leur donner
beaucoup d'autorité.

Madame, c'est un grand ornement que la science, et un
outil de merveilleux service, notamment aux personnes

a. Nourriture intellectuelle.

élevées en tel degré de fortune, comme vous êtes[17]. A la
vérité, elle n'a point son vrai usage en mains viles et
basses. Elle est bien plus fière de prêter ses moyens à
conduire une guerre, à commander un peuple, à pratiquer l'amitié d'un prince ou d'une nation étrangère, qu'à
dresser un argument dialectique, ou à plaider un appel,
ou ordonner une masse de pilules. Ainsi, Madame, parce
que je crois que vous n'oublierez pas cette partie en
l'institution des vôtres, vous qui en avez savouré la
douceur, et qui êtes d'une race lettrée (car nous avons
encore les écrits de ces anciens comtes de Foix[18], d'où
monsieur le comte votre mari et vous êtes descendus; et
François, monsieur de Candale[19], votre oncle, en fait
naître tous les jours d'autres, qui étendront la connaissance de cette qualité de votre famille à plusieurs siècles), je vous veux dire là-dessus une seule fantaisie que j'ai
contraire au commun usage; c'est tout ce que je puis
conférer à votre service en cela.

La charge du gouverneur que vous lui donnerez du
choix duquel dépend tout l'effet de son institution, elle a
plusieurs autres grandes parties; mais je n'y touche point,
pour n'y savoir rien apporter qui vaille; et de cet article,
sur lequel je me mêle de lui donner avis, il m'en croira
autant qu'il y verra d'apparence. A un enfant de maison
qui recherche les lettres, non pour le gain (car une fin si
abjecte est indigne de la grâce et faveur des Muses, et puis
elle regarde et dépend d'autrui), ni tant pour les commodités externes que pour les siennes propres, et pour s'en
enrichir et parer au-dedans, ayant plutôt envie d'en tirer
un habile homme qu'un homme savant, je voudrais aussi
qu'on fût soigneux de lui choisir un conducteur qui eût
plutôt la tête bien faite[20] que bien pleine, et qu'on y
requît tous les deux, mais plus les mœurs et l'entendement que la science; et qu'il se conduisît en sa charge
d'une nouvelle manière.

On ne cesse de criailler à nos oreilles, comme qui
verserait dans un entonnoir, et notre charge ce n'est que
redire ce qu'on nous a dit. Je voudrais qu'il corrigeât cette
partie, et que, de belle arrivée*a*, selon la portée de l'âme
qu'il a en main, il commençât à la mettre sur la montre*b*,

a. D'emblée. – b. A l'essai.

lui faisant goûter les choses, les choisir et discerner d'elle-même; quelquefois lui ouvrant chemin, quelquefois le lui laissant ouvrir. Je ne veux pas qu'il invente et parle seul, je veux qu'il écoute son disciple parler à son tour. Socrate et depuis Arcesilas faisaient premièrement parler leurs disciples, et puis ils parlaient à eux[21]. « *Obest plerumque iis qui discere volunt auctoritas eorum qui docent**. »

Il est bon qu'il le fasse trotter devant lui pour juger de son train, et juger jusques à quel point il se doit ravaler[a] pour s'accommoder à sa force. A faute de cette proportion nous gâtons tout; et de la savoir choisir, et s'y conduire bien mesurément, c'est l'une des plus ardues besognes que je sache; et est l'effet d'une haute âme et bien forte, savoir condescendre à ses allures puériles et les guider. Je marche plus sûr et plus ferme à mont qu'à val.

Ceux qui, comme porte notre usage, entreprennent d'une même leçon et pareille mesure de conduite régenter plusieurs esprits de si diverses mesures et formes, ce n'est pas merveille si, en tout un peuple d'enfants, ils en rencontrent à peine deux ou trois qui rapportent quelque juste fruit de leur discipline.

Qu'il ne lui demande pas seulement compte des mots de sa leçon, mais du sens et de la substance, et qu'il juge du profit qu'il aura fait, non par le témoignage de sa mémoire, mais de sa vie. Que ce qu'il viendra d'apprendre, il le lui fasse mettre en cent visages et accommoder à autant de divers sujets, pour voir s'il l'a encore bien pris et bien fait sien, prenant l'instruction de son progrès des pédagogismes de Platon. C'est témoignage de crudité et indigestion que de regorger la viande comme on l'a avalée. L'estomac n'a pas fait son opération, s'il n'a fait changer la façon et la forme à ce qu'on lui avait donné à cuire.

Notre âme ne branle qu'à crédit, liée et contrainte à l'appétit des fantaisies d'autrui, serve et captivée sous l'autorité de leur leçon. On nous a tant assujettis aux

---

a. Abaisser.
* Cicéron, *De Natura Deorum*, livre I, chap. V : « L'autorité de ceux qui enseignent nuit la plupart du temps à ceux qui veulent apprendre. »

cordes*ᵃ* que nous n'avons plus de franches allures. Notre vigueur et liberté est éteinte. « *Nunquam tutelæ suæ fiunt**. » – Je vis privément à Pise un honnête homme[22], mais si Aristotélicien, que le plus général de ses dogmes est : que la touche et règle de toutes imaginations solides et de toute vérité, c'est la conformité à la doctrine d'Aristote; que, hors de là, ce ne sont que chimères et inanité; qu'il a tout vu et tout dit. Cette proposition, pour avoir été un peu trop largement et iniquement interprétée, le mit autrefois et tint longtemps en grand accessoire*ᵇ* à l'inquisition à Rome.

Qu'il lui fasse tout passer par l'étamine et ne loge rien en sa tête par simple autorité et à crédit; les principes d'Aristote ne lui soient principes, non plus que ceux des Stoïciens ou Epicuriens. Qu'on lui propose cette diversité de jugements : il choisira s'il peut, sinon il en demeurera en doute. Il n'y a que les fols certains et résolus.

Che non men che saper dubbiar m'aggrada**.

Car s'il embrasse les opinions de Xénophon et de Platon par son propre discours, ce ne seront plus les leurs ce seront les siennes. Qui suit un autre, il ne suit rien. Il ne trouve rien, voire il ne cherche rien. « *Non sumus sub rege; sibi quisque se vindicet****. » Qu'il sache qu'il sait, au moins. Il faut qu'il emboive leurs humeurs, non qu'il apprenne leurs préceptes. Et qu'il oublie hardiment, s'il veut, d'où il les tient, mais qu'il se les sache approprier. La vérité et la raison sont communes à un chacun et ne sont non plus à qui les a dites premièrement, qu'à qui les dit après. Ce n'est non plus selon Platon que selon moi, puisque lui et moi l'entendons et voyons de même. Les abeilles pillotent deçà delà les fleurs, mais elles en font après le miel, qui est tout leur; ce n'est plus thym ni marjolaine[23] : ainsi les pièces empruntées d'autrui, il les transformera et confondra, pour en faire un ouvrage tout

---

a. Lisières. – *b.* Embarras.
* Sénèque, *Lettre* 33 : « *Ils ne sont jamais sous leur propre autorité.* »
** Emprunté à Dante, l'*Enfer*, chant XI : « Aussi bien que savoir douter me plaît. »
*** Sénèque, *Lettre* 33 : « Nous ne sommes pas sous la domination d'un roi; que chacun dispose de lui-même. »

sien, à savoir son jugement. Son institution, son travail et étude ne vise qu'à le former.

Qu'il cèle tout ce de quoi il a été secouru, et ne produise que ce qu'il en a fait. Les pilleurs, les emprunteurs mettent en parade leurs bâtiments, leurs achats, non pas ce qu'ils tirent d'autrui. Vous ne voyez pas les épices d'un homme de parlement, vous voyez les alliances qu'il a gagnées et honneurs à ses enfants. Nul ne met en compte public sa recette; chacun y met son acquêt.

Le gain de notre étude, c'est en être devenu meilleur et plus sage.

C'est, disait Epicharme[24], l'entendement qui voit et qui ouït, c'est l'entendement qui approfite[a] tout, qui dispose tout, qui agit, qui domine et qui règne : toutes autres choses sont aveugles, sourdes et sans âme. Certes, nous le rendons servile et couard, pour ne lui laisser la liberté de rien faire de soi. Qui demanda jamais à son disciple ce qu'il lui semble de la Rhétorique et de la Grammaire de telle ou telle sentence de Cicéron? On nous les plaque en la mémoire tout empennées[b], comme des oracles où les lettres et les syllabes sont de la substance de la chose. Savoir par cœur n'est pas savoir : c'est tenir ce qu'on a donné en garde à sa mémoire. Ce qu'on sait droitement, on en dispose, sans regarder au patron, sans tourner les yeux vers son livre. Fâcheuse suffisance, qu'une suffisance pure livresque! Je m'attends[c] qu'elle serve d'ornement, non de fondement, suivant l'avis de Platon, qui dit la fermeté, la foi, la sincérité être la vraie philosophie, les autres sciences et qui visent ailleurs, n'être que fard.

Je voudrais que le Paluël ou Pompée[25], ces beaux danseurs de mon temps, apprissent des cabrioles à les voir seulement faire, sans nous bouger de nos places, comme ceux-ci veulent instruire notre entendement, sans l'ébranler et mettre en besogne, ou qu'on nous apprît à manier un cheval, ou une pique, ou un luth, ou la voix, sans nous y exercer, comme ceux-ci nous veulent apprendre à bien juger et à bien parler, sans nous exercer ni à parler, ni à juger. Or, à cet apprentissage,

---

a. Tire profit de tout. – *b.* Garnies de plumes. – *c.* Je m'applique à ce que...

tout ce qui se présente à nos yeux sert de livre suffisant :
la malice d'un page, la sottise d'un valet, un propos de
table, ce sont autant de nouvelles matières.

A cette cause, le commerce des hommes y est merveilleusement propre, et la visite des pays étrangers[26], non
pour en rapporter seulement, à la mode de notre noblesse
française, combien de pas a Santa Rotonda[27], ou la
richesse des caleçons de la Signora Livie, ou, comme
d'autres, combien le visage de Néron, de quelque vieille
ruine de là, est plus long et plus large que celui de
quelque pareille médaille, mais pour en rapporter principalement les humeurs de ces nations et leurs façons, et
pour frotter et limer notre cervelle contre celle d'autrui.
Je voudrais qu'on commençât à le promener dès sa tendre
enfance, et premièrement, pour faire d'une pierre deux
coups, par les nations voisines où le langage est plus
éloigné du nôtre, et auquel, si vous ne la formez de bonne
heure, la langue ne se peut plier.

Aussi bien est-ce une opinion reçue d'un chacun, que
ce n'est pas raison de nourrir un enfant au giron de ses
parents. Cette amour naturelle les attendrit trop et relâche, voire les plus sages. Ils ne sont capables ni de châtier
ses fautes, ni de le voir nourri grossièrement, comme il
faut, et hasardeusement. Ils ne le sauraient souffrir revenir suant et poudreux de son exercice, boire chaud, boire
froid, ni le voir sur un cheval rebours, ni contre un rude
tireur, le fleuret au poing, ni la première arquebuse. Car
il n'y a remède : qui en veut faire un homme de bien,
sans doute il ne le faut épargner en cette jeunesse, et
souvent choquer les règles de la médecine :

> *Vitamque sub dio et trepidis agat*
> *In rebus*.*

Ce n'est pas assez de lui roidir l'âme; il lui faut aussi
roidir les muscles. Elle est trop pressée, si elle n'est
secondée, et a trop à faire de seule fournir à deux offices.
Je sais combien ahanne la mienne en compagnie d'un

---

* Horace, *Ode II* du livre III : « Qu'il passe sa vie en plein air et dans
les périls. »

corps si tendre, si sensible, qui se laisse si fort aller sur elle. Et aperçois souvent en ma leçon, qu'en leurs écrits mes maîtres font valoir, pour magnanimité et force de courage, des exemples qui tiennent volontiers plus de l'épaississure de la peau et dureté des os. J'ai vu des hommes, des femmes et des enfants ainsi nés qu'une bastonnade leur est moins qu'à moi une chiquenaude; qui ne remuent ni langue ni sourcil aux coups qu'on leur donne. Quand les athlètes contrefont les philosophes en patience, c'est plutôt vigueur de nerfs que de cœur. Or, l'accoutumance à porter le travail est accoutumance à porter la douleur : « *labor callum obducit dolori**. » Il le faut rompre à la peine et âpreté des exercices, pour le dresser à la peine et âpreté de la desloueure *a*, de la colique, du cautère, et de la geôle, et de la torture. Car de ces dernières-ci encore peut-il être en prise, qui regardent les bons, selon le temps, comme les méchants. Nous en sommes à l'épreuve. Quiconque combat les lois, menace les plus gens de bien d'escourgées *b* et de la corde.

Et puis, l'autorité du gouverneur, qui doit être souveraine sur lui, s'interrompt et s'empêche par la présence des parents. Joint que ce respect que la famille lui porte, la connaissance des moyens et grandeurs de sa maison, ce ne sont à mon opinion pas légères incommodités en cet âge.

En cette école du commerce des hommes, j'ai souvent remarqué ce vice, qu'au lieu de prendre connaissance d'autrui, nous ne travaillons qu'à la donne de nous, et sommes plus en peine d'employer notre marchandise que d'en acquérir de nouvelle. Le silence et la modestie sont qualités très commodes à la conversation. On dressera cet enfant à être épargnant et ménager de sa suffisance, quand il l'aura acquise; à ne se formaliser point des sottises et fables qui se diront en sa présence, car c'est une incivile importunité de choquer tout ce qui n'est pas de notre appétit. Qu'il se contente de se corriger soi-même, et ne semble pas reprocher à autrui tout ce qu'il refuse à

---

a. Dislocation, démembrement. – *b.* Lanières (de fouet).
* Cicéron, *Tusculanes*, livre II, chap. XV : « Le travail donne du cal contre la douleur. »

faire, ni contraster aux mœurs publiques. « *Licet sapere sine pompa, sine invidia**. » Qu'il fuie ces images régenteuses et inciviles, et cette puérile ambition de vouloir paraître plus fin pour être autre, et tirer nom par répréhensions et nouvelletés[28]. Comme il n'affiert qu'aux grands poètes d'user des licences de l'art, aussi n'est-il supportable qu'aux grandes âmes et illustres de se privilégier au-dessus de la coutume. « *Si quid Socrates et Aristippus contra morem et consuetudinem fecerint, idem sibi ne arbitretur licere : magnis enim illi et divinis bonis hanc licentiam assequebantur***. » On lui apprendra de n'entrer en discours ou contestation que où il verra un champion digne de sa lutte, et là même à n'employer pas tous les tours qui lui peuvent servir, mais ceux-là seulement qui lui peuvent le plus servir. Qu'on le rende délicat au choix et triage de ses raisons, et aimant la pertinence, et par conséquent la brièveté. Qu'on l'instruise surtout à se rendre et à quitter les armes à la vérité, tout aussitôt qu'il l'apercevra; soit qu'elle naisse ès mains de son adversaire, soit qu'elle naisse en lui-même par quelque ravisement. Car il ne sera pas mis en chaise[a] pour dire un rôle prescrit. Il n'est engagé à aucune cause, que parce qu'il l'approuve. Ni ne sera du métier où se vend à purs deniers comptants la liberté de se pouvoir repentir et reconnaître. « *Neque, ut omnia quæ præscripta et imperata sint defendat, necessitate ulla cogitur****. »

Si son gouverneur tient de mon humeur, il lui formera la volonté à être très loyal serviteur de son prince et très affectionné et très courageux; mais il lui refroidira l'envie de s'y attacher autrement que par un devoir public. Outre plusieurs autres inconvénients qui blessent notre franchise par ces obligations particulières, le jugement d'un

---

a. En chaire.
* Sénèque, *Lettre* 103 : « Il est permis d'être sage sans ostentation, sans insolence. »
** Cicéron, *De Officiis*, livre I chap. XLI : « Si Socrate et Aristippe ont agi en quelque chose contrairement aux usages et à la coutume, qu'il ne s'imagine pas qu'il lui soit permis d'en faire autant : en effet, ils avaient obtenu cette permission par des qualités grandes et divines. »
*** Cicéron, *Académiques,* livre II, chap. III : « Il n'est contraint par aucune nécessité de défendre des opinions prescrites et imposées. »

homme gagé et acheté, ou il est moins entier et moins libre, ou il est taché et d'imprudence et d'ingratitude.

Un courtisan ne peut avoir ni loi, ni volonté de dire et penser que favorablement d'un maître qui, parmi tant de milliers d'autres sujets, l'a choisi pour le nourrir et élever de sa main. Cette faveur et utilité corrompent non sans quelque raison sa franchise, et l'éblouissent. Pourtant voit-on coutumièrement le langage de ces gens-là divers à tout autre langage d'un état, et de peu de foi en telle matière.

Que sa conscience et sa vertu reluisent en son parler, et n'aient que la raison pour guide. Qu'on lui fasse entendre que de confesser la faute qu'il découvrira en son propre discours, encore qu'elle ne soit aperçue que par lui, c'est un effet de jugement et de sincérité, qui sont les principales parties qu'il cherche; que l'opiniâtrer et contester sont qualités communes, plus apparentes aux plus basses âmes; que se raviser et se corriger, abandonner un mauvais parti sur le cours de son ardeur, ce sont qualités rares, fortes et philosophiques.

On l'avertira, étant en compagnie, d'avoir les yeux partout; car je trouve que les premiers sièges sont communément saisis par les hommes moins capables, et que les grandeurs de fortune ne se trouvent guère mêlées à la suffisance.

J'ai vu, cependant qu'on s'entretenait, au haut bout d'une table, de la beauté d'une tapisserie ou du goût de la malvoisie, se perdre beaucoup de beaux traits à l'autre bout.

Il sondera la portée d'un chacun : un bouvier, un maçon, un passant; il faut tout mettre en besogne, et emprunter chacun selon sa marchandise, car tout sert en ménage; la sottise même et faiblesse d'autrui lui sera instruction. A contrôler les grâces et façons d'un chacun, il s'engendrera envie des bonnes et mépris des mauvaises.

Qu'on lui mette en fantaisie une honnête curiosité de s'enquérir de toutes choses; tout ce qu'il y aura de singulier autour de lui, il le verra : un bâtiment, une fontaine, un homme, le lieu d'une bataille ancienne, le passage de César ou de Charlemagne :

Quæ tellus sit lenta gelu, quæ putris ab æstu,
Ventus in Italiam quis bene vela ferat*.

Il s'enquerra des mœurs, des moyens et des alliances de
ce prince, et de celui-là. Ce sont choses très plaisantes à
apprendre et très utiles à savoir.

En cette pratique des hommes, j'entends y comprendre,
et principalement ceux qui ne vivent qu'en la mémoire
des livres. Il pratiquera, par le moyen des histoires, ces
grandes âmes des meilleurs siècles. C'est un vain étude,
qui veut; mais qui veut aussi c'est un étude de fruit
inestimable : et le seul étude, comme dit Platon[29], que
les Lacédémoniens eussent réservé à leur part. Quel
profit ne fera-t-il en cette part-là, à la lecture des *Vies* de
notre Plutarque? Mais que mon guide se souvienne où
vise sa charge; et qu'il n'imprime pas tant à son disciple
la date de la ruine de Carthage que les mœurs de
Hannibal et de Scipion, ni tant où mourut Marcellus[30],
que pourquoi il fut indigne de son devoir qu'il mourût là.
Qu'il ne lui apprenne pas tant les histoires, qu'à en juger.
C'est à mon gré, entre toutes, la matière à laquelle nos
esprits s'appliquent de plus diverse mesure. J'ai lu en
Tite-Live cent choses que tel n'y a pas lu. Plutarque en y
a lu cent, outre ce que j'y ai su lire, et, à l'aventure, outre
ce que l'auteur y avait mis. A d'aucuns c'est un pur étude
grammairien; à d'autres, l'anatomie de la philosophie, en
laquelle les plus abstruses parties de notre nature se
pénètrent. Il y a dans Plutarque beaucoup de discours
étendus, très dignes d'être sus, car, à mon gré, c'est le
maître ouvrier de telle besogne; mais il y en a mille qu'il
n'a que touché simplement : il guigne seulement du doigt
par où nous irons, s'il nous plaît, et se contente quelquefois de ne donner qu'une atteinte dans le plus vif d'un
propos. Il les faut arracher de là et mettre en place
marchande. Comme ce sien mot[31], que les habitants
d'Asie servaient à un seul[a], pour ne savoir prononcer une
seule syllabe, qui est Non, donna peut-être la matière et

a. Etaient les esclaves d'un seul.
* Properce, *Elégie III* du livre IV : « Quelle terre est paralysée par la
gelée, quelle autre est réduite en poussière par la chaleur, quel vent pousse
favorablement les voiles vers l'Italie. »

l'occasion à La Boétie de sa *Servitude Volontaire*. Cela
même de lui voir trier une légère action en la vie d'un
homme, ou un mot, qui semble ne porter pas : cela, c'est
un discours. C'est dommage que les gens d'entendement
aiment tant la brièveté; sans doute leur réputation en
vaut mieux, mais nous en valons moins; Plutarque aime
mieux que nous le vantions de son jugement que de son
savoir; il aime mieux nous laisser désir de soi que satiété.
Il savait qu'ès choses bonnes mêmes on peut trop dire,
et que Alexandridas[32] reprocha justement à celui qui
tenait aux éphores des bons propos, mais trop longs :
« O étranger, tu dis ce qu'il faut, autrement qu'il ne
faut. » Ceux qui ont le corps grêle le grossissent d'em-
bourrures[a] : ceux qui ont la matière exile, l'enflent de
paroles.

Il se tire une merveilleuse clarté, pour le jugement
humain, de la fréquentation du monde. Nous sommes
tous contraints et amoncelés en nous, et avons la vue
raccourcie à la longueur de notre nez. On demandait à
Socrate d'où il était. Il ne répondit pas : « D'Athènes »,
mais : « Du monde[33] ». Lui, qui avait son imagination
plus pleine et plus étendue, embrassait l'univers comme
sa ville, jetait ses connaissances, sa société et ses affections à tout le genre humain, non pas comme nous qui ne
regardons que sous nous. Quand les vignes gèlent en mon
village, mon prêtre en argumente l'ire de Dieu sur la race
humaine et juge que la pépie en tienne déjà les Cannibales. A voir nos guerres civiles, qui ne crie que cette
machine se bouleverse et que le jour du jugement nous
prend au collet, sans s'aviser que plusieurs pires choses se
sont vues, et que les dix mille parts du monde ne laissent
pas de galler[34] le bon temps cependant? Moi, selon leur
licence et impunité, admire de les voir si douces et
molles. A qui il grêle sur la tête, tout l'hémisphère semble
être en tempête et orage. Et disait le Savoyard[35] que, si ce
sot de roi de France eût su bien conduire sa fortune, il
était homme pour devenir maître d'hôtel de son duc. Son
imagination ne concevait autre plus élevée grandeur que
celle de son maître. Nous sommes insensiblement tous en

a. Garnitures de bourre.

cette erreur : erreur de grande suite et préjudice. Mais qui se présente, comme dans un tableau, cette grande image de notre mère nature en son entière majesté; qui lit en son visage une si générale et constante variété; qui se remarque là-dedans, et non soi, mais tout un royaume, comme un trait d'une pointe très délicate : celui-là seul estime les choses selon leur juste grandeur.

Ce grand monde, que les uns multiplient encore comme espèces sous un genre, c'est le miroir où il nous faut regarder pour nous connaître de bon biais. Somme[a], je veux que ce soit le livre de mon écolier. Tant d'humeurs, de sectes, de jugements, d'opinions, de lois et de coutumes nous apprennent à juger sainement des nôtres, et apprennent notre jugement à reconnaître son imperfection et sa naturelle faiblesse : qui n'est pas un léger apprentissage. Tant de remuements d'Etat et changements de fortune publique nous instruisent à ne faire pas grand miracle de la nôtre. Tant de noms, tant de victoires et conquêtes ensevelies sous l'oubliance, rendent ridicule l'espérance d'éterniser notre nom par la prise de dix argolets[b] et d'un pouillier[c] qui n'est connu que de sa chute. L'orgueil et la fierté de tant de pompes étrangères, la majesté si enflée de tant de cours et de grandeurs, nous fermit[d] et assure la vue à soutenir l'éclat des nôtres sans ciller les yeux. Tant de milliasses d'hommes enterrés avant nous nous encouragent à ne craindre d'aller trouver si bonne compagnie en l'autre monde. Ainsi du reste.

Notre vie, disait Pythagore[36], retire[e] à la grande et populeuse assemblée des jeux Olympiques. Les uns s'y exercent le corps pour en acquérir la gloire des jeux; d'autres y portent des marchandises à vendre pour le gain. Il en est, et qui ne sont pas les pires, lesquels ne cherchent autre fruit que de regarder comment et pourquoi chaque chose se fait, et être spectateurs de la vie des autres hommes, pour en juger et régler la leur.

Aux exemples se pourront proprement assortir tous les plus profitables discours de la philosophie, à laquelle se

---

a. Bref. – b. Archers. – c. Poulailler, baraque. – d. Affermit. – e. Ressemble à.

doivent toucher les actions humaines comme à leur règle.
On lui dira,

> *quid fas optare, quid asper*
> *Utile nummus habet; patriæ charisque propinquis*
> *Quantum elargiri deceat : quem te Deus esse*
> *Jussit, et humana qua parte locatus es in re;*
> *Quid sumus, aut quidnam victuri gignimur*;*

que c'est que savoir et ignorer, qui doit être le but de
l'étude; que c'est que vaillance, tempérance et justice; ce
qu'il y a à dire entre l'ambition et l'avarice, la servitude et
la sujétion, la licence et la liberté; à quelles marques on
connaît le vrai et solide contentement; jusques où il faut
craindre la mort, la douleur et la honte.

> *Et quo quemque modo fugiatque feratque laborem**;*

quels ressorts nous meuvent et le moyen de tant divers
branles en nous. Car il me semble que les premiers
discours de quoi on lui doit abreuver l'entendement, ce
doivent être ceux qui règlent ses mœurs et son sens, qui
lui apprendront à se connaître, et à savoir bien mourir et
bien vivre. Entre les arts libéraux, commençons par l'art
qui nous fait libres.

Elles servent toutes aucunement à l'instruction de notre
vie et à son usage, comme toutes autres choses y servent
aucunement. Mais choisissons celle qui y sert directement
et professoirement[a].

Si nous savions restreindre les appartenances[b] de notre
vie à leurs justes et naturelles limites, nous trouverions
que la meilleure part des sciences qui sont en usage est
hors de notre usage; et en celles mêmes qui le sont, qu'il y
a des étendues et enfonçures très inutiles, que nous

---

a. Expressément. – b. Dépendances.
* Perse, *Satire III* : « Ce qu'il est permis de souhaiter, quelle utilité a
l'argent dur à gagner, combien on doit se dévouer à sa patrie et à ses
parents, ce que Dieu a voulu que tu fusses, quel rôle il t'a attribué dans
l'Etat, ce que nous sommes, pourquoi nous sommes nés. »
** Virgile, *Enéide*, chant III : « Et comment on peut éviter ou supporter les épreuves. »

ferions mieux de laisser là, et, suivant l'institution de Socrate[37], borner le cours de notre étude en icelles, où faut l'utilité.

> *Sapere aude,*
> *Incipe : vivendi qui recte prorogat horam,*
> *Rusticus expectat dum defluat amnis; at ille*
> *Labitur, et labetur in omne volubilis ævum*.*

C'est une grande simplesse d'apprendre à nos enfants

> *Quid moveant pisces, animosàque signa Leonis,*
> *Lotus et Hesperia quid Capricornus aqua**,*

la science des astres et le mouvement de la huitième sphère, avant que les leurs propres :

> Τί Πλειάδεσσι κάμοί;
> Τί δ'ἀστράσι βοώτεω***.

Anaximène[38] écrivant à Pythagore : « De quel sens puis-je m'amuser[a] au secret des étoiles, ayant la mort ou la servitude toujours présente aux yeux? » (Car lors les rois de Perse préparaient la guerre contre son pays, chacun doit dire ainsi : « Etant battu d'ambition, d'avarice, de témérité, de superstition, et ayant au-dedans tels autres ennemis de la vie, irai-je songer au branle du monde? »)

Après qu'on lui aura dit ce qui sert à le faire plus sage et meilleur, on l'entretiendra que c'est que logique, physique, géométrie, rhétorique; et la science qu'il choisira, ayant déjà le jugement formé, il en viendra bientôt à

---

a. Perdre mon temps.

* Horace, *Epître II* du livre I : « Ose être sage, commence; celui qui diffère l'heure de vivre raisonnablement ressemble à ce paysan qui attend que le fleuve baisse; mais le fleuve coule et coulera en roulant ses flots jusqu'à l'éternité. » Horace donne des conseils de sagesse à un jeune homme encore à l'école des rhéteurs.

** Properce, *Elégie I* du livre IV : « Quel pouvoir ont les Poissons, les signes enflammés du Lion, le Capricorne qui se baigne dans les flots de l'Hespérie. »

*** Anacréon, *Ode XVII* : « Que m'importent à moi les Pléiades, la constellation du Bouvier! »

bout. Sa leçon se fera tantôt par devis[a], tantôt par livre;
tantôt son gouverneur lui fournira de l'auteur même,
propre à cette fin de son institution; tantôt il lui en
donnera la moelle et la substance toute mâchée. Et si, de
soi-même, il n'est assez familier des livres pour y trouver
tant de beaux discours qui y sont, pour l'effet de son
dessein, on lui pourra joindre quelque homme de lettres,
qui à chaque besoin fournisse les munitions qu'il faudra,
pour les distribuer et dispenser à son nourrisson. Et que
cette leçon ne soit plus aisée et naturelle que celle de
Gaza[39], qui y peut faire doute? Ce sont là préceptes
épineux et mal plaisants, et des mots vains et décharnés,
où il n'y a point de prise, rien qui vous éveille l'esprit. En
celle-ci, l'âme trouve où mordre et où se paître. Ce fruit
est plus grand, sans comparaison, et si sera plus tôt
mûri.

C'est grand cas que les choses en soient là en notre
siècle, que la philosophie, ce soit, jusques aux gens
d'entendement, un nom vain et fantastique, qui se trouve
de nul usage et de nul prix, et par opinion et par effet. Je
crois que ces ergotismes en sont cause, qui ont saisi ses
avenues. On a grand tort de la peindre inaccessible aux
enfants, et d'un visage renfrogné, sourcilleux et terrible.
Qui me l'a masquée de ce faux visage, pâle et hideux? Il
n'est rien plus gai, plus gaillard, plus enjoué, et à peu que
je ne dise folâtre. Elle ne prêche que fête et bon temps.
Une mine triste et transie montre que ce n'est pas là son
gîte. Démétrius le Grammairien, rencontrant dans le
temple de Delphes une troupe de philosophes assis
ensemble, il leur dit : « Ou je me trompe, ou, à vous voir
la contenance si paisible et si gaie, vous n'êtes pas en
grand discours entre vous. » A quoi l'un d'eux, Héra-
cléon le Mégarien, répondit : « C'est à faire à ceux qui
cherchent si le futur du verbe βάλλω a double λ, ou
qui cherchent la dérivation des comparatifs χεῖρον et
βέλτιον[40], et des superlatifs χείριστον et βέλτιστον, qu'il
faut rider le front, s'entretenant de leur science. Mais
quant aux discours de la philosophie, ils ont accoutumé
d'égayer et réjouir ceux qui les traitent, non les renfrogner
et contrister[41]. »

a. Entretien.

Deprendas animi tormenta latentis in ægro
Corpore, deprendas et gaudia : sumit utrumque
Inde habitum facies*.

L'âme qui loge la philosophie doit, par sa santé, rendre sain encore le corps. Elle doit faire luire jusques au-dehors son repos et son aise; doit former à son moule le port extérieur, et l'armer par conséquent d'une gracieuse fierté, d'un maintien actif et allègre, et d'une contenance contente et débonnaire. La plus expresse marque de la sagesse, c'est une éjouissance constante; son état est comme des choses au-dessus de la lune : toujours serein[42]. C'est « Baroco » et « Baralipton[43] » qui rendent leurs suppôts ainsi crottés[44] et enfumés, ce n'est pas elle; ils ne la connaissent que par ouï-dire. Comment? Elle fait état de sereiner les tempêtes de l'âme, et d'apprendre la faim et les fièvres à rire, non par quelques épicycles imaginaires[45], mais par raisons naturelles et palpables. Elle a pour son but la vertu, qui n'est pas, comme dit l'école, plantée à la tête d'un mont coupé, raboteux et inaccessible. Ceux qui l'ont approchée, la tiennent, au rebours, logée dans une belle plaine fertile et fleurissante, d'où elle voit bien sous soi toutes choses; mais si peut-on y arriver, qui en sait l'adresse, par des routes ombrageuses, gazonnées et doux fleurantes, plaisamment et d'une pente facile et polie, comme est celle des voûtes célestes[46]. Pour n'avoir hanté cette vertu suprême, belle, triomphante, amoureuse, délicieuse pareillement et courageuse, ennemie professe et irréconciliable d'aigreur, de déplaisir, de crainte et de contrainte, ayant pour guide nature, fortune et volupté pour compagnes, ils sont allés, selon leur faiblesse, feindre cette sotte image, triste, querelleuse, dépite, menaceuse, mineuse, et la placer sur un rocher, à l'écart, emmi des ronces, fantôme à étonner les gens.

Mon gouverneur, qui connaît devoir remplir la volonté de son disciple autant ou plus d'affection que de révérence envers la vertu, lui saura dire que les poètes suivent

---

* Juvénal, *Satire IX*. Juvénal apostrophe un certain Nevolus, dont l'extérieur était négligé : « On peut deviner, dans un corps malade, les tourments cachés de l'âme et ses joies : car c'est de là que le visage tire ses deux expressions. »

les humeurs communes, et lui faire toucher au doigt que les dieux ont mis plutôt la sueur aux avenues des cabinets de Vénus que de Pallas. Et quand il commencera de se sentir, lui présentant Bradamante ou Angélique[47] pour maîtresse à jouir, et d'une beauté naïve, active, généreuse, non hommasse, mais virile, au prix d'une beauté molle, affétée, délicate, artificielle; l'une travestie en garçon, coiffée d'un morion luisant, l'autre vêtue en garce, coiffée d'un attifet[a] emperlé; il jugera mâle son amour même, s'il choisit tout diversement à cet efféminé pasteur de Phrygie[48]. Il lui fera cette nouvelle leçon, que le prix et hauteur de la vraie vertu est en la facilité, utilité et plaisir de son exercice, si éloigné de difficulté, que les enfants y peuvent comme les hommes, les simples comme les subtils. Le règlement c'est son outil, non pas la force. Socrate, son premier mignon, quitte à escient sa force, pour glisser en la naïveté et aisance de son progrès. C'est la mère nourrice des plaisirs humains. En les rendant justes, elle les rend sûrs et purs. Les modérant, elle les tient en haleine et en goût. Retranchant ceux qu'elle refuse, elle nous aiguise envers ceux qu'elle nous laisse; et nous laisse abondamment tous ceux que veut nature, et jusques à la satiété, maternellement, sinon jusques à la lasseté (si d'aventure nous ne voulons dire que le régime, qui arrête le buveur avant l'ivresse, le mangeur avant la crudité, le paillard avant la pelade, soit ennemi de nos plaisirs). Si la fortune commune lui faut[b], elle lui échappe ou elle s'en passe, et s'en forge une autre toute sienne, non plus flottante et roulante. Elle sait être riche et puissante et savante, et coucher dans des matelas musqués. Elle aime la vie, elle aime la beauté et la gloire et la santé. Mais son office propre et particulier, c'est savoir user de ces biens-là reglément, et les savoir perdre constamment : office bien plus noble qu'âpre, sans lequel tout cours de vie est dénaturé, turbulent et difforme, et y peut-on justement attacher ces écueils, ces halliers et ces monstres. Si ce disciple se rencontre de si diverse condition, qu'il aime mieux ouïr une fable que la narration d'un beau voyage ou un sage propos quand il l'entendra; qui, au son du tambourin qui arme la jeune ardeur de ses

a. Parure. – b. Manque.

compagnons, se détourne à un autre qui l'appelle au jeu des bateleurs; qui, par souhait, ne trouve plus plaisant et plus doux revenir poudreux et victorieux d'un combat, que de la paume ou du bal avec le prix de cet exercice, je n'y trouve autre remède, sinon que de bonne heure son gouverneur l'étrangle, s'il est sans témoins, ou qu'on le mette pâtissier dans quelque bonne ville, fût-il fils d'un duc, suivant le précepte de Platon qu'il faut colloquer les enfants non selon les facultés de leur père, mais selon les facultés de leur âme.

Puisque la philosophie est celle qui nous instruit à vivre, et que l'enfance y a sa leçon, comme les autres âges, pourquoi ne la lui communique-t-on?

Udum et molle lutum est; nunc nunc properandus, et acri Fingendus sine fine rota*.

On nous apprend à vivre quand la vie est passée. Cent écoliers ont pris la vérole avant que d'être arrivés à leur leçon d'Aristote, de la tempérance. Cicéron disait que, quand il vivrait la vie de deux hommes, il ne prendrait pas le loisir d'étudier les poètes lyriques. Et je trouve ces ergotistes plus tristement encore inutiles. Notre enfant est bien plus pressé : il ne doit au pédagogisme que les premiers quinze ou seize ans de sa vie; le demeurant est dû à l'action. Employons un temps si court aux instructions nécessaires. Ce sont abus; ôtez toutes ces subtilités épineuses de la dialectique, de quoi notre vie ne se peut amender, prenez les simples discours de la philosophie, sachez les choisir et traiter à point : ils sont plus aisés à concevoir qu'un conte de Boccace. Un enfant en est capable, au partir de la nourrice beaucoup mieux que d'apprendre à lire ou écrire. La philosophie a des discours pour la naissance des hommes comme pour la décrépitude.

Je suis de l'avis de Plutarque[49], qu'Aristote n'amusa pas tant son grand disciple à l'artifice de composer syllogismes, ou aux principes de géométrie, comme à l'instruire des bons préceptes touchant la vaillance,

---

* Perse, *Satire III* : « L'argile est humide et molle : Hâtons-nous de la modeler sur la roue rapide qui tourne sans fin. »

prouesse, la magnanimité et tempérance, et l'assurance de ne rien craindre; et, avec cette munition, il l'envoya encore enfant subjuguer l'empire du monde à tout seulement 30 000 hommes de pied, 4 000 chevaux et quarante-deux mille écus. Les autres arts et sciences, dit-il, Alexandre les honorait bien, et louait leur excellence et gentillesse; mais, pour plaisir qu'il y prît, il n'était pas facile à se laisser surprendre à l'affection de les vouloir exercer.

> *Petite hinc, juvenésque senesque,*
> *Finem animo certum, miserisque viatica canis*.*

C'est ce que dit Epicure au commencement de sa lettre à Menicée[50] : « Ni le plus jeune refuie à philosopher, ni le plus vieil s'y lasse. » Qui fait autrement, il semble dire ou qu'il n'est pas encore saison d'heureusement vivre, ou qu'il n'en est plus saison.

Pour tout ceci, je ne veux pas qu'on emprisonne ce garçon. Je ne veux pas qu'on l'abandonne à l'humeur mélancolique d'un furieux maître d'école. Je ne veux pas corrompre son esprit à le tenir à la géhenne et au travail, à la mode des autres, quatorze ou quinze heures par jour, comme un portefaix. Ni ne trouverais bon, quand par quelque complexion solitaire et mélancolique on le verrait adonné d'une application trop indiscrète à l'étude des livres, qu'on la lui nourrît; cela les rend ineptes à la conversation civile et les détourne de meilleures occupations. Et combien ai-je vu de mon temps d'hommes abêtis par téméraire avidité de science? Carnéade[51] s'en trouva si affolé, qu'il n'eut plus le loisir de se faire le poil et les ongles. Ni ne veux gâter ses mœurs généreuses par l'incivilité et barbarie d'autrui. La sagesse française a été anciennement en proverbe, pour une sagesse qui prenait de bonne heure, et n'avait guère de tenue[52]. A la vérité, nous voyons encore qu'il n'est rien de si gentil que les petits enfants en France; mais ordinairement ils trompent l'espérance qu'on en a conçue, et, hommes faits, on n'y voit aucune excellence. J'ai ouï tenir à gens d'enten-

---

* Perse, *Satire V* : « Tirez de là, jeunes et vieux, une ferme règle de vie et des provisions pour le triste hiver de la vie. »

dement que ces collèges où on les envoie, de quoi ils ont foison, les abrutissent ainsi.

Au nôtre, un cabinet, un jardin, la table et le lit, la solitude, la compagnie, le matin et le vêpre, toutes heures lui seront unes, toutes places lui seront étude; car la philosophie, qui, comme formatrice des jugements et des mœurs, sera sa principale leçon, a ce privilège de se mêler partout. Isocrate l'orateur, étant prié en un festin de parler de son art, chacun trouve qu'il eut raison de répondre : « Il n'est pas maintenant temps de ce que je sais faire; et ce de quoi il est maintenant temps, je ne le sais pas faire[53]. » Car de présenter des harangues ou des disputes de rhétorique à une compagnie assemblée pour rire et faire bonne chère ce serait un mélange de trop mauvais accord. Et autant en pourrait-on dire de toutes les autres sciences. Mais, quant à la philosophie, en la partie où elle traite de l'homme et de ses devoirs et offices, ç'a été le jugement commun de tous les sages, que, pour la douceur de sa conversation, elle ne devait être refusée ni aux festins, ni aux jeux. Et Platon l'ayant invitée à son convive[54], nous voyons comme elle entretient l'assistance d'une façon molle et accommodée au temps et au lieu, quoique ce soit de ses plus hauts discours et plus salutaires :

Æque pauperibus prodest, locupletibus æque;
Et, neglecta, æque pueris senibúsque nocebit.

Ainsi, sans doute, il chômera moins que les autres. Mais comme les pas que nous employons à nous promener dans une galerie, quoiqu'il y en ait trois fois autant, ne nous lassent pas comme ceux que nous mettons à quelque chemin desseigné[a], aussi notre leçon, se passant comme par rencontre, sans obligation de temps et de lieu, et se mêlant à toutes nos actions, se coulera sans se faire sentir. Les jeux mêmes et les exercices seront une bonne partie de l'étude : la course, la lutte, la musique, la danse, la chasse, le maniement des chevaux et des armes. Je

a. Déterminé.
* Horace, *Epître I* du livre I : « Elle est utile aux pauvres, elle est utile aux riches. Si on la néglige, elle nuira également aux enfants et aux vieillards. »

veux que la bienséance extérieure, et l'entregent, et la disposition de la personne, se façonne quant et quant[a] à l'âme. Ce n'est pas une âme, ce n'est pas un corps qu'on dresse, c'est un homme; il n'en faut pas faire à deux. Et, comme dit Platon, il ne faut pas les dresser l'un sans l'autre, mais les conduire également, comme une couple de chevaux attelés à même timon[55]. Et à l'ouïr, semble-t-il pas prêter plus de temps et plus de sollicitude aux exercices du corps, et estimer que l'esprit s'en exerce quant à quant, et non au rebours[56].

Au demeurant cette institution se doit conduire par une sévère douceur, non comme il se fait. Au lieu de convier les enfants aux lettres, on ne leur présente, à la vérité, que horreur et cruauté. Otez-moi la violence et la force; il n'est rien à mon avis qui abâtardisse et étourdisse si fort une nature bien née. Si vous avez envie qu'il craigne la honte et le châtiment, ne l'y endurcissez pas. Endurcissez-le à la sueur et au froid, au vent, au soleil et aux hasards qu'il lui faut mépriser; ôtez-lui toute mollesse et délicatesse au vêtir et coucher, au manger et au boire; accoutumez-le à tout. Que ce ne soit pas un beau garçon et dameret, mais un garçon vert et vigoureux. Enfant, homme, vieil, j'ai toujours cru et jugé de même. Mais, entre autres choses, cette police[b] de la plupart de nos collèges m'a toujours déplu. On eût failli à l'aventure moins dommageablement, s'inclinant vers l'indulgence. C'est une vraie geôle de jeunesse captive. On la rend débauchée, l'en punissant avant qu'elle le soit. Arrivez-y sur le point de leur office : vous n'oyez que cris et d'enfants suppliciés, et de maîtres enivrés en leur colère. Quelle manière pour éveiller l'appétit envers leur leçon, à ces tendres âmes et craintives, de les y guider d'une trogne effroyable, les mains armées de fouets? Inique et pernicieuse forme. Joint ce que Quintilien en a très bien remarqué[57], que cette impérieuse autorité tire des suites périlleuses, et nommément à notre façon de châtiment. Combien leurs classes seraient plus décemment jonchées de fleurs et de feuilles que de tronçons d'osier sanglants! J'y ferais pourtraire[c] la joie, l'allégresse, et Flora et les Grâces, comme fit en son école

---

a. Avec. – *b.* Discipline. – *c.* Représenter en portraits.

le philosophe Speusippe[58]. Où est leur profit, que ce fût aussi leur ébat. On doit ensucrer les viandes salubres à l'enfant, et enfieller celles qui lui sont nuisibles.

C'est merveille combien Platon[59] se montre soigneux en ses *Lois*, de la gaieté et passe-temps de la jeunesse de sa cité, et combien il s'arrête à leurs courses, jeux, chansons, sauts et danses, desquelles il dit que l'Antiquité a donné la conduite et le patronage aux dieux mêmes : Apollon, les Muses et Minerve.

Il s'étend à mille préceptes pour ses gymnases; pour les sciences lettrées, il s'y amuse fort peu, et semble ne recommander particulièrement la poésie que pour la musique.

Toute étrangeté et particularité en nos mœurs et conditions est évitable comme ennemie de communication et de société, et comme monstrueuse. Qui ne s'étonnerait de la complexion de Démophon, maître d'hôtel d'Alexandre, qui suait à l'ombre et tremblait au soleil[60]? J'en ai vu fuir la senteur des pommes plus que les arquebusades, d'autres s'effrayer pour une souris, d'autres rendre la gorge à voir de la crème, d'autres à voir brasser un lit de plume, comme Germanicus[61] ne pouvait souffrir ni la vue, ni le chant des coqs. Il y peut avoir, à l'aventure, à cela quelque propriété occulte; mais on l'éteindrait, à mon avis, qui s'y prendrait de bonne heure. L'institution a gagné cela sur moi, il est vrai que ce n'a point été sans quelque soin, que, sauf la bière, mon appétit est accommodable indifféremment à toutes choses de quoi on se paît. Le corps encore souple, on le doit, à cette cause, plier à toutes façons et coutumes. Et pourvu qu'on puisse tenir l'appétit et la volonté sous boucle, qu'on rende hardiment un jeune homme commode à toutes nations et compagnies, voire au dérèglement et aux excès, si besoin est. Son exercitation suive l'usage. Qu'il puisse faire toutes choses, et n'aime à faire que les bonnes. Les philosophes mêmes ne trouvent pas louable en Callisthène[62] d'avoir perdu la bonne grâce du grand Alexandre, son maître, pour n'avoir voulu boire d'autant à lui. Il rira, il folâtrera, il se débauchera avec son prince. Je veux qu'en la débauche même il surpasse en vigueur et en fermeté ses compagnons, et qu'il ne laisse à faire le mal ni à faute de force ni de science, mais à faute de volonté. « *Multum interest utrum peccare aliquis nolit aut nesciat**. »

Je pensais faire honneur à un seigneur aussi éloigné de ces débordements qu'il en soit en France, de m'enquérir à lui, en bonne compagnie, combien de fois en sa vie il s'était enivré pour la nécessité des affaires du Roi en Allemagne. Il le prit de cette façon, et me répondit que c'était trois fois, lesquelles il récita. J'en sais qui, à faute de cette faculté, se sont mis en grand-peine, ayant à pratiquer cette nation. J'ai souvent remarqué avec grande admiration la merveilleuse nature d'Alcibiade[63], de se transformer si aisément à façons si diverses, sans intérêt de sa santé : surpassant tantôt la somptuosité et pompe persienne, tantôt l'austérité et frugalité lacédémonienne; autant réformé en Sparte comme voluptueux en Ionie,

Omnis Aristippum decuit color, et status, et res**.

Tel voudrais-je former mon disciple,

quem duplici panno patientia velat
Mirabor, vitæ via si conversa decebit,
Personamque feret non inconcinnus utramque***.

Voici mes leçons.

Où le faire va avec le dire. Car à quoi sert-il qu'on prêche l'esprit, si les effets ne vont quant et quant? On verra à ses entreprises s'il y a de la prudence, s'il y a de la bonté en ses actions, de l'indifférence en son goût, soit chair, poisson, vin ou eau. Il ne faut pas seulement qu'il dise sa leçon, mais qu'il la fasse. Celui-là y a mieux profité, qui les fait, que qui les sait. Si vous le voyez, vous l'oyez; si vous l'oyez, vous le voyez.

---

* Sénèque, *Lettre* 90 : « Il y a une grande différence entre ne pas vouloir et ne pas savoir faire le mal. »
** Horace, *Épître XVII* du livre I : Horace oppose à l'intransigeance de Diogène la souplesse d'Aristippe : « Toute apparence, toute condition, toute fortune convint à Aristippe. »
*** Citation empruntée à la même épître : « J'admirerai celui qui supporte avec patience d'être recouvert d'un haillon plié en deux, et accepte avec modération un retour de fortune, jouant les deux rôles avec élégance. »

« Jà à Dieu ne plaise, dit quelqu'un en Platon[64], que philosopher ce soit apprendre plusieurs choses et traiter les arts! »

« *Hanc amplissimam omnium artium bene vivendi disciplinam vita magis quam literis persequuti sunt*.* »

Léon[65], prince des Phliasiens, s'enquérant à Héraclides Ponticus de quelle science, de quel art il faisait profession : « Je ne sais, dit-il, ni art ni science, mais je suis philosophe. »

On reprochait à Diogène[66] comment, étant ignorant, il se mêlait de la philosophie : « Je m'en mêle, dit-il, d'autant mieux à propos. »

Hégésias le priait de lui lire quelque livre : « Vous êtes plaisant, lui répondit-il, vous choisissez les figues vraies et naturelles, non peintes; que ne choisissez-vous aussi les exercitations naturelles, vraies et non écrites? »

Il ne dira pas tant sa leçon, comme il la fera. Il la répétera en ses actions. On verra s'il y a de la prudence en ses entreprises, s'il a de la bonté et de la justice en ses déportements; s'il a du jugement et de la grâce en son parler, de la vigueur en ses maladies, de la modestie en ses jeux, de la tempérance en ses voluptés, de l'indifférence en son goût, soit chair, poisson, vin ou eau, de l'ordre en son économie :

« *Qui disciplinam suam, non ostentationem scientiæ sed legem vitæ putet, quique obtemperet ipse sibi, et decretis pareat**.* »

Le vrai miroir de nos discours est le cours de nos vies.

Zeuxidamus répondit à un qui lui demanda pourquoi les Lacédémoniens ne rédigeaient par écrit les ordonnan-

---

* Cicéron, *Tusculanes,* livre IV, chap. III : « C'est par leurs mœurs plutôt que par leurs études qu'ils se sont attachés à la plus importante science, celle de bien vivre. »
** Cicéron, *Tusculanes*, livre II, chap. IV : « Qui pense que la philosophie n'est pas un sujet d'ostentation, mais une règle de vie, qui s'obéit à lui-même et agit conformément à ses principes. »

ces de la prouesse[a], et ne les donnaient à lire à leurs jeunes gens : « que c'était parce qu'ils les voulaient accoutumer aux faits, non pas aux paroles[67] ». Comparez, au bout de 15 ou 16 ans, à celui-ci un de ces latineurs de collège, qui aura mis autant de temps à n'apprendre simplement qu'à parler! Le monde n'est que babil, et ne vis jamais homme qui ne dise plutôt plus que moins qu'il ne doit; toutefois la moitié de notre âge s'en va là[68]. On nous tient quatre ou cinq ans à entendre les mots et les coudre en clauses[b]; encore autant à en proportionner un grand corps, étendu en quatre ou cinq parties; et autres cinq, pour le moins, à les savoir brièvement mêler et entrelacer de quelque subtile façon. Laissons-le à ceux qui en font profession expresse.

Allant un jour à Orléans, je trouvai, dans cette plaine au-deçà de Cléry, deux régents qui venaient à Bordeaux, environ à cinquante pas l'un de l'autre. Plus loin, derrière eux, je découvris une troupe et un maître en tête, qui était feu M. le comte de la Rochefoucauld. Un de mes gens s'enquit au premier de ces régents, qui était ce gentilhomme qui venait après lui. Lui, qui n'avait pas vu ce train qui le suivait, et qui pensait qu'on lui parlât de son compagnon, répondit plaisamment : « Il n'est pas gentilhomme; c'est un grammairien, et je suis logicien. » Or, nous qui cherchons ici, au rebours, de former non un grammairien ou logicien, mais un gentilhomme, laissons-les abuser de leur loisir; nous avons affaire ailleurs. Mais que notre disciple soit bien pourvu de choses, les paroles ne suivront que trop; il les traînera, si elles ne veulent suivre. J'en ouïs qui s'excusent de ne se pouvoir exprimer, et font contenance d'avoir la tête pleine de plusieurs belles choses, mais à faute d'éloquence, ne les pouvoir mettre en évidence. C'est une baye[c]. Savez-vous, à mon avis, que c'est que cela? Ce sont des ombrages[d] qui leur viennent de quelques conceptions informes, qu'ils ne peuvent démêler et éclaircir au-dedans, ni par conséquent produire au-dehors : ils ne s'entendent pas encore eux-mêmes. Et voyez-les un peu bégayer sur le point de

a. Vaillance. – *b.* Phrases, périodes. – *c.* Plaisanterie. – *d.* Ombres.

l'enfanter, vous jugez que leur travail n'est point à l'accouchement, mais à la conception, et qu'ils ne font que lécher cette matière imparfaite. De ma part, je tiens, et Socrate l'ordonne, que, qui a en l'esprit une vive imagination et claire, il la produira, soit en bergamasque[69], soit par mimes s'il est muet :

> *Verbaque prævisam rem non invita sequentur*.*

Et comme disait celui-là, aussi poétiquement en sa prose, « *cum res animum occupavere, verba ambiunt*** ». Et cet autre : « *Ipsæ res verba rapiunt****.* » Il ne sait pas ablatif, conjonctif, substantif, ni la grammaire; ne fait pas son laquais ou une harangère du Petit-Pont[70], et si, vous entretiendront tout votre saoul, si vous en avez envie, et se déferreront aussi peu, à l'aventure, aux règles de leur langage, que le meilleur maître ès arts de France. Il ne sait pas la rhétorique, ni, pour avant jeu, capter la bénévolence[a] du candide lecteur[71], ni ne lui chaut de le savoir. De vrai, toute belle peinture s'efface aisément par le lustre d'une vérité simple et naïve.

Ces gentillesses ne servent que pour amuser le vulgaire, incapable de prendre la viande plus massive et plus ferme, comme Aper montre bien clairement chez Tacite[72]. Les ambassadeurs de Samos étaient venus à Cléomène, roi de Sparte, préparés d'une belle et longue oraison, pour l'émouvoir à la guerre contre le tyran Polycrate. Après qu'il les eut bien laissé dire, il leur répondit : « Quant à votre commencement et exorde, il ne m'en souvient plus, ni par conséquent du milieu; et quant à votre conclusion, je n'en veux rien faire[73]. » Voilà une belle réponse, ce me semble, et des harangueurs bien camus.

Et quoi cet autre? Les Athéniens étaient à choisir de

---

a. Bienveillance.
* Horace, *Art poétique* : « Si le sujet est bien vu, les mots suivront aisément. »
** Sénèque, *Controverses*, livre III : « Quand le sujet s'est emparé de l'esprit, les mots l'assiègent. »
*** Cicéron, *De Finibus*, livre III, chap. V : « D'eux-mêmes, les sujets entraînent les mots. »

deux architectes à conduire une grande fabrique*ª*. Le premier plus affété*ᵇ*, se présenta avec un beau discours prémédité sur le sujet de cette besogne et tirait le jugement du peuple à sa faveur. Mais l'autre, en trois mots : « Seigneurs Athéniens, ce que celui-ci a dit, je le ferai⁷⁴. »

Au fort de l'éloquence de Cicéron, plusieurs en entraient en admiration; mais Caton, n'en faisant que rire : « Nous avons, disait-il, un plaisant consul⁷⁵. » Aille devant ou après, une utile sentence, un beau trait est toujours de saison. S'il n'est pas bien à ce qui va devant, ni à ce qui vient après, il est bien en soi. Je ne suis pas de ceux qui pensent la bonne rime faire le bon poème; laissez-lui allonger une courte syllabe, s'il veut; pour cela, non force; si les inventions y rient, si l'esprit et le jugement y ont bien fait leur office, voilà un bon poète, dirai-je, mais un mauvais versificateur.

> *Emunctæ naris, durus componere versus**.*

Qu'on fasse, dit Horace, perdre à son ouvrage toutes ses coutures et mesures,

> *Tempora certa modosque, et quod prius ordine verbum*
> *   [est,*
> *Posterius facias, præponens ultima primis,*
> *Invenias etiam disjecti membra poetæ***,*

il ne se démentira point pour cela; les pièces mêmes en seront belles. C'est ce que répondit Ménandre, comme on le tança, approchant le jour auquel il avait promis une comédie, de quoi il n'y avait encore mis la main : « Elle est composée et prête, il ne reste qu'à y ajouter les vers⁷⁶. » Ayant les choses et la matière disposée en

---

a. Construction. – *b.* Recherché.
* Horace, *Satire IV* du livre I : « Son goût est bon, si ses vers sont raboteux. »
** Horace, *Satire IV* du livre I : « Supprimez le rythme et la mesure, intervertissez l'ordre des mots, en plaçant les premiers les derniers et les derniers les premiers, vous pourrez retrouver le poète même dans ses membres dispersés. » Le texte habituel d'Horace enclave entre le début et la fin de la citation un exemple tiré d'Ennius; Montaigne a simplifié.

l'âme, il mettait en peu de compte les mots, les pieds et les césures, qui sont, à la vérité, de fort peu au prix du reste. Depuis que Ronsard et du Bellay ont donné crédit à notre poésie française, je ne vois si petit apprenti qui n'enfle des mots, qui ne range les cadences à peu près comme eux. « *Plus sonat quam valet*.* » Pour le vulgaire, il ne fut jamais tant de poètes. Mais, comme il leur a été bien aisé de représenter leurs rimes, ils demeurent bien aussi court à imiter les riches descriptions de l'un et les délicates inventions de l'autre.

Voire mais, que fera-t-il si on le presse de la subtilité sophistique de quelque syllogisme : le jambon fait boire, le boire désaltère, par quoi le jambon désaltère? Qu'il s'en moque. Il est plus subtil de s'en moquer que d'y répondre.

Qu'il emprunte d'Aristippe[77] cette plaisante contre-finesse : « Pourquoi le délierai-je, puisque, tout lié, il m'empêche? » Quelqu'un proposait contre Cléanthe des finesses dialectiques, à qui Chrysippe dit : « Joue-toi de ces batelages avec les enfants, et ne détourne à cela les pensées sérieuses d'un homme d'âge. » Si ces sottes arguties, « *contorta et aculeata sophismata*** », lui doivent persuader un mensonge, cela est dangereux; mais si elles demeurent sans effet, et ne l'émeuvent qu'à rire, je ne vois pas pourquoi il s'en doive donner garde. Il en est de si sots, qui se détournent de leur voie un quart de lieue, pour courir après un beau mot; « *aut qui non verba rebus aptant, sed res extrinsecus arcessunt, quibus verba conveniant**** ». Et l'autre : « *Sunt qui alicujus verbi decore placentis vocentur ad id quod non proposuerant scribere****.* » Je tords bien plus volontiers une bonne sentence pour la coudre sur moi, que je ne tords mon fil pour l'aller quérir. Au rebours, c'est aux paroles à servir et à suivre, et que le Gascon y arrive, si le Français n'y

---

* Sénèque, *Lettre* 40 : « *Plus de son que de sens.* »

** Cicéron, *Académiques*, livre II, chap. XXIV : « Sophismes entortillés et épineux. »

*** Quintilien, *Institution oratoire*, livre VIII, chap. III : « ou bien qui n'adaptent pas les mots aux choses, mais vont chercher hors du sujet des choses pour y adapter les mots ».

**** Sénèque, *Épître* 59 : « Il y a des auteurs que l'éclat d'un mot plaisant attire hors de leur sujet. »

peut aller! Je veux que les choses surmontent et qu'elles remplissent de façon l'imagination de celui qui écoute, qu'il n'ait aucune souvenance des mots. Le parler que j'aime, c'est un parler simple et naïf, tel sur le papier qu'à la bouche; un parler succulent et nerveux, court et serré, non tant délicat et peigné comme véhément et brusque :

Hæc demum sapiet dictio, quæ feriet*,

plutôt difficile qu'ennuyeux, éloigné d'affectation, déréglé, décousu et hardi; chaque lopin y fasse son corps; non pédantesque, non fratesque, non plaideresque[a], mais plutôt soldatesque, comme Suétone appelle celui de Jules César[78]; et si, ne sens pas bien pourquoi il l'en appelle.

J'ai volontiers imité cette débauche qui se voit en notre jeunesse, au port de leurs vêtements : un manteau en écharpe, la cape sur une épaule, un bas mal tendu, qui représente une fierté dédaigneuse de ces parements étrangers et nonchalante de l'art. Mais je la trouve encore mieux employée en la forme du parler. Toute affectation, nommément en la gaieté et liberté française, est mésadvenante au courtisan. Et, en une monarchie, tout gentilhomme doit être dressé à la façon d'un courtisan. Par quoi nous faisons bien de gauchir un peu sur le naïf et méprisant.

Je n'aime point de tissure où les liaisons et les coutures paraissent, tout ainsi qu'en un beau corps il ne faut qu'on y puisse compter les os et les veines. « *Quæ veritati operam dat oratio, incomposita sit et simplex**.* »

« *Quis accurate loquitur, nisi qui vult putidè loqui***?* »

L'éloquence fait injure aux choses, qui nous détourne à soi.

---

a. Non de professeur, de frère prêcheur, d'avocat.
   * Epitaphe de Lucain : « Est seule bonne l'expression qui frappe. »
   ** Sénèque, *Lettre* 40 : « Le style qui s'applique au vrai doit être simple et sans art. »
   *** Sénèque, *Lettre* 75 : « Qui s'exprime avec soin, sinon celui qui veut parler avec affectation? »

Comme aux accoutrements, c'est pusillanimité de se vouloir marquer par quelque façon particulière et inusitée; de même, au langage, la recherche des phrases nouvelles et de mots peu connus vient d'une ambition puérile et pédantesque. Puissé-je ne me servir que de ceux qui servent aux halles à Paris[79]! Aristophane le grammairien n'y entendait rien, de reprendre en Epicure la simplicité de ses mots et la fin de son art oratoire, qui était perspicuité[a] de langage seulement[80]. L'imitation du parler, par sa facilité, suit incontinent tout un peuple; l'imitation du juger, de l'inventer ne va pas si vite. La plupart des lecteurs, pour avoir trouvé une pareille robe, pensent très faussement tenir un pareil corps.

La force et les nerfs ne s'empruntent point; les atours et le manteau s'empruntent.

La plupart de ceux qui me hantent parlent de même les *Essais*; mais je ne sais s'ils pensent de même.

Les Athéniens (dit Platon[81]) ont pour leur part le soin de l'abondance et élégance du parler; les Lacédémoniens, de la brièveté, et ceux de Crète, de la fécondité des conceptions plus que du langage; ceux-ci sont les meilleurs. Zénon[82] disait qu'il avait deux sortes de disciples : les uns, qu'il nommait φιλολόγους, curieux d'apprendre les choses, qui étaient ses mignons; les autres λογοφίλους, qui n'avaient soin que du langage. Ce n'est pas à dire que ce ne soit une belle et bonne chose que le bien-dire, mais non pas si bonne qu'on la fait; et suis dépit[b] de quoi notre vie s'embesogne toute à cela. Je voudrais premièrement bien savoir ma langue, et celle de mes voisins où j'ai plus ordinaire commerce. C'est un bel et grand agencement sans doute que le grec et latin, mais on l'achète trop cher. Je dirai ici une façon d'en avoir meilleur marché que de coutume, qui a été essayée[c] en moi-même. S'en servira qui voudra.

Feu mon père[83], ayant fait toutes les recherches qu'homme peut faire, parmi les gens savants et d'entendement, d'une forme d'institution exquise, fut avisé de cet inconvénient qui était en usage; et lui disait-on que cette longueur que nous mettions à apprendre les langues qui ne leur coûtaient rien est la seule cause pourquoi nous ne

a. Clarté. – *b.* Fâché. – *c.* Mise à l'épreuve.

pouvions arriver à la grandeur d'âme et de connaissance
des anciens grecs et romains. Je ne crois pas que ce en
soit la seule cause. Tant y a que l'expédient que mon père
y trouva, ce fut que, en nourrice et avant le premier
dénouement de ma langue, il me donna en charge à un
Allemand qui depuis est mort fameux médecin en
France, du tout[a] ignorant de notre langue, et très bien
versé en la latine. Celui-ci, qu'il avait fait venir exprès, et
qui était bien chèrement gagé, m'avait continuellement
entre les bras. Il en eut aussi avec lui deux autres
moindres en savoir pour me suivre, et soulager le premier. Ceux-ci ne m'entretenaient d'autre langue que
latine[84]. Quant au reste de sa maison, c'était une règle
inviolable que ni lui-même, ni ma mère, ni valet, ni
chambrière, ne parlaient en ma compagnie qu'autant de
mots de latin que chacun avait appris pour jargonner
avec moi. C'est merveille du fruit que chacun y fit. Mon
père et ma mère y apprirent assez de latin pour l'entendre, et en acquirent à suffisance pour s'en servir à la
nécessité, comme firent aussi les autres domestiques qui
étaient plus attachés à mon service. Somme[b], nous nous
latinisâmes tant, qu'il en regorgea jusques à nos villages
tout autour, où il y a encore, et ont pris pied par l'usage
plusieurs appellations latines d'artisans et d'outils. Quant
à moi, j'avais plus de six ans avant que j'entendisse non
plus de français ou de périgourdin que d'arabesque. Et,
sans art, sans livre, sans grammaire ou précepte, sans
fouet et sans larmes, j'avais appris du latin, tout aussi pur
que mon maître d'école le savait : car je ne le pouvais
avoir mêlé ni altéré. Si, par essai, on me voulait donner
un thème, à la mode des collèges, on le donne aux autres
en français; mais à moi il me le fallait donner en mauvais
latin, pour le tourner en bon. Et Nicolas Grouchy[85], qui
a écrit *De comitiis Romanorum*, Guillaume Guérente,
qui a commenté Aristote, George Buchanan, ce grand
poète écossais[86], Marc-Antoine Muret[87], que la France et
l'Italie reconnaît pour le meilleur orateur du temps, mes
précepteurs domestiques, m'ont dit souvent que j'avais ce
langage en mon enfance si prêt et si à la main, qu'ils
craignaient à m'accoster. Buchanan, que je vis depuis à la

---

a. Complètement. – *b.* Bref.

suite de feu M. le maréchal de Brissac, me dit qu'il était
après à écrire de l'institution des enfants, et qu'il prenait
l'exemplaire de la mienne; car il avait lors en charge ce
comte de Brissac que nous avons vu depuis si valeureux
et si brave[88].

Quant au grec, duquel je n'ai quasi du tout point
d'intelligence, mon père desseigna me le faire apprendre
par art, mais d'une voie nouvelle, par forme d'ébat et
d'exercice. Nous pelotions nos déclinaisons à la manière
de ceux qui, par certains jeux de tablier[a], apprennent
l'arithmétique et la géométrie. Car, entre autres choses, il
avait été conseillé de me faire goûter la science et le
devoir par une volonté non forcée et de mon propre désir,
et d'élever mon âme en toute douceur et liberté, sans
rigueur et contrainte. Je dis jusques à telle superstition
que, parce que aucuns tiennent que cela trouble la
cervelle tendre des enfants de les éveiller le matin en
sursaut, et de les arracher du sommeil (auquel ils sont
plongés beaucoup plus que nous ne sommes) tout à coup
et par violence, il me faisait éveiller par le son de quelque
instrument; et ne fus jamais sans homme qui m'en
servît[89].

Cet exemple suffira pour en juger le reste, et pour
recommander aussi et la prudence et l'affection d'un si
bon père, auquel il ne se faut nullement prendre, s'il n'a
recueilli aucuns fruits répondant à une si exquise culture.
Deux choses en furent cause : le champ stérile et incommode; car, quoique j'eusse la santé ferme et entière, et
quant et quant[b] un naturel doux et traitable, j'étais parmi
cela si pesant, mol et endormi, qu'on ne me pouvait
arracher de l'oisiveté, non pas pour me faire jouer. Ce
que je voyais, je le voyais bien et, sous cette complexion
lourde, nourrissais des imaginations hardies et des opinions au-dessus de mon âge. L'esprit, je l'avais lent, et qui
n'allait qu'autant qu'on le menait; l'appréhension, tar-
dive; l'invention, lâche; et après tout, un incroyable défaut
de mémoire. De tout cela, il n'est pas merveille s'il ne sut
rien tirer qui vaille. Secondement, comme ceux que
presse un furieux désir de guérison se laissent aller à toute
sorte de conseil, le bonhomme, ayant extrême peur de

a. Jeux d'échecs ou de dames. – b. Avec.

faillir en chose qu'il avait tant à cœur, se laissa enfin
emporter à l'opinion commune, qui suit toujours ceux
qui vont devant, comme les grues, et se rangea à la
coutume, n'ayant plus autour de lui ceux qui lui avaient
donné ces premières institutions, qu'il avait apportées
d'Italie; et m'envoya, environ mes six ans, au collège de
Guyenne[90], très florissant pour lors, et le meilleur de
France. Et là, il n'est possible de rien ajouter au soin qu'il
eut, et à me choisir des précepteurs de chambre suffisants,
et à toutes les autres circonstances de ma nourriture, en
laquelle il réserva plusieurs façons particulières contre
l'usage des collèges. Mais tant y a, que c'était toujours
collège. Mon latin s'abâtardit incontinent, duquel depuis
par désaccoutumance j'ai perdu tout usage. Et ne me
servit cette mienne nouvelle institution, que de me faire
enjamber d'arrivée[a] aux premières classes : car, à treize
ans que je sortis du collège, j'avais achevé mon cours
(qu'ils appellent), et à la vérité sans aucun fruit que je
puisse à présent mettre en compte.

   Le premier goût que j'eus aux livres, il me vint du
plaisir des fables de la *Métamorphose* d'Ovide. Car,
environ l'âge de sept ou huit ans, je me dérobais de tout
autre plaisir pour les lire; d'autant que cette langue était
la mienne maternelle, et que c'était le plus aisé livre que
je connusse, et le plus accommodé à la faiblesse de mon
âge, à cause de la matière. Car des *Lancelots du Lac*, des
Amadis, des *Huons de Bordeaux*[91], et tel fatras de livres à
quoi l'enfance s'amuse, je n'en connaissais pas seulement
le nom, ni ne fais encore le corps, tant exacte était ma
discipline. Je m'en rendais plus nonchalant à l'étude de
mes autres leçons prescrites. Là, il me vint singulièrement
à propos d'avoir affaire à un homme d'entendement de
précepteur, qui sut dextrement conniver[b] à cette mienne
débauche, et autres pareilles. Car, par là, j'enfilai tout
d'un trait Virgile en l'*Enéide*, et puis Térence, et puis
Plaute, et des comédies italiennes, leurré toujours par la
douceur du sujet. S'il eût été si fol de rompre ce train,
j'estime que je n'eusse rapporté du collège que la haine
des livres, comme fait quasi toute notre noblesse. Il
s'y gouverna ingénieusement. Faisant semblant de n'en

---

a. D'emblée. – b. Etre de connivence, favoriser.

voir rien, il aiguisait ma faim, ne me laissant qu'à la dérobée gourmander ces livres, et me tenant doucement en office pour les autres études de la règle. Car les principales parties que mon père cherchait à ceux à qui il donnait charge de moi, c'était la débonnaireté et facilité de complexion. Aussi n'avait la mienne autre vice que langueur et paresse. Le danger n'était pas que je fisse mal, mais que je ne fisse rien. Nul ne pronostiquait que je dusse devenir mauvais, mais inutile. On y prévoyait de la fainéantise, non pas de la malice.

Je sens qu'il en est advenu de même. Les plaintes qui me cornent aux oreilles sont comme cela : « Oisif; froid aux offices d'amitié et de parenté et aux offices publics; trop particulier. » Les plus injurieux ne disent pas : « Pourquoi a-t-il pris? Pourquoi n'a-t-il payé? » Mais : « Pourquoi ne quitte-t-il? ne donne-t-il? »

Je recevrais à faveur qu'on ne désirât en moi que tels effets de supérérogation[a]. Mais ils sont injustes d'exiger ce que je ne dois pas, plus rigoureusement beaucoup qu'ils n'exigent d'eux ce qu'ils doivent. En m'y condamnant, ils effacent la gratification de l'action et la gratitude qui m'en serait due; là où le bien-faire actif devrait plus peser de ma main, en considération de ce que je n'en ai passif nul qui soit. Je puis d'autant plus librement disposer de ma fortune qu'elle est plus mienne. Toutefois, si j'étais grand enlumineur de mes actions, à l'aventure rembarrerais-je bien ces reproches. Et à quelques-uns apprendrais qu'ils ne sont pas si offensés que je ne fasse pas assez, que de quoi je puisse faire assez plus que je ne fais.

Mon âme ne laissait pourtant en même temps d'avoir à part soi des remuements fermes et des jugements sûrs et ouverts autour des objets qu'elle connaissait, et les digérait seule, sans aucune communication. Et, entre autres choses, je crois à la vérité qu'elle eût été du tout incapable de se rendre à la force et violence.

Mettrai-je en compte cette faculté de mon enfance : une assurance de visage, et souplesse de voix et de geste, à m'appliquer aux rôles que j'entreprenais? Car, avant l'âge,

_____

a. Actions surérogatoires.

　　Alter ab undecimo tum me vix ceperat annus*,

j'ai soutenu les premiers personnages ès tragédies latines[92] de Buchanan, de Guérente et de Muret, qui se représentèrent en notre collège de Guyenne avec dignité. En cela, Andréas Goveanus[93], notre principal, comme en toutes autres parties de sa charge, fut sans comparaison le plus grand principal de France; et m'en tenait-on maître ouvrier. C'est un exercice que je ne mesloue[a] point aux jeunes enfants de maison; et ai vu nos Princes s'y adonner depuis en personne, à l'exemple d'aucun des anciens, honnêtement et louablement.

　　Il était loisible même d'en faire métier aux gens d'honneur en Grèce : « *Aristoni tragico actori rem aperit : huic et genus et fortuna honesta erant; nec ars, quia nihil tale apud Græcos pudori est, ea deformabat***.

　　Car j'ai toujours accusé d'impertinence ceux qui condamnent ces ébattements, et d'injustice ceux qui refusent l'entrée de nos bonnes villes aux comédiens qui le valent, et envient au peuple ces plaisirs publics. Les bonnes polices prennent soin d'assembler les citoyens et les rallier, comme aux offices sérieux de la dévotion, aussi aux exercices et jeux; la société et amitié s'en augmentent[94]. Et puis on ne leur saurait concéder des passetemps plus réglés que ceux qui se font en présence d'un chacun et à la vue même du magistrat. Et trouverais raisonnable que le magistrat et le prince, à ses dépens, en gratifiât quelquefois la commune, d'une affection et bonté comme paternelle; et qu'aux villes populeuses il y eût des lieux destinés et disposés pour ces spectacles, quelque divertissement de pires actions et occultes.

---

　　a. Blâme.
　　* Citation de Virgile, *Bucoliques*, VIII, que Montaigne adapte à son propre cas en remplaçant : *jam* (déjà) par *vix* (à peine) : « A peine avais-je atteint ma douzième année. »
　　** Tite-Live, *Histoire*, livre XXIV, chap. XXIV : « Il découvre ses intentions à l'acteur tragique Ariston, personnage de naissance et de fortune honorables; son métier ne le déconsidérait pas, car il n'est pas déshonorant chez les Grecs. » Chez les Romains, au contraire, devenir acteur était déchoir. Cette prévention durera, chez nous, jusqu'à la fin du XVIIIe siècle.

Pour revenir à mon propos, il n'y a tel que d'allécher l'appétit et l'affection, autrement on ne fait que des ânes chargés de livres. On leur donne à coups de fouet en garde leur pochette pleine de science, laquelle, pour bien faire, il ne faut pas seulement loger chez soi, il la faut épouser.

CHAPITRE XXVII

C'EST FOLIE DE RAPPORTER
LE VRAI ET LE FAUX
A NOTRE SUFFISANCE

Ce n'est pas à l'aventure sans raison que nous attribuons à simplesse et ignorance la facilité de croire et de se laisser persuader : car il me semble avoir appris autrefois que la créance, c'était comme une impression qui se faisait en notre âme; et, à mesure qu'elle se trouvait plus molle et de moindre résistance, il était plus aisé à y empreindre quelque chose. « *Ut necesse est lancem in libra ponderibus impositis deprimi, sic animum perspicuis cedere*.* » D'autant que l'âme est plus vide et sans contrepoids, elle se baisse plus facilement sous la charge de la première persuasion. Voilà pourquoi les enfants, le vulgaire, les femmes et les malades sont plus sujets à être menés par les oreilles. Mais aussi, de l'autre part, c'est une sotte présomption d'aller dédaignant et condamnant pour faux ce qui ne nous semble pas vraisemblable, qui est un vice ordinaire de ceux qui pensent avoir quelque suffisance outre la commune. J'en faisais ainsi autrefois, et si j'oyais parler ou des esprits qui reviennent, ou du pronostic des choses futures, des enchantements, des sorcelleries, ou faire quelque autre conte où je ne pusse pas mordre,

> *Somnia, terrores magicos, miracula, sagas,*
> *Nocturnos lemures portentaque Thessala**,*

---

* Citation de Cicéron, *Académiques*, livre II, chap. XII. « Comme le poids fait nécessairement pencher le plateau de la balance, ainsi l'évidence entraîne l'esprit. »
** Horace, *Épître 2* du livre II : « Songes, terreurs magiques, prodiges, sorcières, spectres, et autres merveilles de la Thessalie. »

il me venait compassion du pauvre peuple abusé de ces folies. Et, à présent, je trouve que j'étais pour le moins autant à plaindre moi-même : non que l'expérience m'ait depuis rien fait voir au-dessus de mes premières créances, (et si[a] n'a pas tenu à ma curiosité); mais la raison m'a instruit que de condamner ainsi résolument une chose pour fausse et impossible, c'est se donner l'avantage d'avoir dans la tête les bornes et limites de la volonté de Dieu et de la puissance de notre mère nature; et qu'il n'y a point de plus notable folie au monde que de les ramener à la mesure de notre capacité et suffisance. Si nous appelons monstres ou miracles ce où notre raison ne peut aller, combien s'en présente-t-il continuellement à notre vue? Considérons au travers de quels nuages et comment à tâtons on nous mène à la connaissance de la plupart des choses qui nous sont entre mains; certes nous trouverons que c'est plutôt accoutumance que science qui nous en ôte l'étrangeté,

> *jam nemo, fessus satiate videndi,*
> *Suspicere in cæli dignatur lucida templa*,*

et que ces choses-là, si elles nous étaient présentées de nouveau, nous les trouverions autant ou plus incroyables que aucunes autres,

> *si nunc primum mortalibus adsint*
> *Ex improviso, ceu sint objecta repente,*
> *Nil magis his rebus poterat mirabile dici,*
> *Aut minus ante quod auderent fore credere*
> *[gentes**.*

a. Et pourtant cela.
* Lucrèce, *De Natura Rerum*, chant II : « Désormais, personne, fatigués et rassasiés que nous sommes de cette vue, ne prend la peine de lever les yeux vers les espaces lumineux du ciel. »
** Lucrèce, *ibid.*, chant II : « Supposons que ces choses apparaissent pour la première fois aux mortels et subitement ou bien qu'elles se montrent soudain à leurs yeux : on ne pourrait rien dire de plus surprenant, et personne n'y aurait cru avant de les voir. » Il s'agit de la conclusion du chant II dans laquelle Lucrèce expose les conséquences de la conception atomique de l'Univers. Les textes actuels de Lucrèce diffèrent légèrement du texte cité.

Celui qui n'avait jamais vu de rivière, à la première qu'il rencontra, il pensa que ce fut l'Océan. Et les choses qui sont à notre connaissance les plus grandes, nous les jugeons être les extrêmes que nature fasse en ce genre,

> *Scilicet et fluvius, qui non maximus, ei est*
> *Qui non ante aliquem majorem vidit, et ingens*
> *Arbor homoque videtur; et omnia de genere omni*
> *Maxima quæ vidit quisque, hæc ingentia fingit*.*

« *Consuetudine oculorum assuescunt animi, neque admirantur, neque requirunt rationes earum rerum quas semper vident**.* »

La nouvelleté des choses nous incite plus que leur grandeur à en chercher les causes.

Il faut juger avec plus de révérence[a] de cette infinie puissance de nature et plus de reconnaissance de notre ignorance et faiblesse. Combien y a-t-il de choses peu vraisemblables, témoignées par gens dignes de foi, desquelles si nous ne pouvons être persuadés, au moins les faut-il laisser en suspens; car de les condamner impossibles, c'est se faire fort, par une téméraire présomption, de savoir jusques où va la possibilité. Si l'on entendait bien la différence qu'il y a entre l'impossible et l'inusité, et entre ce qui est contre l'ordre du cours de la nature, et contre la commune opinion des hommes, en ne croyant pas témérairement, ni aussi ne décroyant pas facilement, on observerait la règle de : « Rien trop », commandée par Chilon[1].

Quand on trouve, dans Froissart, que le comte de Foix sut, en Béarn, la défaite du roi Jean de Castille, à Juberoth, le lendemain qu'elle fut advenue[2], et les moyens qu'il en allègue, on s'en peut moquer; et de ce même que nos annales[3] disent que le pape Honorius, le

---

a. Respect.
* Lucrèce, Chant VI : « Sans doute un fleuve, qui n'est pas très grand, semble immense à celui qui n'en a pas vu de plus grand, de même un arbre, un homme; dans tous les genres, ce qu'on a vu de plus grand, on le trouve gigantesque. »
** Cicéron, *De Natura Deorum*, livre II, chap. XXXVIII : « Par l'accoutumance des yeux, l'esprit s'habitue, ne s'étonne plus de ce qu'il voit continuellement et n'en recherche plus les causes. »

propre jour que le roi Philippe Auguste mourut à Mantes, fit faire ses funérailles publiques et les manda faire par toute l'Italie. Car l'autorité de ces témoins n'a pas à l'aventure assez de rang pour nous tenir en bride. Mais quoi? si Plutarque, outre plusieurs exemples qu'il allègue de l'Antiquité, dit savoir de certaine science que, du temps de Domitien, la nouvelle de la bataille perdue par Antonius en Allemagne, à plusieurs journées de là, fut publiée à Rome et semée par tout le monde le même jour qu'elle avait été perdue[4], et si César tient qu'il est souvent advenu que la renommée a devancé l'accident, dirons-nous pas que ces simples gens-là se sont laissé piper après le vulgaire, pour n'être pas clairvoyants comme nous? Est-il rien plus délicat, plus net et plus vif que le jugement de Pline, quand il lui plaît de le mettre en jeu, rien plus éloigné de vanité? je laisse à part l'excellence de son savoir, duquel je fais moins de compte : en quelle partie de ces deux-là le surpassons-nous? Toutefois il n'est si petit écolier qui ne le convainque de mensonge, et qui ne lui veuille faire leçon sur le progrès des ouvrages de nature.

Quand nous lisons, dans Bouchet[5], les miracles des reliques de saint Hilaire, passe : son crédit n'est pas assez grand pour nous ôter la licence d'y contredire. Mais de condamner d'un train toutes pareilles histoires me semble singulière imprudence. Ce grand saint Augustin[6] témoigne avoir vu, sur les reliques saint Gervais et Protais, à Milan, un enfant aveugle recouvrer la vue; une femme à Carthage, être guérie d'un cancer par le signe de croix qu'une femme nouvellement baptisée lui fit; Hesperius, un sien familier, avoir chassé les esprits qui infestaient sa maison, avec un peu de terre du Sépulcre de notre Seigneur, et, cette terre depuis transportée à l'église, un paralytique en avoir été soudain guéri; une femme en une procession, ayant touché à la châsse saint Etienne d'un bouquet, et de ce bouquet s'étant frotté les yeux, avoir recouvré la vue, piéça[a] perdue; et plusieurs autres miracles, où il dit lui-même avoir assisté. De quoi accuserons-nous et lui et deux saints évêques, Aurelius et

_a._ Depuis longtemps.

Maximius, qu'il appelle pour ses recors[a]? Sera-ce d'ignorance, simplesse, facilité, ou de malice et imposture?
Est-il homme, en notre siècle, si impudent qui pense leur
être comparable, soit en vertu et piété, soit en savoir,
jugement et suffisance? « *Qui, ut rationem nullam affe-
rent, ipsa auctoritate me frangerent**. »

C'est une hardiesse dangereuse et de conséquence,
outre l'absurde témérité qu'elle traîne quant et soi, de
mépriser ce que nous ne concevons pas. Car après que,
selon votre bel entendement, vous avez établi les limites
de la vérité et du mensonge, et qu'il se trouve que vous
avez nécessairement à croire des choses où il y a encore
plus d'étrangeté qu'en ce que vous niez, vous vous êtes
déjà obligé de les abandonner. Or ce qui me semble
apporter autant de désordre en nos consciences, en ces
troubles où nous sommes de la religion, c'est cette
dispensation que les catholiques font de leur créance. Il
leur semble faire bien les modérés et les entendus, quand
ils quittent aux adversaires aucuns articles de ceux qui
sont en débat. Mais, outre ce, qu'ils ne voient pas quel
avantage c'est à celui qui vous charge, de commencer à
lui céder et vous tirer arrière, et combien cela l'anime à
poursuivre sa pointe, ces articles-là qu'ils choisissent
pour les plus légers sont aucune fois très importants. Ou
il faut se soumettre du tout à l'autorité de notre police
ecclésiastique, ou du tout s'en dispenser. Ce n'est pas à
nous à établir la part que nous lui devons d'obéissance. Et
davantage : je le puis dire pour l'avoir essayé, ayant
autrefois usé de cette liberté de mon choix et triage
particulier, mettant à nonchaloir certains points de l'observance de notre Eglise, qui semblent avoir un visage ou
plus vain ou plus étrange, venant à en communiquer aux
hommes savants, j'ai trouvé que ces choses-là ont un
fondement massif et très solide, et que ce n'est que bêtise
et ignorance qui nous fait les recevoir avec moindre
révérence que le reste. Que ne nous souvient-il combien

a. Témoins.
* Cicéron, *Tusculanes*, livre I, chap. XXI : « Ceux-ci, même s'ils
n'apportaient aucune raison, me persuaderaient par leur seule autorité. »

nous sentons de contradiction en notre jugement même? combien de choses nous servaient hier d'articles de foi, qui nous sont fables aujourd'hui? La gloire et la curiosité sont les deux fléaux de notre âme. Celle-ci nous conduit à mettre le nez partout, et celle-là nous défend de rien laisser irrésolu et indécis.

CHAPITRE XXVIII

DE L'AMITIÉ

Considérant la conduite de la besogne d'un peintre que j'ai, il m'a pris envie de l'ensuivre. Il choisit le plus bel endroit et milieu de chaque paroi, pour y loger un tableau élaboré de toute sa suffisance[a]; et, le vide tout autour, il le remplit de grotesques, qui sont peintures fantasques, n'ayant grâce qu'en la variété et étrangeté. Que sont-ce ici aussi, à la vérité, que grotesques et corps monstrueux, rapiécés de divers membres, sans certaine figure, n'ayant ordre, suite ni proportion que fortuite?

Desinit in piscem mulier formosa superne[*].

Je vais bien jusques à ce second point avec mon peintre, mais je demeure court en l'autre et meilleure partie; car ma suffisance ne va pas si avant que d'oser entreprendre un tableau riche, poli et formé selon l'art. Je me suis avisé d'en emprunter un d'Etienne de la Boétie[1], qui honorera tout le reste de cette besogne. C'est un discours auquel il donna nom *La Servitude volontaire*; mais ceux qui l'ont ignoré, l'ont bien proprement depuis rebaptisé *Le Contre Un*[2]. Il l'écrivit par manière d'essai, en sa première jeunesse[3], à l'honneur de la liberté contre les tyrans. Il court piéça[b] ès mains des gens d'entendement, non sans bien grande et méritée recommandation : car il est gentil,

---

a. De tout son talent. – b. Depuis longtemps ou depuis quelque temps? On hésite sur l'interprétation.

* Horace, *Art poétique* : « C'est le buste d'une belle femme qui finit en queue de poisson. »

et plein ce qu'il est possible. Si*ᵃ* y a-t-il bien à dire que ce
ne soit le mieux qu'il pût faire; et si, en l'âge que je l'ai
connu, plus avancé, il eût pris un tel dessein que le mien
de mettre par écrit ses fantaisies, nous verrions plusieurs
choses rares et qui nous approcheraient bien près de
l'honneur de l'Antiquité; car, notamment en cette partie
des dons de nature, je n'en connais point qui lui soit
comparable. Mais il n'est demeuré de lui que ce discours,
encore par rencontre, et crois qu'il ne le vit onques
depuis qu'il lui échappa, et quelques mémoires sur cet
édit de Janvier[4], fameux par nos guerres civiles, qui
trouveront encore ailleurs peut-être leur place. C'est tout
ce que j'ai pu recouvrer de ses reliques, moi qu'il laissa,
d'une si amoureuse recommandation, la mort entre les
dents, par son testament, héritier de sa bibliothèque et de
ses papiers, outre le livret de ses œuvres que j'ai fait
mettre en lumière[5]. Et si, suis obligé particulièrement à
cette pièce, d'autant qu'elle a servi de moyen à notre
première accointance. Car elle me fut montrée longue
pièce avant que je l'eusse vu, et me donna la première
connaissance de son nom, acheminant ainsi cette amitié
que nous avons nourrie, tant que Dieu a voulu, entre
nous, si entière et si parfaite que certainement il ne s'en
lit guère de pareilles, et, entre nos hommes, il ne s'en voit
aucune trace en usage. Il faut tant de rencontres à la bâtir,
que c'est beaucoup si la fortune y arrive une fois en trois
siècles.

Il n'est rien à quoi il semble que nature nous ait plus
acheminé qu'à la société. Et dit Aristote[6] que les bons
législateurs ont eu plus de soin de l'amitié que de la
justice. Or le dernier point de sa perfection est celui-ci.
Car, en général, toutes celles que la volupté ou le profit,
le besoin public ou privé forge et nourrit, en sont d'autant
moins belles et généreuses, et d'autant moins amitiés,
qu'elles mêlent autre cause et but et fruit en l'amitié,
qu'elle-même.

Ni ces quatre espèces anciennes : naturelle, sociale,
hospitalière, vénérienne, particulièrement n'y conviennent, ni conjointement.

a. Pourtant.

Des enfants aux pères, c'est plutôt respect. L'amitié se nourrit de communication qui ne peut se trouver entre eux, pour la trop grande disparité, et offenserait à l'aventure les devoirs de nature. Car ni toutes les secrètes pensées des pères ne se peuvent communiquer aux enfants pour n'y engendrer une messéante privauté, ni les avertissements et corrections, qui est un des premiers offices d'amitié, ne se pourraient exercer des enfants aux pères. Il s'est trouvé des nations[7] où, par usage, les enfants tuaient leurs pères, et d'autres où les pères tuaient leurs enfants, pour éviter l'empêchement qu'ils se peuvent quelquefois entreporter, et naturellement l'un dépend de la ruine de l'autre. Il s'est trouvé des philosophes dédaignant cette couture naturelle, témoin Aristippe[8] : quand on le pressait de l'affection qu'il devait à ses enfants pour être sortis de lui, il se mit à cracher, disant que cela en était aussi bien sorti; que nous engendrions bien des poux et des vers. Et cet autre, que Plutarque voulait induire à s'accorder avec son frère : « Je n'en fais pas, dit-il, plus grand état pour être sorti de même trou[9]. » C'est, à la vérité, un beau nom et plein de dilection que le nom de frère, et à cette cause en fîmes-nous, lui et moi, notre alliance. Mais ce mélange de biens, ces partages, et que la richesse de l'un soit la pauvreté de l'autre, cela détrempe merveilleusement et relâche cette soudure fraternelle. Les frères ayant à conduire le progrès de leur avancement en même sentier et même train, il est force qu'ils se heurtent et choquent souvent. Davantage, la correspondance et relation qui engendre ces vraies et parfaites amitiés, pourquoi se trouvera-t-elle en ceux-ci? Le père et le fils peuvent être de complexion entièrement éloignée, et les frères aussi. C'est mon fils, c'est mon parent, mais c'est un homme farouche, un méchant ou un sot. Et puis, à mesure que ce sont amitiés que la loi et l'obligation naturelle nous commandent, il y a d'autant moins de notre choix et liberté volontaire. Et notre liberté volontaire n'a point de production qui soit plus proprement sienne que celle de l'affection et amitié. Ce n'est pas que je n'aie essayé de ce côté-là tout ce qui en peut être, ayant eu le meilleur père qui fut onques, et le plus indulgent, jusques à son extrême vieillesse, et étant d'une famille fameuse de père en fils, et exemplaires en cette partie de la concorde fraternelle.

> *et ipse*
> *Notus in fratres animi paterni*.*

D'y comparer l'affection envers les femmes, quoiqu'elle naisse de notre choix, on ne peut, ni la loger en ce rôle. Son feu, je le confesse,

> *neque enim est dea nescia nostri*
> *Quæ dulcem curis miscet amaritiem**,*

est plus actif, plus cuisant et plus âpre. Mais c'est un feu téméraire et volage, ondoyant et divers, feu de fièvre, sujet à accès et remises, et qui ne nous tient qu'à un coin. En l'amitié, c'est une chaleur générale et universelle, tempérée au demeurant et égale, une chaleur constante et rassise, toute douceur et polissure, qui n'a rien d'âpre et de poignant. Qui plus est, en l'amour ce n'est qu'un désir forcené après ce qui nous fuit :

> *Come segue la lepre il cacciatore*
> *Al freddo, al caldo, alla montagna, al lito;*
> *Ne più l'estima poi che presa vede,*
> *Et sol dietro a chi fugge affretta il piede***.*

Aussitôt qu'il entre aux termes de l'amitié, c'est-à-dire en la convenance des volontés, il s'évanouit et s'alanguit. La jouissance le perd, comme ayant la fin corporelle et sujette à satiété. L'amitié, au rebours, est jouie à mesure qu'elle est désirée, ne s'élève, se nourrit, ni ne prend accroissance qu'en la jouissance comme étant spirituelle, et l'âme s'affinant par l'usage. Sous cette parfaite amitié, ces affections volages ont autrefois trouvé place chez moi,

---

* Horace, *Ode II* du livre II : « Connu moi-même pour mon affection paternelle à l'égard de mes frères. »
** Catulle, *Epigrammes*, LXVIII : « Car je ne suis pas inconnu de la déesse qui mêle une douce amertume aux tourments amoureux. »
*** Arioste, *Roland furieux*, chant X : « Tel le chasseur poursuit le lièvre par le froid, par le chaud, dans la montagne et dans la vallée; il le méprise une fois pris et ne le désire que tant qu'il fuit. »

afin que je ne parle de lui, qui n'en confesse que trop par ces vers. Ainsi ces deux passions sont entrées chez moi en connaissance l'une de l'autre; mais en comparaison jamais : la première maintenant sa route d'un vol hautain et superbe, et regardant dédaigneusement celle-ci passer ses pointes bien loin au-dessous d'elle.

Quant aux mariages, outre ce que c'est un marché qui n'a que l'entrée libre (sa durée étant contrainte et forcée, dépendant d'ailleurs que de notre vouloir), et marché qui ordinairement se fait à autres fins, il y survient mille fusées[a] étrangères à démêler parmi, suffisantes à rompre le fil et troubler le cours d'une vive affection; là où, en l'amitié, il n'y a affaire ni commerce que d'elle-même. Joint qu'à dire vrai, la suffisance ordinaire des femmes n'est pas pour répondre à cette conférence et communication, nourrice de cette sainte couture; ni leur âme ne semble assez ferme pour soutenir l'étreinte d'un nœud si pressé et si durable. Et certes, sans cela, s'il se pouvait dresser une telle accointance, libre et volontaire, où non seulement les âmes eussent cette entière jouissance, mais encore où les corps eussent part à l'alliance, où l'homme fût engagé tout entier, il est certain que l'amitié en serait plus pleine et plus comble. Mais ce sexe par nul exemple n'y est encore pu arriver, et par le commun consentement des écoles anciennes en est rejeté.

Et cette autre licence grecque est justement abhorrée par nos mœurs. Laquelle pourtant, pour avoir, selon leur usage, une si nécessaire disparité d'âges et différences d'offices entre les amants, ne répondait non plus assez à la parfaite union et convenance qu'ici nous demandons : « *Quis est enim iste amor amicitiæ? Cur neque deformem adolescentem quisquam amat, neque formosum senem**? » Car la peinture même qu'en fait l'Académie ne me désavouera pas, comme je pense, de dire ainsi de sa part : que cette première fureur inspirée par le fils de Vénus au cœur de l'amant sur l'objet de la fleur d'une tendre jeunesse, à laquelle ils permettent tous les insolents et passionnés efforts que peut produire une ardeur

a. Complications.
* *Tusculanes*, livre IV : « Qu'est-ce en effet que cet amour d'amitié? Pourquoi personne n'aime-t-il un jeune homme laid, ni un beau vieillard? »

immodérée, était simplement fondée en une beauté externe, fausse image de la génération corporelle. Car en l'esprit elle ne pouvait, duquel la montre était encore cachée, qui n'était qu'en sa naissance, et avant l'âge de germer. Que si cette fureur saisissait un bas courage, les moyens de sa poursuite c'étaient richesses, présents, faveur à l'avancement des dignités, et telle autre basse marchandise, qu'ils réprouvent. Si elle tombait en un courage plus généreux, les entremises étaient généreuses de même : instructions philosophiques, enseignements à révérer la religion, obéir aux lois, mourir pour le bien de son pays, exemples de vaillance, prudence, justice; s'étudiant l'amant de se rendre acceptable par la bonne grâce et beauté de son âme, celle de son corps étant pièça fanée, et espérant par cette société mentale établir un marché plus ferme et durable. Quand cette poursuite arrivait à l'effet en sa saison (car ce qu'ils ne requièrent point en l'amant, qu'il apportât loisir et discrétion en son entreprise, ils le requièrent exactement en l'aimé; d'autant qu'il lui fallait juger d'une beauté interne, de difficile connaissance et abstruse découverte), lors naissait en l'aimé le désir d'une conception spirituelle par l'entremise d'une spirituelle beauté. Celle-ci était ici principale; la corporelle, accidentelle et seconde : tout le rebours de l'amant. A cette cause préfèrent-ils l'aimé, et vérifient que les dieux aussi le préfèrent, et tancent grandement le poète Eschyle d'avoir, en l'amour d'Achille et de Patrocle, donné la part de l'amant à Achille qui était en la première et imberbe verdeur de son adolescence, et le plus beau des Grecs [10]. Après cette communauté générale, la maîtresse et plus digne partie d'icelle exerçant ses offices et prédominant, ils disent qu'il en provenait des fruits très utiles au privé et au public; que c'était la force des pays qui en recevaient l'usage, et la principale défense de l'équité et de la liberté : témoin les salutaires amours de Harmodios et d'Aristogiton [11]. Pourtant la nomment-ils sacrée et divine. Et n'est, à leur compte, que la violence des tyrans et lâcheté des peuples qui lui soit adversaire. Enfin tout ce qu'on peut donner à la faveur de l'Académie, c'est dire que c'était un amour se terminant en amitié; chose qui ne se rapporte pas mal à la définition stoïque de l'amour : « *Amoren conatum esse amicitiae* *faciendae ex pulchritudinis specie*.* » Je reviens à ma description, de façon plus équitable et plus équable[a]. « *Omnino amicitiae, corroboratis jam, confirmatisque ingeniis et aetatibus, judicandae sunt**.* »

Au demeurant, ce que nous appelons ordinairement amis et amitiés, ce ne sont qu'accointances et familiarités nouées par quelque occasion ou commodité, par le moyen de laquelle nos âmes s'entretiennent. En l'amitié de quoi je parle elles se mêlent et confondent l'une en l'autre, d'un mélange si universel, qu'elles effacent et ne retrouvent plus la couture qui les a jointes. Si on me presse de dire pourquoi je l'aimais, je sens que cela ne se peut exprimer, qu'en répondant : « Parce que c'était lui; parce que c'était moi. »

Il y a au-delà de tout mon discours, et de ce que j'en puis dire particulièrement, ne sais quelle force inexplicable et fatale, médiatrice de cette union. Nous nous cherchions avant que de nous être vus, et par des rapports que nous oyions l'un de l'autre, qui faisaient en notre affection plus d'effort que ne porte la raison des rapports, je crois par quelque ordonnance du ciel; nous nous embrassions par nos noms. Et à notre première rencontre, qui fut par hasard en une grande fête et compagnie de ville[12], nous nous trouvâmes si pris, si connus, si obligés entre nous, que rien dès lors ne nous fut si proche que l'un à l'autre. Il écrivit une satire latine excellente, qui est publiée[13], par laquelle il excuse et explique la précipitation de notre intelligence, si promptement parvenue à sa perfection. Ayant si peu à durer, et ayant si tard commencé, car nous étions tous deux hommes faits, et lui plus de quelques années[14], elle n'avait point à perdre temps et à se régler au patron des amitiés molles et régulières, auxquelles il faut tant de précautions de longue et préalable conversation. Celle-ci n'a point d'autre idée

---

a. Egal.
* *Tusculanes*, livre IV : « L'amour est le désir d'obtenir l'amitié d'une personne qui nous attire par sa beauté. »
** Cicéron, *De Amicitia*, chap. XX : « Il faut juger de l'amitié seulement quand l'âge a formé et affermi les caractères. » Cicéron dans son dialogue *Sur l'amitié*, prenant comme exemple l'amitié célèbre de Scipion et de Lælius, définit l'amitié, ses conditions et ses obligations. L'ouvrage est comparable au dialogue *Lysis* de Platon et à la *Morale à Nicomaque* d'Aristote.

que d'elle-même, et ne se peut rapporter qu'à soi. Ce n'est pas une spéciale considération, ni deux, ni trois, ni quatre, ni mille : c'est je ne sais quelle quintessence de tout ce mélange, qui ayant saisi toute ma volonté, l'amena se plonger et se perdre dans la sienne; qui, ayant saisi toute sa volonté, l'amena se plonger et se perdre en la mienne, d'une faim, d'une concurrence[a] pareille. Je dis perdre, à la vérité, ne nous réservant rien qui nous fût propre, ni qui fût ou sien, ou mien.

Quand Lélius, en présence des consuls romains, lesquels, après la condamnation de Tiberius Gracchus, poursuivaient tous ceux qui avaient été de son intelligence, vint à s'enquérir de Caïus Blosius (qui était le principal de ses amis) combien il eût voulu faire pour lui, et qu'il eut répondu : « Toutes choses. – Comment, toutes choses? suivit-il. Et quoi, s'il t'eût commandé de mettre le feu en nos temples? – Il ne me l'eût jamais commandé, répliqua Blosius. – Mais s'il l'eût fait? ajouta Lélius. – J'y eusse obéi », répondit-il[15]. S'il était si parfaitement ami de Gracchus, comme disent les histoires, il n'avait que faire d'offenser les consuls par cette dernière et hardie confession; et ne se devait départir de l'assurance qu'il avait de la volonté de Gracchus. Mais, toutefois, ceux qui accusent cette réponse comme séditieuse, n'entendent pas bien ce mystère et ne présupposent pas, comme il est, qu'il tenait la volonté de Gracchus en sa manche, et par puissance et par connaissance. Ils étaient plus amis que citoyens, plus amis qu'amis et qu'ennemis de leur pays, qu'amis d'ambition et de trouble. S'étant parfaitement commis l'un à l'autre, ils tenaient parfaitement les rênes de l'inclination l'un de l'autre; et faites guider cet harnois par la vertu et conduite de la raison (comme aussi est-il du tout impossible de l'atteler sans cela), la réponse de Blosius est telle qu'elle devait être. Si leurs actions se démanchèrent, ils n'étaient ni amis selon ma mesure l'un de l'autre, ni amis à eux-mêmes. Au demeurant, cette réponse ne sonne non plus que ferait la mienne, à qui s'enquerrait à moi de cette façon : « Si votre volonté vous commandait de tuer votre fille, la tueriez-vous? » et que je l'accordasse. Car

---

a. Emulation.

cela ne porte aucun témoignage de consentement à ce faire, parce que je ne suis point en doute de ma volonté, et tout aussi peu de celle d'un tel ami. Il n'est pas en la puissance de tous les discours du monde de me déloger de la certitude que j'ai des intentions et jugements du mien. Aucune de ses actions ne me saurait être présentée, quelque visage qu'elle eût, que je n'en trouvasse incontinent le ressort. Nos âmes ont charrié si uniment ensemble, elles se sont considérées d'une si ardente affection, et de pareille affection découvertes jusques au fin fond des entrailles l'une à l'autre, que non seulement je connaissais la sienne comme la mienne, mais je me fusse certainement plus volontiers fié à lui de moi qu'à moi.

Qu'on ne me mette pas en ce rang ces autres amitiés communes; j'en ai autant de connaissance qu'un autre, et des plus parfaites de leur genre, mais je ne conseille pas qu'on confonde leurs règles : on s'y tromperait. Il faut marcher en ces autres amitiés la bride à la main, avec prudence et précaution; la liaison n'est pas nouée en manière qu'on n'ait aucunement à s'en défier. « Aimez-le (disait Chilon) comme ayant quelque jour à le haïr; haïssez-le, comme ayant à l'aimer[16]. » Ce précepte qui est si abominable en cette souveraine et maîtresse amitié, il est salubre en l'usage des amitiés ordinaires et coutumières, à l'endroit desquelles il faut employer le mot qu'Aristote avait très familier : « O mes amis, il n'y a nul ami[17]! »

En ce noble commerce, les offices et les bienfaits, nourriciers des autres amitiés, ne méritent pas seulement d'être mis en compte; cette confusion si pleine de nos volontés en est cause. Car, tout ainsi que l'amitié que je me porte ne reçoit point augmentation pour le secours que je me donne au besoin, quoi que disent les Stoïciens[18], et comme je ne me sais aucun gré du service que je me fais, aussi l'union de tels amis étant véritablement parfaite, elle leur fait perdre le sentiment de tels devoirs, et haïr et chasser d'entre eux ces mots de division et de différence : bienfait, obligation, reconnaissance, prière, remerciement, et leurs pareils. Tout étant par effet commun entre eux, volonté, pensements, jugements, biens, femmes, enfants, honneur et vie, et leur convenance n'étant qu'une âme en deux corps selon la très propre définition d'Aristote[19], ils ne se peuvent ni prêter, ni donner rien. Voilà pourquoi les faiseurs de lois, pour honorer le mariage de quelque imaginaire ressemblance de cette divine liaison, défendent les donations entre le mari et la femme, voulant inférer par là que tout doit être à chacun d'eux et qu'ils n'ont rien à diviser et partir ensemble. Si, en l'amitié de quoi je parle, l'un pouvait donner à l'autre, ce serait celui qui recevrait le bienfait qui obligerait son compagnon. Car cherchant l'un et l'autre, plus que toute autre chose, de s'entre-bienfaire, celui qui en prête la matière et l'occasion est celui-là qui fait le libéral, donnant ce contentement à son ami d'effectuer en son endroit ce qu'il désire le plus. Quand le philosophe Diogène avait faute d'argent, il disait qu'il le redemandait à ses amis, non qu'il le demandait[20]. Et, pour montrer comment cela se pratique par effet, j'en réciterai un ancien exemple singulier.

Eudamidas[21], Corinthien, avait deux amis : Charixenus, Sycionien, et Arétheus, Corinthien. Venant à mourir étant pauvre, et ses deux amis riches, il fit ainsi son testament : « Je lègue à Arétheus de nourrir ma mère et l'entretenir en sa vieillesse; à Charixenus, de marier ma fille et lui donner le douaire le plus grand qu'il pourra; et, au cas que l'un d'eux vienne à défaillir, je substitue en sa part celui qui survivra. » Ceux qui premiers virent ce testament, s'en moquèrent; mais ses héritiers, en ayant été avertis, l'acceptèrent avec un singulier contentement. Et l'un d'eux, Charixenus, étant trépassé cinq jours après, la substitution étant ouverte en faveur d'Arétheus, il nourrit curieusement[a] cette mère, et, de cinq talents qu'il avait en ses biens, il en donna les deux et demi en mariage à une sienne fille unique, et deux et demi pour le mariage de la fille d'Eudamidas, desquelles il fit les noces en même jour.

Cet exemple est bien plein, si une condition en était à dire, qui est la multitude d'amis. Car cette parfaite amitié, de quoi je parle, est indivisible; chacun se donne si entier à son ami, qu'il ne lui reste rien à départir ailleurs; au rebours, il est marri qu'il ne soit double, triple ou quadruple, et qu'il n'ait plusieurs âmes et plusieurs

a. Soigneusement.

volontés pour les conférer toutes à ce sujet. Les amitiés communes, on les peut départir; on peut aimer en celui-ci la beauté, en cet autre la facilité de ses mœurs, en l'autre la libéralité, en celui-là la paternité, en cet autre la fraternité, ainsi du reste; mais cette amitié qui possède l'âme et la régente en toute souveraineté, il est impossible qu'elle soit double. Si deux en même temps demandaient à être secourus, auquel courriez-vous? S'ils requéraient de vous des offices contraires, quel ordre y trouveriez-vous? Si l'un commettait[a] à votre silence chose qui fût utile à l'autre de savoir, comment vous en démêleriez-vous? L'unique et principale amitié découd toutes autres obligations. Le secret que j'ai juré ne déceler à nul autre, je le puis, sans parjure, communiquer à celui qui n'est pas autre : c'est moi. C'est un assez grand miracle de se doubler; et n'en connaissent pas la hauteur, ceux qui parlent de se tripler. Rien n'est extrême, qui a son pareil. Et qui présupposera que de deux j'en aime autant l'un que l'autre, et qu'ils s'entraînent et m'aiment autant que je les aime, il multiplie en confrérie la chose la plus une et unie, et de quoi une seule est encore la plus rare à trouver au monde.

Le demeurant de cette histoire convient très bien à ce que je disais : car Eudamidas donne pour grâce et pour faveur à ses amis de les employer à son besoin. Il les laisse héritiers de cette sienne libéralité, qui consiste à leur mettre en main les moyens de lui bienfaire. Et, sans doute, la force de l'amitié se montre bien plus richement en son fait qu'en celui d'Aretheus. Somme, ce sont effets inimaginables à qui n'en a goûté, et qui me font honorer à merveille la réponse de ce jeune soldat à Cyrus s'enquérant à lui pour combien il voudrait donner un cheval, par le moyen duquel il venait de gagner le prix de la course, et s'il le voudrait échanger à un royaume : « Non, certes, Sire, mais bien le lairrais-je volontiers pour en acquérir un ami, si je trouvais homme digne de telle alliance[22]. »

Il ne disait pas mal : « si j'en trouvais »; car on trouve facilement des hommes propres à une superficielle accointance. Mais en celle-ci, en laquelle on négocie du

a. Confiait.

fin fond de son courage, qui ne fait rien de reste, certes il est besoin que tous les ressorts soient nets et sûrs parfaitement.

Aux confédérations qui ne tiennent que par un bout, on n'a à pourvoir qu'aux imperfections qui particulièrement intéressent ce bout-là. Il ne peut chaloir de quelle religion soit mon médecin et mon avocat. Cette considération n'a rien de commun avec les offices de l'amitié qu'ils me doivent. Et, en l'accointance domestique que dressent avec moi ceux qui me servent, j'en fais de même. Et m'enquiers peu d'un laquais s'il est chaste; je cherche s'il est diligent. Et ne crains pas tant un muletier joueur qu'imbécile, ni un cuisinier jureur qu'ignorant. Je ne me mêle pas de dire ce qu'il faut faire au monde, d'autres assez s'en mêlent, mais ce que j'y fais.

Mihi sic usus est; tibi, ut opus est facto, face*.

A la familiarité de la table j'associe le plaisant, non le prudent; au lit, la beauté avant la bonté; en la société du discours, la suffisance, voire sans la prud'homie. Pareillement ailleurs.

Tout ainsi que celui qui[23] fut rencontré à chevauchons sur un bâton, se jouant avec ses enfants, pria l'homme qui l'y surprit de n'en rien dire jusques à ce qu'il fût père lui-même, estimant que la passion qui lui naîtrait lors en l'âme le rendrait juge équitable d'une telle action; je souhaiterais aussi parler à des gens qui eussent essayé ce que je dis. Mais, sachant combien c'est chose éloignée du commun usage qu'une telle amitié, et combien elle est rare, je ne m'attends pas d'en trouver aucun bon juge. Car les discours même que l'Antiquité nous a laissés sur ce sujet me semblent lâches au prix du sentiment que j'en ai. Et, en ce point, les effets surpassent les préceptes mêmes de la philosophie :

Nil ego contulerim jucundo sanus amico**.

---

* Térence, *Heautontimoroumenos (le Bourreau de soi-même)*. « Pour moi c'est ainsi que j'en use; pour toi, agis à ta guise. »
** Horace, *Satires*, livre I : « Tant que je serai sain d'esprit, je ne saurais rien comparer à un ami agréable. »

L'ancien Ménandre disait celui-là heureux, qui avait pu rencontrer seulement l'ombre d'un ami. Il avait certes raison de le dire, même s'il en avait tâté. Car, à la vérité, si je compare tout le reste de ma vie, quoiqu'avec la grâce de Dieu je l'ai passée douce, aisée et, sauf la perte d'un tel ami, exempte d'affliction pesante, pleine de tranquillité d'esprit, ayant pris en paiement mes commodités naturelles et originelles sans en rechercher d'autres; si je la compare, dis-je, toute aux quatre années qu'il m'a été donné de jouir de la douce compagnie et société de ce personnage, ce n'est que fumée, ce n'est qu'une nuit obscure et ennuyeuse. Depuis le jour que je le perdis,

> *quem semper acerbum,*
> *Semper honoratum (sic, Dii, voluistis!) habebo*,*

je ne fais que traîner languissant; et les plaisirs même qui s'offrent à moi, au lieu de me consoler, me redoublent le regret de sa perte. Nous étions à moitié de tout; il me semble que je lui dérobe sa part,

> *Nec fas esse ulla me voluptate hic frui*
> *Decrevi, tantisper dum ille abest meus particeps**.*

J'étais déjà si fait et accoutumé à être deuxième partout, qu'il me semble n'être plus qu'à demi.

> *Illam meae si partem animae tulit*
> *Maturior vis, quid moror altera,*
> *Nec carus aeque, nec superstes*
> *Integer? Ille dies utramque*
> *Duxit ruinam***.*

---

* Virgile, *Enéide*, chant V : « Jour, qui sera toujours cruel pour moi et toujours honoré (telle a été votre volonté, ô Dieux!). »
** Térence, *Le Bourreau de soi-même* : « J'ai décidé qu'il ne m'était plus permis de jouir d'aucun plaisir, maintenant que je n'ai plus celui qui partageait ma vie. »
*** Horace, *Ode XVII* du livre II : « Si un destin prématuré m'a enlevé cette moitié de mon âme, à quoi bon m'attarder, moi l'autre moitié, qui n'ai plus une valeur égale et qui ne survis pas tout entier? Ce jour a conduit à sa perte l'une et l'autre. »

Il n'est action ou imagination où je ne le trouve à dire comme si eût-il bien fait à moi. Car, de même qu'il me surpassait d'une distance infinie en toute autre suffisance et vertu, aussi faisait-il au devoir de l'amitié.

> *Quis desiderio sit pudor aut modus*
> *Tam cari capitis*?*

> *O misero frater adempte mihi!*
> *Omnia tecum una perierunt gaudia nostra,*
> *Quæ tuus in vita dulcis elebat amor.*
> *Tu mea, tu moriens fregisti commoda, frater;*
> *Tecum una tota est nostra sepulta anima,*
> *Cujus ego interitu tota de mente fugavi*
> *Hæc studia atque omnes delicias animi.*
> *Alloquar? audiero nunquam tua verba loquentem?*
> *Nunquam ego te, vita frater amabilior,*
> *Aspiciam posthac? At certe semper amabo**.*

Mais oyons un peu parler ce garçon de seize ans[24].

Parce que j'ai trouvé que cet ouvrage a été depuis mis en lumière, et à mauvaise fin[25], par ceux qui cherchent à troubler et changer l'état de notre police, sans se soucier s'ils l'amenderont, qu'ils ont mêlé à d'autres écrits de leur farine, je me suis dédit de le loger ici. Et afin que la mémoire de l'auteur n'en soit intéressée en l'endroit de ceux qui n'ont pu connaître de près ses opinions et ses actions, je les avise que ce sujet fut traité par lui en son enfance, par manière d'exercitation seulement, comme sujet vulgaire et tracassé en mille endroits des livres. Je ne fais nul doute qu'il ne crût ce qu'il écrivait, car il était assez consciencieux pour ne mentir pas même en se

---

* Horace, *Ode XXIV* du livre I : « Peut-il y avoir de la honte ou de la mesure dans le regret d'une tête si chère ? »
** Citations de Catulle, tirées des *Elégies LXVIII et LXV*, dont Montaigne a légèrement modifié le texte pour l'adapter à son cas : « O malheureux que je suis, mon frère, de t'avoir perdu. Avec toi ont péri toutes les joies que ta tendre affection entretenait dans ma vie. En mourant, tu as brisé tout mon bonheur, mon frère. Avec toi, notre âme tout entière a été ensevelie, et par suite de ta mort j'ai chassé de mon cœur mes études et toutes les délices de mon esprit. Ne te parlerai-je plus ? Ne t'entendrai-je plus me parler ? Jamais je ne te verrai plus, frère, que j'aimais mieux que la vie ? Du moins je t'aimerai toujours ! »

jouant. Et sais davantage que, s'il eût eu à choisir, il eût mieux aimé être né à Venise qu'à Sarlat[26]; et avec raison. Mais il avait une autre maxime souverainement empreinte en son âme, d'obéir et de se soumettre très religieusement aux lois sous lesquelles il était né. Il ne fut jamais un meilleur citoyen, ni plus affectionné au repos de son pays, ni plus ennemi des remuements et nouvelletés de son temps. Il eût bien plutôt employé sa suffisance à les éteindre, qu'à leur fournir de quoi les émouvoir davantage. Il avait son esprit moulé au patron d'autres siècles que ceux-ci.

Or, en échange de cet ouvrage sérieux, j'en substituerai un autre[27], produit en cette même saison de son âge, plus gaillard et plus enjoué. Ce sont 29 sonnets que le sieur de Poiferré, homme d'affaires et d'entendement, qui le connaissait longtemps avant moi, a retrouvés par fortune chez lui, et me les vient d'envoyer : de quoi je lui suis très obligé, et souhaiterais que d'autres qui détiennent plusieurs lopins de ses écrits, par-ci, par-là, en fissent de même.

CHAPITRE XXIX

VINGT ET NEUF SONNETS
D'ÉTIENNE DE LA BOÉTIE

A Madame de Grammont,
comtesse de Guissen.

Madame[1], je ne vous offre rien du mien, ou parce qu'il est déjà vôtre, ou pour ce que je n'y trouve rien digne de vous. Mais j'ai voulu que ces vers, en quelque lieu qu'ils se vissent, portassent votre nom en tête, pour l'honneur que ce leur sera d'avoir pour guide cette grande Corisande d'Andoins. Ce présent m'a semblé vous être propre, d'autant qu'il est peu de dames en France qui jugent mieux et se servent plus à propos que vous de la poésie; et puisqu'il n'en est point qui la puissent rendre vive et animée, comme vous faites par ces beaux et riches accords[2] de quoi, parmi un million d'autres beautés, nature vous a étrennée. Madame, ces vers méritent que vous les chérissiez; car vous serez de mon avis, qu'il n'en est point sorti de Gascogne qui eussent plus d'invention et de gentillesse, et qui témoignent être sortis d'une plus riche main. Et n'entrez pas en jalousie de quoi vous n'avez que le reste de ce que piéça j'en ai fait imprimer sous le nom de monsieur de Foix, votre bon parent[3], car certes ceux-ci ont je ne sais quoi de plus vif et de plus bouillant, comme il les fit en sa plus verte jeunesse, et échauffé d'une belle et noble ardeur que je vous dirai, Madame, un jour à l'oreille. Les autres furent faits depuis, comme il était à la poursuite de son mariage, en faveur de sa femme, et sentent déjà je ne sais quelle froideur maritale. Et moi je suis de ceux qui tiennent que la poésie ne rit point ailleurs, comme elle fait en un sujet folâtre et déréglé.

Ces vers se voient ailleurs[4].

SONNETS

I

Pardon, amour, pardon; ô Seigneur! je te voue
Le reste de mes ans, ma voix et mes écrits,
Mes sanglots, mes soupirs, mes larmes et mes cris :
Rien, rien tenir d'aucun que de toi, je n'avoue.

Hélas! comment de moi ma fortune se joue!
De toi n'a pas longtemps, amour je me suis ris,
J'ai failli, je le vois; je me rends, je suis pris.
J'ai trop gardé mon cœur, or je le désavoue.

Si j'ai pour le garder retardé ta victoire
Ne l'en traite plus mal, plus grande en est ta gloire.
Et si du premier coup tu ne m'as abattu,

Pense qu'un bon vainqueur, et né pour être grand,
Son nouveau prisonnier, quand un coup il se rend,
Il prise et l'aime mieux, s'il a bien combattu.

II

C'est amour, c'est amour, c'est lui seul, je le sens,
Mais le plus vif amour, la poison la plus forte,
A qui onc pauvre cœur ait ouverte la porte;
Ce cruel n'a pas mis un de ses traits perçants,

Mais arc, traits et carquois, et lui tout dans mes sens.
Encor un mois n'a pas que ma franchise est morte,
Que ce venin mortel dans mes veines je porte;
Et déjà j'ai perdu et le cœur et le sens.

Et quoi? Si cet amour à mesure croissoit,
Qui en si grand tourment dedans moi se conçoit?
O crois, si tu peux croître, et amende en croissant :

Tu te nourris de pleurs, des pleurs je te promets,
Et pour te rafraîchir, des soupirs pour jamais;
Mais que le plus grand mal soit au moins en naissant!

III

C'est fait, mon cœur, quittons la liberté.
De quoi meshui servirait la défense,
Que d'agrandir et la peine et l'offense?
Plus ne suis fort, ainsi que j'ai été.

La raison fut un temps de mon côté :
Or, révoltée, elle veut que je pense
Qu'il faut servir, et prendre en récompense
Qu'onc d'un tel nœud nul ne fut arrêté.

S'il se faut rendre, alors il est saison,
Quand on n'a plus devers soi la raison.
Je vois qu'amour, sans que je le desserve,

Sans aucun droit, se vient saisir de moi;
Et vois qu'encor il faut à ce grand roi,
Quand il a tort, que la raison lui serve.

IV

C'était alors, quand, les chaleurs passées,
Le sale Automne aux cuves va foulant
Le raisin gras dessous le pied coulant,
Que mes douleurs furent encommencées.

Le paisan bat ses gerbes amassées,
Et aux caveaux ses bouillants muids roulant,
Et des fruitiers son automne croulant,
Se venge lors des peines avancées.

Serait-ce point un présage donné
Que mon espoir est déjà moissonné?
Non certes, non! mais pour certain je pense,

J'aurai, si bien à deviner j'entends,
Si l'on peut rien pronostiquer du temps,
Quelque grand fruit de ma longue espérance.

V

J'ai vu ses yeux perçants, j'ai vu sa face claire
(Nul jamais sans son dam ne regarde les dieux);
Froid, sans cœur me laissa son œil victorieux,
Tout étourdi du coup de sa forte lumière.

Comme un surpris de nuit, aux champs, quand il éclaire,
Etonné, se pâlit si la flèche des cieux
Sifflant lui passe contre, et lui serre les yeux;
Il tremble, et voit, transi, Jupiter en colère.

Dis-moi, ma Dame, au vrai, dis-moi si tes yeux verts
Ne sont pas ceux qu'on dit que l'amour tient couverts?
Tu les avais, je crois, la fois que je t'ai vue;

Au moins il me souvient qu'il me fut lors avis
Qu'amour tout à un coup, quand premier je te vis,
Débanda dessus moi son arc et sa vue.

VI

Ce dit maint un de moi : De quoi se plaint-il tant,
Perdant ses ans meilleurs en chose si légère?
Qu'a-t-il tant à crier, si encor il espère?
Et s'il n'espère rien, pourquoi n'est-il content?

Quand j'étais libre et sain, j'en disais bien autant.
Mais certes celui-là n'a la raison entière,
Ains a le cœur gâté de quelque rigueur fière,
S'il se plaint de ma plainte, et mon mal il n'entend.

Amour tout à un coup de cent douleurs me point,
Et puis l'on m'avertit que je ne crie point.
Si vain je ne suis pas que mon mal j'agrandisse,

A force de parler : s'on m'en peut exempter,
Je quitte les sonnets, je quitte le chanter.
Qui me défend le deuil, celui-là me guérisse!

VII

Quand à chanter ton los parfois je m'aventure,
Sans oser ton grand nom dans mes vers exprimer,
Sondant le moins profond de cette large mer,
Je tremble de m'y perdre, et aux rives m'assure;

Je crains, en louant mal, que je te fasse injure.
Mais le peuple, étonné d'ouïr tant t'estimer,
Ardant de te connaître, essaie à te nommer,
Et, cherchant ton saint nom ainsi à l'aventure,

Ebloui, n'atteint pas à voir chose si claire;
Et ne te trouve point, ce grossier populaire,
Qui, n'ayant qu'un moyen, ne voit pas celui-là :

C'est que s'il peut tirer, la comparaison faite,
Des parfaites du monde une la plus parfaite,
Lors, s'il a voix, qu'il crie hardiment : La voilà!

VIII

Quand viendra ce jour-là, que ton nom au vrai passe
Par France dans mes vers? combien et quantes fois
S'en empresse mon cœur, s'en démangent mes doigts?
Souvent dans mes écrits de soi-même il prend place.

Malgré moi je t'écris, malgré moi je t'efface.
Quand Astrée viendrait, et la foi, et le droit,
Alors joyeux, ton nom au monde se rendroit.
Ores, c'est à ce temps, que cacher il te fasse,

C'est à ce temps malin une grande vergogne,
Donc, ma Dame, tandis tu seras ma Dordogne.
Toutefois, laisse-moi, laisse-moi ton nom mettre;

Ayez pitié du temps; si au jour je te mets,
Si le temps ce connaît, lors je te le promets,
Lors il sera doré, s'il le doit jamais être.

IX

O entre tes beautés, que ta constance est belle!
C'est ce cœur assuré, ce courage constant,
C'est, parmi tes vertus, ce que l'on prise tant :
Ainsi qu'est-il plus beau, qu'une amitié fidèle?

Or ne charge donc rien de ta sœur infidèle,
De Vézère ta sœur[5] : elle va s'écartant,
Toujours flottant mal sûre en son cours inconstant.
Vois-tu comme à leur gré les vents se jouent d'elle?

Et ne te repens point, pour droit de ton aînage,
D'avoir déjà choisi la constance en partage.
Même race porta l'amitié souveraine

Des bons jumeaux, desquels l'un à l'autre départ
Du ciel et de l'enfer la moitié de sa part,
Et l'amour diffamé de la trop belle Hélène.

X

Je vois bien, ma Dordogne, encor humble tu vas :
De te montrer Gasconne, en France, tu as honte.
Si du ruisseau de Sorgue on fait ores grand conte,
Si a-t-il bien été quelquefois aussi bas.

Vois-tu le petit Loir[6], comme il hâte le pas?
Comme déjà parmi les plus grands il se compte?
Comme il marche hautain d'une course plus prompte
Tout à côté du Mince, et il ne s'en plaint pas?

Un seul olivier d'Arne, enté au bord de Loire,
Le fait courir plus brave et lui donne sa gloire.
Laisse, laisse-moi faire; et un jour, ma Dordogne,

Si je devine bien, on te connaîtra mieux;
Et Garonne, et le Rhône, et ces autres grands dieux,
En auront quelque envie, et, possible, vergogne.

XI

Toi qui ois mes soupirs, ne me sois rigoureux
Si mes larmes à part toutes miennes je verse,
Si mon amour ne suit en sa douleur diverse
Du Florentin transi les regrets langoureux[7],

Ni de Catulle aussi, le folâtre amoureux,
Qui le cœur de sa dame en chatouillant lui perce,
Ni le savant amour du mi-grégeois Properce :
Ils n'aiment pas pour moi, je n'aime pas pour eux.

Qui pourra sur autrui ses douleurs limiter,
Celui pourra d'autrui les plaintes imiter :
Chacun sent son tourment, et sait ce qu'il endure;

Chacun parla d'amour ainsi qu'il l'entendit.
Je dis ce que mon cœur, ce que mon mal me dit.
Que celui aime peu qui aime à la mesure!

XII

Quoi? qu'est-ce? ô vents, ô nues, ô l'orage!
A point nommé, quand d'elle m'approchant,
Les bois, les monts, les baisses vais tranchant,
Sur moi d'aguet vous poussez votre rage.

Ores mon cœur s'embrase davantage.
Allez, allez faire peur au marchand
Qui dans la mer les trésors va cherchant :
Ce n'est ainsi qu'on m'abat le courage.

Quand j'ois les vents, leur tempête et leurs cris,
De leur malice en mon cœur je me ris :
Me pensent-ils pour cela faire rendre?

Fasse le ciel du pire, et l'air aussi :
Je veux, je veux, et le déclare ainsi
S'il faut mourir, mourir comme Léandre.

XIII

Vous qui aimer encore ne savez,
Ores m'oyant parler de mon Léandre,
Ou jamais non, vous y devez apprendre,
Si rien de bon dans le cœur vous avez.

Il osa bien, branlant ses bras lavés,
Armé d'amour, contre l'eau se défendre,
Qui pour tribut la fille voulut prendre,
Ayant le frère et le mouton sauvés[8].

Un soir, vaincu par les flots rigoureux,
Voyant déjà, ce vaillant amoureux,
Que l'eau maîtresse à son plaisir le tourne,

Parlant aux flots, leur jeta cette voix :
Pardonnez-moi maintenant que j'y vois,
Et gardez-moi la mort quand je retourne.

XIV

O cœur léger, ô courage mal seur,
Penses-tu plus que souffrir je te puisse?
O bonté creuse, ô couverte malice!
Traître beauté, venimeuse douceur!

Tu étais donc toujours sœur de ta sœur?
Et moi, trop simple, il fallait que j'en fisse
L'essai sur moi, et que tard j'entendisse
Ton parler double et tes chants de chasseur?

Depuis le jour que j'ai pris à t'aimer,
J'eusse vaincu les vagues de la mer.
Qu'est-ce meshui que je pourrais attendre?

Comment de toi pourrais-je être content?
Qui apprendra ton cœur d'être constant,
Puisque le mien ne le lui peut apprendre?

XV

Ce n'est pas moi que l'on abuse ainsi :
Qu'à quelque enfant ses ruses on emploie,
Qui n'a nul goût, qui n'entend rien qu'il oie :
Je sais aimer, je sais haïr aussi.

Contente-toi de m'avoir jusqu'ici
Fermé les yeux; il est temps que j'y voie.
Et que meshui las et honteux je sois
D'avoir mal mis mon temps et mon souci.

Oserais-tu, m'ayant ainsi traité,
Parler à moi jamais de fermeté?
Tu prends plaisir à ma douleur extrême;

Tu me défends de sentir mon tourment,
Et si je veux bien que je meure en t'aimant :
Si je ne sens, comment veux-tu que j'aime?

XVI

Oh! l'ai-je dit? Hélas, l'ai-je songé,
Ou si pour vrai j'ai dit blasphème telle?
Ça, fausse langue, il faut que l'honneur d'elle,
De moi, par moi, dessus moi, soit vengé.

Mon cœur chez toi, ô ma Dame, est logé :
Là donne-lui quelque gêne nouvelle,
Fais-lui souffrir quelque peine cruelle;
Fais, fais-lui tout, fors lui donner congé.

Or seras-tu (je le sais) trop humaine,
Et ne pourras longuement voir ma peine :
Mais, un tel fait, faut-il qu'il se pardonne?

A tout le moins, haut je me dédierai
De mes sonnets, et me démentirai :
Pour ces deux faux, cinq cents vrais je t'en donne.

XVII

Si ma raison en moi s'est pu remettre,
Si recouvrer asteure je me puis,
Si j'ai du sens, si plus homme je suis,
Je t'en remercie, ô bienheureuse lettre!

Qui m'eût (hélas!), qui m'eût su reconnaître,
Lorsqu'enragé, vaincu de mes ennuis,
En blasphémant ma Dame je poursuis?...
De loin, honteux, je te vis lors paraître,

O saint papier! alors je me revins,
Et devers toi dévotement je vins.
Je te donrais[a] un autel pour ce fait,

Qu'on vît les traits de cette main divine.
Mais de les voir aucun homme n'est digne,
Ni moi aussi, s'elle ne m'en eût fait.

XVIII

J'étais prêt d'encourir pour jamais quelque blâme.
De colère échauffé, mon courage brûlait;
Ma folle voix au gré de ma fureur branlait;
Je dépitais les dieux, et encore ma Dame.

Lorsqu'elle de loin jette un brevet dans ma flamme,
Je le sentis soudain comme il me rhabillait,
Qu'aussitôt devant lui ma fureur s'en allait,
Qu'il me rendait, vainqueur, en sa place mon âme.

a. Donnerais.

Entre vous, qui de moi, ces merveilles oyez,
Que me dites-vous d'elle? et je vous prie, voyez,
S'ainsi comme je fais, adorer je la dois?

Quels miracles en moi pensez-vous qu'elle fasse
De son œil tout-puissant, ou d'un rai de sa face,
Puisqu'en moi firent tant les traces de ses doigts?

XIX

Je tremblais devant elle, et attendais, transi,
Pour venger mon forfait quelque juste sentence,
A moi-même consent du poids de mon offense,
Lorsqu'elle me dit : Va, je te prends à merci.

Que mon los désormais partout soit éclairci :
Emploie là tes ans; et sans plus, meshui pense
D'enrichir de mon nom par tes vers notre France :
Couvre de vers ta faute, et paye-moi ainsi.

Sus donc, ma plume, il faut, pour jouir de ma peine,
Courir par sa grandeur d'une plus large veine :
Mais regarde à son œil, qu'il ne nous abandonne.

Sans ses yeux nos esprits se mourraient languissants.
Ils nous donnent le cœur, ils nous donnent le sens :
Pour se payer de moi, il faut qu'elle me donne.

XX

O vous, maudits sonnets, vous qui prîtes l'audace
De toucher à ma Dame! ô malins et pervers,
Des Muses le reproche, et honte de mes vers!
Si je vous fis jamais, s'il faut que je me fasse

Ce tort de confesser vous tenir de ma race,
Lors pour vous les ruisseaux ne furent pas ouverts
D'Apollon le Doré, des Muses aux yeux verts;
Mais vous reçut naissants Tisiphone en leur place.

Si j'ai onc quelque part à la postérité,
Je veux que l'un et l'autre en soit déshérité;
Et si au feu vengeur dès or je ne vous donne,

C'est pour vous diffamer : vivez, chétifs, vivez,
Vivez aux yeux de tous, de tout honneur privez :
Car c'est pour vous punir, qu'ores je vous pardonne.

XXI

N'ayez plus, mes amis, n'ayez plus cette envie
Que je cesse d'aimer; laissez-moi, obstiné,
Vivre et mourir ainsi puisqu'il est ordonné :
Mon amour, c'est le fil auquel se tient ma vie.

Ainsi me dit la Fée; ainsi en Œagrie,
Elle fit Méléagre[9] à l'amour destiné,
Et alluma sa souche à l'heure qu'il fut né,
Et dit : Toi et ce feu, tenez-vous compagnie.

Elle le dit ainsi, et la fin ordonnée
Suivit après le fil de cette destinée.
La souche (ce dit-on) au feu fut consommée;

Et dès lors (grand miracle), en un même moment,
On vit tout à un coup du misérable amant
La vie et le tison s'en aller en fumée.

XXII

Quand tes yeux conquérants, étonné, je regarde,
J'y vois dedans à clair tout mon espoir écrit,
J'y vois dedans amour lui-même qui me rit,
Et m'y montre mignard le bonheur qu'il me garde.

Mais quand de te parler parfois je me hasarde,
C'est lors que mon espoir desséché se tarit;
Et d'avouer jamais ton œil, qui me nourrit,
D'un seul mot de faveur, cruelle, tu n'as garde.

Si tes yeux sont pour moi, or vois ce que je dis :
Ce sont ceux-là, sans plus, à qui je me rendis.
Mon Dieu, quelle querelle en toi-même se dresse,

Si ta bouche et tes yeux se veulent démentir!
Mieux vaut, mon doux tourment, mieux vaut les
                                    [départir,
Et que je prenne au mot de tes yeux la promesse.

XXIII

Ce sont tes yeux tranchants qui me font le courage.
Je vois sauter dedans la gaye liberté,
Et mon petit archer, qui mène à son côté
La belle Gaillardise et le Plaisir volage;

Mais après, la rigueur de ton triste langage
Me montre dans ton cœur la fière honnêteté;
Et, condamné, je vois la dure chasteté
Là gravement assise, et la vertu sauvage.

Ainsi mon temps divers par ces vagues se passe;
Ores son œil m'appelle, or sa bouche me chasse.
Hélas, en cet estrif, combien ai-je enduré!

Et puisqu'on pense avoir d'amour quelque assurance,
Sans cesse, nuit et jour, à la servir je pense,
Ni encore de mon mal ne puis être assuré.

XXIV

Or, dis-je bien, mon espérance est morte;
Or est-ce fait de mon aise et mon bien.
Mon mal est clair : maintenant, je vois bien,
J'ai épousé la douleur que je porte.

Tout me court sus, rien ne me réconforte,
Tout m'abandonne, et d'elle je n'ai rien,
Sinon toujours quelque nouveau soutien,
Qui rend ma peine et ma douleur plus forte.

Ce que j'attends, c'est un jour d'obtenir
Quelques soupirs des gens de l'avenir.
Quelqu'un dira dessus moi par pitié :

Sa dame et lui naquirent destinés,
Egalement de mourir obstinés,
L'un en rigueur, et l'autre en amitié.

XXV

J'ai tant vécu chétif, en ma langueur,
Qu'or j'ai vu rompre (et suis encore en vie)
Mon espérance avant mes yeux ravie,
Contre l'écueil de sa fière rigueur.

Que m'a servi de tant d'ans la longueur?
Elle n'est pas de ma peine assouvie;
Elle s'en rit, et n'a point d'autre envie
Que de tenir mon mal en sa vigueur.

Doncques j'aurai, malheureux en aimant,
Toujours un cœur, toujours nouveau tourment,
Je me sens bien que j'en suis hors d'haleine,

Prêt à laisser la vie sous le faix :
Qu'y ferait-on, sinon ce que je fais?
Piqué du mal, je m'obstine en ma peine.

XXVI

Puisqu'ainsi sont mes dures destinées,
J'en saoulerai, si je puis, mon souci.
Si j'ai du mal, elle le veut aussi :
J'accomplirai mes peines ordonnées.

Nymphes des bois, qui avez, étonnées,
De mes douleurs, je crois, quelque merci,
Qu'en pensez-vous? puis-je durer ainsi,
Si à mes maux trêves ne sont données?

Or si quelqu'une à m'écouter s'encline,
Oyez, pour Dieu, ce qu'ores je devine :
Le jour est près que mes forces jà vaines

Ne pourront plus fournir à mon tourment.
C'est mon espoir : si je meurs en aimant,
Adonc, je crois, faillirai-je à mes peines.

XXVII

Lorsque lasse est de me lasser ma peine,
Amour, d'un bien mon mal rafraîchissant,
Flatte au cœur mort ma plaie languissant,
Nourrit mon mal et lui fait prendre haleine.

Lors je conçois quelque espérance vaine;
Mais aussitôt, ce dur tyran, s'il sent
Que mon espoir se renforce en croissant,
Pour l'étouffer, cent tourments il m'ameine,

Encor tous frais : lors je me vois blâmant
D'avoir été rebelle à mon tourment.
Vive le mal, ô dieux, qui me dévore!

Vive à son gré mon tourment rigoureux!
O bien heureux, et bien heureux encore,
Qui sans relâche est toujours malheureux!

XXVIII

Si contre amour je n'ai autre défence,
Je m'en plaindrai, mes vers le maudiront,
Et après moi les roches rediront
Le tort qu'il fait à ma dure constance.

Puisque de lui j'endure cette offence,
Au moins tout haut, mes rimes le diront,
Et nos neveux, alors qu'ils me liront,
En l'outrageant, m'en feront la vengeance.

Ayant perdu tout l'aise que j'avois,
Ce sera peu que de perdre ma voix.
S'ont sait l'aigreur de mon triste souci;

Et fut celui qui m'a fait cette plaie,
Il en aura, pour si dur cœur qu'il aie,
Quelque pitié, mais non pas de merci.

XXIX

Jà reluisait la benoîte journée
Que la nature au monde te devait,
Quand des trésors qu'elle te réservait
Sa grande clef te fut abandonnée.

Tu pris la grâce à toi seule ordonnée;
Tu pillas tant de beautés qu'elle avoit,
Tant qu'elle, fière, alors qu'elle te voit,
En est parfois elle-même étonnée.

Ta main de prendre enfin se contenta;
Mais la nature encor te présenta,
Pour t'enrichir, cette terre où nous sommes.

Tu n'en pris rien, mais en toi tu t'en ris,
Te sentant bien en avoir assez pris
Pour être ici reine du cœur des hommes.

CHAPITRE XXX

DE LA MODÉRATION

Comme si nous avions l'attouchement infect, nous corrompons par notre maniement les choses qui d'elles-mêmes sont belles et bonnes. Nous pouvons saisir la vertu de façon qu'elle en deviendra vicieuse, si nous l'embrassons d'un désir trop âpre et violent. Ceux qui disent qu'il n'y a jamais d'excès en la vertu, d'autant que ce n'est plus vertu si l'excès y est, se jouent des paroles :

> *Insani sapiens nomen ferat, æquus iniqui,*
> *Ultra quam satis est virtutem si petat ipsam*.*

C'est une subtile considération de la philosophie. On peut et trop aimer la vertu, et se porter excessivement en une action juste. A ce biais s'accommode la voix divine : « Ne soyez pas plus sages qu'il ne faut, mais soyez sobrement sages[1]. »

J'ai vu tel Grand blesser la réputation de sa religion pour se montrer religieux outre tout exemple des hommes de sa sorte[2].

J'aime des natures tempérées et moyennes. L'immodération vers le bien même si elle ne m'offense, elle m'étonne et me met en peine de la baptiser. Ni la mère de Pausanias, qui donna la première instruction et porta la

---

* Horace, *Epître VI* du livre I : « Le sage mériterait le nom d'insensé, le juste celui d'injuste, s'il visait à la vertu même, au-delà de ce qui est suffisant. »

première pierre à la mort de son fils, ni le dictateur
Postumius[3], qui fit mourir le sien que l'ardeur de jeunesse avait poussé heureusement sur les ennemis, un peu
avant son rang, ne me semble si juste comme étrange. Et
n'aime ni à conseiller, ni à suivre une vertu si sauvage et
si chère.

L'archer qui outrepasse le blanc[a] faut[b], comme celui
qui n'y arrive pas. Et les yeux me troublent à monter à
coup vers une grande lumière également comme à déva-
ler à l'ombre. Calliclès, en Platon[4], dit l'extrémité de la
philosophie dommageable, et conseille de ne s'y
enfoncer outre les bornes du profit; que, prise avec
modération, elle est plaisante et commode, mais qu'en fin
elle rend un homme sauvage et vicieux, dédaigneux des
religions et lois communes, ennemi de la conversation
civile[c], ennemi des voluptés humaines, incapable de toute
administration politique et de secourir autrui et de se
secourir à soi, propre à être impunément soufflet. Il dit
vrai, car, en son excès, elle esclave notre naturelle
franchise, et nous dévoie, par une importune subtilité, du
beau et plain chemin que nature nous a tracé.

L'amitié que nous portons à nos femmes, elle est très
légitime; la théologie ne laisse pas de la brider pourtant,
et de la restreindre. Il me semble avoir lu autrefois chez
saint Thomas[5], en un endroit où il condamne les mariages des parents ès degrés défendus, cette raison parmi les
autres, qu'il y a danger que l'amitié qu'on porte à une
telle femme soit immodérée : car si l'affection maritale
s'y trouve entière et parfaite, comme elle doit, et qu'on la
surcharge encore de celle qu'on doit à la parentèle, il n'y
a point de doute que ce surcroît n'emporte un tel mari
hors les barrières de la raison.

Les sciences qui règlent les mœurs des hommes,
comme la théologie et la philosophie, elles se mêlent de
tout. Il n'est action si privée et secrète, qui se dérobe de
leur connaissance et juridiction. Bien apprentis sont ceux
qui syndiquent leur liberté. Ce sont les femmes qui
communiquent tant qu'on veut leurs pièces à garçonner;
à médeciner, la honte le défend. Je veux donc, de leur
part, apprendre ceci aux maris, car il y a grand danger

a. Le but. – *b.* Manque. – *c.* Relations sociales.

qu'ils ne se perdent en ce débordement, s'il s'en trouve encore qui y soient trop acharnés : c'est que les plaisirs mêmes qu'ils ont à l'accointance de leurs femmes sont réprouvés, si la modération n'y est observée; et qu'il y a de quoi faillir en licence et débordement, comme en un sujet illégitime. Ces enchériments[a] déshontés que la chaleur première nous suggère en ce jeu, sont, non indécemment seulement, mais dommageablement employés envers nos femmes. Qu'elles apprennent l'impudence au moins d'une autre main. Elles sont toujours assez éveillées pour notre besoin. Je ne m'y suis servi que de l'instruction naturelle et simple.

C'est une religieuse liaison et dévote que le mariage; voilà pourquoi le plaisir qu'on en tire, ce doit être un plaisir retenu, sérieux et mêlé à quelque sévérité; ce doit être une volupté aucunement prudente et consciencieuse. Et, parce que sa principale fin c'est la génération, il y en a qui mettent en doute si, lorsque nous sommes sans l'espérance de ce fruit, comme quand elles sont hors d'âge, ou enceintes, il est permis d'en rechercher l'embrassement. Cela tiens-je pour certain qu'il est beaucoup plus sain de s'en abstenir. C'est un homicide, à la mode de Platon[6]. Certaines nations[7], et entre autres la Mahométane[8], abominent la conjonction avec les femmes enceintes; plusieurs aussi, avec celles qui ont leurs flueurs. Zénobie ne recevait son mari que pour une charge, et, cela fait, elle le laissait courir tout le temps de sa conception, lui donnant lors seulement loi de recommencer[9] : brave et généreux exemple de mariage.

C'est de quelque poète disetteux et affamé de ce déduit, que Platon[10] emprunta cette narration, que Jupiter fit à sa femme une si chaleureuse charge un jour que, ne pouvant avoir patience qu'elle eût gagné son lit, il la versa sur le plancher, et, par la véhémence du plaisir, oublia les résolutions grandes et importantes qu'il venait de prendre avec les autres dieux en sa cour céleste; se vantant qu'il l'avait trouvé aussi bon ce coup-là, que lorsque premièrement il la dépucela à cachette de leurs parents.

Les rois de Perse[11] appelaient leurs femmes à la

a. Caresses.

compagnie de leurs festins; mais quand le vin venait à les échauffer en bon escient et qu'il fallait tout à fait lâcher la bride à la volupté, ils les renvoyaient en leur privé, pour ne les faire participantes de leurs appétits immodérés, et faisaient venir en leur lieu des femmes auxquelles ils n'eussent point cette obligation de respect.

Tous plaisirs et toutes gratifications ne sont pas bien logées en toutes gens; Epaminondas[12] avait fait emprisonner un garçon débauché; Pélopidas le pria de le mettre en liberté en sa faveur; il l'en refusa, et l'accorda à une sienne garce, qui aussi l'en pria : disant que c'était une gratification due à une amie, non à un capitaine. Sophocle, étant compagnon en la préture avec Périclès, voyant de cas de fortune passer un beau garçon : « O le beau garçon que voilà, fit-il à Périclès. – Cela serait bon à un autre qu'à un préteur, lui dit Périclès, qui doit avoir non les mains seulement, mais aussi les yeux chastes[13]. »

Ælius Verus, l'empereur[14], répondit à sa femme, comme elle se plaignait de quoi il la laissait aller à l'amour d'autres femmes, qu'il le faisait par occasion consciencieuse, d'autant que le mariage était un nom d'honneur et dignité, non de folâtre et lascive concupiscence. Et nos anciens auteurs ecclésiastiques[15] font avec honneur mention d'une femme qui répudia son mari pour ne vouloir seconder ses trop lascives et immodérées amours. Il n'est en somme aucune si juste volupté, en laquelle l'excès et l'intempérance ne nous soit reprochable.

Mais, à parler en bon escient, est-ce pas un misérable animal que l'homme? A peine est-il en son pouvoir, par sa condition naturelle, de goûter un seul plaisir entier et pur, encore se met-il en peine de le retrancher par discours; il n'est pas assez chétif, si par art et par étude il n'augmente sa misère :

Fortunæ miseras auximus arte vias*.

La sagesse humaine fait bien sottement l'ingénieuse de s'exercer à rabattre le nombre et la douceur des voluptés

---

* Properce, *Elégie VII* du livre III : « Nous avons augmenté par notre art les voies lamentables de notre sort. »

qui nous appartiennent, comme elle fait favorablement et industrieusement d'employer ses artifices à nous peigner et farder les maux et en alléger le sentiment. Si j'eusse été chef de part, j'eusse pris autre voie, plus naturelle, qui est à dire vraie, commode et sainte; et me fusse peut-être rendu assez fort pour la borner.

Quoique nos médecins spirituels et corporels, comme par complot fait entre eux, ne trouvent aucune voie à la guérison, ni remède aux maladies du corps et de l'âme, que par le tourment, la douceur et la peine; les veilles, les jeûnes, les haires, les exils lointains et solitaires, les prisons perpétuelles, les verges et autres afflictions ont été introduites pour cela; mais en telle condition que ce soient véritablement afflictions et qu'il y ait de l'aigreur poignante; et qu'il n'en advienne point comme à un Gallio[16], lequel ayant été envoyé en exil en l'île de Lesbos, on fut averti à Rome qu'il s'y donnait du bon temps, et que ce qu'on lui avait enjoint pour peine, lui tournait à commodité; parquoi ils se ravisèrent de le rappeler près de sa femme et en sa maison, et lui ordonnèrent de s'y tenir, pour accommoder leur punition à son ressentiment. Car à qui le jeûne aiguiserait la santé et l'allégresse, à qui le poisson serait plus appétissant que la chair, ce ne serait plus recette salutaire; non plus qu'en l'autre médecine, les drogues n'ont point d'effet à l'endroit de celui qui les prend avec appétit et plaisir. L'amertume et la difficulté sont circonstances servant à leur opération. Le naturel qui accepterait la rhubarbe comme familière, en corromprait l'usage; il faut que ce soit chose qui blesse notre estomac pour la guérir; et ici faut la règle commune, que les choses se guérissent par leurs contraires, car le mal y guérit le mal.

Cette impression se rapporte aucunement à cette autre si ancienne, de penser gratifier au Ciel et à la nature par notre massacre et homicide, qui fut universellement embrassée en toutes religions. Encore du temps de nos pères, Amurat, en la prise de l'Isthme, immola six cents jeunes hommes grecs à l'âme de son père, afin que ce sang servît de propitiation à l'expiation des péchés du trépassé[17]. En ces nouvelles terres, découvertes en notre âge[18], pures encore et vierges au prix des nôtres, l'usage en est aucunement reçu partout; toutes leurs idoles s'abreuvent de sang humain, non sans divers exemples d'horrible cruauté. On les brûle vifs, et, demi-rôtis, on les retire du brasier pour leur arracher le cœur et les entrailles. A d'autres, voire aux femmes, on les écorche vives, et de leur peau ainsi sanglante en revêt-on et masque d'autres. Et non moins d'exemples de constance et résolution. Car ces pauvres gens sacrifiables, vieillards, femmes, enfants, vont, quelques jours avant, quêtant eux-mêmes les aumônes pour l'offrande de leur sacrifice, et se présentent à la boucherie chantant et dansant avec les assistants. Les ambassadeurs du roi de Mexico faisant entendre à Fernand Cortez la grandeur de leur maître, après lui avoir dit qu'il avait trente vassaux, desquels chacun pouvait assembler cent mille combattants, et qu'il se tenait en la plus belle et forte ville qu'il fût sous le ciel, lui ajoutèrent qu'il avait à sacrifier aux dieux cinquante mille hommes par an. De vrai, ils disent qu'il nourrissait la guerre avec certains grands peuples voisins, non seulement pour l'exercice de la jeunesse du pays, mais principalement pour avoir de quoi fournir à ses sacrifices par des prisonniers de guerre. Ailleurs, en certain bourg, pour la bienvenue dudit Cortez, ils sacrifièrent cinquante hommes tout à la fois. Je dirai encore ce conte. Aucuns de ces peuples, ayant été battus par lui, envoyèrent le reconnaître et rechercher d'amitié; les messagers lui présentèrent trois sortes de présents, en cette manière : « Seigneur, voilà cinq esclaves; si tu es un Dieu fier[a], qui te paisses de chair et de sang, mange-les, et nous t'en aimerons[b] davantage; si tu es un Dieu débonnaire, voilà de l'encens et des plumes; si tu es homme, prends les oiseaux et les fruits que voici. »

---

a. Cruel. – *b.* Amènerons (?)

CHAPITRE XXXI

DES CANNIBALES

Quand le roi Pyrrhus passa en Italie[1], après qu'il eut reconnu l'ordonnance de l'armée que les Romains lui envoyaient au-devant : « Je ne sais, dit-il, quels barbares sont ceux-ci (car les Grecs appelaient ainsi toutes les nations étrangères), mais la disposition de cette armée que je vois n'est aucunement barbare. » Autant en dirent les Grecs de celle que Flaminius[2] fit passer en leur pays et Philippe[3], voyant d'un tertre l'ordre et distribution du camp romain en son royaume, sous Publius Sulpicius Galba. Voilà comment il se faut garder de s'attarder aux opinions vulgaires, et les faut juger par la voix de la raison, non par la voix commune.

J'ai eu longtemps avec moi un homme qui avait demeuré dix ou douze ans en cet autre monde, qui a été découvert en notre siècle, en l'endroit où Villegagnon[4] prit terre, qu'il surnomma la France Antarctique. Cette découverte d'un pays infini semble être de considération. Je ne sais si je me puis répondre qu'il ne s'en fasse à l'avenir quelqu'autre, tant de personnages plus grands que nous ayant été trompés en celle-ci. J'ai peur que nous ayons les yeux plus grands que le ventre, et plus de curiosité que nous n'avons de capacité. Nous embrassons tout, mais n'étreignons que du vent. Platon[5] introduit Solon racontant avoir appris des prêtres de la ville de Saïs, en Egypte, que, jadis et avant le déluge, il y avait une grande île, nommée Atlantide, droit à la bouche du détroit de Gibraltar, qui tenait plus de pays que l'Afrique et l'Asie toutes deux ensemble, et que les rois de cette contrée-là, qui ne possédaient pas seulement cette île, mais s'étaient étendus dans la terre ferme si avant qu'ils tenaient de la largeur d'Afrique jusques en Egypte, et de la longueur de l'Europe jusques en la Toscane, entreprirent d'enjamber jusques sur l'Asie et subjuguer toutes les nations qui bordent la mer Méditerranée jusques au golfe de la mer Majour[6]; et, pour cet effet, traversèrent les Espagnes, la Gaule, l'Italie, jusques en la Grèce, où les Athéniens les soutinrent[a]; mais que, quelque temps après, et les Athéniens, et eux, et leur île furent engloutis par le déluge. Il est bien vraisemblable que cet extrême ravage d'eaux ait fait des changements étranges aux habitations de la terre, comme on tient que la mer a retranché la Sicile d'avec l'Italie,

> *Hæc loca, vi quondam et vasta convulsa ruina,*
> *Dissiluisse ferunt, cum protinus utráque tellus*
> *Una foret*,*

Chypre d'avec la Syrie, l'île de Négrepont[7] de la terre ferme de la Béotie; et joint ailleurs les terres qui étaient divisées, comblant de limon et de sable les fossés d'entredeux,

> *sterilisque diu palus aptaque remis*
> *Vicinas urbes alit, et grave sentit aratrum**.*

Mais il n'y a pas grande apparence que cette île soit ce monde nouveau que nous venons de découvrir; car elle touchait quasi l'Espagne, et ce serait un effet incroyable d'inondation de l'en avoir reculée, comme elle est, de plus de douze cents lieues; outre ce que les navigations des modernes ont déjà presque découvert que ce n'est point une île, ains[b] terre ferme et continente avec l'Inde orientale d'un côté, et avec les terres qui sont sous les deux pôles d'autre part; ou, si elle en est séparée, que

---

a. Les arrêtèrent. – b. Mais.
  * *Enéide*, chant III : « On dit que ces terres qui ne formaient qu'un seul continent ont été séparées jadis de force, arrachées par une énorme convulsion. »
  ** Horace, *Art poétique* : « Un marais longtemps stérile et propre aux rames nourrit les villes voisines, et supporte la pesante charrue. »

c'est d'un si petit détroit et intervalle qu'elle ne mérite pas d'être nommée île pour cela[8]. Il semble qu'il y ait des mouvements, naturels les uns, les autres fiévreux, en ces grands corps comme aux nôtres. Quand je considère l'impression que ma rivière de Dordogne fait de mon temps vers la rive droite de sa descente, et qu'en vingt ans elle a tant gagné, et dérobé le fondement à plusieurs bâtiments, je vois bien que c'est une agitation extraordinaire; car, si elle fût toujours allée à ce train, ou dût aller à l'avenir, la figure du monde serait renversée. Mais il leur prend des changements : tantôt elles s'épandent d'un côté, tantôt d'un autre; tantôt elles se contiennent. Je ne parle pas des soudaines inondations de quoi nous manions les causes. En Médoc, le long de la mer, mon frère, sieur d'Arsac[9], voit une sienne terre ensevelie sous les sables que la mer vomit devant elle; le faîte d'aucuns bâtiments paraît encore; ces rentes et domaines se sont échangés en pacages bien maigres. Les habitants disent que, depuis quelque temps, la mer se pousse si fort vers eux qu'ils ont perdu quatre lieues de terre. Ces sables sont ses fourriers; et voyons des grandes mont-joies d'arène[a] mouvante qui marchent d'une demi-lieue devant elle, et gagnent pays.

L'autre témoignage de l'Antiquité, auquel on veut rapporter cette découverte, est dans Aristote, au moins si ce petit livret *Des merveilles inouïes* est à lui. Il raconte là que certains Carthaginois, s'étant jetés au travers de la mer Atlantique, hors le détroit de Gibraltar, et navigué longtemps, avaient découvert enfin une grande île fertile, toute revêtue de bois et arrosée de grandes et profondes rivières, fort éloignée de toutes terres fermes; et qu'eux, et autres depuis, attirés par la bonté et fertilité du terroir, s'y en allèrent avec leurs femmes et enfants, et commencèrent à s'y habituer. Les seigneurs de Carthage, voyant que leur pays se dépeuplait peu à peu, firent défense expresse, sur peine de mort, que nul n'eût plus à aller là, et en chassèrent ces nouveaux habitants, craignant, à ce que l'on dit, que par succession de temps ils ne vinssent à multiplier tellement qu'ils les supplantassent eux-mêmes

a. Des dunes de sable.

et ruinassent leur Etat. Cette narration d'Aristote n'a non plus d'accord avec nos terres neuves.

Cet homme que j'avais, était homme simple et grossier, qui est une condition propre à rendre véritable témoignage; car les fines gens remarquent bien plus curieusement et plus de choses, mais ils les glosent; et, pour faire valoir leur interprétation et la persuader, ils ne se peuvent farder d'altérer un peu l'Histoire; ils ne vous représentent jamais les choses pures, ils les inclinent et masquent selon le visage qu'ils leur ont vu; et, pour donner crédit à leur jugement et vous y attirer, prêtent volontiers de ce côté-là à la matière, l'allongent et l'amplifient. Ou il faut un homme très fidèle, ou si simple qu'il n'ait pas de quoi bâtir et donner de la vraisemblance à des inventions fausses, et qui n'ait rien épousé. Le mien était tel; et, outre cela, il m'a fait voir à diverses fois plusieurs matelots et marchands qu'il avait connus en ce voyage. Ainsi je me contente de cette information, sans m'enquérir de ce que les cosmographes en disent.

Il nous faudrait des topographes qui nous fissent narration particulière des endroits où ils ont été. Mais, pour avoir cet avantage sur nous d'avoir vu la Palestine, ils veulent jouir de ce privilège de nous conter nouvelles de tout le demeurant du monde. Je voudrais que chacun écrivît ce qu'il sait, et autant qu'il en sait, non en cela seulement, mais en tous autres sujets : car tel peut avoir quelque particulière science ou expérience de la nature d'une rivière ou d'une fontaine, qui ne sait au reste que ce que chacun sait. Il entreprendra toutefois, pour faire courir ce petit lopin, d'écrire toute la physique. De ce vice sourdent plusieurs grandes incommodités.

Or je trouve, pour revenir à mon propos, qu'il n'y a rien de barbare et de sauvage en cette nation[10], à ce qu'on m'en a rapporté, sinon que chacun appelle barbarie ce qui n'est pas de son usage; comme de vrai, il semble que nous n'avons autre mire de la vérité et de la raison que l'exemple et idée des opinions et usances du pays où nous sommes. Là est toujours la parfaite religion, la parfaite police, parfait et accompli usage de toutes choses. Ils sont sauvages, de même que nous appelons sauvages les fruits que nature, de soi et de son progrès ordinaire, a produits :

là où, à la vérité, ce sont ceux que nous avons altérés par notre artifice et détournés de l'ordre commun, que nous devrions appeler plutôt sauvages. En ceux-là sont vives et vigoureuses les vraies et plus utiles et naturelles vertus et propriétés, lesquelles nous avons abâtardies en ceux-ci, et les avons seulement accommodées au plaisir de notre goût corrompu. Et si pourtant, la saveur même et délicatesse se trouve à notre goût excellente, à l'envi des nôtres, en divers fruits de ces contrées-là sans culture. Ce n'est pas raison que l'art gagne le point d'honneur sur notre grande et puissante mère Nature. Nous avons tant rechargé la beauté et richesse de ses ouvrages par nos inventions que nous l'avons du tout étouffée. Si est-ce que, partout où sa pureté reluit, elle fait une merveilleuse honte à nos vaines et frivoles enteprises,

> *Et veniunt ederæ sponte sua melius,*
> *Surgit et in solis formosior arbutus antris,*
> *Et volucres nulla dulcius arte canunt*.*

Tous nos efforts ne peuvent seulement arriver à représenter le nid du moindre oiselet, sa contexture, sa beauté et l'utilité de son usage, non pas la tissure de la chétive araignée. Toutes choses, dit Platon[11], sont produites par la nature ou par la fortune, ou par l'art; les plus grandes et plus belles, par l'une ou l'autre des deux premières; les moindres et imparfaites, par la dernière.

Ces nations me semblent donc ainsi barbares, pour avoir reçu fort peu de leçon de l'esprit humain, et être encore fort voisines de leur naïveté originelle. Les lois naturelles leur commandent encore, fort peu abâtardies par les nôtres; mais c'est en telle pureté, qu'il me prend quelquefois déplaisir de quoi la connaissance n'en soit venue plus tôt, du temps qu'il y avait des hommes qui en eussent su mieux juger que nous. Il me déplaît que Lycurgue et Platon ne l'aient eue; car il me semble que ce que nous voyons par expérience en ces nations-là, sur-

---

* Properce, *Elégie II* du livre I : « Le lierre pousse mieux spontanément, l'arbousier croît plus beau dans les antres solitaires et les oiseaux chantent plus doucement sans aucun art. »

passe non seulement toutes les peintures de quoi la poésie a embelli l'âge doré et toutes ses inventions à feindre une heureuse condition d'hommes, mais encore la conception et le désir même de la philosophie. Ils n'ont pu imaginer une naïveté si pure et simple, comme nous la voyons par expérience; ni n'ont pu croire que notre société se peut maintenir avec si peu d'artifice et de soudure humaine. C'est une nation, dirais-je à Platon, en laquelle il n'y a aucune espèce de trafic; nulle connaissance de lettres; nulle science de nombres; nul nom de magistrat, ni de supériorité politique; nuls usages de service, de richesse ou de pauvreté; nuls contrats; nulles successions; nuls partages; nulles occupations qu'oisives; nul respect de parenté que commun; nuls vêtements; nulle agriculture; nul métal; nul usage de vin ou de blé. Les paroles mêmes qui signifient le mensonge, la trahison, la dissimulation, l'avarice, l'envie, la détraction*a*, le pardon, inouïes. Combien trouverait-il la république qu'il a imaginée éloignée de cette perfection : « *viri a diis recentes** » ».

*Hos natura modos primum dedit****.*

Au demeurant, ils vivent en une contrée de pays très plaisante et bien tempérée; de façon qu'à ce que m'ont dit mes témoins, il est rare d'y voir un homme malade; et m'ont assuré n'en y avoir vu aucun tremblant, chassieux, édenté, ou courbé de vieillesse. Ils sont assis le long de la mer, et fermés du côté de la terre de grandes et hautes montagnes, ayant, entre-deux, cent lieues ou environ d'étendue en large. Ils ont grande abondance de poissons et les mangent sans autre artifice que de les cuire, de chairs qui n'ont aucune ressemblance aux nôtres. Le premier qui y mena un cheval, quoiqu'il les eût pratiqués à plusieurs autres voyages, leur fit tant d'horreur en cette assiette, qu'ils le tuèrent à coups de trait, avant que le pouvoir reconnaître. Leurs bâtiments sont fort longs, et capables de deux ou trois cents âmes, étoffés d'écorce de

---

a. Médisance.
* Sénèque, *Lettre* 90 : « des hommes fraîchement formés par les dieux. »
** *Géorgiques*, chant II : « Voilà les premières règles que la Nature donna. »

grands arbres, tenant à terre par un bout et se soutenant
et appuyant l'un contre l'autre par le faîte, à la mode
d'aucunes de nos granges, desquelles la couverture pend
jusques à terre, et sert de flanc. Ils ont du bois si dur qu'ils
en coupent, et en font leurs épées et des grils à cuire leur
viande. Leurs lits sont d'un tissu de coton, suspendus
contre le toit, comme ceux de nos navires, à chacun le
sien; car les femmes couchent à part des maris. Ils se
lèvent avec le soleil, et mangent soudain après s'être
levés, pour toute la journée; car ils ne font autre repas
que celui-là. Il ne boivent pas lors, comme Suidas dit de
quelques autres peuples d'Orient, qui buvaient hors du
manger; ils boivent à plusieurs fois sur jour, et d'autant.
Leur breuvage est fait de quelque racine, et est de la
couleur de nos vins clairets. Ils ne le boivent que tiède; ce
breuvage ne se conserve que deux ou trois jours; il a le
goût un peu · piquant, nullement fumeux, salutaire à
l'estomac, et laxatif à ceux qui ne l'ont accoutumé; c'est
une boisson très agréable à qui y est duit[a] : Au lieu du
pain[12], ils usent d'une certaine matière blanche, comme
du coriandre[13] confit. J'en ai tâté : le goût en est doux et
un peu fade. Toute la journée se passe à danser. Les plus
jeunes vont à la chasse des bêtes à tout des arcs. Une
partie des femmes s'amusent cependant à chauffer leur
breuvage, qui est leur principal office. Il y a quelqu'un
des vieillards qui, le matin, avant qu'ils se mettent à
manger, prêche en commun toute la grangée, en se
promenant d'un bout à l'autre et redisant une même
clause à plusieurs fois, jusques à ce qu'il ait achevé le tour
(car ce sont bâtiments qui ont bien cent pas de longueur).
Il ne leur recommande que deux choses : la vaillance
contre les ennemis et l'amitié à leurs femmes. Et ne
faillent jamais de remarquer cette obligation, pour leur
refrain, que ce sont elles qui leur maintiennent leur
boisson tiède et assaisonnée. Il se voit en plusieurs lieux,
et entre autres chez moi, la forme de leurs lits, de leur
cordons, de leurs épées et bracelets de bois de quoi ils
couvrent leurs poignets aux combats, et des grandes
cannes, ouvertes par un bout, par le son desquelles ils
soutiennent la cadence en leur danser. Ils sont ras

a. Habitué.

partout, et se font le poil beaucoup plus nettement que nous, sans autre rasoir que de bois ou de pierre. Ils croient les âmes éternelles, et celles qui ont bien mérité des dieux, être logées à l'endroit du ciel où le soleil se lève; les maudites, du côté de l'Occident.

Ils ont je ne sais quels prêtres et prophètes, qui se présentent bien rarement au peuple, ayant leur demeure aux montagnes. A leur arrivée, il se fait une grande fête et assemblée solennelle de plusieurs villages (chaque grange, comme je l'ai décrite, fait un village, et sont environ à une lieue française l'une de l'autre). Ce prophète parle à eux en public, les exhortant à la vertu et à leur devoir; mais toute leur science éthique ne contient que ces deux articles, de la résolution à la guerre et affection à leurs femmes. Celui-ci leur pronostique les choses à venir et les événements qu'ils doivent espérer de leurs entreprises, les achemine ou détourne de la guerre; mais c'est par tel si que^a, où il faut^b à bien deviner, et s'il leur advient autrement qu'il ne leur a prédit, il est haché en mille pièces s'ils l'attrapent, et condamné pour faux prophète. A cette cause, celui qui s'est une fois mécompté, on ne le voit plus.

C'est don de Dieu que la divination; voilà pourquoi ce devrait être une imposture punissable d'en abuser. Entre les Scythes[14], quand les devins avaient failli de rencontre^c, on les couchait, enforgés^d de pieds et de mains, sur des chariotes pleines de bruyère, tirées par des bœufs, en quoi on les faisait brûler. Ceux qui manient les choses sujettes à la conduite de l'humaine suffisance, sont excusables d'y faire ce qu'ils peuvent. Mais ces autres, qui nous viennent pipant des assurances d'une faculté extraordinaire qui est hors de notre connaissance, faut-il pas les punir de ce qu'ils ne maintiennent l'effet de leur promesse, et de la témérité de leur imposture?

Ils ont leurs guerres contre les nations qui sont au-delà de leurs montagnes, plus avant en la terre ferme, auxquelles ils vont tout nus, n'ayant autres armes que des arcs ou des épées de bois, apointées par un bout, à la mode des langues de nos épieux. C'est chose émer-

---

a. Par telle condition. – *b.* Manque (faillir). – *c.* S'étaient trompés. – *d.* Enchaînés.

veillable que de la fermeté de leurs combats, qui ne finissent jamais que par meurtre et effusion de sang; car, de déroutes et d'effroi, ils ne savent que c'est. Chacun rapporte pour son trophée la tête de l'ennemi qu'il a tué, et l'attache à l'entrée de son logis[15]. Après avoir longtemps bien traité leurs prisonniers, et de toutes les commodités dont ils se peuvent aviser, celui qui en est le maître, fait une grande assemblée de ses connaissants; il attache une corde à l'un des bras du prisonnier, par le bout de laquelle il le tient éloigné de quelques pas, de peur d'en être offensé[a], et donne au plus cher de ses amis l'autre bras à tenir de même; et eux deux, en présence de toute l'assemblée, l'assomment à coups d'épée. Cela fait, ils le rôtissent et en mangent en commun et en envoient des lopins à ceux de leurs amis qui sont absents. Ce n'est pas, comme on pense, pour s'en nourrir, ainsi que faisaient anciennement les Scythes; c'est pour représenter une extrême vengeance. Et qu'il soit ainsi, ayant aperçu que les Portugais, qui s'étaient ralliés à leurs adversaires, usaient d'une autre sorte de mort contre eux, quand ils les prenaient, qui était de les enterrer jusques à la ceinture, et tirer au demeurant du corps force coups de trait, et les pendre après, ils pensèrent que ces gens ici de l'autre monde, comme ceux qui avaient semé la connaissance de beaucoup de vices parmi leur voisinage, et qui étaient beaucoup plus grands maîtres qu'eux en toute sorte de malice, ne prenaient pas sans occasion cette sorte de vengeance, et qu'elle devait être plus aigre que la leur, commencèrent de quitter leur façon ancienne pour suivre celle-ci. Je ne suis pas marri que nous remarquons l'horreur barbaresque qu'il y a en une telle action, mais oui bien de quoi, jugeant bien de leurs fautes, nous soyons si aveugles aux nôtres. Je pense qu'il y a plus de barbarie à manger un homme vivant qu'à le manger mort, à déchirer par tourments et par gênes un corps encore plein de sentiment, le faire rôtir par le menu, le faire mordre et meurtrir aux chiens et aux pourceaux (comme nous l'avons non seulement lu, mais vu de fraîche mémoire, non entre des ennemis anciens, mais entre des voisins et concitoyens, et, qui pis est, sous

a. Atteint.

prétexte de piété et de religion), que de le rôtir et manger après qu'il est trépassé.

Chrysippe et Zénon, chefs de la secte stoïque, ont bien pensé qu'il n'y avait aucun mal de se servir de notre charogne à quoi que ce fût pour notre besoin, et d'en tirer de la nourriture[16]; comme nos ancêtres, étant assiégés par César en la ville de Alésia[17], se résolurent de soutenir la faim de ce siège par les corps des vieillards, des femmes et d'autres personnes inutiles au combat.

> *Vascones, fama est, alimentis talibus usi*
> *Produxere animas*.*

Et les médecins ne craignent pas de s'en servir à toute sorte d'usage pour notre santé; soit pour l'appliquer au-dedans ou au-dehors; mais il ne se trouva jamais aucune opinion si déréglée qui excusât la trahison, la déloyauté, la tyrannie, la cruauté, qui sont nos fautes ordinaires.

Nous les pouvons donc bien appeler barbares, eu égard aux règles de la raison, mais non pas eu égard à nous, qui les surpassons en toute sorte de barbarie. Leur guerre est toute noble et généreuse, et a autant d'excuse et de beauté que cette maladie humaine en peut recevoir; elle n'a autre fondement parmi eux que la seule jalousie de la vertu. Ils ne sont pas en débat de la conquête[18] de nouvelles terres, car ils jouissent encore de cette uberté[a] naturelle qui les fournit sans travail et sans peine de toutes choses nécessaires, en telle abondance qu'ils n'ont que faire d'agrandir leurs limites. Ils sont encore en cet heureux point, de ne désirer qu'autant que leurs nécessités naturelles leur ordonnent; tout ce qui est au-delà est superflu pour eux. Ils s'entr'appellent généralement, ceux de même âge, frères; enfants, ceux qui sont au-dessous; et les vieillards sont pères à tous les autres. Ceux-ci laissent à leurs héritiers en commun cette possession de biens par indivis, sans autre titre que celui tout pur que nature donne à ses créatures, les produisant au monde. Si leurs

---

a. Abondance (latin *ubertas*).
* Juvénal, *Satire XV* : « Les Gascons, dit-on, s'étant servis de tels aliments, prolongèrent leur vie. »

voisins passent les montagnes pour les venir assaillir, et qu'ils emportent la victoire sur eux, l'acquêt du victo- rieux, c'est la gloire, et l'avantage d'être demeuré maître en valeur et en vertu; car autrement ils n'ont que faire des biens des vaincus, et s'en retournent à leur pays, où ils n'ont faute d'aucune chose nécessaire, ni faute encore de cette grande partie, de savoir heureusement jouir de leur condition et s'en contenter. Autant en font ceux-ci à leur tour. Ils ne demandent à leurs prisonniers autre rançon que la confession et reconnaissance d'être vaincus; mais il ne s'en trouve pas un, en tout un siècle, qui n'aime mieux la mort que de relâcher, ni par contenance, ni de parole un seul point d'une grandeur de courage invincible; il ne s'en voit aucun qui n'aime mieux être tué et mangé, que de requérir seulement de ne l'être pas. Ils les traitent en toute liberté, et leur fournissent de toutes les commodités de quoi ils se peuvent aviser, afin que la vie leur soit d'autant plus chère; et les entretiennent communément des menaces de leur mort future, des tourments qu'ils y auront à souffrir, des apprêts qu'on dresse pour cet effet, du détranchement de leurs membres et du festin qui se fera à leurs dépens. Tout cela se fait pour cette seule fin d'arracher de leur bouche quelque parole molle ou rabaissée, ou de leur donner envie de s'enfuir, pour gagner cet avantage de les avoir épouvantés, et d'avoir fait force à leur constance. Car aussi, à le bien prendre, c'est en ce seul point que consiste la vraie victoire :

victoria nulla est
Quam quæ confessos animo quoque subjugat hostes*.

Les Hongres[19], très belliqueux combattants, ne pour- suivaient jadis leur pointe, outre avoir rendu l'ennemi à leur merci. Car, en ayant arraché cette confession, ils les laissaient aller sans offense, sans rançon, sauf, pour le plus, d'en tirer parole de ne s'armer dès lors en avant contre eux.

Assez d'avantages gagnons-nous sur nos ennemis, qui sont avantages empruntés, non pas nôtres. C'est la qualité

---

* Citation de Claudien rencontrée par Montaigne dans les *Politiques* de Juste Lipse, livre V : « Il n'y a de véritable victoire que celle qui force l'ennemi à s'avouer vaincu. »

d'un portefaix, non de la vertu, d'avoir les bras et les jambes raides; c'est une qualité morte et corporelle que la disposition; c'est un coup de la fortune de faire broncher notre ennemi et de lui éblouir les yeux par la lumière du soleil; c'est un tour d'art et de science, et qui peut tomber en une personne lâche et de néant, d'être suffisant à l'escrime. L'estimation et le prix d'un homme consiste au cœur et en la volonté; c'est là où gît son vrai honneur; la vaillance, c'est la fermeté non pas des jambes et des bras, mais du courage et de l'âme; elle ne consiste pas en la valeur de notre cheval, ni de nos armes, mais en la nôtre. Celui qui tombe obstiné en son courage, « *si succiderit, de genu pugnat** »; qui, pour quelque danger de la mort voisine, ne relâche aucun point de son assurance; qui regarde encore, en rendant l'âme, son ennemi d'une vue ferme et dédaigneuse, il est battu non pas de nous, mais de la fortune; il est tué, non pas vaincu.

Les plus vaillants sont parfois les plus infortunés.

Aussi y a-t-il des pertes triomphantes à l'envi des victoires. Ni ces quatre victoires sœurs, les plus belles que le soleil ait onques vues de ses yeux, de Salamine, de Platées, de Mycale, de Sicile[20], osèrent onques opposer toute leur gloire ensemble à la gloire de la déconfiture du roi Léonidas et des siens, au pas des Thermopyles.

Qui courut jamais d'une plus glorieuse envie et plus ambitieuse au gain d'un combat, que le capitaine Ischolas[21] à la perte? Qui plus ingénieusement et curieusement s'est assuré de son salut, que lui de sa ruine? Il était commis à défendre certain passage du Péloponnèse contre les Arcadiens. Pour quoi faire, se trouvant du tout incapable, vu la nature du lieu et inégalité des forces, et se résolvant que tout ce qui se présenterait aux ennemis, aurait la nécessité à y demeurer; d'autre part, estimant indigne et de sa propre vertu et magnanimité et du nom lacédémonien de faillir à sa charge, il prit entre ces deux extrémités un moyen parti, de telle sorte. Les plus jeunes et dispos de sa troupe, il les conserva à la tuition[a] et service de leur pays, et les y renvoya; et avec ceux

a. Protection.
* Sénèque, *De Providentia*, livre II : « S'il tombe, il combat à genoux. »

desquels le défaut*a* était moindre, il délibéra de soutenir ce pas, et, par leur mort, en faire acheter aux ennemis l'entrée la plus chère qu'il lui serait possible : comme il advint. Car, étant tantôt environné de toutes parts par les Arcadiens, après en avoir fait une grande boucherie, lui et les siens furent tous mis au fil de l'épée. Est-il quelque trophée assigné pour les vainqueurs, qui ne soit mieux dû à ces vaincus? Le vrai vaincre a pour son rôle l'estour*b*; non pas le salut; et consiste l'honneur de la vertu à combattre, non à battre.

Pour revenir à notre histoire, il s'en faut tant que ces prisonniers se rendent, pour tout ce qu'on leur fait, qu'au rebours, pendant ces deux ou trois mois qu'on les garde, ils portent une contenance gaie; ils pressent leurs maîtres de se hâter de les mettre en cette épreuve; ils les défient, les injurient, leur reprochent leur lâcheté et le nombre des batailles perdues contre les leurs. J'ai une chanson faite par un prisonnier, où il y a ce trait : qu'ils viennent hardiment trétous*c* et s'assemblent pour dîner de lui; car ils mangeront quant et quant*d* leurs pères et leurs aïeux, qui ont servi d'aliment et de nourriture à son corps. « Ces muscles, dit-il, cette chair et ces veines, ce sont les vôtres, pauvres fols que vous êtes; vous ne reconnaissez pas que la substance des membres de vos ancêtres s'y tient encore : savourez-les bien, vous y trouverez le goût de votre propre chair[22]. » Invention qui ne sent aucunement la barbarie. Ceux qui les peignent mourants, et qui représentent cette action quand on les assomme, ils peignent le prisonnier crachant au visage de ceux qui le tuent et leur faisant la moue. De vrai, ils ne cessent jusques au dernier soupir de les braver et défier de parole et de contenance. Sans mentir, au prix de nous, voilà des hommes bien sauvages; car, ou il faut qu'ils le soient bien à bon escient, ou que nous le soyons; il y a une merveilleuse distance entre leur forme et la nôtre.

Les hommes y ont plusieurs femmes, et en ont d'autant plus grand nombre qu'ils sont en meilleure réputation de vaillance; c'est une beauté remarquable en leurs mariages, que la même jalousie que nos femmes ont pour nous empêcher de l'amitié et bienveillance d'autres femmes,

a. L'absence. – *b.* Le combat. – *c.* Absolument tous. – *d.* Avec.

les leurs l'ont toute pareille pour la leur acquérir. Etant plus soigneuses de l'honneur de leurs maris que de toute autre chose, elles cherchent et mettent leur sollicitude à avoir le plus de compagnes qu'elles peuvent, d'autant que c'est un témoignage de la vertu du mari.

Les nôtres crieront au miracle; ce ne l'est pas; c'est une vertu proprement matrimoniale; mais du plus haut étage. Et, en la Bible[23], Lia, Rachel, Sara et les femmes de Jacob fournirent leurs belles servantes à leurs maris; et Livie seconda les appétits d'Auguste, à son intérêt[24]; et la femme du roi Dejotarus, Stratonique, prêta non seulement à l'usage de son mari une fort belle jeune fille de chambre qui la servait, mais en nourrit soigneusement les enfants, et leur fit épaule à succéder aux états de leur père[25].

Et, afin qu'on ne pense point que tout ceci se fasse par une simple et servile obligation à leur usance et par l'impression de l'autorité de leur ancienne coutume, sans discours et sans jugement, et pour avoir l'âme si stupide que de ne pouvoir prendre autre parti, il faut alléguer quelques traits de leur suffisance[a]. Outre celui que je viens de réciter de l'une de leurs chansons guerrières, j'en ai une autre, amoureuse, qui commence en ce sens :

« Couleuvre, arrête-toi; arrête-toi, couleuvre, afin que ma sœur tire sur le patron de ta peinture la façon et l'ouvrage d'un riche cordon que je puisse donner à m'amie : ainsi soit en tout temps ta beauté et ta disposition préférée à tous les autres serpents. »

Ce premier couplet, c'est le refrain de la chanson. Or j'ai assez de commerce avec la poésie[26] pour juger ceci, que non seulement il n'y a rien de barbare en cette imagination, mais qu'elle est tout à fait anacréontique. Leur langage, au demeurant, c'est un doux langage et qui a le son agréable, retirant aux terminaisons grecques.

Trois d'entre eux[27], ignorant combien coûtera un jour à leur repos et à leur bonheur la connaissance des corruptions de deçà, et que de ce commerce naîtra leur ruine, comme je présuppose qu'elle soit déjà avancée, bien misérables de s'être laissé piper au désir de la nouvelleté, et avoir quitté la douceur de leur ciel pour

a. Mérite.

venir voir le nôtre, furent à Rouen, du temps que le feu roi Charles neuvième y était. Le Roi parla à eux longtemps; on leur fit voir notre façon, notre pompe, la forme d'une belle ville. Après cela, quelqu'un en demanda leur avis, et voulut savoir d'eux ce qu'ils y avaient trouvé de plus admirable; ils répondirent trois choses, d'où j'ai perdu la troisième, et en suis bien marri; mais j'en ai encore deux en mémoire. Ils dirent qu'ils trouvaient en premier lieu fort étrange que tant de grands hommes, portant barbe, forts et armés, qui étaient autour du Roi (il est vraisemblable qu'ils parlaient des Suisses de sa garde), se soumissent à obéir à un enfant, et qu'on ne choisisse plutôt quelqu'un d'entre eux pour commander; secondement (ils ont une façon de leur langage telle, qu'ils nomment les hommes moitié les uns des autres) qu'ils avaient aperçu qu'il y avait parmi nous des hommes pleins et gorgés de toutes sortes de commodités, et que leurs moitiés étaient mendiants à leurs portes, décharnés de faim et de pauvreté; et trouvaient étrange comme ces moitiés ici nécessiteuses pouvaient souffrir une telle injustice, qu'ils ne prissent les autres à la gorge, ou missent le feu à leurs maisons.

Je parlai à l'un d'eux fort longtemps; mais j'avais un truchement*a* qui me suivait si mal et qui était si empêché à recevoir mes imaginations par sa bêtise, que je n'en pus tirer guère de plaisir. Sur ce que je lui demandai quel fruit il recevait de la supériorité qu'il avait parmi les siens (car c'était un capitaine, et nos matelots le nommaient roi), il me dit que c'était marcher le premier à la guerre; de combien d'hommes il était suivi, il me montra une espèce de lieu, pour signifier que c'était autant qu'il en pourrait en une telle espace, ce pouvait être quatre ou cinq mille hommes; si, hors la guerre, toute son autorité était expirée, il dit qu'il lui en restait cela que, quand il visitait les villages qui dépendaient de lui, on lui dressait des sentiers au travers des haies de leurs bois, par où il pût passer bien à l'aise.

Tout cela ne va pas trop mal : mais quoi, ils ne portent point de hauts-de-chausse!

---

a. Interprète.

CHAPITRE XXXII

QU'IL FAUT SOBREMENT
SE MÊLER DE JUGER
DES ORDONNANCES DIVINES

Le vrai champ et sujet de l'imposture sont les choses inconnues. D'autant qu'en premier lieu l'étrangeté même donne crédit; et puis, n'étant point sujettes à nos discours ordinaires, elles nous ôtent le moyen de les combattre. A cette cause, dit Platon[1], est-il bien plus aisé de satisfaire parlant de la nature des Dieux que de la nature des hommes, parce que l'ignorance des auditeurs prête une belle et large carrière et toute liberté au maniement d'une matière cachée.

Il advient de là qu'il n'est rien cru si fermement que ce qu'on sait le moins, ni gens si assurés que ceux qui nous content des fables, comme alchimistes, pronostiqueurs, judiciaires[2], chiromanciens, médecins, « *id genus omne** ». Auxquels je joindrais volontiers, si j'osais, un tas de gens, interprètes et contrôleurs ordinaires des desseins de Dieu, faisant état de trouver les causes de chaque accident[a], et de voir dans les secrets de la volonté divine les motifs incompréhensibles de ses œuvres; et quoique la variété et discordance continuelle des événements les rejette de coin en coin, et d'Orient en Occident, ils ne laissent de suivre pourtant leur esteuf[b], et, de même crayon, peindre le blanc et le noir.

En une nation indienne[3], il y a cette louable observance : quand il leur mésadvient[c] en quelque rencontre

---

a. Evénement. – b. Balle (au jeu de paume). – c. Quand cela tourne mal.

* Horace, *Satires, I, 2* : « Toute cette engeance ».

ou bataille, ils en demandent publiquement pardon au soleil, qui est leur dieu, comme d'une action injuste, rapportant leur heur ou malheur à la raison divine et lui soumettant leur jugement et discours.

Suffit à un chrétien croire toutes choses venir de Dieu, les recevoir avec reconnaissance de sa divine et inscrutable sapience, pourtant[a] les prendre en bonne part, en quelque visage qu'elles lui soient envoyées. Mais je trouve mauvais ce que je vois en usage, de chercher à fermir et appuyer notre religion par le bonheur et prospérité de nos entreprises. Notre créance a assez d'autres fondements, sans l'autoriser par les événements; car, le peuple accoutumé à ces arguments plausibles et proprement de son goût, il est danger, quand les événements viennent à leur tour contraires et désavantageux, qu'il en ébranle sa foi. Comme aux guerres où nous sommes pour la religion, ceux qui eurent l'avantage au rencontre de La Roche-Abeille[4], faisant grand fête de cet accident, et se servant de cette fortune pour certaine approbation de leur parti, quand ils viennent après à excuser leurs défortunes de Moncontour et de Jarnac[5] sur ce que ce sont verges et châtiments paternels, s'ils n'ont un peuple du tout à leur merci, ils lui font assez aisément sentir que c'est prendre d'un sac deux moutures et de même bouche souffler le chaud et le froid. Il vaudrait mieux l'entretenir des vrais fondements de la vérité. C'est une belle bataille navale qui s'est gagnée ces mois passés contre les Turcs, sous la conduite de don Juan d'Autriche[6], mais il a bien plu à Dieu en faire autrefois voir d'autres telles à nos dépens. Somme, il est malaisé de ramener les choses divines à notre balance, qu'elles n'y souffrent du déchet. Et qui voudrait rendre raison de ce que Arius[7] et Léon, son pape, chefs principaux de cette hérésie, moururent en divers temps de morts si pareilles et si étranges (car, retirés de la dispute par douleur de ventre à la garde-robe, tous deux y rendirent subitement l'âme), et exagérer cette vengeance divine par la circonstance du lieu, y pourrait bien encore ajouter la mort de Héliogabale, qui fut aussi tué en un retrait. Mais quoi? Irénée se trouve engagé en même fortune[8]. Dieu, nous voulant apprendre que les

a. En conséquence.

bons ont autre chose à espérer, et les mauvais autre chose à craindre que les fortunes ou infortunes de ce monde, il les manie et applique selon sa disposition occulte, et nous ôte le moyen d'en faire sottement notre profit. Et se moquent ceux qui s'en veulent prévaloir selon l'humaine raison. Ils n'en donnent jamais une touche qu'ils n'en reçoivent deux. Saint Augustin[9] en fait une belle preuve sur ses adversaires. C'est un conflit qui se décide par les armes de la mémoire plus que par celles de la raison. Il se faut contenter de la lumière qu'il plaît au soleil nous communiquer par ses rayons; et, qui élèvera ses yeux pour en prendre une plus grande dans son corps même[10], qu'il ne trouve pas étrange si, pour la peine de son outrecuidance, il y perd la vue. « *Quis hominum potest scire consilium dei? aut quis poterit cogitare quid velit dominus*?* »

CHAPITRE XXXIII

DE FUIR LES VOLUPTÉS
AU PRIX DE LA VIE

J'avais bien vu convenir en ceci la plupart des anciennes opinions : qu'il est heure de mourir lorsqu'il y a plus de mal que de bien à vivre; et que, de conserver notre vie à notre tourment et incommodité, c'est choquer les lois mêmes de nature, comme disent ces vieilles règles :

> Ἢ ζῆν ἀλύπως, ἢ θανεῖν εὐδαιμόνως.
> Καλόν θνήσκειν οἷς ὕβριν τὸ ζῆν φέρει.
> Κρεῖσσον τὸ μὴ ζῆν ἐστίν ἢ ζῆν ἀθλίως*.

Mais de pousser le mépris de la mort jusques à tel degré, que de l'employer pour se distraire des honneurs, richesses, grandeurs et autres faveurs et biens que nous appelons de la fortune, comme si la raison n'avait pas assez affaire à nous persuader de les abandonner, sans y ajouter cette nouvelle recharge, je ne l'avais vu ni commander, ni pratiquer, jusque lors que ce passage de Sénèque[1] me tomba entre mains, auquel conseillant à Lucilius, personnage puissant et de grande autorité autour de l'empereur, de changer cette vie voluptueuse et pompeuse, et de se retirer de cette ambition du monde à quelque vie solitaire, tranquille et philosophique, sur quoi Lucilius alléguait quelques difficultés : « Je suis

---

* Vers tirés d'un recueil de sentences grecques publié par Crispin en 1569 : « Ou vivre sans chagrin ou mourir heureusement. – Il est bien de mourir quand la vie est à charge. Il est préférable de ne pas vivre que de vivre misérablement. »

d'avis (dit-il) que tu quittes cette vie-là, ou la vie tout à fait; bien te conseillé-je de suivre la plus douce voie, et de détacher plutôt que de rompre ce que tu as mal noué, pourvu que, s'il ne se peut autrement détacher, tu le rompes. Il n'y a homme si couard qui n'aime mieux tomber une fois que de demeurer toujours en branle. » J'eusse trouvé ce conseil sortable à la rudesse stoïque; mais il est plus étrange qu'il soit emprunté d'Epicure, qui écrit, à ce propos, choses toutes pareilles à Idoménée.

Si est-ce que[a] je pense avoir remarqué quelque trait semblable parmi nos gens, mais avec la modération chrétienne. Saint Hilaire[2], évêque de Poitiers, ce fameux ennemi de l'hérésie arienne, étant en Syrie, fut averti qu'Abra, sa fille unique, qu'il avait laissée par-deçà avec sa mère, était poursuivie en mariage par les plus apparents seigneurs du pays, comme fille très bien nourrie, belle, riche et en la fleur de son âge. Il lui écrivit (comme nous voyons) qu'elle ôtât son affection de tous ces plaisirs et avantages qu'on lui présentait; qu'il lui avait trouvé en son voyage un parti bien plus grand et plus digne, d'un mari de bien autre pouvoir et magnificence, qui lui ferait présent de robes et de joyaux de prix inestimable. Son dessein était de lui faire perdre l'appétit et l'usage des plaisirs mondains, pour la joindre toute à Dieu; mais, à cela le plus court et plus certain moyen lui semblant être la mort de sa fille, il ne cessa par vœux, prières et oraisons, de faire requête à Dieu de l'ôter de ce monde et de l'appeler à soi, comme il advint; car bientôt après son retour elle lui mourut, de quoi il montra une singulière joie. Celui-ci semble enchérir sur les autres, de ce qu'il s'adresse à ce moyen de prime face, lequel ils ne prennent que subsidiairement, et puisque c'est à l'endroit de sa fille unique. Mais je ne veux omettre le bout de cette histoire, encore qu'il ne soit pas de mon propos. La femme de saint Hilaire, ayant entendu par lui comme la mort de leur fille s'était conduite par son dessein et volonté, et combien elle avait plus d'heur d'être délogée de ce monde que d'y être, prit une si vive appréhension de la béati-

a. Néanmoins.

tude éternelle et céleste, qu'elle sollicita son mari avec extrême instance d'en faire autant pour elle. Et Dieu, à leurs prières communes, l'ayant retirée à soi bientôt après, ce fut une mort embrassée avec singulier contentement commun.

CHAPITRE XXXIV

LA FORTUNE SE RENCONTRE
SOUVENT AU TRAIN
DE LA RAISON

L'inconstance du branle divers de la fortune fait qu'elle nous doive présenter toute espèce de visages. Y a-t-il action de justice plus expresse que celle-ci? Le duc de Valentinois[1], ayant résolu d'empoisonner Adrien, cardinal de Cornete, chez qui le pape Alexandre sixième, son père, et lui allaient souper au Vatican, envoya devant quelque bouteille de vin empoisonné et commanda au sommelier qu'il la gardât bien soigneusement. Le pape y étant arrivé avant le fils et ayant demandé à boire, ce sommelier, qui pensait ce vin ne lui avoir été recommandé que pour sa bonté, en servit au pape; et le duc même, y arrivant sur le point de la collation, et se fiant qu'on n'aurait pas touché à sa bouteille, en prit à son tour : en manière que le père en mourut soudain; et le fils, après avoir été longuement tourmenté de maladie, fut réservé à une autre pire fortune.

Quelquefois il semble à point nommé qu'elle se joue à nous. Le seigneur d'Estrée[2], lors guidon de M. de Vendôme, et le seigneur de Licques, lieutenant de la compagnie du duc d'Ascot, étant tous deux serviteurs[a] de la sœur du sieur de Foungueselles, quoique de divers partis (comme il advient aux voisins de la frontière), le sieur de Licques l'emporta; mais, le même jour des noces, et, qui pis est, avant le coucher, le marié, ayant envie de rompre un bois en faveur de sa nouvelle épouse, sortit à l'escarmouche près de Saint-Omer, où le sieur d'Estrée, se

_a._ Chevaliers servants, amoureux.

trouvant le plus fort, le fit son prisonnier; et, pour faire
valoir son avantage, encore fallut-il que la damoiselle,

> *Conjugis ante coacta novi dimittere collum,*
> *Quam veniens una atque altera rursus hyems*
> *Noctibus in longis avidum saturasset amorem*,*

lui fît elle-même requête par courtoisie de lui rendre son
prisonnier, comme il fit : la noblesse française ne refusant
jamais rien aux dames.

Semble-t-il pas que ce soit un sort artiste? Constantin,
fils d'Hélène, fonda l'empire de Constantinople; et tant de
siècles après, Constantin, fils d'Hélène, le finit[3].

Quelquefois il lui plaît envier sur nos miracles. Nous
tenons que le roi Clovis, assiégeant Angoulême, les
murailles churent d'elles-mêmes par faveur divine; et
Bouchet emprunte de quelque auteur, que le roi Robert
assiégeant une ville, et s'étant dérobé du siège pour aller à
Orléans solenniser la fête saint Aignan, comme il était en
dévotion, sur certain point de la messe, les murailles de la
ville assiégée s'en allèrent sans aucun effort en ruine[4].
Elle fit tout à contrepoil en nos guerres de Milan. Car le
capitaine Rense assiégeant pour nous la ville d'Eronne, et
ayant fait mettre la mine sous un grand pan de mur, et le
mur en étant brusquement enlevé hors de terre, rechut
toutefois tout empanné[a], si droit dans son fondement que
les assiégés n'en valurent pas moins[5].

Quelquefois elle fait la médecine. Jason Phereus[6], étant
abandonné des médecins pour une apostume qu'il avait
dans la poitrine, ayant envie de s'en défaire, au moins par
la mort, se jeta en une bataille à corps perdu dans la
presse des ennemis, où il fut blessé à travers le corps, si à
point, que son apostume en creva, et guérit.

Surpassa-t-elle pas le peintre Protogène en la science de
son art? Celui-ci, ayant parfait l'image d'un chien las et
recru, à son contentement en toutes les autres parties,
mais ne pouvant représenter à son gré l'écume et la bave,
dépité contre sa besogne, prit son éponge, et, comme elle

a. Retomba d'un bloc (cf. pan de mur).
* Catulle, *Élégie LXVIII* : « Contrainte de s'arracher des bras d'un
jeune époux avant qu'un et deux hivers, en longues nuits, eussent rassasié
sa passion avide. »

était abreuvée de diverses peintures, la jeta contre, pour tout effacer; la fortune porta tout à propos le coup à l'endroit de la bouche du chien et y parfournit[a] ce à quoi l'art n'avait pu atteindre[7].

N'adresse[b]-t-elle pas quelquefois nos conseils et les corrige? Isabelle, reine d'Angleterre, ayant à repasser de Zélande en son royaume, avec une armée en faveur de son fils contre son mari, était perdue si elle fût arrivée au port qu'elle avait projeté, y étant attendue par ses ennemis; mais la fortune la jeta contre son vouloir ailleurs, où elle prit terre en toute sûreté[8]. Et cet ancien qui, ruant[c] la pierre à un chien, en assena et tua sa marâtre[9], eut-il pas raison de prononcer ce vers :

Ταὐτόματον ἡμῶν καλλίω βουλεύεται*,

la fortune a meilleur avis que nous?

Icètes[10] avait pratiqué[d] deux soldats pour tuer Timoléon, séjournant à Adrane, en la Sicile. Ils prirent heure sur le point qu'il ferait quelque sacrifice; et, se mêlant parmi la multitude, comme ils se guignaient l'un à l'autre que l'occasion était propre à leur besogne, voici un tiers qui, d'un grand coup d'épée, en assène l'un par la tête, et le rue mort par terre, et s'enfuit. Le compagnon, se tenant pour découvert et perdu, recourut à l'autel, requérant franchise, avec promesse de dire toute la vérité. Ainsi qu'il faisait le conte de la conjuration, voici le tiers qui avait été attrapé, lequel, comme meurtrier, le peuple pousse et saboule[e], au travers la presse, vers Timoléon et les plus apparents de l'assemblée. Là il crie merci, et dit avoir justement tué l'assassin de son père, vérifiant sur-le-champ, par des témoins que son bon sort lui fournit tout à propos, qu'en la ville des Léontins son père, de vrai, avait été tué par celui sur lequel il s'était vengé. On lui ordonna dix mines attiques pour avoir eu cet heur, prenant raison de la mort de son père, d'avoir retiré de mort le père commun des Siciliens. Cette fortune surpasse en règlement[f] les règles de l'humaine prudence.

---

a. Acheva. – b. Redresse. – c. Lançant. – d. Soudoyé. – e. Houspille. – f. Précision.

* Vers de Ménandre tiré du recueil de Crispin. Montaigne le traduit après l'avoir cité.

Pour la fin. En ce fait ici se découvre-t-il pas une bien expresse application de sa faveur, de bonté et piété singulière? Ignatius père et fils, proscrits par les triumvirs à Rome, se résolurent à ce généreux office de rendre leurs vies entre les mains l'un de l'autre, et en frustrer la cruauté des tyrans; ils se coururent sus, l'épée au poing; elle en dressa les pointes et en fit deux coups également mortels, et donna à l'honneur d'une si belle amitié qu'ils eussent justement la force de retirer encore des plaies leurs bras sanglants et armés, pour s'entr'embrasser en cet état d'une si forte étreinte que les bourreaux coupèrent ensemble leurs deux têtes, laissant les corps toujours pris en ce noble nœud, et les plaies jointes, humant amoureusement le sang et les restes de la vie l'une de l'autre[11].

CHAPITRE XXXV

D'UN DÉFAUT DE NOS POLICES

Feu mon père, homme pour n'être aidé que de l'expérience et du naturel, d'un jugement bien net, m'a dit autrefois qu'il avait désiré mettre en train qu'il y eût ès villes certain lieu désigné, auquel ceux qui auraient besoin de quelque chose se pussent rendre et faire enregistrer leur affaire à un officier établi pour cet effet, comme : Je cherche à vendre des perles, je cherche des perles à vendre. Tel veut compagnie pour aller à Paris; tel s'enquiert d'un serviteur de telle qualité; tel d'un maître; tel demande un ouvrier; qui ceci, qui cela, chacun selon son besoin. Et semble que ce moyen de nous entr'avertir apporterait non légère commodité au commerce public; car à tous coups il y a des conditions qui s'entrecherchent, et, pour ne s'entr'entendre, laissent les hommes en extrême nécessité.

J'entends, avec une grande honte de notre siècle, qu'à notre vue deux très excellents personnages en savoir sont morts en état de n'avoir pas leur soûl à manger : Lilius Gregorius Giraldus en Italie[1], et Sebastianus Castalio en Allemagne[2]; et crois qu'il y a mille hommes qui les eussent appelés avec très avantageuses conditions, ou secourus où ils étaient, s'ils l'eussent su. Le monde n'est pas si généralement corrompu que je ne sache tel homme qui souhaiterait de bien grande affection que les moyens que les siens lui ont mis en main se pussent employer, tant qu'il plaira à la fortune qu'il en jouisse, à mettre à l'abri de la nécessité les personnages rares et remarquables en quelque espèce de valeur, que le malheur combat quelquefois jusques à l'extrémité, et qui les mettraient pour le moins en tel état qu'il ne tiendrait qu'à faute de bons discours, s'ils n'étaient contents.

En la police économique*ᵃ*, mon père avait cet ordre, que je sais louer, mais nullement ensuivre : c'est qu'outre le registre des négoces du ménage où se logent les menus comptes, paiements, marchés, qui ne requièrent la main du notaire, lequel registre un receveur a en charge, il ordonnait à celui de ses gens, qui lui servait à écrire un papier journal[3] à insérer toutes les survenances de quelque remarque, et jour par jour les mémoires de l'histoire de sa maison, très plaisante à voir quand le temps commence à en effacer la souvenance, et très à propos pour nous ôter souvent de peine : quand fut entamée telle besogne? quand achevée? quels trains*ᵇ* y ont passé? combien arrêté? nos voyages, nos absences, mariages, morts, la réception des heureuses ou malencontreuses nouvelles; changement des serviteurs principaux; telles matières. Usage ancien, que je trouve bon à rafraîchir, chacun en sa chacunière. Et me trouve un sot d'y avoir failli.

---

a. L'administration de la maison. – *b.* Equipages.

CHAPITRE XXXVI

DE L'USAGE DE SE VÊTIR

Où que je veuille donner, il me faut forcer quelque barrière de la coutume, tant elle a soigneusement bridé toutes nos avenues. Je devisais, en cette saison frileuse, si la façon d'aller tout nu de ces nations dernièrement trouvées est une façon forcée par la chaude température de l'air, comme nous disons des Indiens et des Mores, ou si c'est l'originelle des hommes. Les gens d'entendement, d'autant que tout ce qui est sous le ciel, comme dit la sainte parole, est sujet à mêmes lois[1], ont accoutumé, en pareilles considérations à celles ici, où il faut distinguer les lois naturelles des controuvées, de recourir à la générale police du monde, où il n'y peut avoir rien de contrefait. Or, tout étant exactement fourni ailleurs de filet[a] et d'aiguille pour maintenir son être, il est, à la vérité, mécréable[b] que nous soyons seuls produits en état défectueux et indigent, et en état qui ne se puisse maintenir sans secours étranger. Ainsi je tiens que, comme les plantes, arbres, animaux et tout ce qui vit, se trouve naturellement équipé de suffisante couverture, pour se défendre de l'injure du temps,

> *Proptereaque fere res omnes aut corio sunt,*
> *Aut seta, aut conchis, aut callo, aut cortice tectæ**,

---

a. Fil. – b. Incroyable.
* Lucrèce, *De Natura Rerum*, chant IV : « C'est pourquoi presque tous les êtres sont protégés par le cuir, le poil, la coquille, le cal ou l'écorce. »

aussi étions-nous; mais, comme ceux qui éteignent par artificielle lumière celle du jour, nous avons éteint nos propres moyens par les moyens empruntés. Et est aisé à voir que c'est la coutume qui nous fait impossible ce qui ne l'est pas; car, de ces nations qui n'ont aucune connaissance de vêtements, il s'en trouve d'assises environ sous même ciel que le nôtre; et puis la plus délicate partie de nous est celle qui se tient toujours découverte : les yeux, la bouche, le nez, les oreilles; à nos contadins[a], comme à nos aïeux, la partie pectorale et le ventre. Si nous fussions nés avec condition de cotillons et de gréguesques[b], il ne faut faire doute que nature n'eût armé d'une peau plus épaisse ce qu'elle eût abandonné à la batterie des saisons, comme elle a fait le bout des doigts et plante des pieds.

Pourquoi semble-t-il difficile à croire? Entre ma façon d'être vêtu et celle d'un paysan de mon pays, je trouve bien plus de distance qu'il n'y a de sa façon à un homme qui n'est vêtu que de sa peau.

Combien d'hommes, et en Turquie surtout, vont nus par dévotion!

Je ne sais qui[2] demandait à un de nos gueux qu'il voyait en chemise en plein hiver, aussi scarrebillat[c] que tel qui se tient emmitonné dans les martes jusques aux oreilles, comme il pouvait avoir patience[d] : « Et vous, monsieur, répondit-il, vous avez bien la face découverte; or moi, je suis tout face. » Les Italiens content du fol du duc de Florence, ce me semble, que son maître s'enquérant comment, ainsi mal vêtu, il pouvait porter le froid à quoi il était bien empêché lui-même : « Suivez, dit-il, ma recette de charger sur vous tous vos accoutrements, comme je fais les miens, vous n'en souffrirez non plus que moi. » Le roi Massinissa jusques à l'extrême vieillesse ne put être induit à aller la tête couverte, par froid, orage et pluie qu'il fît[3]. Ce qu'on dit aussi de l'empereur Sévère.

Aux batailles données entre les Egyptiens et les Perses, Hérodote[4] dit avoir été remarqué et par d'autres et par lui, que, de ceux qui y demeuraient morts, le test[e] était

a. Paysans. − b. Culottes (grègues). − c. Gaillard. − d. Endurance. − e. Crâne.

sans comparaison plus dur aux Egyptiens qu'aux Persiens, à raison que ceux ici portent leurs têtes toujours couvertes de béguins et puis de turbans; ceux-là, rases dès l'enfance et découvertes.

Et le roi Agésilas observa jusques à sa décrépitude de porter pareille vêture en hiver qu'en été[5]. César, dit Suétone[6], marchait toujours devant sa troupe, et le plus souvent à pied, la tête découverte, soit qu'il fît soleil ou qu'il plût; et autant en dit-on d'Annibal,

> *tum vertice nudo*
> *Excipere insanos imbres cœlique ruinam*.*

Un Vénitien qui s'y est tenu longtemps, et qui ne fait que d'en venir, écrit qu'au royaume du Pégu[7], les autres parties du corps vêtues, les hommes et les femmes vont toujours les pieds nus, même à cheval.

Et Platon conseille merveilleusement[8], pour la santé de tout le corps, de ne donner aux pieds et à la tête autre couverture que celle que nature y a mise.

Celui que les Polonais ont choisi pour leur roi après le nôtre[9], qui est à la vérité un des plus grands princes de notre siècle, ne porte jamais gants, ni ne change, pour hiver et temps qu'il fasse, le même bonnet qu'il porte au couvert.

Comme je ne puis souffrir d'aller déboutonné et détaché, les laboureurs de mon voisinage se sentiraient entravés de l'être. Varron tient que, quand on ordonna que nous tinssions la tête découverte en présence des dieux ou du magistrat[10], on le fit plus pour notre santé et nous fermir contre les injures du temps, que pour compte de la révérence[a].

Et puisque nous sommes sur le froid, et Français accoutumés à nous bigarrer (non pas moi, car je ne m'habille guère que de noir ou de blanc, à l'imitation de mon père), ajoutons, d'une autre pièce[b], que le capitaine Martin Du Bellay dit au voyage de Luxembourg, avoir vu

---

a. Respect. – b. D'un autre côté.
* Silius Italicus, *Les Puniques*, chant I : « Alors, sur sa tête nue, il recevait des pluies torrentielles, l'écroulement du ciel. »

les gelées si âpres, que le vin de la munition[a] se coupait à coups de hache et de cognée, se débitait aux soldats par poids, et qu'ils l'emportaient dans des paniers[11]. Et Ovide, à deux doigts près :

> *Nudaque consistunt formam servantia testæ*
> *Vina, nec hausta meri, sed data frusta bibunt*[*].

Les gelées sont si âpres en l'embouchure des Palus Mæotides[12], qu'en la même place où le lieutenant de Mithridate avait livré bataille aux ennemis à pied sec et les y avait défaits, l'été venu il y gagna contre eux encore une bataille navale.

Les Romains souffrirent grand désavantage au combat qu'ils eurent contre les Carthaginois près de Plaisance, de ce qu'ils allèrent à la charge le sang figé et les membres contraints de froid, là où Annibal avait fait épandre du feu par tout son ost[b], pour échauffer ses soldats, et distribuer de l'huile par les bandes, afin que, s'oignant, ils rendissent leurs nerfs plus souples et dégourdis, et encroûtassent les pores contre les coups de l'air et du vent gelé qui tirait lors[13].

La retraite des Grecs, de Babylone en leur pays, est fameuse des difficultés et mésaises[c] qu'ils eurent à surmonter. Celle-ci en fut qu'accueillis aux montagnes d'Arménie d'un horrible ravage de neiges, ils en perdirent la connaissance du pays et des chemins, et, en étant assiégés tout court[d], furent un jour et une nuit sans boire et sans manger, la plupart de leurs bêtes mortes; d'entre eux plusieurs morts, plusieurs aveugles du coup du grésil et lueur de la neige, plusieurs estropiés par les extrémités, plusieurs roides, transis et immobiles de froid, ayant encore le sens entier[14].

Alexandre vit une nation en laquelle on enterre les arbres fruitiers en hiver, pour les défendre de la gelée[15].

---

a. Provision de l'armée. – b. Armée. – c. Désagréments. – d. Tout à coup.

* Ovide, *Tristes*, chant III, x : « Le vin vidé conserve la forme du récipient : ce n'est plus un breuvage que l'on puise, mais des morceaux que l'on boit. »

Sur le sujet de vêtir, le roi du Mexique changeait quatre fois par jour d'accoutrements, jamais ne les réitérait[a], employant sa déferre[b] à ses continuelles libéralités et récompenses; comme aussi ni pot, ni plat, ni ustensile de sa cuisine et de sa table ne lui étaient servis à deux fois[16].

a. Remettait. – *b.* Défroque.

CHAPITRE XXXVII

DU JEUNE CATON

Je n'ai point cette erreur commune de juger d'un autre selon que je suis[1]. J'en crois aisément des choses diverses à moi. Pour me sentir engagé à une forme, je n'y oblige pas le monde, comme chacun fait; et crois et conçois mille contraires façons de vie; et, au rebours du commun, reçois plus facilement la différence que la ressemblance en nous. Je décharge tant qu'on veut un autre être de mes conditions et principes, et le considère simplement en lui-même, sans relation, l'étoffant sur son propre modèle. Pour n'être continent, je ne laisse d'avouer sincèrement la continence des Feuillants[2] et des Capucins, et de bien trouver l'air de leur train; je m'insinue, par imagination, fort bien en leur place.

Et si, les aime et les honore d'autant plus qu'ils sont autres que moi. Je désire singulièrement qu'on nous juge chacun à part soi, et qu'on ne me tire en conséquence des communs exemples.

Ma faiblesse n'altère aucunement les opinions que je dois avoir de la force et vigueur de ceux qui le méritent. « *Sunt, qui nihil laudent, nisi quod se imitari posse confidunt* ∗. » Rampant au limon de la terre, je ne laisse pas de remarquer, jusque dans les nues, la hauteur inimitable d'aucunes âmes héroïques. C'est beaucoup pour moi d'avoir le jugement réglé, si les effets ne le peuvent être, et maintenir au moins cette maîtresse partie

---

∗ Cicéron, *Tusculanes*, livre II : « Il y a des gens pour louer seulement ce qu'ils croient pouvoir imiter. »

exempte de corruption. C'est quelque chose d'avoir la volonté bonne, quand les jambes me faillent. Ce siècle auquel nous vivons, au moins pour notre climat, est si plombé*a* que, je ne dis pas l'exécution, mais l'imagination même de la vertu en est à dire; et semble que ce ne soit autre chose qu'un jargon de collège :

> *virtutem verba putant, ut*
> *Lucum ligna*.*

> « *Quam vereri deberent, etiamsi percipere non*
> *[possent**.* »

C'est un affiquet*b* à pendre en un cabinet, ou au bout de la langue, comme au bout de l'oreille, pour parement.

Il ne se reconnaît plus d'action vertueuse : celles qui en portent le visage, elles n'en ont pas pourtant l'essence; car le profit, la gloire, la crainte, l'accoutumance et autres telles causes étrangères nous acheminent à les produire. La justice, la vaillance, la débonnaireté que nous exerçons lors, elles peuvent être ainsi nommées pour la considération d'autrui, et du visage qu'elles portent en public; mais, chez l'ouvrier, ce n'est aucunement vertu : il y a une autre fin proposée, autre cause mouvante. Or la vertu n'avoue rien que ce qui se fait par elle et pour elle seule.

En cette grande bataille de Potidée[3] que les Grecs sous Pausanias gagnèrent contre Mardonius et les Perses, les victorieux, suivant leur coutume, venant à partir*c* entre eux la gloire de l'exploit, attribuèrent à la nation spartiate la précellence de valeur en ce combat. Les Spartiates, excellents juges de la vertu, quand ils vinrent à décider à quel particulier devait demeurer l'honneur d'avoir le mieux fait en cette journée, trouvèrent qu'Aristodème s'était le plus courageusement hasardé; mais pourtant ils ne lui en donnèrent point le prix, parce que sa vertu avait

---

a. Lourd (comme du plomb). – *b.* Parure. – *c.* Partager.
* Horace, *Épître VI* du livre I : « Ils croient que la vertu n'est qu'un mot, et le bois sacré du bois. »
** Cicéron, *Tusculanes*, livre V : « Qu'ils devraient honorer, même s'ils ne pouvaient la comprendre. »

été incitée du désir de se purger du reproche qu'il avait encouru au fait des Thermopyles, et d'un appétit de mourir courageusement pour garantir sa honte passée.

Qui plus est nos jugements sont encore malades et suivent la dépravation de nos mœurs. Je vois la plupart des esprits de mon temps faire les ingénieux à obscurcir la gloire des belles et généreuses actions anciennes, leur donnant quelque interprétation vile et leur controuvant des occasions et des causes vaines.

Grande subtilité! Qu'on me donne l'action la plus excellente et pure, je m'en vais y fournir vraisemblablement cinquante vicieuses intentions. Dieu sait, à qui les veut entendre, quelle diversité d'images ne souffre notre interne volonté! Ils ne font pas tant malicieusement que lourdement et grossièrement les ingénieux à toute leur médisance.

La même peine qu'on prend à détracter de ces grands noms, et la même licence, je la prendrais volontiers à leur prêter quelque tour d'épaule à les hausser. Ces rares figures, et triées pour l'exemple du monde par le consentement des sages, je ne me feindrais[a] pas de les recharger d'honneur, autant que mon invention pourrait en interprétation et favorable circonstance. Mais il faut croire que les efforts de notre conception sont loin au-dessous de leur mérite. C'est l'office des gens de bien de peindre la vertu la plus belle qui se puisse; et ne nous messiérait pas, quand la passion nous transporterait à la faveur de si saintes formes. Ce que ceux-ci font au contraire, ils le font ou par malice, ou par ce vice de ramener leur créance à leur portée, de quoi je viens de parler, ou, comme je pense plutôt, pour n'avoir pas la vue assez forte et assez nette pour concevoir la splendeur de la vertu en sa pureté naïve, ni dressée à cela; comme Plutarque[4] dit que, de son temps, aucuns attribuaient la cause de la mort du jeune Caton à la crainte qu'il avait eue de César; de quoi il se pique avec raison; et peut-on juger par là combien il se fût encore plus offensé de ceux qui l'ont attribuée à l'ambition. Sottes gens! Il eût bien fait une belle action, généreuse et juste, plutôt avec ignominie que pour la gloire. Ce personnage-là fut véritablement un

_a._ Je n'hésiterais pas.

patron que nature choisit pour montrer jusques où l'humaine vertu et fermeté pouvait   atteindre.

Mais je ne suis pas ici à même pour traiter ce riche argument. Je veux seulement faire lutter ensemble les traits de cinq poètes latins sur la louange de Caton, et pour l'intérêt de Caton, et, par incident, pour le leur aussi. Or devra l'enfant bien nourri[a] trouver, au prix des autres, les deux premiers traînants, le troisième plus vert, mais qui s'est battu par l'extravagance de sa force; estimer que là il y aurait place à un ou deux degrés d'invention encore pour arriver au quatrième, sur le point duquel il joindra ses mains par admiration. Au dernier, premier de quelque espace, mais laquelle espace il jurera ne pouvoir être remplie par nul esprit humain, il s'étonnera, il se transira. Voici merveille : nous avons bien plus de poètes que de juges et interprètes de poésie. Il est plus aisé de la faire, que de la connaître. A certaine mesure basse, on la peut juger par les préceptes et par art. Mais la bonne, l'excessive, la divine est au-dessus des règles et de la raison. Quiconque en discerne la beauté d'une vue ferme et rassise, il ne la voit pas, non plus que la splendeur d'un éclair. Elle ne pratique point notre jugement; elle le ravit et ravage. La fureur qui époinçonne[b] celui qui la sait pénétrer, fiert[c] encore un tiers à la lui ouïr traiter et réciter; comme l'aimant non seulement attire une aiguille, mais infond encore en icelle sa faculté d'en attirer d'autres[5]. Et il se voit plus clairement aux théâtres, que l'inspiration sacrée des muses, ayant premièrement agité le poète à la colère, au deuil, à la haine, et hors de soi où elles veulent, frappe encore par le poète l'acteur, et par l'acteur consécutivement tout un peuple. C'est l'enfilure de nos aiguilles, suspendues l'une de l'autre. Dès ma première enfance, la poésie a eu cela, de me transpercer et transporter. Mais ce ressentiment[d] bien vif qui est naturellement en moi, a été diversement manié par diversité de formes, non tant plus hautes et plus basses (car c'étaient toujours des plus hautes en chaque espèce) comme différentes en couleur : premièrement une fluidité gaie et ingénieuse; depuis une subtilité aiguë et

a. Instruit. – *b.* Aiguillonne. – *c.* Frappe (du verbe *férir*). – *d.* Sentiment.

relevée; enfin une force mûre et constante. L'exemple le dira mieux : Ovide, Lucain, Virgile. Mais voilà nos gens sur la carrière.

> *Sit Cato, dum vivit, sane vel Cæsare major**,

dit l'un.

> *Et invictum, devicta morte, Catonem***,

dit l'autre. Et l'autre, parlant des guerres civiles d'entre César et Pompée,

> *Victrix causa diis placuit, sed victa Catoni****.

Et le quatrième, sur les louanges de César :

> *Et cuncta terrarum subacta,*
> *Præter atrocem animum Catonis*****.

Et le maître du chœur, après avoir étalé les noms des plus grands Romains en sa peinture, finit en cette manière :

> *his dantem jura Catonem******.

---

* Martial, *Epigramme XXXII*, livre VI : « Que Caton, même de son vivant, soit plus grand que César. »
** Manilius, *Astronomiques*, chant IV : « Et Caton invaincu, ayant vaincu la mort. »
*** Lucain, *Pharsale*, chant I : « La cause des vainqueurs plut aux dieux, mais celle des vaincus à Caton. »
**** Horace, *Ode I* du livre II : « Ayant dompté l'Univers, sauf l'âme inflexible de Caton. »
***** Virgile, *Enéide*, chant VIII : « Caton qui leur dicte des lois. »

CHAPITRE XXXVIII

COMME NOUS PLEURONS
ET RIONS
D'UNE MÊME CHOSE

Quand nous rencontrons, dans les histoires, qu'Antigonus sut très mauvais gré à son fils de lui avoir présenté la
tête du roi Pyrrhus, son ennemi, qui venait sur l'heure
même d'être tué combattant contre lui, et que, l'ayant
vue, il se prit bien fort à pleurer[1]; et que le duc René de
Lorraine[2], plaignit aussi la mort du duc Charles de
Bourgogne qu'il venait de défaire, et en porta le deuil en
son enterrement; et que, en la bataille d'Auray[3] que le
comte de Montfort gagna contre Charles de Blois, sa
partie[a] pour le duché de Bretagne, le victorieux, rencontrant le corps de son ennemi trépassé, en mena grand
deuil, il ne faut pas s'écrier soudain :

Et cosi aven che l'animo ciascuna
Sua passion sotto el contrario manto
Ricopre, con la vista hor' chiara hor bruna*.

Quand on présenta à César la tête de Pompée, les
histoires[4] disent qu'il en détourna sa vue comme d'un
vilain et mal plaisant spectacle. Il y avait eu entre eux
une si longue intelligence et société au maniement des
affaires publiques, tant de communauté de fortunes, tant
d'offices[b] réciproques et d'alliance, qu'il ne faut pas

---

a. Son adversaire (terme du barreau). – b. Services.
* Pétrarque, sonnet 82 de l'édition de 1550 : « Et c'est ainsi que l'âme
couvre ses passions sous des apparences contraires, le visage tantôt joyeux,
tantôt sombre. »

croire que cette contenance fut toute fausse et contrefaite, comme estime cet autre :

tutumque putavit
Jam bonus esse socer; lachrimas non sponte cadentes
Effudit, gemitúsque expressit pectore lœto*.

Car, bien que, à la vérité, la plupart de nos actions ne soient pas masque et fard, et qu'il puisse quelquefois être vrai,

Hæredis fletus sub persona risus est**,

si est-ce*a* qu'au jugement de ces accidents il faut considérer comme nos âmes se trouvent souvent agitées de diverses passions. Et tout ainsi qu'en nos corps ils disent qu'il y a une assemblée de diverses humeurs, desquelles celle-là est maîtresse qui commande le plus ordinairement en nous, selon nos complexions : aussi, en nos âmes, bien qu'il y ait divers mouvements qui l'agitent, si faut-il qu'il y en ait un à qui le champ demeure. Mais ce n'est pas avec si entier avantage que, pour la volubilité et souplesse de notre âme, les plus faibles par occasion ne regagnent encore la place et ne fassent une courte charge à leur tour. D'où nous voyons non seulement les enfants, qui vont tout naïvement après la nature, pleurer et rire souvent de même chose; mais nul d'entre nous ne se peut vanter, quelque voyage qu'il fasse à son souhait, que encore au départir de sa famille et de ses amis il ne se sente frissonner le courage; et, si les larmes ne lui en échappent tout à fait, au moins met-il le pied à l'étrier d'un visage morne et contristé. Et, quelque gentille flamme qui échauffe le cœur des filles bien nées, encore les déprend-on à force du col de leurs mères pour les rendre à leur époux quoique dise ce bon compagnon :

a. Néanmoins.
* Lucain, *Pharsale*, chant IX : « Il pensa qu'il pouvait sans péril se montrer beau-père; il versa des larmes forcées et il tira des gémissements d'un cœur joyeux. »
** Citation de Publius Syrus rapportée par Aulu-Gelle; Mlle de Gournay la traduit ainsi : « Les pleurs d'un héritier sont des ris sous le masque. »

Est ne novis nuptis odio Venus, anne parentum
Frustrantur falsis gaudia lachrimulis,
Ubertim thalami quas intra limina fundunt?
Non, ita me divi, vera gemunt, juverint*.

Ainsi il n'est pas étrange de plaindre celui-là mort, qu'on ne voudrait aucunement être en vie.

Quand je tance avec mon valet, je tance du meilleur courage que j'aie, ce sont vraies et non feintes imprécations; mais, cette fumée passée, qu'il ait besoin de moi, je lui bien ferai volontiers; je tourne à l'instant le feuillet. Quand je l'appelle un badin[a], un veau, je n'entreprends pas de lui coudre à jamais ces titres; ni ne pense me dédire pour le nommer tantôt honnête homme. Nulle qualité nous embrasse purement et universellement. Si ce n'était la contenance d'un fol de parler seul, il n'est jour auquel on ne m'ouït gronder en moi-même et contre moi : « Bren du fat![b] » Et si[c], n'entends pas que ce soit ma définition.

Qui pour me voir une mine tantôt froide, tantôt amoureuse envers ma femme, estime que l'une ou l'autre soit feinte, il est un sot. Néron, prenant congé de sa mère qu'il envoyait noyer, sentit toutefois l'émotion de cet adieu maternel, et en eut horreur et pitié[5].

On dit que la lumière du soleil n'est pas d'une pièce continue, mais qu'il nous élance si dru sans cesse nouveaux rayons les uns sur les autres que nous n'en pouvons apercevoir l'entre-deux[6] :

Largus enim liquidi fons luminis, ætherius sol
Inrigat assidue cœlum candore recenti,
Suppedit atque novo confestim lumine lumen**,

a. Ridicule. – b. M... pour le sot. – c. Et pourtant.
* Catulle, *La Chevelure de Bérénice* : « Vénus est-elle odieuse aux jeunes mariées, ou celles-ci se moquent-elles de la joie de leurs parents par les larmes fausses qu'elles répandent en abondance sur le seuil de la chambre nuptiale. A Dieu ne plaise! Ces larmes ne sont pas vraies. »
** Lucrèce, *De Natura Rerum*, chant V : « Le soleil dans l'éther, source abondante de la lumière limpide, arrose le ciel d'une clarté sans cesse renaissante et remplace sur-le-champ le rayon par un rayon nouveau. »

ainsi élance notre âme ses pointes diversement et imperceptiblement.

Artabane surprit Xerxès, son neveu, et le tança de la soudaine mutation de sa contenance. Il était à considérer la grandeur démesurée de ses forces au passage de l'Hellespont pour l'entreprise de la Grèce. Il lui prit premièrement un tressaillement d'aise à voir tant de milliers d'hommes à son service, et le témoigna par l'allégresse et fête de son visage. Et, tout soudain, en même instant, sa pensée lui suggérant comme tant de vies avaient à défaillir au plus loin dans un siècle, il refroigna son front, et s'attrista jusques aux larmes[7].

Nous avons poursuivi avec résolue volonté la vengeance d'une injure, et ressenti un singulier contentement de la victoire, nous en pleurons pourtant; ce n'est pas de cela que nous pleurons; il n'y a rien de changé, mais notre âme regarde la chose d'un autre œil, et se la représente par un autre visage; car chaque chose a plusieurs biais et plusieurs lustres. La parenté, les anciennes accointances et amitiés saisissent notre imagination et la passionnent pour l'heure, selon leur condition; mais le contour en est si brusque, qu'il nous échappe.

> *Nil adeo fieri celeri ratione videtur*
> *Quam si mens fieri proponit et inchoat ipsa.*
> *Ocius ergo animus quam res se perciet ulla,*
> *Ante oculos quarum in promptu natura videtur*.*

Et, à cette cause, voulant de toute cette suite continuer un corps, nous nous trompons. Quand Timoléon pleure le meurtre qu'il avait commis d'une si mûre et généreuse délibération, il ne pleure pas la liberté rendue à sa patrie, il ne pleure pas le tyran, mais il pleure son frère[8]. L'une partie de son devoir est jouée, laissons-lui en jouer l'autre.

---

* Lucrèce, *De Natura Rerum*, chant III : « Rien ne se fait, selon toute évidence, aussi rapidement que la conception d'un acte dans l'âme et le commencement de sa réalisation. L'âme est donc plus vive à se mouvoir que tout objet placé sous nos yeux ou à portée de nos sens. »

CHAPITRE XXXIX

DE LA SOLITUDE

Laissons à part[1] cette longue comparaison de la vie solitaire à l'active, et quant à ce beau mot de quoi se couvre l'ambition et l'avarice[a] : que nous ne sommes pas nés pour notre particulier, ains[b] pour le public, rapportons-nous-en hardiment à ceux qui sont en la danse; et qu'ils se battent la conscience, si, au rebours, les états, les charges, et cette tracasserie du monde ne se recherche plutôt pour tirer du public son profit particulier. Les mauvais moyens par où on s'y pousse en notre siècle, montrent bien que la fin n'en vaut guère. Répondons à l'ambition que c'est elle-même qui nous donne goût de la solitude : car que fuit-elle tant que la société? que cherche-t-elle tant que ses coudées franches? Il y a de quoi bien et mal faire partout : toutefois, si le mot de Bias est vrai, que la pire part c'est la plus grande[2], ou ce que dit l'*Ecclésiastique*, que de mille il n'en est pas un bon,

Rari quippe boni : numero vix sunt totidem, quot
*Thebarum portæ, vel divitis ostia Nili**,

la contagion est très dangereuse en la presse. Il faut ou imiter les vicieux, ou les haïr. Tous les deux sont dangereux, et de leur ressembler par ce qu'ils sont beaucoup; et d'en haïr beaucoup par ce qu'ils sont dissemblables[3].

a. Cupidité. – b. Mais.
* Juvénal, *Satire XIII* : « Les gens de bien sont rares : c'est à peine s'il y en a autant que les portes de Thèbes ou les bouches du Nil fertile. »

Et les marchands qui vont en mer ont raison de regarder que ceux qui se mettent en même vaisseau ne soient dissolus, blasphémateurs, méchants : estimant telle société infortunée.

Par quoi Bias[4], plaisamment, à ceux qui passaient avec lui le danger d'une grande tourmente, et appelaient le secours des dieux : « Taisez-vous, fit-il, qu'ils ne sentent point que vous soyez ici avec moi. »

Et, d'un plus pressant exemple, Albuquerque, vice-roi en l'Inde pour le roi Emmanuel de Portugal, en un extrême péril de fortune de mer, prit sur ses épaules un jeune garçon, pour cette seule fin qu'en la société de leur fortune son innocence lui servît de garant et de recommandation envers la faveur divine, pour le mettre à sauveté[5].

Ce n'est pas que le sage ne puisse partout vivre content, voire et seul en la foule d'un palais; mais, s'il est à choisir, il en fuira, dit-il, même la vue. Il portera[a], s'il est besoin, cela; mais, s'il est en lui[b], il élira ceci. Il ne lui semble point suffisamment s'être défait des vices, s'il faut encore qu'il conteste avec ceux d'autrui[6].

Charondas[7] châtiait pour mauvais ceux qui étaient convaincus de hanter mauvaise compagnie.

Il n'est rien si dissociable et sociable que l'homme : l'un par son vice, l'autre par sa nature[8].

Et Antisthène ne me semble avoir satisfait à celui qui lui reprochait sa conversation[c] avec les méchants, en disant que les médecins vivaient bien entre les malades[9]; car, s'ils servent à la santé des malades, ils détériorent la leur par la contagion, la vue continuelle et pratique des malades.

Or la fin, ce crois-je, en est tout une, d'en vivre plus à loisir et à son aise. Mais on n'en cherche pas toujours bien le chemin. Souvent on pense avoir quitté les affaires, on ne les a que changées. Il n'y a guère moins de tourment au gouvernement d'une famille que d'un Etat entier; où que l'âme soit empêchée[d], elle y est toute; et, pour être les occupations domestiques moins importantes, elles n'en sont pas moins importunes. D'avantage,

a. Supportera. – *b.* S'il en a la possibilité. – *c.* Société. – *d.* Occupée.

pour nous être défaits de la Cour et du marché[a], nous ne sommes pas défaits des principaux tourments de notre vie.

> *Ratio et prudentia curas,*
> *Non locus effusi late maris arbiter, aufert*.*

L'ambition, l'avarice, l'irrésolution, la peur et les concupiscences ne nous abandonnent point pour changer de contrée.

> *Et post equitem sedet atra cura**.*

Elles nous suivent souvent jusque dans les cloîtres et dans les écoles de philosophie. Ni les déserts, ni les rochers creusés, ni la haire, ni les jeûnes ne nous en démêlent :

> *hæret lateri letalis arundo***.*

On disait à Socrate que quelqu'un ne s'était aucunement amendé en son voyage : « Je crois bien, dit-il, il s'était emporté avec soi[10]. »

> *Quid terras alio calentes*
> *Sole mutamus? patria quis exul*
> *Se quoque fugit****?*

Si on ne se décharge premièrement et son âme, du faix qui la presse, le remuement la fera fouler davantage; comme en un navire les charges empêchent moins, quand elles sont rassises. Vous faites plus de mal que de bien au

---

a. Affaires.
* Horace, *Epître II* du livre I : « C'est la raison et la sagesse qui ôtent les tourments, non le site d'où l'on découvre une vaste étendue de mer. »
** Horace, Livre III des *Odes*, I : « Le noir souci monte en croupe derrière le cavalier. »
*** Virgile, *Enéide*, chant IV : « Le roseau mortel reste planté dans son flanc. »
**** Horace, *Ode XVI* du livre II : « Pourquoi chercher des terres chauffées par un autre soleil? Qui donc, exilé de sa patrie, se fuit aussi lui-même? »

malade, de lui faire changer de place. Vous ensachez[a] le
mal en le remuant, comme les pals s'enfoncent plus avant
et s'affermissent en les branlant et secouant. Par quoi ce
n'est pas assez de s'être écarté du peuple; ce n'est pas
assez de changer de place, il se faut écarter des conditions
populaires qui sont en nous; il se faut séquestrer et ravoir
de soi.

> *Rupi jam vincula dicas :*
> *Nam luctata canis nodum arripit; attamen illi,*
> *Cum fugit, à collo trahitur pars longa catenæ*.*

Nous emportons nos fers quant et nous[b] : ce n'est pas
une entière liberté, nous tournons encore la vue vers
ce que nous avons laissé, nous en avons la fantaisie
pleine.

> *Nisi purgatum est pectus, quæ prælia nobis*
> *Atque pericula tunc ingratis insinuandum?*
> *Quantæ conscindunt hominem cuppedinis acres*
> *Sollicitum curæ, quantique perinde timores?*
> *Quidve superbia, spurcitia, ac petulantia, quantas*
> *Efficiunt clades? quid luxus desidiesque**?*

Notre mal nous tient en l'âme : or elle ne se peut
échapper à elle-même,

> *In culpa est animus qui se non effugit unquam***.*

Ains[c] il la faut ramener et retirer en soi : c'est la vraie
solitude, et qui se peut jouir au milieu des villes et des

---

a. Enfermez (comme dans un sac). – b. Avec nous. – c. Au contraire.
* Perse, *Satire V* : « J'ai rompu mes liens, dirais-tu : oui, comme le
chien brise sa chaîne après maints efforts; cependant, en fuyant, il en
traîne un long bout à son cou. »
** Lucrèce, *De Natura Rerum,* chant V : « Si le cœur n'a pas été
purgé de ses vices, quels combats et quels dangers nous faut-il affronter,
nous qui sommes insatiables! Quels soucis pénétrants déchirent l'homme
tourmenté par la passion! Que de craintes! Combien de catastrophes
entraînent l'orgueil, la luxure, la colère! Combien aussi, l'amour du luxe
et l'oisiveté! »
*** Horace, *Epître XIV* du livre I. Montaigne a traduit avant de
citer.

cours des rois; mais elle se jouit plus commodément à part.

Or, puisque nous entreprenons de vivre seuls et de nous passer de compagnie, faisons que notre contentement dépende de nous; déprenons-nous de toutes les liaisons qui nous attachent à autrui, gagnons sur nous de pouvoir à bon escient vivre seuls et y vivre à notre aise.

Stilpon[11], étant échappé de l'embrasement de sa ville, où il avait perdu femme, enfants et chevance*a*, Démétrius Poliorcete, le voyant, en une si grande ruine de sa patrie, le visage non effrayé, lui demanda s'il n'avait pas eu du dommage. Il répondit que non, et qu'il n'y avait, Dieu merci, rien perdu de sien. C'est ce que le philosophe Antisthène disait plaisamment : que l'homme se devait pourvoir de munitions*b* qui flottassent sur l'eau et pussent à nage échapper avec lui du naufrage[12].

Certes, l'homme d'entendement n'a rien perdu, s'il a soi-même. Quand la ville de Nole fut ruinée par les Barbares, Paulin, qui en était évêque, y ayant tout perdu, et leur prisonnier, priait ainsi Dieu : « Seigneur, garde-moi de sentir cette perte, car tu sais qu'ils n'ont encore rien touché de ce qui est à moi[13]. » Les richesses qui le faisaient riche, et les biens qui le faisaient bon, étaient encore en leur entier. Voilà que c'est de bien choisir les trésors qui se puissent affranchir de l'injure*c*, et de les cacher en lieu où personne n'aille, et lequel ne puisse être trahi que par nous-mêmes. Il faut avoir femmes, enfants, biens, et surtout de la santé, qui peut; mais non pas s'y attacher en manière que notre heur en dépende. Il se faut réserver une arrière-boutique toute nôtre, toute franche, en laquelle nous établissons notre vraie liberté et principale retraite et solitude. En celle-ci faut-il prendre notre ordinaire entretien de nous à nous-mêmes, et si privé que nulle accointance ou communication étrangère y trouve place; discourir et y rire comme sans femme, sans enfants et sans biens, sans train et sans valets, afin que, quand l'occasion adviendra de leur perte, il ne nous soit pas nouveau de nous en passer. Nous avons une âme contournable en soi-même; elle se peut faire compagnie;

a. Fortune. – *b*. Provisions. – *c*. Injustice, dommage.

elle a de quoi assaillir et de quoi défendre, de quoi recevoir et de quoi donner; ne craignons pas en cette solitude nous croupir d'oisiveté ennuyeuse :

> *in solis sis tibi turba locis*.*

La vertu, dit Antisthène, se contente de soi : sans disciplines, sans paroles, sans effets.

En nos actions accoutumées, de mille il n'en est pas une qui nous regarde. Celui que tu vois grimpant contremont[a] les ruines de ce mur, furieux et hors de soi, en butte de tant d'arquebusades; et cet autre, tout cicatrisé, transi et pâle de faim, délibéré[b] de crever plutôt que de lui ouvrir la porte, penses-tu qu'ils y soient pour eux? Pour tel, à l'aventure, qu'ils ne virent onques, et qui ne se donne aucune peine de leur fait[c], plongé cependant en l'oisiveté et aux délices. Celui-ci, tout pituiteux, chassieux et crasseux, que tu vois sortir après minuit d'une étude, penses-tu qu'il cherche parmi les livres comme il se rendra plus homme de bien, plus content et plus sage? Nulles nouvelles. Il y mourra, ou il apprendra à la postérité la mesure des vers de Plaute et la vraie orthographe d'un mot latin. Qui ne contrechange volontiers la santé, le repos et la vie à la réputation et à la gloire, la plus inutile, vaine et fausse monnaie qui soit en notre usage? Notre mort ne nous faisait pas assez de peur, chargeons-nous encore de celle de nos femmes, de nos enfants et de nos gens. Nos affaires ne nous donnaient pas assez de peine, prenons encore à nous tourmenter et rompre la tête de ceux de nos voisins et amis.

> *Vah! quemquamne hominem in animum instituere, aut*
> *Parare, quod sit charius quam ipse est sibi**?*

La solitude me semble avoir plus d'apparence et de raison à ceux qui ont donné au monde leur âge plus actif et fleurissant, suivant l'exemple de Thalès[14].

---

a. En haut de. – *b.* Décidé à. – *c.* Actes.
 * Tibulle, *Elégie XIII* du livre IV : « Dans la solitude, sois une foule pour toi-même. »
 ** Térence, *Les Adelphes*, acte I, scène I : « Comment! un homme se mettre dans la tête de se donner un objet qui lui soit plus cher que lui-même! »

C'est assez vécu pour autrui, vivons pour nous au moins ce bout de vie. Ramenons à nous et à notre aise nos pensées et nos intentions. Ce n'est pas une légère partie[a] que de faire sûrement sa retraite; elle nous empêche[b] assez sans y mêler d'autres entreprises. Puisque Dieu nous donne loisir de disposer de notre délogement, préparons-nous-y; plions bagage; prenons de bonne heure congé de la compagnie; dépêtrons-nous de ces violentes prises qui nous engagent ailleurs et éloignent de nous. Il faut dénouer ces obligations si fortes, et meshui[c] aimer ceci et cela, mais n'épouser rien que soi. C'est à dire : le reste soit à nous, mais non pas joint et collé en façon qu'on ne le puisse déprendre sans nous écorcher et arracher ensemble quelque pièce du nôtre. La plus grande chose du monde, c'est de savoir être à soi.

Il est temps de nous dénouer de la société, puisque nous n'y pouvons rien apporter. Et qui ne peut prêter, qu'il se défende d'emprunter. Nos forces nous faillent; retirons-les et resserrons en nous. Qui peut renverser et confondre en soi les offices de l'amitié et de la compagnie, qu'il le fasse. En cette chute, qui le rend inutile, pesant et importun aux autres, qu'il se garde d'être importun à soi-même, et pesant, et inutile. Qu'il se flatte et caresse, et surtout se régente, respectant et craignant sa raison et sa conscience, si[d] qu'il ne puisse sans honte broncher en leur présence. « *Rarum est enim ut satis se quisque vereatur**. »

Socrate dit que les jeunes se doivent faire instruire, les hommes s'exercer à bien faire, les vieils se retirer de toute occupation civile et militaire, vivant à leur discrétion, sans obligation à nul certain office[e].

Il y a des complexions plus propres à ces préceptes de la retraite les unes que les autres. Celles qui ont l'appréhension[f] molle et lâche, et une affection et volonté délicate, et qui ne s'asservit ni s'emploie pas aisément, desquelles je suis et par naturelle condition et par discours, ils se plieront mieux à ce conseil que les âmes actives et occupées, qui embrassent tout et s'engagent

---

a. Entreprise. – b. Occupe. – c. Désormais. – d. Si bien qu'il. – e. Fonction déterminée. – f. Compréhension.
  * Quintilien, *Institution oratoire*, livre X, chap. VII : « Il est rare qu'on se respecte assez soi-même. »

partout, qui se passionnent de toutes choses, qui s'offrent, qui se présentent et qui se donnent à toutes occasions. Il se faut servir de ces commodités accidentelles et hors de nous, en tant qu'elles nous sont plaisantes, mais sans en faire notre principal fondement; ce ne l'est pas; ni la raison ni la nature ne le veulent. Pourquoi contre ses lois asservirons-nous notre contentement à la puissance d'autrui? D'anticiper aussi les accidents de fortune, se priver des commodités qui nous sont en main, comme plusieurs ont fait par dévotion et quelques philosophes par discours, se servir soi-même, coucher sur la dure, se crever les yeux[15], jeter ses richesses emmi[a] la rivière[16], rechercher la douleur (ceux-là pour, par le tourment de cette vie, en acquérir la béatitude d'une autre; ceux-ci pour, s'étant logés en la plus basse marche, se mettre en sécurité de nouvelle chute), c'est l'action d'une vertu excessive. Les natures plus roides et plus fortes fassent leur cachette même glorieuse et exemplaire :

> *tuta et parvula laudo,*
> *Cum res deficiunt, satis inter vilia fortis :*
> *Verum ubi quid melius contingit et unctius, idem*
> *Hos sapere, et solos aio bene vivere, quorum*
> *Conspicitur nitidis fundata pecunia villis**.

Il y a pour moi assez affaire sans aller si avant. Il me suffit, sous la faveur de la fortune, me préparer à sa défaveur, et me représenter, étant à mon aise, le mal advenir, autant que l'imagination y peut atteindre; tout ainsi que nous nous accoutumons aux joutes et tournois, et contrefaisons la guerre en pleine paix.

Je n'estime point Arcésilas[17] le philosophe moins réformé, pour le savoir avoir usé d'ustensiles d'or et d'argent, selon que la condition de sa fortune le lui permettait; et l'estime mieux que s'il s'en fût démis, de ce qu'il en usait modérément et libéralement.

---

a. Dans.
* Horace, *Epître XV* du livre I : « Si les biens me font défaut, je vante un tout petit avoir et sa sécurité, me contentant de peu; mais quand le sort me traite mieux et me donne de l'aisance, alors je déclare que seuls sont raisonnables et heureux, ceux dont on voit la fortune fondée sur de belles propriétés. »

Je vois jusques à quelles limites va la nécessité naturelle; et, considérant le pauvre mendiant à ma porte souvent plus enjoué et plus sain que moi, je me plante en sa place, j'essaie de chausser mon âme à son biais. Et, courant ainsi par les autres exemples, quoique je pense la mort, la pauvreté, le mépris et la maladie à mes talons, je me résous aisément de n'entrer en effroi de ce qu'un moindre que moi prend avec telle patience. Et ne puis croire que la bassesse de l'entendement puisse plus que la vigueur; ou que les effets du discours ne puissent arriver aux effets de l'accoutumance. Et, connaissant combien ces commodités accessoires tiennent à peu, je ne laisse pas, en pleine jouissance, de supplier Dieu, pour ma souveraine requête, qu'il me rende content de moi-même et des biens qui naissent de moi. Je vois des jeunes hommes gaillards, qui ne laissent pas de porter dans leurs coffres une masse de pilules pour s'en servir quand le rhume les pressera, lequel ils craignent d'autant moins qu'ils en pensent avoir le remède en main. Ainsi faut-il faire; et encore, si on se sent sujet à quelque maladie plus forte, se garnir de ces médicaments qui assoupissent et endorment la partie.

L'occupation qu'il faut choisir à une telle vie, ce doit être une occupation non pénible ni ennuyeuse; autrement pour néant ferions-nous état d'y être venus chercher le séjour. Cela dépend du goût particulier d'un chacun : le mien ne s'accommode aucunement au ménage. Ceux qui l'aiment, ils s'y doivent adonner avec modération.

Conentur sibi res, non se submittere rebus*.

C'est autrement un office servile que la ménagerie[a], comme le nomme Salluste[18]. Elle a des parties plus excusables, comme le soin des jardinages, que Xénophon attribue à Cyrus[19]; et se peut trouver un moyen entre ce bas et vil soin, tendu et plein de sollicitude, qu'on voit aux hommes qui s'y plongent du tout[b], et cette profonde

---

a. La direction du « ménage ». – b. Complètement.
* Horace, *Epître I* du livre I : « Qu'ils s'efforcent de plier les choses à eux-mêmes, et non de se plier aux choses. » Montaigne a légèrement modifié le texte pour l'adapter à son tour de phrase.

et extrême nonchalance laissant tout aller à l'abandon, qu'on voit en d'autres,

> *Democriti pecus edit agellos*
> *Cultaque, dum peregre est animus sine corpore velox*.

Mais oyons le conseil que donne le jeune Pline à Cornelius Rufus, son ami, sur ce propos de la solitude : « Je te conseille, en cette pleine et grasse retraite où tu es, de quitter à tes gens ce bas et abject soin du ménage, et t'adonner à l'étude des lettres, pour en tirer quelque chose qui soit toute tienne[20]. » Il entend la réputation; d'une pareille humeur à celle de Cicéron qui dit vouloir employer sa solitude et séjour des affaires publiques à s'en acquérir par ses écrits une vie immortelle[21] :

> *usque adeo ne*
> *Scire tuum nihil est, nisi te scire hoc sciat alter**?*

Il semble que ce soit raison, puisqu'on parle de se retirer du monde, qu'on regarde hors de lui; ceux-ci ne le font qu'à demi. Ils dressent bien leur partie, pour quand ils n'y seront plus; mais le fruit de leur dessein, ils prétendent le tirer encore lors du monde, absents, par une ridicule contradiction. L'imagination de ceux qui, par dévotion, recherchent la solitude, remplissant leur courage de la certitude des promesses divines en l'autre vie, est bien plus sainement assortie. Ils se proposent Dieu, objet infini et en bonté et en puissance; l'âme a de quoi y rassasier ses désirs en toute liberté. Les afflictions, les douleurs leur viennent à profit, employées à l'acquêt d'une santé et réjouissance éternelle : la mort, à souhait, passage à un si parfait état. L'âpreté de leurs règles est incontinent aplanie par l'accoutumance; et les appétits charnels, rebutés et endormis par leur refus, car rien ne les entretient que l'usage et exercice. Cette seule fin d'une autre vie heureusement immortelle mérite loyalement

---

* Horace, *Epître XII* du livre I : « Le bétail dévore les champs de Démocrite, pendant que son esprit rapide, loin de son corps, voyage au loin. »
** Perse, *Satire I* : « Quoi donc! ton savoir n'est-il donc rien, si les autres ne savent pas que tu sais? »

que nous abandonnions les commodités et douceurs de cette vie nôtre. Et qui peut embraser son âme de l'ardeur de cette vive foi et espérance, réellement et constamment, il se bâtit en la solitude une vie voluptueuse et délicate au-delà de toute autre forme de vie.

Ni la fin donc, ni le moyen de ce conseil ne me contente; nous retombons toujours de fièvre en chaud mal. Cette occupation des livres est aussi pénible que toute autre, et autant ennemie de la santé, qui doit être principalement considérée. Et ne se faut point laisser endormir au plaisir qu'on y prend; c'est ce même plaisir qui perd le ménagier[a], l'avaricieux, le voluptueux et l'ambitieux. Les sages nous apprennent assez à nous garder de la trahison de nos appétits, et à discerner les vrais plaisirs, et entiers, des plaisirs mêlés et bigarrés de plus de peine. Car la plupart des plaisirs, disent-ils, nous chatouillent et embrassent pour nous étrangler, comme faisaient les larrons que les Egyptiens appelaient Philistas[22]. Et, si la douleur de tête nous venait avant l'ivresse, nous nous garderions de trop boire. Mais la volupté, pour nous tromper, marche devant et nous cache sa suite. Les livres sont plaisants; mais, si de leur fréquentation nous en perdons enfin la gaieté et la santé, nos meilleures pièces, quittons-les. Je suis de ceux qui pensent leur fruit ne pouvoir contrepeser cette perte. Comme les hommes qui se sentent de longtemps affaiblis par quelque indisposition, se rangent à la fin à la merci de la médecine, et se font desseigner par art certaines règles de vivre pour ne les plus outrepasser : aussi celui qui se retire, ennuyé et dégoûté de la vie commune, doit former celle-ci aux règles de la raison, l'ordonner et ranger par préméditation et discours. Il doit avoir pris congé de toute espèce de travail, quelque visage qu'il porte, et fuir en général les passions qui empêchent la tranquillité du corps et de l'âme, et choisir la route qui est plus selon son humeur,

Unusquisque sua noverit ire via*.

a. L'économe.
* Vers de Properce, *Elégie XXV* du livre II. Montaigne a traduit avant de citer.

Au ménage, à l'étude, à la chasse et tout autre exercice, il faut donner jusques aux dernières limites du plaisir, et garder de s'engager plus avant, où la peine commence à se mêler parmi. Il faut réserver d'embesognement et d'occupation autant seulement qu'il en est besoin pour nous tenir en haleine, et pour nous garantir des incommodités que tire après soi l'autre extrémité d'une lâche oisiveté et assoupie. Il y a des sciences stériles et épineuses, et la plupart forgées pour la presse : il les faut laisser à ceux qui sont au service du monde. Je n'aime, pour moi, que des livres ou plaisants et faciles, qui me chatouillent, ou ceux qui me consolent et conseillent à régler ma vie et ma mort :

> *tacitum sylvas inter reptare salubres,*
> *Curantem quidquid dignum sapiente bonoque est*.*

Les gens plus sages peuvent se forger un repos tout spirituel, ayant l'âme forte et vigoureuse. Moi qui l'ai commune, il faut que j'aide à me soutenir par les commodités corporelles; et, l'âge m'ayant tantôt dérobé celles qui étaient plus à ma fantaisie, j'instruis et aiguise mon appétit à celles qui restent plus sortables à cette autre saison. Il faut retenir à tout[a] nos dents et nos griffes l'usage des plaisirs de la vie, que nos ans nous arrachent des poings, les uns après les autres :

> *carpamus dulcia; nostrum est*
> *Quod vivis : cinis et manes et fabula fies**.*

Or, quant à la fin que Pline et Cicéron nous proposent, de la gloire, c'est bien loin de mon compte. La plus contraire humeur à la retraite, c'est l'ambition. La gloire et le repos sont choses qui ne peuvent loger en même gîte.

---

a. Avec.
* Horace, *Epître IV* du livre I : « Me promener silencieusement dans les forêts salubres, m'occupant de sujets dignes d'un sage et d'un homme de bien. »
** La citation de Perse (*satire V*, vers 151) : « Cueillons les plaisirs; nous ne tenons que l'espace de notre vie : tu deviendras cendre, ombre, vain nom » a remplacé cette autre : « Quelle que soit l'heure dont la divinité t'a gratifié, prends-la d'une main reconnaissante, et ne reporte pas les plaisirs à l'année suivante. »

A ce que je vois, ceux-ci n'ont que les bras et les jambes hors de la presse; leur âme, leur intention y demeure engagée plus que jamais :

Tun', vetule, auriculis alienis colligis escas * ?

Ils se sont seulement reculés pour mieux sauter, et pour, d'un plus fort mouvement, faire une plus vive faucée[a] dans la troupe. Vous plaît-il voir comme ils tirent court d'un grain[b]? Mettons au contrepoids l'avis de deux philosophes, et de deux sectes très différentes, écrivant, l'un[23] à Idoménée, l'autre à Lucilius, leurs amis, pour, du maniement des affaires et des grandeurs, les retirer à la solitude. Vous avez (disent-ils) vécu nageant et flottant jusques à présent, venez-vous-en mourir au port. Vous avez donné le reste de votre vie à la lumière, donnez ceci à l'ombre. Il est impossible de quitter les occupations, si vous n'en quittez le fruit; à cette cause, défaites-vous de tout soin de nom[c] et de gloire. Il est danger que la lueur de vos actions passées ne vous éclaire que trop et vous suive jusque dans votre tanière. Quittez avec les autres voluptés celle qui vient de l'approbation d'autrui; et, quant à votre science et suffisance, ne vous chaille, elle ne perdra pas son effet, si vous en valez mieux vous-même. Souvienne-vous de celui à qui, comme on demandait à quoi faire il se peinait si fort en un art qui ne pouvait venir à la connaissance de guère de gens : « J'en ai assez de peu, répondit-il, j'en ai assez d'un, j'en ai assez de pas un. » Il disait vrai : vous et un compagnon êtes assez suffisant théâtre l'un à l'autre, ou vous à vous-même. Que le peuple vous soit un, et un vous soit tout le peuple. C'est une lâche ambition de vouloir tirer gloire de son oisiveté et de sa cachette. Il faut faire comme les animaux qui effacent la trace à la porte de leur tanière. Ce n'est plus ce qu'il vous faut chercher, que le monde parle de vous, mais comme il faut que vous parliez à vous-même. Retirez-vous en vous, mais préparez-vous premièrement de vous y recevoir; ce serait folie de vous fier à vous-

a. Percée. – b. Petit poids : 0,05 g. – c. Renom.
* Perse, *Satire I* : « Vieux radoteur, ne ramasses-tu des aliments que pour les oreilles d'autrui? »

même, si vous ne vous savez gouverner. Il y a moyen de faillir en la solitude comme en la compagnie. Jusques à ce que vous vous soyez rendu tel, devant qui vous n'osiez clocher, et jusques à ce que vous ayez honte et respect de vous-même, « *observentur species honestæ animo** », présentez-vous toujours en l'imagination Caton, Phocion et Aristide, en la présence desquels les fols mêmes cacheraient leurs fautes, et établissez-les contrôleurs de toutes vos intentions; si elles se détraquent, leur révérence[a] les remettra en train. Ils vous contiendront en cette voie de vous contenter de vous-même, de n'emprunter rien que de vous, d'arrêter et fermir votre âme en certaines et limitées cogitations où elle se puisse plaire; et, ayant entendu les vrais biens, desquels on jouit à mesure qu'on les entend, s'en contenter, sans désir de prolongement de vie ni de nom. Voilà le conseil de la vraie et naïve philosophie, non d'une philosophie ostentatrice et parlière[b], comme est celle des deux premiers[24].

CHAPITRE XL

CONSIDÉRATION SUR CICÉRON

Encore un trait à la comparaison de ces couples[1]. Il se tire des écrits de Cicéron et de ce Pline (peu retirant[a], à mon avis, aux humeurs de son oncle), infinis témoignages de nature outre mesure ambitieuse; entre autres qu'ils sollicitent, au su de tout le monde, les historiens de leur temps de ne les oublier en leurs registres[2]; et la fortune, comme par dépit, a fait durer jusques à nous la vanité de ces requêtes, et pieça[b] fait perdre ces histoires. Mais ceci surpasse toute bassesse de cœur, en personne de tel rang, d'avoir voulu tirer quelque principale gloire du caquet et de la parlerie, jusques à y employer les lettres privées écrites à leurs amis; en manière que, aucunes ayant failli leur saison pour être envoyées, ils les font ce néanmoins publier avec cette digne excuse qu'ils n'ont pas voulu perdre leur travail et veillées. Sied-il pas bien à deux consuls romains, souverains magistrats de la chose publique emperière[c] du monde, d'employer leur loisir à ordonner et fagoter gentiment une belle missive, pour en tirer la réputation de bien entendre le langage de leur nourrice? Que ferait pis un simple maître d'école qui en gagnât sa vie? Si les gestes[d] de Xénophon et de César n'eussent de bien loin surpassé leur éloquence, je ne crois pas qu'ils les eussent jamais écrits. Ils ont cherché à recommander non leur dire, mais leur faire. Et, si la

_a._ Ressemblant. – _b._ Depuis longtemps. – _c._ Impératrice. – _d._ Exploits.

perfection du bien parler pouvait apporter quelque gloire sortable à un grand personnage, certainement Scipion et Lélius n'eussent pas résigné l'honneur de leurs comédies et toutes les mignardises et délices du langage latin à un serf africain[3]; car, que cet ouvrage soit leur, sa beauté et son excellence le maintient assez, et Térence l'avoue lui-même[4]. On me ferait déplaisir de me déloger de cette créance.

C'est une espèce de moquerie et d'injure de vouloir faire valoir un homme par des qualités mésavenantes à son rang, quoiqu'elles soient autrement[a] louables, et par les qualités aussi qui ne doivent pas être les siennes principales; comme qui louerait un roi d'être bon peintre, ou bon architecte, ou encore bon arquebusier, ou bon coureur de bague[5]; ces louanges ne font honneur, si elles ne sont présentées en foule, et à la suite de celles qui lui sont propres : à savoir de la justice et de la science de conduire son peuple en paix et en guerre. De cette façon fait honneur à Cyrus l'agriculture[6], et à Charlemagne l'éloquence et connaissance des bonnes lettres. J'ai vu de mon temps, en plus forts termes, des personnages qui tiraient d'écrire et leurs titres et leur vacation[b], désavouer leur apprentissage, corrompre leur plume et affecter l'ignorance de qualité si vulgaire et que notre peuple tient ne se rencontrer guère en mains savantes, se recommandant par meilleures qualités.

Les compagnons de Démosthène en l'ambassade vers Philippe louaient ce prince d'être beau, éloquent et bon buveur; Démosthène disait que c'étaient louanges qui appartenaient mieux à une femme, à un avocat, à une éponge qu'à un roi[7].

> *Imperet bellante prior, jacentem*
> *Lenis in hostem*.*

Ce n'est pas sa profession de savoir ou bien chasser ou bien danser,

---

a. Par ailleurs. – *b.* Profession.
* Horace, *Carmen Saeculare* : « Qu'il commande, vainqueur de l'ennemi qui résiste, clément pour celui qui est abattu. »

Orabunt causas alii, cœlique meatus
Describent radio, et fulgentia sidera dicent;
Hic regere imperio populos sciat*.

Plutarque[8] dit d'avantage[a], que de paraître si excellent en ces parties moins nécessaires, c'est produire contre soi le témoignage d'avoir mal dispensé son loisir et l'étude, qui devait être employé à choses plus nécessaires et utiles. De façon que Philippe, roi de Macédoine, ayant ouï ce grand Alexandre, son fils, chanter en un festin à l'envie des meilleurs musiciens : « N'as-tu pas honte, lui dit-il, de chanter si bien? » Et, à ce même Philippe, un musicien contre lequel il débattait de son art : « Jà à Dieu ne plaise, Sire, dit-il, qu'il t'advienne jamais tant de mal que tu entendes ces choses-là mieux que moi[9]. »

Un roi doit pouvoir répondre comme Iphicrate répondit à l'orateur qui le pressait en son invective, de cette manière : « Eh bien, qu'es-tu, pour faire tant le brave? es-tu homme d'armes? es-tu archer? es-tu piquier? – Je ne suis rien de tout cela, mais je suis celui qui sait commander à tous ceux-là[10]. »

Et Antisthène prit pour argument de peu de valeur en Isménias, de quoi on le vantait d'être excellent joueur de flûte[11].

Je sais bien, quand j'ois quelqu'un qui s'arrête au langage des *Essais*, que j'aimerais mieux qu'il s'en tût. Ce n'est pas tant élever les mots, comme c'est déprimer[b] le sens, d'autant plus piquamment[c] que plus obliquement. Si suis-je trompé, si guère d'autres donnent plus à prendre en la matière; et, comment que ce soit, mal ou bien, si nul écrivain l'a semée ni guère plus matérielle ni au moins plus drue en son papier. Pour en ranger davantage, je n'en entasse que les têtes. Que j'y attache leur suite, je multiplierai plusieurs fois ce volume. Et combien y ai-je épandu d'histoires qui ne disent mot, lesquelles qui voudra éplucher un peu ingénieusement, en

---

a. En outre. – *b.* Rabaisser. – *c.* De façon piquante.
* Virgile, *Enéide*, chant VI : « D'autres plaideront des procès; d'autres dessineront au compas les mouvements du ciel, et nommeront les astres étincelants; pour lui qu'il sache gouverner les peuples. » Le vers exact de Virgile est : « Tu regere imperio populos, Romane, memento » : « Toi, Romain, souviens-toi de gouverner les peuples. »

produira infinis *Essais*. Ni elles, ni mes allégations ne
servent pas toujours simplement d'exemple, d'autorité ou
d'ornement. Je ne les regarde pas seulement par l'usage
que j'en tire. Elles portent souvent, hors de mon propos,
la semence d'une matière plus riche et plus hardie, et
sonnent à gauche un ton plus délicat, et pour moi qui
n'en veux exprimer davantage, et pour ceux qui rencon-
treront mon air. Revenant à la vertu parlière, je ne trouve
pas grand choix entre ne savoir dire que mal, ou ne savoir
rien que bien dire. « *Non est ornamentum virile concin-
nitas**. »

Les sages disent que, pour le regard du savoir, il n'est
que la philosophie, et pour le regard des effets, que la
vertu, qui généralement soit propre à tous degrés et à tous
ordres.

Il y a quelque chose de pareil en ces deux autres
philosophes [12], car ils promettent aussi éternité aux lettres
qu'ils écrivent à leurs amis [13]; mais c'est d'autre façon, et
s'accommodant pour une bonne fin à la vanité d'autrui :
car ils leur mandent que si le soin de se faire connaître
aux siècles à venir et de la renommée les arrête encore au
maniement des affaires, et leur fait craindre la solitude
et la retraite où ils les veulent appeler, qu'ils ne s'en
donnent plus de peine; d'autant qu'ils ont assez de crédit
avec la postérité pour leur répondre que, ne fût que par
les lettres qu'ils leur écrivent, ils rendront leur nom aussi
connu et fameux que pourraient faire leurs actions publiques. Et, outre cette différence, encore ne sont-ce pas
lettres vides et décharnées, qui ne se soutiennent que par
un délicat choix de mots, entassés et rangés à une juste
cadence, ains[a] farcies et pleines de beaux discours de
sapience, par lesquelles on se rend non plus éloquent,
mais plus sage, et qui nous apprennent non à bien dire,
mais à bien faire. Fi de l'éloquence qui nous laisse envie
de soi, non des choses; si ce n'est qu'on die que celle de
Cicéron, étant en si extrême perfection, se donne corps
elle-même.

J'ajouterai encore un conte que nous lisons de lui à ce

a. Mais.
* Sénèque, *Lettre* 115 : « Ce n'est pas un ornement viril que la
disposition symétrique des mots. »

propos, pour nous faire toucher au doigt son naturel. Il avait à orer[a] en public, et était un peu pressé du temps pour se préparer à son aise. Eros, l'un de ses serfs, le vint avertir que l'audience était remise au lendemain. Il en fut si aise qu'il lui donna liberté pour cette bonne nouvelle[14].

Sur ce sujet de lettres, je veux dire ce mot, que c'est un ouvrage auquel mes amis tiennent que je puis quelque chose. Et eusse pris plus volontiers cette forme à publier mes verves[b], si j'eusse eu à qui parler. Il me fallait, comme je l'ai eu autrefois, un certain commerce qui m'attirât, qui me soutînt et soulevât. Car de négocier au vent, comme d'autres, je ne saurais que de songes, ni forger des vains noms à entretenir en chose sérieuse : ennemi juré de toute falsification. J'eusse été plus attentif et plus sûr, ayant une adresse forte et amie, que je ne suis, regardant les divers visages d'un peuple. Et suis déçu, s'il ne m'eût mieux succédé. J'ai naturellement un style comique et privé, mais c'est d'une forme mienne, inepte[c] aux négociations publiques, comme en toutes façons est mon langage : trop serré, désordonné, coupé, particulier; et ne m'entends pas en lettres cérémonieuses, qui n'ont autre substance que d'une belle enfilure de paroles courtoises. Je n'ai ni la faculté, ni le goût de ces longues offres d'affection et de service. Je n'en crois pas tant, et me déplaît d'en dire guère outre ce que j'en crois. C'est bien loin de l'usage présent; car il ne fut jamais si abjecte et servile prostitution de présentations; la vie, l'âme, dévotion, adoration, serf, esclave, tous ces mots y courent si vulgairement que, quand ils veulent faire sentir une plus expresse volonté et plus respectueuse, ils n'ont plus de manière pour l'exprimer.

Je hais à mort de sentir au flatteur; qui fait que je me jette naturellement à un parler sec, rond et cru qui tire, à qui ne me connaît d'ailleurs, un peu vers le dédaigneux. J'honore le plus ceux que j'honore le moins; et, où mon âme marche d'une grande allégresse, j'oublie les pas de la contenance. Et me présente moins à qui je me suis le plus donné[15]. Il me semble qu'ils le doivent lire en mon cœur,

a. Plaider. – *b.* Fantaisies. – *c.* Impropre.

et que l'expression de mes paroles fait tort à ma conception.

A bienveigner[a], à prendre congé, à remercier, à saluer, à présenter mon service, et tels compliments verbeux des lois cérémonieuses de notre civilité, je ne connais personne si sottement stérile de langage que moi.

Et n'ai jamais été employé à faire des lettres de faveur et recommandation, que celui pour qui c'était n'ait trouvées sèches et lâches.

Ce sont grands imprimeurs de lettres que les Italiens. J'en ai, ce crois-je, cent divers volumes; celles d'Annibal Caro me semblent les meilleures[16]. Si tout le papier que j'ai autrefois barbouillé pour les dames était en nature, lorsque ma main était véritablement emportée par ma passion, il s'en trouverait à l'aventure quelque page digne d'être communiquée à la jeunesse oisive, embabouinée de cette fureur. J'écris mes lettres toujours en poste[b], et si précipiteusement, que, quoique je peigne[c] insupportablement mal, j'aime mieux écrire de ma main que d'y en employer une autre, car je n'en trouve point qui me puisse suivre, et ne les transcris jamais. J'ai accoutumé les grands qui me connaissent, à y supporter des litures[d] et des trassures[e], et un papier sans pliure et sans marge. Celles qui me coûtent le plus sont celles qui valent le moins; depuis que je les traîne, c'est signe que je n'y suis pas. Je commence volontiers sans projet; le premier trait produit le second. Les lettres de ce temps sont plus en bordures et préfaces qu'en matière. Comme j'aime mieux composer deux lettres que d'en clore et plier une, et résigne toujours cette commission à quelque autre : de même, quand la matière est achevée, je donnerais volontiers à quelqu'un la charge d'y ajouter ces longues harangues, offres et prières que nous logeons sur la fin, et désire que quelque nouvel usage nous en décharge; comme aussi de les inscrire d'une légende de qualité et titres, pour auxquels ne broncher, j'ai maintes fois laissé d'écrire, et notamment à gens de justice et de finance. Tant d'innovations d'offices[f], une si difficile dispensation

a. Souhaiter la bienvenue. – b. En hâte. – c. J'écrive. – d. Ratures. – e. Traits. – f. Changements dans les charges publiques.

et ordonnance de divers noms d'honneur, lesquels, étant si chèrement achetés, ne peuvent être échangés ou oubliés sans offense. Je trouve pareillement de mauvaise grâce d'en charger le front et inscription[a] des livres que nous faisons imprimer[17].

a. Frontispice et titre.

CHAPITRE XLI

DE NE COMMUNIQUER
SA GLOIRE

De toutes les rêveries[a] du monde, la plus reçue et plus universelle est le soin de la réputation et de la gloire, que nous épousons jusques à quitter les richesses, le repos, la vie et la santé qui sont biens effectuels[b] et substantiels, pour suivre cette vaine image et cette simple voix qui n'a ni corps ni prise :

> *La fama, ch'invaghisce a un dolce suono*
> *Gli superbi mortali, et par si bella,*
> *E un echo, un sogno, anzi d'un sogno un ombra*
> *Ch'ad ogni vento si dilegua et sgombra*.*

Et, des humeurs déraisonnables des hommes, il semble que les philosophes mêmes se défassent plus tard et plus envis de celle-ci que de nulle part.

C'est la plus revêche et opiniâtre : « *Quia etiam bene proficientes animos tentare non cessat**.* » Il n'en est guère de laquelle la raison accuse si clairement la vanité, mais elle a ses racines si vives en nous, que je ne sais si jamais aucun s'en est pu nettement décharger. Après que

---

a. Sottises. – b. Réels.

* Tasse, *Jérusalem délivrée*, chant XIV : « La renommée qui enchante par sa douce voix les orgueilleux mortels, et qui semble si belle, n'est qu'un écho, un songe, l'ombre d'un songe, qu'un souffle disperse et fait évanouir. »

** Saint Augustin, *Cité de Dieu*, livre V : « Parce qu'elle ne cesse de tenter même les âmes en progrès. »

vous avez tout dit et tout cru pour la désavouer, elle
produit contre votre discours une inclination si intestine
que vous avez pu tenir à l'encontre.

Car, comme dit Cicéron[1], ceux mêmes qui la combattent, encore veulent-ils que les livres qu'ils en écrivent,
portent au front leur nom, et se veulent rendre glorieux
de ce qu'ils ont méprisé la gloire. Toutes autres choses
tombent en commerce; nous prêtons nos biens et nos vies
au besoin de nos amis; mais de communiquer son
honneur et d'étrenner[a] autrui de sa gloire, il ne se voit
guère. Catulus Luctatius, en la guerre contre les Cimbres,
ayant fait tous ses efforts d'arrêter ses soldats qui fuyaient
devant les ennemis, se mit lui-même entre les fuyards, et
contrefit le couard, afin qu'ils semblassent plutôt suivre
leur capitaine que fuir l'ennemi[2] : c'était abandonner sa
réputation pour couvrir la honte d'autrui. Quand l'empereur Charles cinquième passa en Provence, l'an mil cinq
cent trente-sept[3], on tient que Antoine de Lève, voyant
son maître résolu de ce voyage et l'estimant lui être
merveilleusement glorieux, opinait toutefois le contraire
et le déconseillait, à cette fin que toute la gloire et
honneur de ce conseil en fût attribué à son maître, et qu'il
fût dit son bon avis et sa prévoyance avoir été tels que,
contre l'opinion de tous, il eut mit à fin une si belle
entreprise; qui était l'honorer à ses dépens. Les ambassadeurs thraciens[4], consolant Archileonide, mère de Brasi-
das, de la mort de son fils, et le haut-louant jusques à dire
qu'il n'avait point laissé son pareil, elle refusa cette
louange privée et particulière pour la rendre au public :
« Ne me dites pas cela, fit-elle, je sais que la ville de
Sparte a plusieurs citoyens plus grands et plus vaillants
qu'il n'était. » En la bataille de Crécy[5], le prince de
Galles, encore fort jeune, avait l'avant-garde à conduire.
Le principal effort de la rencontre fut en cet endroit. Les
seigneurs qui l'accompagnaient, se trouvant en dur parti
d'armes, mandèrent au roi Edouard de s'approcher pour
les secourir. Il s'enquit de l'état de son fils, et, lui ayant
été répondu qu'il était vivant et à cheval : « Je lui ferais,
dit-il, tort de lui aller maintenant dérober l'honneur de la
victoire de ce combat qu'il a si longtemps soutenu;

a. Gratifier de.

quelque hasard qu'il y ait, elle sera toute sienne. » Et n'y
voulut aller ni envoyer, sachant, s'il y fût allé, qu'on eût
dit que tout était perdu sans son secours, et qu'on lui
eût attribué l'avantage de cet exploit : « *Semper enim
quod postremum adjectum est, id rem totam videtur
traxisse*.* »

Plusieurs estimaient à Rome, et se disait*ᵃ* communément que les principaux beaux-faits de Scipion étaient en
partie dus à Lælius, qui toutefois alla toujours promou-
vant et secondant la grandeur et gloire de Scipion, sans
aucun soin de la sienne. Et Theopompus, roi de Sparte, à
celui qui lui disait que la chose publique demeurait sur
ses pieds, pour autant qu'il savait bien commander :
« C'est plutôt, dit-il, parce que le peuple sait bien
obéir*⁶*. »

Comme les femmes qui succédaient aux pairies
avaient, nonobstant leur sexe, droit d'assister et opiner
aux causes qui appartiennent à la juridiction des pairs,
aussi les pairs ecclésiastiques, nonobstant leur profession,
étaient tenus d'assister nos rois en leurs guerres, non
seulement de leurs amis et serviteurs, mais de leur
personne aussi. L'évêque de Beauvais, se trouvant avec
Philippe-Auguste en la bataille de Bouvines, participait
bien fort courageusement à l'effet*ᵇ*; mais il lui semblait ne
devoir toucher au fruit et gloire de cet exercice sanglant
et violent. Il mena, de sa main, plusieurs des ennemis à
raison ce jour-là; et les donnait au premier gentilhomme
qu'il trouvait, à égosiller*ᶜ* ou prendre prisonnier; lui en
résignant toute l'exécution; et le fit ainsi de Guillaume
comte de Salsberi à messire Jean de Nesle. D'une pareille
subtilité de conscience à cette autre : il voulait bien
assommer, mais non pas blesser, et pourtant*ᵈ* ne combat-
tait que de masse*ᵉ*. Quelqu'un, en mes jours, étant
reproché par le roi d'avoir mis les mains sur un prêtre, le
niait fort et ferme : c'était qu'il l'avait battu et foulé aux
pieds*⁷*.

a. Cela se disait. – *b.* A l'action. – *c.* Egorger. – *d.* Et par suite. – *e.* Avec
sa masse d'armes.
* Tite-Live, livre XXVII, chap. XLV. « Toujours le dernier renfort
paraît avoir enlevé toute la victoire. »

CHAPITRE XLII

DE L'INÉGALITÉ
QUI EST ENTRE NOUS

Plutarque dit en quelque lieu[1], qu'il ne trouve point si grande distance de bête à bête, comme il trouve d'homme à homme. Il parle de la suffisance*a* de l'âme et qualités internes[2]. A la vérité, je trouve si loin d'Epaminondas, comme je l'imagine, jusques à tel que je connais, je dis capable de sens commun, que j'enchérirais volontiers sur Plutarque; et dirais qu'il y a plus de distance de tel à tel homme qu'il n'y a de tel homme à telle bête :

hem vir viro quid præstat*;

et qu'il y a autant de degrés d'esprits qu'il y a d'ici au ciel de brasses, et autant innumérables[3].

Mais, à propos de l'estimation des hommes, c'est merveille que, sauf nous, aucune chose ne s'estime que par ses propres qualités. Nous louons un cheval de ce qu'il est vigoureux et adroit,

volucrem
Sic laudamus equum, facili cui plurima palma
Fervet, et exultat rauco victoria circo**,

non de son harnais; un lévrier de sa vitesse, non de son collier; un oiseau de son aile, non de ses longes et

---

a. Pouvoir.

* Térence, *Eunuque*, acte II, scène III : « Ah! qu'un homme peut être supérieur à un autre homme. »

** Juvénal, *Satire VIII* : « Ainsi nous louons un cheval rapide, qui remporte facilement de nombreuses palmes, pour qui la victoire bondit dans le cirque enroué. »

sonnettes[4]. Pourquoi de même n'estimons-nous un homme par ce qui est sien ? Il a un grand train, un beau palais, tant de crédit, tant de rente : tout cela est autour de lui, non en lui. Vous n'achetez pas un chat en poche. Si vous marchandez un cheval, vous lui ôtez ses bardes[a], vous le voyez nu et à découvert; ou, s'il est couvert, comme on les présentait anciennement aux princes à vendre, c'est par les parties moins nécessaires, afin que vous ne vous amusiez pas à la beauté de son poil ou largeur de sa croupe, et que vous vous arrêtiez principalement à considérer les jambes, les yeux et le pied, qui sont les membres les plus utiles.

Regibus hic mos est : ubi equos mercantur opertos
Inspiciunt, ne, si facies, ut sæpe, decora
Molli fulta pede est, emptorem inducat hiantem,
*Quod pulchræ clunes, breve quod caput, ardua cervix**.

Pourquoi, estimant un homme, l'estimez-vous tout enveloppé et empaqueté ? Il ne nous fait montre que des parties qui ne sont aucunement siennes, et nous cache celles par lesquelles seules on peut vraiment juger de son estimation. C'est le prix de l'épée que vous cherchez, non de la gaine : vous n'en donnerez à l'aventure pas un quatrain[b], si vous l'avez dépouillé. Il le faut juger par lui-même, non par ses atours. Et, comme dit très plaisamment un ancien[5] : « Savez-vous pourquoi vous l'estimez grand ? Vous y comptez la hauteur de ses patins[c]. La base n'est pas de la statue. Mesurez-le sans ses échasses; qu'il mette à part ses richesses et honneurs, qu'il se présente en chemise. A-t-il le corps propre à ses fonctions, sain et allègre ? Quelle âme a-t-il ? est-elle belle, capable et heureusement pourvue de toutes ses pièces ? Est-elle riche du sien, ou de l'autrui ? la fortune n'y a-t-elle que voir ? Si, les yeux ouverts, elle attend les épées traites; s'il ne lui chaut par où lui sorte la vie, par la

_____

a. Harnachement. – b. Liard. – c. Chaussures.
* Horace, *Satire II* du livre I : « Les rois ont coutume quand ils achètent des chevaux de les examiner couverts, de peur que, comme il arrive souvent, une belle tête s'appuie sur un pied mou, l'acheteur béant d'admiration ne se laisse tenter par une belle croupe, une tête fine, une haute encolure. »

bouche ou par le gosier; si elle est rassise, équable et contente : c'est ce qu'il faut voir, et juger par là les extrêmes différences qui sont entre nous. Est-il :

> *sapiens, sibique imperiosus,*
> *Quem neque pauperies, neque mors, neque vincula*
> [terrent,
> *Responsare cupidinibus, contemnere honores*
> *Fortis, et in se ipso totus teres atque rotundus,*
> *Externi ne quid valeat per læve morari,*
> *In quem manca ruit semper fortuna*?*

un tel homme est cinq cents brasses au-dessus des royaumes et des duchés : il est lui-même à soi son empire[6].

> *Sapiens pol ipse fingit fortunam sibi**.*

Que lui reste-t-il à désirer?

> *Nonne videmus*
> *Nil aliud sibi naturam latrare, nisi ut quoi*
> *Corpore sejunctus dolor absit, mente fruatur,*
> *Jucundo sensu cura semotus metuque***?*

Comparez-lui la tourbe[a] de nos hommes[6 bis], stupide, basse, servile, instable et continuellement flottante en l'orage des passions diverses qui la poussent et repoussent, pendant toute d'autrui; il y a plus d'éloignement que du ciel à la terre; et toutefois l'aveuglement de notre usage est tel, que nous en faisons peu ou point d'état, là où, si nous considérons un paysan et un roi, un noble et

a. Foule.
* Horace, *Satire VII* du livre II : « Sage et maître de lui, celui que n'effraient ni la pauvreté, ni la mort, ni les chaînes, celui qui a le courage d'affronter ses passions, de mépriser les honneurs, et qui en lui-même est rond et poli comme la boule qu'aucun objet étranger ne peut freiner, contre lequel s'élance la fortune toujours impuissante. »
** Plaute, *Trinummus*, acte II, scène II : « Le sage, par Pollux, modèle lui-même son propre sort. »
*** Lucrèce, *De Natura Rerum*, chant II : « Ne voyons-nous pas que la Nature ne réclame rien d'autre qu'un corps sans douleur et une âme sereine, exempte de soucis et de craintes? »

un vilain, un magistrat et un homme privé, un riche et un pauvre, il se présente soudain à nos yeux une extrême disparité, qui ne sont différents par manière de dire qu'en leurs chausses.

En Thrace, le roi était distingué de son peuple d'une plaisante manière, et bien renchérie. Il avait une religion à part, un Dieu tout à lui qu'il n'appartenait à ses sujets d'adorer : c'était Mercure : et lui dédaignait les leurs : Mars, Bacchus, Diane[7].

Ce ne sont pourtant que peintures[a], qui ne font aucune dissemblance essentielle[8].

Car, comme les joueurs de comédie, vous les voyez sur l'échafaud[b] faire une mine de duc et d'empereur; mais, tantôt après, les voilà devenus valets et crocheteurs misérables, qui est leur naïve[c] et originelle condition : aussi l'empereur, duquel la pompe vous éblouit en public,

> *Scilicet et grandes viridi cum luce smaragdi*
> *Auro includuntur, teriturque Thalassima vestis*
> *Assidue, et Veneris sudorem exercita potat**,

voyez-le derrière le rideau, ce n'est rien qu'un homme commun, et, à l'aventure, plus vil que le moindre de ses sujets. « *Ille beatus introrsum est. – Istius bracteata felicitas est***. »

La couardise, l'irrésolution, l'ambition, le dépit et l'envie l'agitent comme un autre :

> *Non enim gazæ neque consularis*
> *Summovet lictor miseros tumultus*
> *Mentis et curas laqueata circum*
> *Tecta volantes***;*

---

a. Apparences. – b. La scène. – c. Naturelle.

* Lucrèce, *De Natura Rerum*, chant IV : « Car de grandes émeraudes au reflet vert sont enchâssées dans l'or et il use sans cesse des étoffes couleur vert-de-mer, qui boivent la sueur de Vénus. »

** Sénèque, *Lettres* 119 et 115 : « Celui-là est heureux en lui-même – le bonheur de cet autre est seulement en surface. »

*** Horace, *Ode XVI* du livre II : « En effet ni les trésors, ni le licteur consulaire n'écartent les misérables troubles de l'âme et les soucis voltigeant autour des demeures lambrissées. »

et le soin et la crainte le tiennent à la gorge au milieu de
ses armées,

> *Re veráque metus hominum, curæque sequaces,*
> *Nec metuunt sonitus armorum, nec fera tela;*
> *Audacterque inter reges, rerumque potentes*
> *Versantur, neque fulgorem reverentur ab auro*.*

La fièvre, la migraine et la goutte l'épargnent-elles non
plus que nous? Quand la vieillesse lui sera sur les
épaules, les archers de sa garde l'en déchargeront-ils?
Quand la frayeur de la mort le transira, se rassurera-t-il
par l'assistance des gentilshommes de sa chambre?
Quand il sera en jalousie et caprice, nos bonnettades*a* le
remettront-elles? Ce ciel de lit, tout enflé d'or et de
perles, n'a aucune vertu à rapaiser les tranchées d'une
verte colique :

> *Nec calidæ citius decedunt corpore febres,*
> *Textilibus si in picturis ostroque rubenti*
> *Jacteris, quam si plebeia in veste cubandum est**.*

Les flatteurs du grand Alexandre lui faisaient accroire
qu'il était fils de Jupiter. Un jour, étant blessé, regardant
écouler le sang de sa plaie : « Eh bien, qu'en dites-vous?
fit-il. Est-ce pas ici un sang vermeil et purement humain?
Il n'est pas de la trempe de celui que Homère fait écouler
de la plaie des dieux[9]. » Hermodore, le poète, avait fait
des vers en l'honneur d'Antigonus, où il l'appelait fils du
Soleil; et lui au contraire : « Celui, dit-il, qui vide ma
chaise percée sait bien qu'il n'en est rien[10]. » C'est un
homme, pour tous potages[11]; et si, de soi-même, c'est un
homme mal né, l'empire de l'univers ne le saurait
rhabiller :

---

a. Saluts du bonnet.
* Lucrèce, *De Natura Rerum*, chant II : « En vérité, les craintes et les
soucis attachés aux hommes ne redoutent ni le bruit des armes, ni les
traits cruels. Hardiment, ils se répandent parmi les rois et les puissants et
ne craignent pas l'éclat produit par l'or. »
** Lucrèce, chant II : « La fièvre brûlante n'abandonne pas ton corps
plus vite, si tu es étendu sur des broderies et une étoffe de pourpre que si
tu dois coucher sur un drap plébéien. »

> *puellæ*
> *Hunc rapiant; quicquid calcaverit hic, rosa fiat**,

quoi pour cela si c'est une âme grossière et stupide? La
volupté même et le bonheur ne se perçoivent point sans
vigueur et sans esprit :

> *hæc pærinde sunt, ut illius animus qui ea possidet,*
> *Qui uti scit, ei bona; illi qui non utitur recte, mala**.*

Les biens de la fortune, tous tels qu'ils sont, encore faut-il
avoir du sentiment pour les savourer. C'est le jouir, non
le posséder, qui nous rend heureux :

> *Non domus et fundus, non æris acervus et auri*
> *Ægroto domini deduxit corpore febres,*
> *Non animo·curas : valeat possessor oportet,*
> *Qui comportatis rebus bene cogitat uti.*
> *Qui cupit aut metuit, juvat illum sic domus aut res,*
> *Ut lippum pictæ tabulæ, fomenta podagram***.*

Il est un sot, son goût est mousse[a] et hébété; il n'en jouit
non plus qu'un morfondu[b] de la douceur du vin grec, ou
qu'un cheval de la richesse du harnais duquel on l'a paré;
tout ainsi, comme Platon dit[12], que la santé, la beauté, la
force, les richesses, et tout ce qui s'appelle bien, est
également mal à l'injuste comme bien au juste, et le mal
au rebours.

Et puis, où le corps et l'esprit sont en mauvais état, à
quoi faire ces commodités externes? vu que la moindre
piqûre d'épingle et passion de l'âme est suffisante à nous

---

a. Emoussé. – b. Enrhumé.
* Perse, *Satire II* : « Que les jeunes filles se l'arrachent, que partout où
il marche naissent les roses. »
** Térence, *Heautontimoroumenos*, acte I, scène III : « Les choses
valent ce que vaut l'âme de ce qui les possède : bonnes pour qui sait s'en
servir, mauvaises pour qui n'en fait pas bon usage. »
*** Horace, *Epître II* du livre I : « Ni la maison, ni les propriétés, ni
les monceaux de bronze et d'or ne chassent les fièvres du corps, ni les
soucis de l'âme si leur possesseur est malade : celui qui veut jouir de ses
biens doit être en bonne santé; celui qui désire ou craint, celui-là sa
maison et ses biens lui plaisent autant qu'un tableau à un chassieux ou des
onguents à un podagre. »

ôter le plaisir de la monarchie du monde. A la première strette*a* que lui donne la goutte, il a beau être Sire et Majesté,

> *Totus et argento conflatus, totus et auro*,*

perd-il pas le souvenir de ses palais et de ses grandeurs? S'il est en colère, sa principauté le garde-t-elle de rougir, de pâlir, de grincer les dents, comme un fol? Or, si c'est un habile homme et bien né, la royauté ajoute peu à son bonheur :

> *Si ventri bene, si lateri est pedibusque tuis, nil*
> *Divitiæ poterunt regales addere majus**;*

il voit que ce n'est pas biffe*b* et piperie. Oui, à l'aventure il sera de l'avis du roi Séleucus, que, qui saurait le poids d'un sceptre, ne daignerait l'amasser, quand il le trouverait à terre[13]; il le disait pour les grandes et pénibles charges qui touchent un bon roi. Certes, ce n'est pas peu de chose que d'avoir à régler autrui puisqu'à régler nous-mêmes il se présente tant de difficultés. Quant au commander, qui semble être si doux, considérant l'imbécillité*c* du jugement humain et la difficulté du choix ès choses nouvelles et douteuses, je suis fort de cet avis, qu'il est bien plus aisé et plus plaisant de suivre que de guider, et que c'est un grand séjour*d* d'esprit de n'avoir à tenir qu'une voie tracée et à répondre que de soi :

> *Ut satius multo jam sit parere quietum,*
> *Quam regere imperio res velle***.*

Joint que Cyrus disait qu'il n'appartenait de commander à homme qui ne vaille mieux, que ceux à qui il commande[14].

---

a. Crise. – *b.* Tromperie. – *c.* Faiblesse. – *d.* Repos.
* Tibulle, *Elégies*, livre I, II : « Tout est gonflé d'argent et d'or. »
** Horace, *Epître XII* du livre I : « Si tu as bon estomac, bons poumons et bon pied, les richesses des rois ne pourront rien t'apporter de plus. »
*** Lucrèce, *De Natura Rerum*, chant V : « Il est bien préférable d'obéir tranquillement que de vouloir commander. »

Mais le roi Hiéron, en Xénophon[15], dit davantage : qu'en la jouissance des voluptés mêmes, ils sont de pire condition que les privés, d'autant que l'aisance et la facilité leur ôte l'aigre-douce pointe que nous y trouvons.

> *Pinguis amor nimiumque potens, in tædia nobis*
> *Vertitur, et stomacho dulcis ut esca nocet*.*

Pensons-nous que les enfants de chœur prennent grand plaisir à la musique? la satiété la leur rend plutôt ennuyeuse. Les festins, les danses, les mascarades, les tournois, réjouissent ceux qui ne les voient pas souvent et qui ont désiré de les voir; mais, à qui en fait ordinaire, le goût en devient fade et mal plaisant; ni les dames ne chatouillent celui qui en jouit à cœur saoul. Qui ne se donne loisir d'avoir soif, ne saurait prendre plaisir à boire. Les farces des bateleurs nous réjouissent, mais, aux joueurs, elles servent de corvée. Et qu'il soit ainsi, ce sont délices aux princes, c'est leur fête, de se pouvoir quelquefois travestir et démettre à la façon de vivre basse et populaire,

> *Plerumque gratæ principibus vices,*
> *Mundæque parvo sub lare pauperum*
> *Cenæ sine aulæis et ostro,*
> *Sollicitam explicuere frontem**.*

Il n'est rien si empêchant, si dégoûté, que l'abondance. Quel appétit ne se rebuterait à voir trois cents femmes à sa merci, comme les a le grand seigneur en son sérail[16]? Et quel appétit et visage de chasse s'était réservé celui de ses ancêtres qui n'allait jamais aux champs à moins de sept mille fauconniers?

Et outre cela, je crois que ce lustre de grandeur apporte non légères incommodités à la jouissance des plaisirs plus doux; ils sont trop éclairés et trop en butte[a].

a. En vue.
* Ovide, *Amours*, livre II, poème XIX : « L'amour repu et trop puissant se transforme en dégoût, comme une nourriture agréable fatigue l'estomac. »
** Horace, *Ode XXIX* du livre III : « Souvent le changement est agréable aux Grands; un repas frugal dans l'humble maison du pauvre, sans tapis ni pourpre, déride leur front soucieux. »

Et, je ne sais comment, on requiert plus d'eux de cacher et couvrir leur faute. Car ce qui est à nous indiscrétion, à eux le peuple juge que ce soit tyrannie, mépris et dédain des lois; et, outre l'inclination au vice, il semble qu'ils y ajoutent encore le plaisir de gourmander et soumettre à leurs pieds les observances publiques. De vrai, Platon, en son *Gorgias*[17], définit tyran celui qui a licence en une cité de faire tout ce qui lui plaît. Et souvent, à cette cause, la montre et publication de leur vice blesse plus que le vice même. Chacun craint à être épié et contrôlé : ils le sont jusques à leurs contenances et à leurs pensées, tout le peuple estimant avoir droit et intérêt d'en juger; outre ce que les tâches s'agrandissent selon l'éminence[a] et clarté du lieu où elles sont assises, et qu'un seing[b] et une verrue au front paraissent plus que ne fait ailleurs une balafre.

Voilà pourquoi les poètes feignent[c] les amours de Jupiter conduites sous autre visage que le sien; et, de tant de pratiques amoureuses qu'ils lui attribuent, il n'en est qu'une seule, ce me semble, où il se trouve en sa grandeur et majesté.

Mais revenons à Hiéron[18]. Il récite[d] aussi combien il sent d'incommodité en sa royauté, pour ne pouvoir aller et voyager en liberté, étant comme prisonnier dans les limites de son pays; et qu'en toutes ses actions il se trouve enveloppé d'une fâcheuse presse. De vrai, à voir les nôtres tout seuls à table, assiégés de tant de parleurs et regardants inconnus, j'en ai eu souvent plus de pitié que d'envie.

Le roi Alphonse disait que les ânes étaient en cela de meilleure condition que les rois : leurs maîtres les laissent paître à leur aise, là où les rois ne peuvent pas obtenir cela de leurs serviteurs.

Et ne m'est jamais tombé en fantaisie que ce fût quelque notable commodité à la vie d'un homme d'entendement, d'avoir une vingtaine de contrôleurs à sa chaise percée; ni que les services d'un homme qui a dix mille livres de rente, ou qui a pris Casal, ou défendu Sienne[19], lui soient plus commodes et acceptables que d'un bon valet et bien expérimenté.

---

a. Elévation. – *b.* Marque. – *c.* Imaginent. – *d.* Rapporte.

Les avantages principesques sont quasi avantages imaginaires. Chaque degré de fortune a quelque image de principauté. César appelle roitelets tous les seigneurs ayant justice en France de son temps[20]. De vrai, sauf le nom de Sire, on va bien avant avec nos rois. Et voyez aux provinces éloignées de la cour, nommons Bretagne pour exemple, le train, les sujets, les officiers, les occupations, le service et cérémonie d'un seigneur retiré[a] et casanier, nourri entre ses valets; et voyez aussi le vol de son imagination; il n'est rien plus royal; il ouït parler de son maître une fois l'an, comme du roi de Perse, et ne le reconnaît que par quelque vieux cousinage que son secrétaire tient en registre. A la vérité, nos lois sont libres assez, et le poids de la souveraineté ne touche un gentilhomme français à peine deux fois en sa vie. La sujétion essentielle et effectuelle[b] ne regarde d'entre nous que ceux qui s'y convient et qui aiment à s'honorer et enrichir par tel service; car qui se veut tapir en son foyer, et sait conduire sa maison sans querelle et sans procès, il est aussi libre que le duc de Venise : « *Paucos servitus, plures servitutem tenent*.* »

Mais surtout Hiéron fait cas de quoi il se voit privé de toute amitié et société mutuelle, en laquelle consiste le plus parfait et doux fruit de la vie humaine. Car quel témoignage d'affection et de bonne volonté puis-je tirer de celui qui me doit, veuille-t-il ou non, tout ce qu'il peut? Puis-je faire état de son humble parler et courtoise révérence, vu qu'il n'est pas en lui de me la refuser? L'honneur que nous recevons de ceux qui nous craignent, ce n'est pas honneur; ces respects se doivent à la royauté, non à moi :

> *maximum hoc regni bonum est,*
> *Quod facta domini cogitur populus sui*
> *Quam ferre tam laudare**.*

a. Vivant à l'écart. – b. Effective.
* Sénèque, *Lettre* 22 : « La servitude attache peu d'hommes: plus nombreux sont ceux qui s'attachent à elle. »
** Sénèque le Tragique, *Thyeste*, acte II, scène 1 : « Le plus grand avantage de la royauté, c'est que le peuple est contraint non seulement de supporter les actes du maître, mais de les louer. »

Vois-je pas que le méchant, le bon roi, celui qu'on hait, celui qu'on aime, autant en a l'un que l'autre; de mêmes apparences, de même cérémonie était servi mon prédécesseur, et le sera mon successeur. Si mes sujets ne m'offensent pas, ce n'est témoignage d'aucune bonne affection : pourquoi le prendrai-je en cette part-là, puisqu'ils ne pourraient quand ils voudraient? Nul ne me suit pour l'amitié qui soit entre lui et moi, car il ne s'y saurait coudre amitié où il y a si peu de relation et de correspondance. Ma hauteur m'a mis hors du commerce des hommes : il y a trop de disparité et de disproportion. Ils me suivent par contenance et par coutume[21] ou plutôt que moi, ma fortune, pour en accroître la leur. Tout ce qu'ils me disent et font, ce n'est que fard. Leur liberté étant bridée de toutes parts par la grande puissance que j'ai sur eux, je ne vois rien autour de moi, que couvert et masqué.

Ses courtisans louaient un jour Julien l'Empereur de faire bonne justice : « Je m'en orgueillirais volontiers, dit-il, de ces louanges, si elles venaient de personnes qui osassent accuser ou meslouer mes actions contraires, quand elles y seraient[22]. »

Toutes les vraies commodités qu'ont les princes leur sont communes avec les hommes de moyenne fortune (c'est affaire aux Dieux de monter des chevaux ailés et se paître d'ambroisie); ils n'ont point d'autre sommeil et d'autre appétit que le nôtre; leur acier n'est pas de meilleure trempe que celui de quoi nous nous armons; leur couronne ne les couvre ni du soleil, ni de la pluie. Dioclétien, qui en portait une si révérée et si fortunée, la résigna pour se retirer au plaisir d'une vie privée; et quelque temps après, la nécessité des affaires publiques requérant qu'il revînt en prendre la charge, il répondit à ceux qui l'en priaient : « Vous n'entreprendriez pas de me persuader cela, si vous aviez vu le bel ordre des arbres que j'ai moi-même plantés chez moi, et les beaux melons que j'y ai semés[23]. »

A l'avis d'Anarchasis[24], le plus heureux état d'une police serait où, toutes autres choses étant égales, la préséance se mesurerait à la vertu, et le rebut au vice.

Quand le roi Pyrrhus[25] entreprenait de passer en Italie, Cynéas, son sage conseiller, lui voulant faire sentir la

vanité de son ambition : « Eh bien! Sire, lui demanda-
t-il, à quelle fin dressez-vous cette grande entreprise? –
Pour me faire maître de l'Italie, répondit-il soudain. – Et
puis, suivit Cynéas, cela fait? – Je passerai, dit l'autre, en
Gaule et en Espagne. – Et après? – Je m'en irai subjuguer
l'Afrique; et enfin, quand j'aurai mis le monde en ma
sujétion, je me reposerai et vivrai content et à mon aise. –
Pour Dieu, Sire, rechargea lors Cynéas, dites-moi à quoi
il tient que vous ne soyez dès à présent, si vous voulez, en
cet état? pourquoi ne vous logez-vous, dès cette heure, où
vous dites aspirer, et vous épargnez tant de travail et de
hasard que vous jetez entre deux? »

Nimirum quia non bene norat quæ esset habendi
Finis, et omnino quoad crescat vera voluptas*.

Je m'en vais clore ce pas*[a]*, par ce verset ancien que je
trouve singulièrement beau à ce propos : « *Mores cuique*
sui fingunt fortunam**. »

---

a. Passage. Expression tirée des exercices militaires : *ouvrir le pas, clore*
le pas.
* Lucrèce, *De Natura Rerum*, chant V : « Apparemment, il ne
connaissait pas bien les limites de la possession et jusqu'où va le plaisir
véritable. »
** Cornélius Nepos, *Vie d'Atticus*, chap. II : « C'est notre caractère qui
modèle pour chacun de nous notre sort. »

CHAPITRE XLIII

DES LOIS SOMPTUAIRES

La façon de quoi nos lois essayent à régler les folles et vaines dépenses des tables et vêtements semble être contraire à sa fin[1]. Le vrai moyen, ce serait d'engendrer aux hommes le mépris de l'or et de la soie, comme de choses vaines et inutiles; et nous leur augmentons l'honneur et le prix, qui est une bien inepte façon pour en dégoûter les hommes; car dire ainsi qu'il n'y aura que les princes qui mangent du turbot et qui puissent porter du velours et de la tresse d'or, et l'interdire au peuple, qu'est-ce autre chose que mettre en crédit ces choses-là, et faire croître l'envie à chacun d'en user? Que les rois quittent hardiment ces marques de grandeur, ils en ont assez d'autres; tels excès sont plus excusables à tout autre qu'à un prince. Par l'exemple de plusieurs nations, nous pouvons apprendre assez de meilleures façons de nous distinguer extérieurement et nos degrés (ce que j'estime à la vérité être bien requis en un Etat), sans nourrir pour cet effet cette corruption et incommodité si apparente. C'est merveille comme la coutume, en ces choses indifférentes, plante aisément et soudain le pied de son autorité. A peine fûmes-nous un an, pour le deuil du roi Henri second, à porter du drap à la cour, il est certain que déjà, à l'opinion d'un chacun, les soies étaient venues à telle vileté[a] que, si vous en voyiez quelqu'un vêtu, vous en faisiez incontinent quelque homme de ville. Elles étaient demeurées en partage aux médecins et aux chirurgiens;

a. Bon marché.

et, quoiqu'un chacun fût à peu près vêtu de même, si y avait-il d'ailleurs assez de distinctions apparentes des qualités des hommes.

Combien soudainement viennent en honneur parmi nos armées les pourpoints crasseux de chamois et de toile; et la polissure[a] et richesse des vêtements, à reproche et à mépris!

Que les rois commencent à quitter ces dépenses, ce sera fait en un mois, sans édit et sans ordonnance; nous irons tous après. La loi devrait dire, au rebours, que le cramoisi et l'orfèvrerie est défendue à toute espèce de gens, sauf aux bateleurs et aux courtisanes. De pareille invention corrigea Zeleucus les mœurs corrompues des Locriens[2]. Ses ordonnances étaient telles : que la femme de condition libre ne puisse mener après elle plus d'une chambrière, sinon lorsqu'elle sera ivre; ni ne puisse sortir hors de la ville de nuit; ni porter joyaux d'or à l'entour de sa personne, ni robe enrichie de broderie, si elle n'est publique et putain; que, sauf les ruffians, à l'homme ne laisse porter en son doigt anneau d'or, ni robe délicate, comme sont celles des draps tissus en la ville de Milet. Et ainsi, par ces exceptions honteuses, il divertissait ingénieusement ses citoyens des superfluités et délices pernicieuses.

C'était une très utile manière d'attirer par honneur et ambition les hommes à l'obéissance. Nos rois peuvent tout en telles réformations externes; leur inclination y sert de loi[3] : « *Quidquid principes faciunt, præcipere videntur**. » Le reste de la France prend pour règle la règle de la Cour. Qu'ils se déplaisent de cette vilaine chaussure[4] qui montre si à découvert nos membres occultes; ce lourd grossissement de pourpoints, qui nous fait tous autres que nous ne sommes, si incommode à s'armer; ces longues tresses de poils efféminées; cet usage de baiser ce que nous présentons à nos compagnons et nos mains en les saluant, cérémonie due autrefois aux seuls princes; et qu'un gentilhomme se trouve en lieu de respect, sans épée à son côté, tout débraillé et détaché, comme s'il venait de

---

a. Elégance.
* Quintilien, *Déclamations*, livre III, reproduite par Juste Lipse dans ses *Politiques* : « Tout ce que font les princes, ils paraissent l'ordonner. »

la garde-robe; et que, contre la forme de nos pères et la particulière liberté de la noblesse de ce royaume, nous nous tenons découverts bien loin autour d'eux, en quelque lieu qu'ils soient[5]; et comme autour d'eux, autour de cent autres, tant nous avons de tiercelets et quartelets[6] de rois; et ainsi d'autres pareilles introductions nouvelles et vicieuses : elles se verront incontinent évanouies et décriées. Ce sont erreurs superficielles, mais pourtant de mauvais pronostic; et sommes avertis que le massif se dément[a], quand nous voyons fendiller l'enduit et la croûte de nos parois.

Platon, en ses *Lois*[7], n'estime peste du monde plus dommageable à sa cité, que de laisser prendre liberté à la jeunesse de changer en accoutrements, en gestes, en danses, en exercices et en chansons, d'une forme à autre; remuant son jugement tantôt en cette assiette, tantôt en celle-là, courant après les nouvelletés, honorant leurs inventeurs; par où les mœurs se corrompent, et toutes anciennes institutions viennent à dédain et à mépris.

En toutes choses, sauf simplement aux mauvaises, la mutation est à craindre : la mutation des saisons, des vents, des vivres, des humeurs; et nulles lois ne sont en leur vrai crédit, que celles auxquelles Dieu a donné quelque ancienne durée; de mode que personne ne sache leur naissance, ni qu'elles aient jamais été autres.

a. Le bloc de maçonnerie se désagrège.

CHAPITRE XLIV

DU DORMIR

La raison nous ordonne bien d'aller toujours même chemin, mais non toutefois même train[1] et ores que le sage ne doive donner aux passions humaines de se fourvoyer de la droite carrière, il peut bien, sans intérêt de son devoir, leur quitter aussi, d'en hâter ou retarder son pas, et ne se planter comme un colosse immobile et impassible. Quand la vertu même serait incarnée, je crois que le pouls lui battrait plus fort allant à l'assaut qu'allant dîner; voire il est nécessaire qu'elle s'échauffe et s'émeuve. A cette cause, j'ai remarqué pour chose rare de voir quelquefois les grands personnages, aux plus hautes entreprises et importantes affaires, se tenir si entiers en leur assiette, que de n'en accourcir pas seulement leur sommeil.

Alexandre le Grand, le jour assigné à cette furieuse bataille contre Darius, donnait si profondément et si haute matinée, que Parménion fut contraint d'entrer en sa chambre, et, approchant de son lit, l'appeler deux ou trois fois par son nom pour l'éveiller, le temps d'aller au combat le pressant[2].

L'empereur Othon[3], ayant résolu de se tuer cette même nuit, après avoir mis ordre à ses affaires domestiques, partagé son argent à ses serviteurs et affilé le tranchant d'une épée de quoi il se voulait donner, n'attendant plus qu'à savoir si chacun de ses amis s'était retiré en sûreté, se prit si profondément à dormir que ses valets de chambre l'entendaient ronfler.

La mort de cet empereur a beaucoup de choses pareil-

les à celle du grand Caton[4] et même ceci : car Caton
étant prêt à se défaire[a], cependant qu'il attendait qu'on
lui rapportât nouvelles si les sénateurs qu'il faisait retirer
s'étaient élargis du port d'Utique, se mit si fort à dormir,
qu'on l'oyait souffler de la chambre voisine; et, celui
qu'il avait envoyé vers le port, l'ayant éveillé pour lui
dire que la tourmente empêchait les sénateurs de faire
voile à leur aise, il y en renvoya encore un autre, et, se
renfonçant dans le lit, se remit encore à sommeiller
jusques à ce que ce dernier l'assurât de leur partement.
Encore avons-nous de quoi le comparer au fait d'Alexandre, en ce grand et dangereux orage qui le menaçait par la
sédition du tribun Metellus[5], voulant publier le décret du
rappel de Pompée dans la ville avec son armée, lors de
l'émotion de Catilina; auquel décret Caton seul insistait,
et en avaient eu Metellus et lui de grosses paroles et
grandes menaces au Sénat; mais c'était au lendemain, en
la place, qu'il fallait venir à l'exécution, où Metellus,
outre la faveur du peuple et de César conspirant lors aux
avantages de Pompée, se devait trouver, accompagné de
force esclaves étrangers et escrimeurs à outrance, et Caton
fortifié de sa seule constance; de sorte que ses parents, ses
domestiques et beaucoup de gens de bien en étaient en
grand souci. Et en y eut qui passèrent la nuit ensemble
sans vouloir reposer, ni boire, ni manger, pour le danger
qu'ils lui voyaient préparé; même sa femme et ses sœurs
ne faisaient que pleurer et se tourmenter en sa maison, là
où lui au contraire réconfortait tout le monde; et, après
avoir soupé comme de coutume, s'en alla coucher et
dormir de fort profond sommeil jusques au matin, que
l'un de ses compagnons au tribunat le vint éveiller pour
aller à l'escarmouche. La connaissance que nous avons de
la grandeur de courage de cet homme par le reste de sa
vie, nous peut faire juger en toute sûreté que ceci lui
partait d'une âme si loin élevée au-dessus de tels accidents, qu'il n'en daignait entrer en cervelle non plus que
d'accidents ordinaires.

En la bataille navale qu'Auguste gagna contre Sextus
Pompée en Sicile, sur le point d'aller au combat, il se
trouva pressé d'un si profond sommeil qu'il fallut que ses

_____

a. Se suicider.

amis l'éveillassent pour donner le signe de la bataille. Cela donna occasion à Marc Antoine de lui reprocher depuis, qu'il n'avait pas eu le cœur seulement de regarder les yeux ouverts, l'ordonnance de son armée, et de n'avoir pas osé se présenter aux soldats jusques à ce qu'Agrippa lui vînt annoncer la nouvelle de la victoire qu'il avait eue sur ses ennemis[6]. Mais quant au jeune Marius, qui fit encore pis (car le jour de sa dernière journée contre Sylla[7], après avoir ordonné son armée et donné le mot et signe de la bataille, il se coucha dessous un arbre à l'ombre pour se reposer, et s'endormit si serré qu'à peine se put-il éveiller de la route[a] et fuite de ses gens, n'ayant rien vu du combat), ils disent que ce fut pour être si extrêmement aggravé[b] de travail et de faute de dormir, que nature n'en pouvait plus. Et, à ce propos, les médecins aviseront si le dormir est si nécessaire que notre vie en dépende; car nous trouvons bien[8] qu'on fit mourir le roi Persée de Macédoine prisonnier à Rome, lui empêchant le sommeil; mais Pline[9] en allègue qui ont vécu longtemps sans dormir.

Chez Hérodote, il y a des nations auxquelles les hommes dorment et veillent par demi-années[10].

Et ceux qui écrivent la vie du sage Epiménide, disent qu'il dormit cinquante-sept ans de suite[11].

a. Déroute. – *b.* Alourdi.

CHAPITRE XLV

DE LA BATAILLE DE DREUX

Il y eut tout plein de rares accidents[a] en notre bataille de Dreux[1]; mais ceux qui ne favorisent pas fort la réputation de monsieur de Guise mettent volontiers en avant qu'il ne se peut excuser d'avoir fait halte et temporisé, avec les forces qu'il commandait, cependant qu'on enfonçait monsieur le Connétable, chef de l'armée, avec l'artillerie, et qu'il valait mieux se hasarder, prenant l'ennemi par flanc, qu'attendant l'avantage de le voir en queue, souffrir une si lourde perte; mais outre ce que l'issue en témoigna, qui en débattra sans passion me confessera aisément, à mon avis, que le but et la visée, non seulement d'un capitaine, mais de chaque soldat, doit regarder la victoire en gros, et que nulles occurrences particulières, quelque intérêt qu'il y ait, ne le doivent divertir[b] de ce point-là.

Philopœmen, en une rencontre contre Machanidas[2], ayant envoyé devant, pour attaquer l'escarmouche[c], bonne troupe d'archers et gens de trait, et l'ennemi, après les avoir renversés, s'amusant à les poursuivre à toute bride et coulant après sa victoire le long de la bataille où était Philopœmen, quoique ses soldats s'en émussent, il ne fut d'avis de bouger de sa place, ni de se présenter à l'ennemi pour secourir ses gens; ainsi, les ayant laissé chasser et mettre en pièces à sa vue, commença la charge sur les ennemis au bataillon de leurs gens de pied, lorsqu'il les vit tout à fait abandonnés de leurs gens de

---

a. Evénements. – *b.* Détourner. – *c.* Engager le combat.

cheval; et bien que ce fussent Lacédomoniers, d'autant qu'il les prit à heure que, pour tenir tout gagné, ils commençaient à se désordonner, il en vint aisément à bout, et, cela fait, se mit à poursuivre Machanidas. Ce cas est germain à celui de monsieur de Guise.

En cette âpre bataille d'Agésilas contre les Béotiens[3], que Xénophon, qui y était, dit être la plus rude qu'il eût onques vue, Agésilas refusa l'avantage que fortune lui présentait, de laisser passer le bataillon des Béotiens et les charger en queue, quelque victoire qu'il en prévît, estimant qu'il y avait plus d'art que de vaillance; et, pour montrer sa prouesse, d'une merveilleuse ardeur de courage, choisit plutôt de leur donner en tête; mais aussi fut-il bien battu et blessé, et contraint en fin de se démêler[a] et prendre le parti qu'il avait refusé au commencement, faisant ouvrir ses gens pour donner passage à ce torrent de Béotiens; puis, quand ils furent passés, prenant garde qu'ils marchaient en désordre comme ceux qui cuidaient bien être hors de tout danger, il les fit suivre et charger par les flancs; mais pour cela ne les put-il tourner en fuite à val de route[b]; ains[c] se retirèrent le petit pas, montrant toujours les dents, jusques à ce qu'ils se fussent rendus à sauveté.

a. Sortir de la mêlée. − *b.* En pleine déroute. − *c.* Mais.

DES NOMS

Quelque diversité d'herbes qu'il y ait, tout s'enveloppe sous le nom de salade. De même, sous la considération des noms, je m'en vais faire ici une galimafrée[a] de divers articles.

Chaque nation a quelques noms qui se prennent, je ne sais comment, en mauvaise part : et à nous Jehan, Guillaume, Benoît.

Item, il semble y avoir en la généalogie des princes certains noms fatalement affectés : comme des Ptolémées à ceux d'Egypte, de Henris en Angleterre, Charles en France, Baudoins en Flandre, et en notre ancienne Aquitaine des Guillaumes, d'où l'on dit que le nom de Guyenne est venu[1] : par une froide rencontre[b], s'il n'en y avait d'aussi crus dans Platon même.

Item, c'est une chose légère, mais toutefois digne de mémoire pour son étrangeté, et écrite par témoin oculaire, que Henri, duc de Normandie, fils de Henri second, roi d'Angleterre, faisant un festin en France, l'assemblée de la noblesse y fut si grande que, pour passe-temps, s'étant divisée en bandes par la ressemblance des noms, en la première troupe, qui fut des Guillaumes, il se trouva cent dix chevaliers assis à table portant ce nom, sans mettre en compte les simples gentilshommes et serviteurs.

Il est d'autant plaisant de distribuer les tables par les noms des assistants, comme il était à l'empereur Geta de

a. Pot-pourri. – b. Calembour.

faire distribuer le service de ses mets par la considération des premières lettres du nom des viandes[a], on servait celles qui se commençaient par M : mouton, marcassin, merlus, marsouin; ainsi des autres[2].

Item, il se dit qu'il fait bon avoir bon nom, c'est-à-dire crédit et réputation; mais encore, à la vérité, est-il commode d'avoir un nom beau et qui aisément se puisse prononcer et retenir, car les rois et les Grands nous en connaissent plus aisément et oublient plus mal volontiers; et, de ceux mêmes qui nous servent, nous commandons plus ordinairement et employons ceux desquels les noms se présentent le plus facilement à la langue. J'ai vu le roi Henri second ne pouvoir jamais nommer à droit[b] un gentilhomme de ce quartier[c] de Gascogne; et, à une fille de la reine, il fut lui-même d'avis de donner le nom général de la race, parce que celui de la maison paternelle lui sembla trop revers[d].

Et Socrate estime digne du soin paternel de donner un beau nom aux enfants.

Item, on dit que la fondation de Notre-Dame-la-Grande, à Poitiers, prit origine de ce qu'un jeune homme débauché, logé en cet endroit, ayant recouvré une garce et lui ayant d'arrivée demandé son nom, qui était Marie, se sentit si vivement épris de religion et de respect, de ce nom sacro-saint de la Vierge, mère de Notre Sauveur, que non seulement il la chassa soudain, mais en amenda tout le reste de sa vie; et qu'en considération de ce miracle il fut bâti en la place où était la maison de ce jeune homme une chapelle au nom de Notre-Dame, et, depuis, l'église que nous y voyons[3].

Cette correction voyelle[e] et auriculaire, dévotieuse, tira droit à l'âme; cette autre, de même genre, s'insinua par les sens corporels : Pythagore, étant en compagnie de jeunes hommes, lesquels il sentit comploter, échauffés de la fête, d'aller violer une maison pudique, commanda à la menestrière[f] de changer de ton, et, par une musique pesante, sévère et spondaïque[g], enchanta tout doucement leur ardeur et l'endormit.

---

a. Mets. – b. Correctement. – c. Contrée. – d. Bizarre. – e. Venue de la voix. – f. Musicienne. – g. Lourde (comme un vers latin composé de deux syllabes longues).

Item, dira pas la postérité que notre réformation d'aujourd'hui ait été délicate et exacte, de n'avoir pas seulement combattu les erreurs et les vices, et rempli le monde de dévotion, d'humilité, d'obéissance, de paix et de toute espèce de vertu, mais d'avoir passé jusques à combattre ces anciens noms de nos baptêmes, Charles, Loys, François, pour peupler le monde de Mathusalem, Ezéchiel, Malachie, beaucoup mieux sentant de la foi? Un gentilhomme mien voisin, estimant les commodités du vieux temps au prix du nôtre, n'oubliait pas de mettre en compte la fierté et magnificence des noms de la noblesse de ce temps, Don Grumedan, Quedragan, Agésilan et qu'à les ouïr seulement sonner, il se sentait qu'ils avaient été bien autres gens que Pierre, Guillot et Michel.

Item, je sais bon gré à Jacques Amyot d'avoir laissé, dans le cours d'une oraison[a] française, les noms latins tout entiers, sans les bigarrer et changer pour leur donner une cadence[b] française[4]. Cela semblait un peu rude au commencement, mais déjà l'usage, par le crédit de son *Plutarque,* nous en a ôté toute l'étrangeté. J'ai souhaité souvent que ceux qui écrivent les histoires en latin, nous laissassent nos noms tous tels qu'ils sont : car, en faisant de Vaudemont, Vallemontanus, et les métamorphosant pour les garber[c] à la grecque ou à la romaine, nous ne savons où nous en sommes et en perdons la connaissance.

Pour clore notre conte, c'est un vilain usage, et de très mauvaise conséquence en notre France, d'appeler chacun par le nom de sa terre et seigneurie, et la chose du monde qui fait plus mêler et méconnaître les races. Un cadet de bonne maison, ayant eu pour son apanage une terre sous le nom de laquelle il a été connu et honoré, ne peut honnêtement l'abandonner; dix ans après sa mort, la terre s'en va à un étranger qui en fait de même : devinez où nous sommes de la connaissance de ces hommes. Il ne faut pas aller querir d'autres exemples que de notre maison royale, où autant de partages, autant de surnoms; cependant l'originel de la tige nous est échappé.

Il y a tant de liberté en ces mutations que, de mon

a. Passage en prose. – *b.* Terminaison. – *c.* Parer.

temps, je n'ai vu personne, élevé par la fortune à quelque grandeur extraordinaire, à qui on n'ait attaché incontinent des titres généalogiques nouveaux et ignorés à son père, et qu'on n'ait enté en quelque illustre tige. Et, de bonne fortune, les plus obscures familles sont plus idoines à falsification. Combien avons-nous de gentilshommes en France, qui sont de royale race selon leurs contes? Plus, ce crois-je, que d'autres. Fut-il pas dit de bonne grâce par un de mes amis? Ils étaient plusieurs assemblés pour la querelle d'un seigneur contre un autre, lequel autre avait à la vérité quelque prérogative de titres et d'alliances, élevées au-dessus de la commune noblesse. Sur le propos de cette prérogative, chacun, cherchant à s'égaler à lui, alléguait, qui une origine, qui une autre, qui la ressemblance du nom, qui des armes, qui une vieille pancarte domestique[a]; et le moindre se trouvait arrière-fils de quelque roi d'outre-mer[5].

Comme ce fut à dîner, celui-ci, au lieu de prendre sa place, se recula en profondes révérences, suppliant l'assistance de l'excuser de ce que, par témérité, il avait jusque lors vécu avec eux en compagnon : mais, qu'ayant été nouvellement informé de leurs vieilles qualités, il commençait à les honorer selon leurs degrés, et qu'il ne lui appartenait pas de se seoir parmi tant de princes. Après sa farce[6], il leur dit mille injures : « Contentez-vous, de par Dieu, de ce de quoi nos pères se sont contentés, et de ce que nous sommes; nous sommes assez, si nous le savons bien maintenir; ne désavouons pas la fortune et condition de nos aïeux, et ôtons ces sottes imaginations qui ne peuvent faillir à quiconque a l'impudence de les alléguer. »

Les armoiries[7] n'ont de sûreté non plus que les surnoms[b]. Je porte d'azur semé de trèfles d'or, à une patte de Lion de même, armée de gueules, mise en fasce. Quel privilège a cette figure pour demeurer particulièrement en ma maison? Un gendre la transportera en une autre famille; quelque chétif acheteur en fera ses premières armes : il n'est chose où il se rencontre plus de mutation et de confusion.

a. Papier de famille. – b. Noms de famille.

Mais cette considération me tire par force à un autre champ[a]. Sondons un peu de près, et, pour Dieu, regardons à quel fondement nous attachons cette gloire et réputation pour laquelle se bouleverse le monde. Où asseyons-nous cette renommée que nous allons quêtant avec si grand peine? C'est en somme Pierre ou Guillaume qui la porte, prend en garde, et à qui elle touche. O la courageuse faculté, que l'espérance qui, en un sujet mortel, et en un moment, va usurpant l'infinité, l'immensité, l'éternité[8]; nature nous a là donné un plaisant jouet. Et ce Pierre ou Guillaume, qu'est-ce, qu'une voix pour tous potages? ou trois ou quatre traits de plume, premièrement si aidés à varier, que je demanderais volontiers à qui touche l'honneur de tant de victoires, à Guesquin, à Glesquin ou à Gueaquin[9]? Il y aurait bien plus d'apparence ici qu'en Lucien, que Σ mit T en procès[10], car

> *non levia aut ludicra petuntur*
> *Præmia**.

Il y va de bon : il est question laquelle de ces lettres doit être payée de tant de sièges, batailles, blessures, prisons et services faits à la couronne de France par ce sien fameux connétable. Nicolas Denisot n'a eu soin que des lettres de son nom, et en a changé toute la contexture pour en bâtir le comte d'Alsinois qu'il a étrenné[b] de la gloire de sa poésie et peinture[11]. Et l'historien Suétone n'a aimé que le sens du sien, et, en ayant privé *Lénis,* qui était le surnom[c] de son père, a laissé *Tranquillus* successeur de la réputation de ses écrits[12]. Qui croirait que le capitaine Bayard n'eut honneur que celui qu'il a emprunté des faits de Pierre Terrail[13]? et qu'Antoine Escalin se laisse voler à sa vue tant de navigations et charges par mer et par terre au capitaine Poulin et au baron de la Garde.

Secondement, ce sont traits de plumes communs à

---

a. Sujet. – b. Gratifié. – c. Nom.
* Virgile, *Enéide,* chant XII : « On ne recherche pas une récompense frivole ou de peu de valeur. »

mille hommes. Combien y a-t-il, en toutes les races, de
personnes de même nom et surnom? Et en diverses races,
siècles et pays, combien? L'histoire a connu trois Socrate,
cinq Platon, huit Aristote, sept Xénophon, vingt Deme-
trius, vingt Théodore : et devinez combien elle n'en a pas
connu. Qui empêche mon palefrenier de s'appeler Pom-
pée-le-grand? Mais, après tout, quels moyens, quels
ressorts y a-t-il qui attachent à mon palefrenier trépassé,
ou à cet autre homme qui eut la tête tranchée en Egypte,
et qui joignent à eux cette voix glorifiée et ces traits de
plume ainsi honorés, afin qu'ils s'en avantagent?

> *Id cinerem et manes credis curare sepultos*?*

Quel ressentiment[a] ont les deux compagnons en principale valeur entre les hommes : Epaminondas, de ce
glorieux vers qui court pour lui en nos bouches :

> *Consiliis nostris laus est attonsa Laconum**?*

et Africanus[14], de cet autre :

> *A sole exoriente supra Mœotis paludes*
> *Nemo est qui factis me æquiparare queat***?*

Les survivants se chatouillent de la douceur de ces
voix, et, par icelles sollicités de jalousie et désir, transmettent inconsidérément par fantaisie aux trépassés celui
leur propre ressentiment, et d'une pipeuse espérance se
donnent à croire d'en être capables à leur tour. Dieu le
sait!

---

a. Sentiment.
* Virgile, *Enéide,* chant IV : « Crois-tu que les cendres et les mânes
s'occupent de cela dans leurs tombeaux? » Le vers de Virgile ne se
rapporte nullement aux noms propres, mais à la fidélité d'une veuve pour
le souvenir de son mari.
** Vers grec traduit par Cicéron dans les *Tusculanes,* livre V,
chap. XVII : « Par mes plans la gloire de Lacédémone a été anéantie. »
*** *Tusculanes,* livre V, chap. XVII : « Du soleil levant au-delà des
marais Méotides, il n'y a personne qui puisse égaler ses exploits aux
miens. »

Toutefois,

> *ad hæc se*
> *Romanus, Graiusque, et Barbarus Induperator*
> *Erexit, causas discriminis atque laboris*
> *Inde habuit, tanto major famæ sitis est quam*
> *Virtutis*.*

---

* Juvénal, *Satire* X : « C'est pour cela que se dresse le conquérant
Romain, Grec ou Barbare; c'est là la cause de ses périls et de ses
épreuves : tant la soif de la renommée l'emporte sur celle de la
vertu. »

CHAPITRE XLVII

DE L'INCERTITUDE
DE NOTRE JUGEMENT

C'est bien ce que dit ce vers :

'Επέων δὲ πολὺς νόμος ἔνθα καὶ ἔνθα*,

il y a prou loi de parler partout, et pour et contre.
Pour exemple :

> *Vinse Hannibal, et non seppe usar' poi*
> *Ben la vittoriosa sua ventura***.

Qui voudra être de ce parti, et faire valoir avec nos gens la faute de n'avoir dernièrement poursuivi notre pointe à Moncontour[1], ou qui voudra accuser le roi d'Espagne de n'avoir su se servir de l'avantage qu'il eut contre nous à Saint-Quentin[2], il pourra dire cette faute partir d'une âme enivrée de sa bonne fortune, et d'un courage[a], lequel, plein et gorgé de ce commencement de bonheur, perd le goût de l'accroître, déjà par trop empêché à digérer ce qu'il en a; il en a sa brassée toute comble, il n'en peut saisir davantage, indigne que la fortune lui ait mis un tel bien entre mains; car quel profit en sent-il, si

---

a. Cœur.
* *Iliade*, chant XX. Montaigne en donne le sens après l'avoir cité.
** Pétrarque, sonnet LXXXII, et souvenir du mot fameux du maître de la cavalerie à Annibal : « Annibal vainquit les Romains mais il ne sut pas profiter de sa victoire. » Se reporter au livre XXII, chap. LI de l'*Histoire* de Tite-Live.

néanmoins il donne à son ennemi moyen de se remettre sus? quelle espérance peut-on avoir qu'il ose une autre fois attaquer ceux-ci ralliés et remis, et de nouveau armés de dépit et de vengeance, qui ne les a osé ou su poursuivre tous rompus et effrayés?

*Dum fortuna calet, dum conficit omnia terror**.

Mais enfin, que peut-il attendre de mieux que ce qu'il vient de perdre? Ce n'est pas comme à l'escrime, où le nombre des touches donne gain; tant que l'ennemi est en pieds[a], c'est à recommencer de plus belle; ce n'est pas victoire, si elle ne met fin à la guerre. En cette escarmouche où César eut du pire[b] près la ville d'Oricum[3], il reprochait aux soldats de Pompée qu'il eût été perdu, si leur capitaine eût su vaincre, et lui chaussa bien autrement les éperons quand ce fut à son tour.

Mais pourquoi ne dira-t-on aussi, au contraire, que c'est l'effet d'un esprit précipiteux et insatiable de ne savoir mettre fin à sa convoitise; que c'est abuser des faveurs de Dieu, de leur vouloir faire perdre la mesure qu'il leur a prescrite; et que, de se rejeter au danger après la victoire, c'est la remettre encore un coup à la merci de la fortune; que l'une des plus grandes sagesses en l'art militaire, c'est de ne pousser son ennemi au désespoir. Sylla et Marius en la guerre sociale ayant défait les Marses, en voyant encore une troupe de reste, qui par désespoir se revenaient jeter à eux comme bêtes furieuses, ne furent pas d'avis de les attendre. Si l'ardeur de monsieur de Foix ne l'eût emporté à poursuivre trop âprement les restes de la victoire de Ravenne[4], il ne l'eût pas souillée de sa mort. Toutefois encore servit la récente mémoire de son exemple à conserver M. d'Enghien de pareil inconvénient à Cerisoles[5]. Il fait dangereux assaillir un homme à qui vous avez ôté tout autre moyen d'échapper que par les armes; car c'est une violente maîtresse

---

a. Sur pieds. – b. Eut le dessous.
* Lucain, *Pharsale*, chant VII : « Pendant que la fortune est chaude, que la terreur achève toute chose. »

d'école que la nécessité : « *gravissimi sunt morsus irri-tatæ necessitatis*.* »

Vincitur haud gratis jugulo qui provocat hostem**.

Voilà pourquoi Pharax empêcha le roi de Lacédémone, qui venait de gagner la journée contre les Mantinéens, de n'aller affronter mille Argiens, qui étaient échappés entiers de la déconfiture, ains[a] les laisser couler en liberté pour ne pas venir à essayer[b] la vertu piquée et dépitée par le malheur[6]. Clodomire, roi d'Aquitaine, après sa victoire poursuivant Gondemar, roi de Bourgogne, vaincu et fuyant, le força de tourner tête; mais son opiniâtreté lui ôta le fruit de sa victoire, car il y mourut[7].

Pareillement, qui aurait à choisir, ou de tenir ses soldats richement et somptueusement armés, ou armés seulement pour la nécessité, il se présenterait en faveur du premier parti, duquel étaient Sertorius, Philopœmen, Brutus, César et autres, que c'est toujours un aiguillon d'honneur et de gloire au soldat de se voir paré et une occasion[c] de se rendre plus obstiné au combat, ayant à sauver ses armes comme ses biens et héritages : raison, dit Xénophon[8], pourquoi les Asiatiques menaient en leurs guerres femmes, concubines, avec leurs joyaux et richesses plus chères. Mais il s'offrirait aussi, de l'autre part, qu'on doit plutôt ôter au soldat le soin de se conserver, que de le lui accroître; qu'il craindra par ce moyen doublement à se hasarder; joint que c'est augmenter à l'ennemi l'envie de la victoire par ces riches dépouilles; et l'on a remarqué[9] que, d'autres fois, cela encouragea merveilleusement les Romains à l'encontre des Samnites. Antiochus, montrant à Annibal l'armée qu'il préparait contre eux, pompeuse et magnifique en toute sorte d'équipage, et lui demandant : « Les Romains se contenteront-ils de cette armée? – S'ils s'en contente-

_____

a. Mais. – b. Mettre à l'épreuve. – c. Raison.
* Citation latine reproduite par Juste Lipse dans ses *Politiques,* livre V, chap. XVIII : « Les morsures de la nécessité déchaînée sont les plus violentes. »
** Lucain, *Pharsale,* chant IV : « On vend cher la victoire à son adversaire quand on provoque la mort. »

ront? répondit-il; vraiment, c'est mon[a], pour avares[b]
qu'ils soient[10]. » Licurgue défendait aux siens, non seulement la somptuosité en leur équipage, mais encore
de dépouiller leurs ennemis vaincus, voulant, disait-il,
que la pauvreté et frugalité reluisît avec le reste de la
bataille[11].

Aux sièges et ailleurs, où l'occasion nous approche de
l'ennemi, nous donnons volontiers licence aux soldats de
le braver, dédaigner et injurier de toutes façons de
reproches, et non sans apparence de raison : car ce n'est
pas faire peu, de leur ôter toute espérance de grâce et de
composition, en leur représentant qu'il n'y a plus ordre
de l'attendre de celui qu'ils ont si fort outragé, et qu'il ne
reste remède que de la victoire. Si est-ce qu'il en méprit à
Vitellius[12] : car, ayant affaire à Othon, plus faible en
valeur de soldats, désaccoutumés de longue main du fait
de la guerre et amollis par les délices de la ville, il les
agaça tant enfin par ses paroles piquantes, leur repro-
chant leur pusillanimité et le regret des dames et fêtes
qu'ils venaient de laisser à Rome, qu'il leur remit par ce
moyen le cœur au ventre, ce que nuls enhortements[c]
n'avaient su faire, et les attira lui-même sur ses bras, où
l'on ne les pouvait pousser; et, de vrai, quand ce sont
injures qui touchent au vif, elles peuvent faire aisément
que celui qui allait lâchement à la besogne pour la
querelle de son roi, y aille d'une autre affection pour la
sienne propre.

A considérer de combien d'importance est la conservation d'un chef en une armée, et que la visée de l'ennemi
regarde principalement cette tête à laquelle tiennent
toutes les autres et en dépendent, il semble qu'on ne
puisse mettre en doute ce conseil[d], que nous voyons avoir
été pris par plusieurs grands chefs, de se travestir et
déguiser sur le point de la mêlée; toutefois l'inconvénient
qu'on encourt par ce moyen n'est pas moindre que celui
qu'on pense fuir; car le capitaine venant à être méconnu
des siens, le courage qu'ils prennent de son exemple et de
sa présence vient aussi quant et quant[e] à leur faillir, et

---

a. C'est mon avis. – *b.* Si cupides qu'ils soient. – *c.* Exhortations. –
d. Dessein. – *e.* En même temps.

perdant la vue de ses marques et enseignes accoutumées, ils le jugent ou mort, ou s'être dérobé, désespérant de l'affaire. Et, quant à l'expérience, nous lui voyons favoriser tantôt l'un, tantôt l'autre parti. L'accident de Pyrrhus, en la bataille qu'il eut contre le consul Levinus en Italie, nous sert à l'un et l'autre visage; car, pour s'être voulu cacher sous les armes de Demogaclès et lui avoir donné les siennes, il sauva bien sans doute sa vie, mais aussi il en cuida encourir l'autre inconvénient, de perdre la journée[13]. Alexandre, César, Lucullus aimaient à se marquer au combat par des accoutrements et armes riches, de couleur reluisante et particulière; Agis, Agésilas et ce grand Gilippus, au rebours, allaient à la guerre obscurément couverts et sans atour impérial[14].

A la bataille de Pharsale, entre autres reproches qu'on donne à Pompée, c'est d'avoir arrêté son armée pied-coi[a], attendant l'ennemi; pour autant que cela (je déroberai ici les mots mêmes de Plutarque, qui valent mieux que les miens) « affaiblit la violence que le courir donne aux premiers coups, et quant et quant[b], ôte l'élancement des combattants les uns contre les autres, qui a accoutumé de les remplir d'impétuosité et de fureur plus qu'autre chose, quand ils viennent à s'entrechoquer de roideur, leur augmentant le courage par le cri et la course, et rend ici la chaleur des soldats, en manière de dire, refroidie et figée[15] ». Voilà ce qu'il dit pour ce rôle; mais si César eût perdu, qui n'eût pu aussi bien dire qu'au contraire la plus forte et roide assiette est celle en laquelle on se tient planté sans bouger, et que, qui est en sa marche arrêté, resserrant et épargnant pour le besoin sa force en soi-même, a grand avantage contre celui qui est ébranlé et qui a déjà consommé à la course la moitié de son haleine? outre ce que, l'armée étant un corps de tant de diverses pièces, il est impossible qu'elle s'émeuve en cette furie d'un mouvement si juste, qu'elle n'en altère ou rompe son ordonnance, et que le plus dispos ne soit aux prises avant que son compagnon le secoure. En

_a._ Immobile. De pied ferme. – _b._ En même temps.

cette vilaine bataille des deux frères perses[16], Cléarque Lacédémonien, qui commandait les Grecs du parti de Cyrus, les mena tout bellement à la charge sans soi hâter; mais, à cinquante pas près, il les mit à la course, espérant, par la brièveté de l'espace, ménager et leur ordre et leur haleine, leur donnant cependant l'avantage de l'impétuosité pour leurs personnes et pour leurs armes à trait. D'autres[17] ont réglé ce doute en leur armée de cette manière : si les ennemis vous courent sus, attendez-les de pied-coi; s'ils vous attendent de pied-coi, courez-leur sus.

Au passage que l'empereur Charles cinquième fit en Provence[18], le roi François fut au propre d'élire ou de lui aller au-devant en Italie, ou de l'attendre en ses terres; et, bien qu'il considérât combien c'est d'avantage de conserver sa maison*a* pure et nette de troubles de la guerre, afin qu'entière en ses forces elle puisse continuellement fournir deniers et secours au besoin; que la nécessité des guerres porte à tous les coups de faire le gast*b*, ce qui ne se peut faire bonnement en nos biens propres; et si*c* le paysan ne porte*d* pas si doucement ce ravage de ceux de son parti que de l'ennemi, en manière qu'il s'en peut aisément allumer des séditions et des troubles parmi nous; que la licence de dérober et de piller, qui ne peut être permise en son pays, est un grand support*e* aux ennuis de la guerre, et, qui n'a autre espérance de gain que sa solde, il est mal aisé qu'il soit tenu en office*f*, étant à deux pas des sa femme et de sa retraite; que celui qui met la nappe, tombe toujours des dépens*g*, qu'il y a plus d'allégresse à assaillir qu'à défendre; et que la secousse de la perte d'une bataille dans nos entrailles est si violente qu'il est malaisé qu'elle ne croule tout le corps, attendu qu'il n'est passion contagieuse comme celle de la peur, ni qui se prenne si aisément à crédit, et qui s'épande plus brusquement; et que les villes qui auront ouï l'éclat de cette tempête à leurs portes, qui auront recueilli leurs capitaines et soldats tremblants encore et hors d'haleine, il est dangereux, sur la chaude*h*, qu'ils ne se jettent à

---

a. Royaume. – *b*. Destruction. – *c*. Et encore. – *d*. Supporte. – *e*. Soulagement. – *f*. Devoir. – *g*. Paye les frais. – *h*. Au chaud de l'action.

quelque mauvais parti : si est-ce qu'il choisit de rappeler les forces qu'il avait delà les monts, et de voir venir l'ennemi; car il peut imaginer au contraire qu'étant chez lui et entre ses amis, il ne pouvait faillir d'avoir planté[a] de toutes commodités : les rivières, les passages à sa dévotion lui conduiraient et vivres et deniers en toute sûreté et sans besoin d'escorte; qu'il aurait ses sujets d'autant plus affectionnés, qu'ils auraient le danger plus près; qu'ayant tant de villes et de barrières pour sa sûreté, ce serait à lui de donner loi au combat selon son opportunité et avantage; et, s'il lui plaisait de temporiser, qu'à l'abri et à son aise il pourrait voir morfondre son ennemi, et se défaire soi-même par les difficultés qui le combattraient, engagé en une terre contraire[b] où il n'aurait devant, ni derrière lui, ni à côté, rien qui ne lui fît guerre, nul moyen de rafraîchir[c] ou élargir[d] son armée, si les maladies s'y mettaient, ni de loger à couvert ses blessés : nuls deniers, nuls vivres qu'à pointe de lance; nul loisir de se reposer et prendre haleine; nulle science de lieux ni de pays, qui le sût défendre d'embûches et surprises; et, s'il venait à la perte d'une bataille, aucun moyen d'en sauver les reliques[e]. Et n'avait pas faute d'exemples pour l'un et pour l'autre parti. Scipion trouva bien meilleur d'aller assaillir les terres de son ennemi en Afrique[19], que de défendre les siennes et le combattre en Italie où il était, d'où bien lui prit. Mais, au rebours, Annibal, en cette même guerre, se ruina d'avoir abandonné la conquête d'un pays étranger pour aller défendre le sien. Les Athéniens[20], ayant laissé l'ennemi en leurs terres pour passer en la Sicile, eurent la fortune contraire; mais Agathocle, roi de Syracuse, l'eut favorable, ayant passé en Afrique et laissé la guerre chez soi. Ainsi nous avons bien accoutumé de dire avec raison que les événements et issues dépendent, notamment en la guerre, pour la plupart de la fortune, laquelle ne se veut pas ranger et assujettir à notre discours et prudence, comme disent ces vers :

***

a. Quantité. – *b.* Ennemie. – *c.* Reposer. – *d.* Renforcer. – *e.* Restes.

Et male consultis pretium est : prudentia fallax,
Nec fortuna probat causas sequiturque merentes;
Sed vaga per cunctos nullo discrimine fertur;
Scilicet est aliud quod nos cogatque regatque
Majus, et in proprias ducat mortalia leges*.

Mais, à le bien prendre, il semble que nos conseils[a] et délibérations en dépendent bien autant, et que la fortune[21] engage en son trouble et incertitude aussi nos discours.

Nous raisonnons hasardeusement et inconsidérément, dit Timée en Platon, parce que, comme nous, nos discours ont grande participation au hasard.

a. Desseins.
* Manilius, *Astronomiques,* chant IV : « La réussite va à des projets mal conçus; la prudence se trompe, et la fortune n'approuve ni n'aide le parti qui le mérite, mais elle est emportée, au hasard et sans choix, à travers la masse. Sans doute y a-t-il une force supérieure qui nous domine, nous gouverne, et dirige les choses mortelles selon ses propres lois. »

CHAPITRE XLVIII

DES DESTRIERS

Me voici devenu grammairien, moi qui n'appris jamais langue que par routine, et qui ne sais encore que c'est d'adjectif, conjonctif[a] et d'ablatif. Il me semble avoir ouï-dire[1] que les Romains avaient des chevaux qu'ils appelaient *funales* ou *dextrarios,* qui se menaient à dextre ou à relais, pour les prendre tout frais au besoin; et de là vient que nous appelons destriers les chevaux de service. Et nos romans[2] disent ordinairement *adestrer* pour *accompagner.* Ils appelaient aussi *desultorios equos* des chevaux qui étaient dressés de façon que, courant de toute leur raideur, accouplés côté à côté l'un de l'autre, sans bride, sans selle, les gentilshommes romains, voire tout armés, au milieu de la course se jetaient et rejetaient de l'un à l'autre. Les Numides gensdarmes[b] menaient en main un second cheval pour changer au plus chaud de la mêlée : « *quibus, desultorum in modum, binos trahentibus equos, inter acerrimam sæpe pugnam in recentem equum ex fesso armatis transsultare mos erat : tanta velocitas ipsis, tamque docile equorum genus*[*]. »

Il se trouve plusieurs chevaux dressés à secourir leur maître, courir sus à qui leur présente une épée nue, se jeter des pieds et des dents sur ceux qui les attaquent et

---

a. Subjonctif. – *b.* Soldats.
[*] Tite-Live, *Histoire,* livre XXIII, chap. XXIX : « A la façon de nos cavaliers sautant d'un cheval sur un autre, ils avaient coutume d'emmener chacun deux chevaux, et souvent, parmi les combats les plus acharnés, ils sautaient, armés, du cheval fatigué sur le cheval frais, si grande était leur agilité et la docilité de leurs chevaux. »

affrontent; mais il leur advient plus souvent de nuire aux amis qu'aux ennemis. Joint que vous ne les déprenez[a] pas à votre poste[b], quand ils sont une fois harpés[c]; et demeurés à la miséricorde[d] de leur combat. Il méprit[e] lourdement à Artibie, général de l'armée de Perse, combattant contre Onesile, roi de Salamis, de personne à personne, d'être monté sur un cheval façonné en cette école; car il fut cause de sa mort, le coutillier[f] d'Onesile l'ayant accueilli d'une faux entre les deux épaules, comme il s'était cabré sur son maître[3].

Et ce que les Italiens disent qu'en la bataille de Fornuove[4] le cheval du roi le déchargea, à ruades et coups de pied, des ennemis qui le pressaient, et qu'il était perdu sans cela : ce fut un grand coup de hasard, s'il est vrai.

Les Mammeluks se vantent d'avoir les plus adroits chevaux de gendarmes du monde. Et dit-on que, par nature et par coutume, ils sont faits, par certains signes et voix, à ramasser avec les dents les lances et les dards, et à les offrir à leur maître en pleine mêlée et à connaître et discerner[5] (l'ennemi).

On dit de César, et aussi du grand Pompée[6], que, parmi leurs autres excellentes qualités, ils étaient fort bons hommes de cheval; et de César, qu'en sa jeunesse, monté à dos sur un cheval et sans bride, il lui faisait prendre carrière, les mains tournées derrière le dos.

Comme nature a voulu faire de ce personnage et d'Alexandre deux miracles en l'art militaire, vous diriez qu'elle s'est aussi efforcée à les armer extraordinairement; car chacun sait du cheval d'Alexandre[7], Bucéphale, qu'il avait la tête retirant[g] à celle d'un taureau, qu'il ne se souffrait monter à personne qu'à son maître, ne put être dressé que par lui-même, fut honoré après sa mort, et une ville bâtie en son nom. César en avait aussi un autre qui avait les pieds de devant comme un homme, ayant l'ongle coupé en forme de doigts[8], lequel ne put être monté ni dressé que par César, qui dédia son image après sa mort à la déesse Vénus.

a. Détachez. – *b.* A votre gré. – *c.* Engagés dans le combat. – *d.* A la merci. – *e.* Cela tourna mal pour... – *f.* Ecuyer armé d'un couteau. – *g.* Ressemblant.

Je ne démonte pas volontiers quand je suis à cheval, car c'est l'assiette en laquelle je me trouve le mieux, et sain et malade[9]. Platon la recommande pour la santé[10]; aussi dit Pline[11] qu'elle est salutaire à l'estomac et aux jointures. Poursuivons donc, puisque nous y sommes.

On lit en Xénophon[12] la loi défendant de voyager à pied à l'homme qui eût cheval. Trogus et Justinus[13] disent que les Parthes avaient accoutumé de faire à cheval non seulement la guerre, mais aussi toutes leurs affaires publiques et privées, marchander, parlementer, s'entretenir et se promener; et que la plus notable différence des libres et des serfs parmi eux, c'est que les uns vont à cheval, les autres à pied : institution née du roi Cyrus.

Il y a plusieurs exemples en l'histoire romaine (et Suétone le remarque plus particulièrement de César[14]) des capitaines qui commandaient à leurs gens de cheval de mettre pied à terre, quand ils se trouvaient pressés de l'occasion, pour ôter aux soldats toute espérance de fuite, et pour l'avantage qu'ils espéraient en cette sorte de combat, « *quo haud dubie superat Romanus** », dit Tite Live.

Si est-il[a] que la première provision[b] de quoi ils se servaient à brider la rébellion des peuples de nouvelle conquête, c'était leur ôter armes et chevaux : pourtant[c] voyons-nous si souvent en César : « *arma proferri, jumenta produci, obsides dari jubet*** ». Le grand Seigneur ne permet aujourd'hui ni à Chrétien, ni à Juif d'avoir cheval à soi, à ceux qui sont sous son empire.

Nos ancêtres, et notamment du temps de la guerre des Anglais, en tous les combats solennels et journées assignées[d], se mettaient la plupart du temps tous à pied, pour ne se fier à autre chose qu'à leur force propre et vigueur de leur courage et de leurs membres, de chose si chère que l'honneur et la vie. Vous engagez, quoi que die Chrysantès en Xénophon[15], votre valeur et votre fortune à celle de votre cheval; ses plaies et sa mort tirent la vôtre

a. Toujours est-il. – b. Précaution. – c. C'est pourquoi. – d. Batailles rangées.
* Tite-Live, *Histoire,* livre IX, chap. XXII : « C'est par là que les Romains l'emportent sans conteste. »
** César, *De Bello Gallico,* livre VII, chap. XI : « Il ordonne de livrer les armes, les chevaux, des otages. »

en conséquence; son effroi ou sa fougue vous rendent ou téméraire ou lâche; s'il a faute de bouche ou d'éperon[a], c'est à votre honneur à en répondre. A cette cause, je ne trouve pas étrange que ces combats-là fussent plus fermes et plus furieux que ceux qui se font à cheval,

> *cedebant pariter, pariterque ruebant*
> *Victores victique, neque his fuga nota neque illis*.*

Leurs batailles se voient bien mieux contestées; ce ne sont asteure[b] que routes[c] : « *primus clamor atque impetus rem decernit***. » Et chose que nous appelons à la société d'un si grand hasard doit être en notre puissance le plus qu'il se peut. Comme je conseillerais de choisir les armes les plus courtes, et celles de quoi nous nous pouvons le mieux répondre. Il est bien plus apparent de s'assurer d'une épée que nous tenons au poing, que du boulet qui échappe de notre pistolet, en lequel il y a plusieurs pièces, la poudre, la pierre, le rouet, desquelles la moindre qui viendra à faillir vous fera faillir votre fortune.

On assène peu sûrement le coup que l'air vous conduit,

> *Et quo ferre velint permittere vulnera ventis :*
> *Ensis habet vires, et gens quæcumque virorum est,*
> *Bella gerit gladiis***.*

Mais, quant à cette arme-là, j'en parlerai plus amplement[16] où je ferai comparaison des armes anciennes aux nôtres; et, sauf l'étonnement[d] des oreilles, à quoi désormais chacun est apprivoisé, je crois que c'est une arme de fort peu d'effet, et espère que nous en quitterons un jour l'usage.

---

a. S'il obéit mal au mors ou à l'éperon. – b. Maintenant. – c. Déroutes. – d. Assourdissement.

* Virgile, *Enéide*, chant X : « Ils reculaient en même temps; en même temps, ils chargeaient, vainqueurs et vaincus; ni les uns ni les autres ne savaient fuir. »

** Tite-Live, *Histoire*, Livre XXV, chap. XLI : « Les premiers cris de guerre, la première charge décident du combat. »

*** Lucain, *Pharsale*, chant VIII : « Lorsqu'on abandonne au vent la direction des coups : c'est l'épée qui est la force du soldat : toutes les nations guerrières combattent avec l'épée. »

Celle de quoi les Italiens se servaient, de jet et à feu, était plus effroyable. Ils nommaient Phalarica une certaine espèce de javeline, armée par le bout d'un fer de trois pieds, afin qu'il pût percer d'outre en outre un homme armé; et se lançait tantôt de la main en la campagne, tantôt à tout[a] des engins pour défendre les lieux assiégés; la hampe, revêtue d'étoupe empoissée et huilée, s'enflammait de sa course; et, s'attachant au corps ou au bouclier, ôtait tout usage d'armes et de membres. Toutefois il me semble que, pour venir au joindre[b], elle portât aussi empêchement à l'assaillant, et que le champ, jonché de ces tronçons brûlants, produisît en la mêlée une commune incommodité,

> *magnum stridens contorta Phalarica venit*
> *Fulminis acta modo*.*

Ils avaient d'autres moyens, à quoi l'usage les adressait[c], et qui nous semblent incroyables par inexpérience, par où ils suppléaient au défaut[d] de notre poudre et de nos boulets. Ils dardaient leurs piles[e] de telle roideur que souvent ils en enfilaient deux boucliers et deux hommes armés, et les cousaient. Les coups de leurs frondes n'étaient pas moins certains et lointains : « *saxis globosis funda mare apertum incessentes : coronas modici circuli, magno ex intervallo loci, assueti trajicere : non capita modo hostium vulnerabant, sed quem locum destinassent**.* » Leurs pièces de batterie représentaient, comme l'effet, aussi le tintamarre des nôtres : « *ad ictus mœnium cum terribili sonitu editos pavor et trepidatio cepit***.* » Les Gaulois nos cousins, en Asie, haïssaient ces armes

---

a. Avec. – b. Aux prises. – c. Exerçait. – d. Absence. – e. Javelots *(pila)*.

* Virgile, *Enéide,* chant IX : « Avec un sifflement puissant, la phalarique s'abat comme la foudre. » La *phalarique* est un javelot lourd muni d'une courroie.

** Tite-Live, *Histoire,* livre XXXVIII, chap. XXIX : « Entraînés à lancer sur la mer des cailloux ronds avec la fronde et à traverser de loin des cercles étroits, non seulement ils blessaient l'adversaire à la tête, mais ils touchaient l'endroit visé. »

*** Tite-Live, *Histoire,* Livre XXXVIII, chap. V : « Aux coups qui frappaient les remparts avec un bruit terrible, la panique et l'affolement s'emparèrent des assiégés. »

traîtresses et volantes, duits*a* à combattre main à main avec plus de courage. « *Non tam patentibus plagis moventur : ubi latior quam altior plaga est, etiam gloriosius se pugnare putant : idem, cum aculeus sagittæ aut glandis abditæ introrsus tenui vulnere in speciem urit, tum, in rabiem et pudorem tam parvæ perimentis pestis versi, prosternunt corpora humi** » : peinture bien voisine d'une arquebusade.

Les dix mille Grecs, en leur longue et fameuse retraite, rencontrèrent une nation qui les endommagea merveilleusement à coups de grands arcs et forts et des sagettes*b* si longues qu'à les reprendre à la main on les pouvait rejeter à la mode d'un dard, et perçaient de part en part le bouclier et un homme armé[17]. Les engins que Denys inventa à Syracuse à tirer gros traits massifs et des pierres d'horrible grandeur, d'une si longue volée et impétuosité, représentaient de bien près nos inventions[18].

Encore ne faut-il pas oublier la plaisante assiette qu'avait, sur sa mule, un maître Pierre Pol, docteur en théologie, que Monstrelet[19] récite*c* avoir accoutumé se promener par la ville de Paris, assis de côté, comme les femmes. Il dit aussi ailleurs[20] que les Gascons avaient des chevaux terribles, accoutumés de virer en courant, de quoi les Français, Picards, Flamands et Brabançons faisaient grand miracle, « pour n'avoir accoutumé de le voir », ce sont ses mots[21]. César, parlant de ceux de Suède[22] : « Aux rencontres qui se font à cheval, dit-il, ils se jettent souvent à terre pour combattre à pied, ayant accoutumé leurs chevaux de ne bouger cependant de la place, auxquels ils recourent promptement, s'il en est besoin; et, selon leur coutume, il n'est rien si vilain et si lâche que d'user de selles et bardelles*d*, et méprisent ceux qui en usent, de manière que, fort peu en nombre, ils ne craignent pas d'en assaillir plusieurs. »

Ce que j'ai admiré autrefois[23], de voir un cheval dressé

----

a. Habitués. – *b.* Flèches. – *c.* Rapporte. – *d.* Couvertures.
* Tite-Live, livre XXXVIII, chap. XXI : « Ils ne sont pas ébranlés par les plaies béantes : lorsque la blessure est plus large que profonde, ils s'en font gloire, mais si la pointe d'une flèche ou la balle d'une fronde les brûle à l'intérieur en ne laissant qu'une trace légère en apparence, alors la rage et la honte de mourir pour une si petite blessure les saisit et ils se roulent à terre. »

à se manier à toutes mains avec une baguette, la bride
avalée[a] sur ses oreilles, était ordinaire aux Massiliens, qui
se servaient de leurs chevaux sans selle et sans bride.

> *Et gens quæ nudo residens Massilia dorso*
> *Ora levi flectit, frænorum nescia, virga*.*
> *Et Numidæ infræni cingunt** :*

« *equi sine frenis, deformis ipse cursus, rigida cervice et
extento capite currentium***.* »

Le roi Alphonse[24], celui qui dressa en Espagne l'ordre
des chevaliers de la Bande ou de l'Echarpe, leur donna,
entre autres règles, de ne monter ni mule, ni mulet, sur
peine d'un marc d'argent d'amende, comme je viens
d'apprendre dans les lettres de Guevara, desquelles ceux
qui les ont appelées *dorées,* faisaient jugement bien autre
que celui que j'en fais.

Le *Courtisan*[25] dit qu'avant son temps, c'était reproche
à un gentilhomme d'en chevaucher (les Abyssins, à
mesure qu'ils sont plus grands et plus avancés près le
Prêtre-Jean[26], leur maître, affectent[b] au rebours des
mules à monter par honneur); Xénophon, que les Assy-
riens tenaient leurs chevaux toujours entravés au logis,
tant ils étaient fâcheux et farouches, et qu'il fallait tant de
temps à les détacher et harnacher que, pour que cette
longueur à la guerre ne leur apportât dommage, s'ils
venaient à être en dessoude[c] surpris par les ennemis, ils
ne logeaient jamais en camp qui ne fût fossoyé et
remparé[27].

Son Cyrus, si grand maître au fait de chevalerie, mettait
les chevaux de son écot[28], et ne leur faisait bailler à
manger qu'ils ne l'eussent gagné par la sueur de quelque
exercice.

---

a. Tombant. – b. Recherchent. – c. A l'improviste.
* Lucain, *Pharsale,* chant IV : « La nation massilienne monte à nu les
chevaux, ignore le frein et les dirige avec une petite baguette. »
** Virgile, *Enéide,* chant IV : « Les Numides montent sans frein. »
*** Tite-Live, *Histoire,* Livre XXXV, chap. XI : « Leurs chevaux sont
sans frein, leur allure est laide, le cou raide et la tête en avant. »

Les Scythes, où la nécessité les pressait en la guerre, tiraient du sang de leurs chevaux, et s'en abreuvaient et nourrissaient,

> *Venit et epoto Sarmata pastus equo**.

Ceux de Crète[29], assiégés par Metellus, se trouvèrent en telle disette de tout autre breuvage qu'ils eurent à se servir de l'urine de leurs chevaux.

Pour vérifier combien les armées turquesques se conduisent et maintiennent à meilleure raison que les nôtres, ils disent qu'outre ce que les soldats ne boivent que de l'eau et ne mangent que riz et de la chair salée mise en poudre, de quoi chacun porte aisément sur soi provision pour un mois, ils savent aussi vivre du sang de leurs chevaux, comme les Tartares et Moscovites, et le salent[30].

Ces nouveaux peuples des Indes, quand les Espagnols y arrivèrent, estimèrent, tant des hommes que des chevaux, que ce fussent ou dieux ou animaux, en noblesse au-dessus de leur nature. Aucuns, après avoir été vaincus, venant demander paix et pardon aux hommes, et leur apporter de l'or et des viandes, ne faillirent d'en aller autant offrir aux chevaux, avec une toute pareille harangue à celle des hommes, prenant leur hennissement pour langage de composition et de trêve[31].

Aux Indes de deçà[32], c'était anciennement le principal et royal honneur de chevaucher un éléphant, le second d'aller en coche, traîné à quatre chevaux, le tiers de monter un chameau, le dernier et plus vil degré d'être porté ou charrié par un cheval seul.

Quelqu'un de notre temps écrit avoir vu, en ce climat-là, des pays où l'on chevauche les bœufs avec bastines[a], étriers et brides, et s'être bien trouvé de leur porture.

Quintus Fabius Maximus Rutilianus, contre les Samnites, voyant que ses gens de cheval à trois ou quatre charges avaient failli[b] d'enfoncer le bataillon des ennemis, prit ce conseil qu'ils débridassent leurs chevaux et

---

a. Petits bâts. – b. N'avaient pas réussi à...
* Martial, *Spectacula,* chant III : « Survient aussi le Sarmate qui se nourrit du sang de son cheval. »

brechassent[a] à toute force des éperons, si que[b], rien ne les pouvant arrêter, au travers des armes et des hommes renversés, ouvrirent le pas à leurs gens de pied, qui parfirent une très sanglante défaite[33].

Autant en commanda Quintus Fulvius Flaccus contre les Celtibériens : « *Id cum majore vi equorum facietis, si effrenatos in hostes equos immittitis; quod sæpe romanos equites cum laude fecisse sua, memoriæ proditum est. Detractisque frenis, bis ultro citroque cum magna strage hostium, infractis omnibus hastis, transcurrerunt**. »

Le duc de Moscovie devait anciennement cette révérence[c] aux Tartares, quand ils envoyaient vers lui des ambassadeurs, qu'il leur allait au-devant à pied et leur présentait un gobeau[d] de lait de jument (breuvage qui leur est en délices), et si, en buvant, quelque goutte en tombait sur le crin de leurs chevaux, il était tenu de la lécher avec la langue[34]. En Russie, l'armée que l'empereur Bajazet y avait envoyée, fut accablée d'un si horrible ravage de neiges que, pour s'en mettre à couvert et sauver du froid, plusieurs s'avisèrent de tuer et éventrer leurs chevaux, pour se jeter dedans et jouir de cette chaleur vitale.

Bajazet[35], après cet âpre estour[e] où il fut rompu par Tamerlan, se sauvait belle erre[f] sur une jument arabesque, s'il n'eût été contraint de la laisser boire son saoul au passage d'un ruisseau, ce qui la rendit si flasque et refroidie, qu'il fut bien aisément après acconsuivi[g] par ceux qui le poursuivaient. On dit bien qu'on les lâche, les laissant pisser; mais le boire, j'eusse plutôt estimé qu'il l'eût rafraîchie et renforcée.

Crésus, passant le long de la ville de Sardis[36], y trouva des pâtis où il y avait grande quantité de serpents, desquels les chevaux de son armée mangeaient de bon appétit, qui fut un mauvais prodige à ses affaires, dit Hérodote[37].

---

a. Eperonner. – b. Si bien que. – c. Marque de respect. – d. Gobelet. – e. Combat. – f. A toute vitesse. – g. Rejoint.
* Tite-Live, *Histoire*, livre XL, chap. XL : « Vous rendrez le choc des chevaux plus violent si vous les lancez débridés contre l'ennemi; ce que les cavaliers romains ont fait souvent à leur gloire, selon la tradition. Ayant retiré les brides, ils traversèrent deux fois de suite les lignes en faisant un grand carnage d'ennemis et en brisant toutes les lances. »

Nous appelons un cheval entier qui a crin et oreille; et ne passent les autres[a] à la montre. Les Lacédémoniens, ayant défait les Athéniens en la Sicile, retournant de la victoire en pompe en la ville de Syracuse, entre autres bravades firent tondre les chevaux vaincus et les menèrent ainsi en triomphe[38]. Alexandre combattit une nation Dahas; ils allaient deux à deux armés à cheval à la guerre; mais, en la mêlée, l'un descendait à terre; et combattaient ores[b] à pied, ores à cheval, l'un après l'autre[39].

Je n'estime point qu'en suffisance et en grâce à cheval, nulle nation nous emporte. Bon homme de cheval, à l'usage de notre parler, semble plus regarder au courage qu'à l'adresse. Le plus savant, le plus sûr et mieux avenant à mener un cheval à raison que j'aie connu, fut à mon gré le sieur de Carnavalet[40], qui en servait notre roi Henri second. J'ai vu homme donner carrière à deux pieds sur sa selle, démonter sa selle, et, au retour, la relever, réaccommoder et s'y rasseoir, fuyant toujours à bride avalée[c]; ayant passé par-dessus un bonnet, y tirer par-derrière des bons coups de son arc; amasser ce qu'il voulait, se jetant d'un pied à terre, tenant l'autre en étrier; et autres pareilles singeries, de quoi il vivait. On a vu[41] de mon temps, à Constantinople, deux hommes sur un cheval, lesquels, en sa plus roide course, se rejetaient à tours[d] à terre et puis sur la selle. Et un qui seulement des dents, bridait et harnachait son cheval. Un autre qui, entre deux chevaux, un pied sur une selle, l'autre sur l'autre, portant un second sur ses bras, courait à toute bride; ce second, tout debout sur lui, tirant en la course des coups bien certains de son arc. Plusieurs qui, les jambes contremont[e], couraient la tête plantée sur leurs selles, entre les pointes des cimeterres attachés au harnais. En mon enfance, le prince de Sulmone[42], à Naples, maniant un rude cheval de toute sorte de maniements, tenait sous ses genoux et sous ses orteils des reales[43] comme si elles y eussent été clouées, pour montrer la fermeté de son assiette.

---

a. Les autres chevaux ne sont pas admis à la revue. – *b.* Tantôt... Tantôt. – *c.* A bride abattue. – *d.* Tour à tour. – *e.* En l'air.

CHAPITRE XLIX

DES COUTUMES ANCIENNES

J'excuserais volontiers en notre peuple de n'avoir autre patron et règle de perfection que ses propres mœurs et usances; car c'est un commun vice, non du vulgaire seulement, mais quasi de tous hommes, d'avoir leur visée et leur arrêt[1] sur le train auquel ils sont nés. Je suis content, quand il verra Fabricius ou Lælius, qu'il leur trouve la contenance et le port barbare, puisqu'ils ne sont ni vêtus ni façonnés à notre mode. Mais je me plains de sa particulière indiscrétion[a], de se laisser si fort piper et aveugler à l'autorité de l'usage présent, qu'il soit capable de changer d'opinion et d'avis tous les mois, s'il plaît à la coutume, et qu'il juge si diversement de soi-même. Quand il portait le busc de son pourpoint entre les mamelles, il maintenait par vives raisons qu'il était en son vrai lieu; quelques années après, le voilà avalé[b] jusques entre les cuisses : il se moque de son autre usage, le trouve inepte et insupportable. La façon de se vêtir présente lui fait incontinent condamner l'ancienne, d'une résolution si grande et d'un consentement si universel, que vous diriez que c'est une espèce de manie qui lui tourneboule ainsi l'entendement. Par ce que notre changement est si subit et si prompt en cela, que l'invention de tous les tailleurs du monde ne saurait fournir assez de nouvelletés, il est force que bien souvent les formes méprisées reviennent en crédit, et celles-là mêmes tombent en mépris tantôt après; et qu'un même jugement

_a._ Manque de discernement. – _b._ Descendu.

prenne, en l'espace de quinze ou vingt ans, deux ou trois, non diverses seulement, mais contraires opinions, d'une inconstance et légèreté incroyable. Il n'y a si fin d'entre nous qui ne se laisse embabouiner de cette contradiction et éblouir tant les yeux internes que les externes insensiblement[2].

Je veux ici entasser aucunes façons anciennes que j'ai en mémoire, les unes de même les nôtres, les autres différentes, afin qu'ayant en l'imagination cette continuelle variation des choses humaines, nous en ayons le jugement plus éclairci et plus ferme.

Ce que nous disons de combattre à l'épée et la cape, il s'usait[a] encore entre les Romains, ce dit César : « *Sinistris sagos involvunt, gladiosque distringunt***. » Et remarque dès lors en notre nation ce vice[3], qui y est encore, d'arrêter les passants que nous rencontrons en chemin, et de les forcer de nous dire qui ils sont, et de recevoir à injure et occasion de querelle, s'ils refusent de nous répondre.

Aux bains, que les Anciens prenaient tous les jours avant le repas, et les prenaient aussi ordinairement que nous faisons de l'eau à laver les mains, ils ne se lavaient du commencement que les bras et les jambes; mais depuis, et d'une coutume qui a duré plusieurs siècles et en la plupart des nations du monde, ils se lavaient tout nus d'eau mixtionnée et parfumée, de manière qu'ils employaient pour témoignage de grande simplicité de se laver d'eau simple. Les plus affétés[b] et délicats se parfumaient tout le corps bien trois ou quatre fois par jour. Ils se faisaient souvent pinceter tout le poil, comme les femmes françaises ont pris en usage, depuis quelque temps, de faire leur front,

Quod pectus, quod crura tibi, quod brachia vellis**,

quoiqu'ils eussent des oignements[c] propres à cela :

a. Il était en usage. – b. Raffinés. – c. Onguents.
* Tiré de César, *De Bello civili,* livre I, chap. LXXV : « Ils s'enveloppent la main gauche de leurs saies et tirent l'épée. »
** Martial, *Epigrammes,* livre II, LXII : « Parce que tu t'épiles la poitrine, les jambes et les bras. »

Psilotro nitet, aut arida latet oblita creta*.

Ils aimaient à se coucher mollement, et allèguent, pour preuve de patience, de coucher sur le matelas. Ils mangeaient couchés sur des lits, à peu près en même assiette que les Turcs de notre temps.

Inde thoro pater Æneas sic orsus ab alto**.

Et dit-on du jeune Caton que, depuis la bataille de Pharsale, étant entré en deuil du mauvais état des affaires publiques, il mangea toujours assis, prenant un train de vie plus austère[4]. Ils baisaient les mains aux grands pour les honorer et caresser; et, entre les amis, ils s'entrebaisaient en se saluant comme font les Vénitiens :

Gratatusque darem cum dulcibus oscula verbis***.

Et touchaient aux genoux pour requérir ou saluer un grand. Pasiclès le philosophe, frère de Cratès[5], au lieu de porter la main au genou, il la porta aux génitoires. Celui à qui il s'adressait l'ayant rudement repoussé : « Comment, dit-il, ceci n'est-il pas vôtre aussi bien que les genoux? »
Ils mangeaient, comme nous, le fruit à l'issue de table. Ils se torchaient le cul (il faut laisser aux femmes cette vaine superstition des paroles) avec une éponge : voilà pourquoi *spongia* est un mot obscène en latin; et était cette éponge attachée au bout d'un bâton, comme témoigne l'histoire de celui qu'on menait pour être présenté aux bêtes devant le peuple, qui demanda congé d'aller à ses affaires; et, n'ayant autre moyen de se tuer, il se fourra ce bâton et éponge dans le gosier et s'en étouffa[6]. Ils s'essuyaient le catze[a] de laine parfumée, quand ils en avaient fait :

---

a. Membre viril.
* Martial, *Epigrammes*, livre VI, XCIII : « Sa peau brille d'une pommade de vigne blanche ou d'une couche de craie sèche. »
** Virgile, *Enéide*, chant II : « Le vénérable Enée commença ainsi, de son lit élevé. »
*** Ovide, *Pontiques*, chant IV, IX : « En te félicitant, je te donnerais des baisers avec de tendres paroles. »

At tibi nil faciam, sed lota mentula lana*.

Il y avait aux carrefours à Rome des vaisseaux et demi-cuves pour y apprêter à pisser aux passants,

> *Pusi sæpe lacum propter, se ac dolia curta*
> *Somno devincti credunt extollere vestem**.*

Ils faisaient collation entre les repas. Et y avait en été des vendeurs de neige pour rafraîchir le vin; et en y avait qui se servaient de neige en hiver, ne trouvant pas le vin encore lors assez froid. Les grands avaient leurs échançons et tranchants[a], et leurs fols pour leur donner plaisir. On leur servait en hiver la viande sur des foyers qui se portaient sur la table; et avaient des cuisines portatives, comme j'en ai vu, dans lesquelles tout leur service se traînait après eux.

> *Has vobis epulas habete lauti;*
> *Nos offendimur ambulante cena***.*

Et en été ils faisaient souvent, en leurs salles basses, couler de l'eau fraîche et claire dans des canaux, audessous d'eux, où il y avait force poisson en vie, que les assistants choisissaient et prenaient en la main pour le faire apprêter chacun à sa poste. Le poisson a toujours eu ce privilège, comme il a encore, que les grands se mêlent de le savoir apprêter : aussi en est le goût beaucoup plus exquis que de la chair, au moins pour moi. Mais en toute sorte de magnificence, de débauche et d'inventions voluptueuses, de mollesse et de somptuosité, nous faisons, à la vérité, ce que nous pouvons pour les égaler, car notre volonté est bien aussi gâtée que la leur; mais notre suffisance n'y peut arriver; nos forces ne sont non plus

---

a. Ecuyers tranchants.
* Martial, *Epigrammes,* livre XI, LVIII : « Quant à toi, je ne te ferai rien, mais une fois ton membre lavé avec de la laine... »
** Citation de Lucrèce, *De Natura Rerum,* chant IV : « Souvent les enfants enchaînés par le sommeil pensent lever leur vêtement devant la cuve à uriner. »
*** Martial, *Epigrammes,* Livre VII, XLVIII : « Gardez ces plats pour vous, les riches; nous n'aimons pas ces repas ambulants. »

capables de les joindre en ces parties-là vicieuses, qu'aux vertueuses; car les unes et les autres partent d'une vigueur d'esprit qui était sans comparaison plus grande en eux qu'en nous; et les âmes, à mesure qu'elles sont moins fortes, elles ont d'autant moins de moyen de faire ni fort bien, ni fort mal.

Le haut bout d'entre eux, c'était le milieu. Le devant et derrière n'avaient, en écrivant et parlant, aucune signification de grandeur, comme il se voit évidemment par leurs écrits; ils diront *Oppius* et *César* aussi volontiers que *César* et *Oppius,* et diront *moi* et *toi* indifféremment comme *toi* et *moi.* Voilà pourquoi j'ai autrefois remarqué, en la *Vie de Flaminius* de Plutarque français[7], un endroit où il semble que l'auteur, parlant de la jalousie de gloire qui était entre les Etoliens et les Romains pour le gain d'une bataille qu'ils avaient obtenu en commun, fasse quelque poids de ce qu'aux chansons grecques on nommait les Etoliens avant les Romains, s'il n'y a de l'amphibologie aux mots français.

Les dames, étant aux étuves, y recevaient quant et quant[a] des hommes, et se servaient là même de leurs valets à les frotter et oindre,

> *Inguina succinctus nigra tibi servus aluta*
> *Stat, quoties calidis nuda foveris aquis*[*].

Elles se saupoudraient de quelque poudre pour réprimer les sueurs.

Les anciens Gaulois, dit Sidoine Apollinaire[8], portaient le poil[b] long par le devant, et le derrière de la tête tondu, qui est cette façon qui vient à être renouvelée par l'usage efféminé et lâche de ce siècle.

Les Romains payaient ce qui était dû aux bateliers pour leur naulage[c], dès l'entrée du bateau; ce que nous faisons après être rendus à port,

---

a. En même temps. – b. Cheveux. – c. Le prix du passage en bateau.
* Martial, *Epigrammes,* livre VII, XXXV, 2 : « Un esclave ceint d'un tablier noir au-dessus de l'aine, se tient debout, toutes les fois que, nue, tu prends un bain chaud. »

dum æs exigitur, dum mula ligatur,
Tota abit hora*.

Les femmes couchaient au lit du côté de la ruelle :
voilà pourquoi on appelait César « *spondam Regis Nico-
medis*** ».

Ils prenaient haleine en buvant. Ils baptisaient le vin,

quis puer ocius
Restinguet ardentis falerni
Pocula prætereunte lympha***.

Et ces champisses*ᵃ* contenances de nos laquais y étaient
aussi,

O Jane, a tergo quem nulla ciconia pinsit,
Nec manus auriculas imitata est mobilis albas,
Nec linguæ quantum sitiet canis Apula tantum****.

Les dames argiennes et romaines portaient le deuil
blanc[9], comme les nôtres avaient accoutumé, et devaient
continuer de faire, si j'en étais cru.

Mais il y a des livres entiers faits sur cet argument.

---

a. Effrontées.
* Horace, *Satire V* du livre I : « Pendant qu'on réclame l'argent, qu'on
attache la mule, l'heure entière se passe. »
** Souvenir de Suétone, *Vie de César,* chap. XLIX : « La ruelle du roi
Nicomède. »
*** Horace, *Odes,* livre II : « Quel esclave va vite éteindre l'ardeur de
ce Falerne avec l'eau qui coule près de nous. »
**** Perse, *Satire I* : « O Janus, toi qu'aucune cigogne n'a frappé, à
qui on ne fait pas les blanches oreilles d'âne, à qui on ne tire pas une
langue longue comme celle d'un chien d'Apulie assoiffé. » On se moquait
en imitant le bec de la cigogne avec les doigts; nous disons : faire les
cornes.

CHAPITRE L

DE DÉMOCRITE
ET HÉRACLITE

Le jugement est un outil à tous sujets, et se mêle partout. A cette cause, aux essais que j'en fais ici, j'y emploie toute sorte d'occasion. Si c'est un sujet que je n'entends point, à cela même je l'essaie, sondant le gué de bien loin; et puis, le trouvant trop profond pour ma taille, je me tiens à la rive; et cette reconnaissance de ne pouvoir passer outre, c'est un trait de son effet, voire de ceux de quoi il se vante le plus. Tantôt, à un sujet vain et de néant, j'essaie voir s'il trouvera de quoi lui donner corps et de quoi l'appuyer et étançonner. Tantôt, je le promène à un sujet noble et tracassé[a], auquel il n'a rien à trouver de soi, le chemin en étant si frayé qu'il ne peut marcher que sur la piste d'autrui. Là, il fait son jeu à élire[b] la route qui lui semble la meilleure, et, de mille sentiers, il dit[1] que celui-ci ou celui-là, a été le mieux choisi. Je prends de la fortune[2] le premier argument. Ils me sont également bons. Et ne desseigne[c] jamais de les produire entiers. Car je ne vois le tout de rien. Ne font pas, ceux qui promettent de nous le faire voir. De cent membres et visages qu'a chaque chose, j'en prends un tantôt à lécher seulement, tantôt à effleurer, et parfois à pincer jusqu'à l'os. J'y donne une pointe, non pas le plus largement, mais le plus profondément que je sais. Et aime plus souvent à les saisir par quelque lustre inusité. Je me hasarderais de traiter à fond quelque matière, si je me

---

a. Connu et traité en tous sens. – *b.* Choisir. – *c.* Je n'ai pour dessein.

connaissais moins. Semant ici un mot, ici un autre, échantillons dépris de leur pièce, écartés sans dessein et sans promesse, je ne suis pas tenu d'en faire bon, ni de m'y tenir moi-même, sans varier quand il me plaît; et me rendre au doute et incertitude, et à ma maîtresse forme, qui est l'ignorance.

Tout mouvement nous découvre. Cette même âme de César, qui se fait voir à ordonner et dresser la bataille de Pharsale, elle se fait aussi voir à dresser des parties oisives et amoureuses. On juge un cheval non seulement à le voir manier sur une carrière, mais encore à lui voir aller le pas, voire*a* et à le voir en repos à l'étable.

Entre les fonctions de l'âme il en est de basses; qui ne la voit encore par là, n'achève pas de la connaître. Et à l'aventure la remarque-t-on mieux où elle va son pas simple. Les vents des passions la prennent plus en ces hautes assiettes. Joint qu'elle se couche entière sur chaque matière, et s'y exerce entière, et n'en traite jamais plus d'une à la fois. Et la traite non selon elle, mais selon soi. Les choses, à part elles, ont peut-être leurs poids et mesures et conditions; mais au-dedans, en nous, elle les leur taille comme elle l'entend[3]. La mort est effroyable à Cicéron, désirable à Caton, indifférente à Socrate. La santé, la conscience, l'autorité, la science, la richesse, la beauté et leurs contraires se dépouillent à l'entrée, et reçoivent de l'âme nouvelle vêture, et de la teinture qu'il lui plaît : brune, verte, claire, obscure, aigre, douce, profonde, superficielle, et qu'il plaît à chacune d'elles; car elles n'ont pas vérifié en commun leurs styles, règles et formes : chacune est reine en son état. Par quoi ne prenons plus excuse des externes qualités des choses : c'est à nous à nous en rendre compte. Notre bien et notre mal ne tient qu'à nous. Offrons-y nos offrandes et nos vœux, non pas à la fortune : elle ne peut rien sur nos mœurs. Au rebours, elles l'entraînent à leur suite et la moulent à leur forme. Pourquoi ne jugerai-je d'Alexandre à table, devisant et buvant d'autant? Ou s'il maniait des échecs, quelle corde de son esprit ne touche et n'emploie ce niais et puéril jeu? (Je le hais et fuis, de ce qu'il n'est pas assez jeu, et qu'il nous ébat trop sérieusement,

a. Même.

ayant honte d'y fournir l'attention qui suffirait à quelque bonne chose.) Il ne fut pas plus embesogné à dresser son glorieux passage aux Indes; ni cet autre à dénouer un passage duquel dépend le salut du genre humain. Voyez combien notre âme grossit et épaissit cet amusement ridicule; si tous ses nerfs ne bandent; combien amplement elle donne à chacun loi, en cela, de se connaître et de juger droitement de soi. Je ne me vois et retâte plus universellement en nulle autre posture. Quelle passion ne nous y exerce? la colère, le dépit, la haine, l'impatience et une véhémente ambition de vaincre, en chose en laquelle il serait plus excusable d'être ambitieux d'être vaincu. Car la précellence rare et au-dessus du commun messied à un homme d'honneur en chose frivole. Ce que je dis en cet exemple se peut dire en tous autres : chaque parcelle, chaque occupation de l'homme l'accuse et le montre également qu'une autre.

Démocrite et Héraclite ont été deux philosophes, desquels le premier, trouvant vaine et ridicule l'humaine condition, ne sortait en public qu'avec un visage moqueur et riant; Héraclite, ayant pitié et compassion de cette même condition nôtre, en portait le visage continuellement attristé, et les yeux chargés de larmes,

> alter
> *Ridebat, quoties a limine moverat unum*
> *Protuleratque pedem; flebat contrarius alter*.

J'aime mieux la première humeur, non parce qu'il est plus plaisant de rire que de pleurer, mais parce qu'elle est plus dédaigneuse, et qu'elle nous condamne plus que l'autre; et il me semble que nous ne pouvons jamais être assez méprisés selon notre mérite. La plainte et la commisération sont mêlées à quelque estimation de la chose qu'on plaint; les choses de quoi on se moque, on les estime sans prix. Je ne pense point qu'il y ait tant de malheur en nous comme il y a de vanité, ni tant de malice comme de sottise : nous ne sommes pas si pleins de mal comme d'inanité; nous ne sommes pas si misérables

---

* Juvénal, *Satire X* : « L'un riait dès qu'il avait mis le pied hors du seuil; l'autre pleurait au contraire. »

comme nous sommes vils. Ainsi Diogène, qui baguenaudait à part soi, roulant son tonneau et hochant du nez[a] le grand Alexandre[4], nous estimant des mouches ou des vessies pleines de vent, était bien juge plus aigre et plus poignant[b] et par conséquent plus juste, à mon humeur, que Timon, celui qui fut surnommé le haïsseur des hommes. Car ce qu'on hait, on le prend à cœur. Celui-ci nous souhaitait du mal, était passionné du désir de notre ruine, fuyait notre conversation comme dangereuse, de méchants et de nature dépravée; l'autre nous estimait si peu que nous ne pourrions ni le troubler, ni l'altérer par notre contagion, nous laissait de compagnie, non pour la crainte, mais pour le dédain de notre commerce; il ne nous estimait capables ni de bien, ni de mal faire.

De même marque fut la réponse de Statilius, auquel Brutus parla pour le joindre à la conspiration contre César[5]; il trouva l'entreprise juste, mais il ne trouva pas les hommes dignes pour lesquels on se mît aucunement en peine; conformément à la discipline de Hégésias qui disait le sage ne devoir rien faire que pour soi; d'autant que seul il est digne pour qui on fasse[6]; et à celle de Théodore, que c'est injustice que le sage se hasarde pour le bien de son pays, et qu'il mette en péril la sagesse pour des fols.

Notre propre et péculière[c] condition est autant ridicule que risible.

---

a. Narguant. – b. Piquant. – c. Particulière.

CHAPITRE LI

DE LA VANITÉ
DES PAROLES

Un rhétoricien[1] du temps passé disait que son métier était, de choses petites les faire paraître et trouver grandes. C'est un cordonnier qui sait faire de grands souliers à un petit pied. On lui eût fait donner le fouet en Sparte, de faire profession d'une art piperesse et mensongère. Et crois qu'Archidamus, qui en était roi, n'ouït pas sans étonnement la réponse de Thucydide, auquel il s'enquérait qui était plus fort à la lutte, ou Périclès ou lui : « Cela, fit-il, serait malaisé à vérifier; car, quand je l'ai porté par terre en luttant, il persuade à ceux qui l'ont vu qu'il n'est pas tombé, et le gagne[2]. » Ceux qui masquent et fardent les femmes, font moins de mal; car c'est chose de peu de perte de ne les voir pas en leur naturel, là où ceux-ci font état de tromper non pas nos yeux, mais notre jugement, et d'abâtardir et corrompre l'essence des choses. Les républiques[a] qui se sont maintenues en un état réglé et bien policé, comme la Crétense[b] ou Lacédémonienne, elles n'ont pas fait grand compte d'orateurs.

Ariston définit sagement la rhétorique[3] : science à persuader le peuple; Socrate, Platon[4], art de tromper et de flatter; et ceux qui le nient en la générale description[c] le vérifient partout en leurs préceptes.

Les Mahométans en défendent l'instruction à leurs enfants, pour son inutilité[5].

Et les Athéniens, s'apercevant combien son usage, qui

a. Etats. – b. Crétoise. – c. Définition.

avait tout crédit en ville, était pernicieux, ordonnèrent que sa principale partie, qui est émouvoir les affections, en fût ôtée ensemble les exordes et pérorations.

C'est un outil inventé pour manier et agiter une tourbe et une commune déréglée, et est outil qui ne s'emploie qu'aux Etats malades, comme la médecine; en ceux où le vulgaire, où les ignorants, où tous ont tout pu, comme celui d'Athènes, de Rhodes et de Rome, et où les choses ont été en perpétuelle tempête, là ont afflué les orateurs. Et, à la vérité, il se voit peu de personnages, en ces républiques-là, qui se soient poussés en grand crédit sans le secours de l'éloquence; Pompée, César, Crassus, Lucullus, Lentulus, Metellus ont pris de là leur grand appui à se monter à cette grandeur d'autorité où ils sont enfin arrivés, et s'en sont aidés plus que des armes; contre l'opinion des meilleurs temps. Car L. Volumnius, parlant en public en faveur de l'élection au consulat faite des personnes de Q. Fabius et P. Decius : « Ce sont gens nés à la guerre, grands aux effets[a]; au combat du babil, rudes[b] : esprits vraiment consulaires; les subtils, éloquents et savants sont bons pour la ville, préteurs à faire justice », dit-il[6].

L'éloquence a fleuri le plus à Rome lorsque les affaires ont été en plus mauvais état, et que l'orage des guerres civiles les agitait[7] : comme un champ libre et indompté porte les herbes plus gaillardes. Il semble par là que les polices[c] qui dépendent d'un monarque en ont moins de besoin que les autres; car la bêtise et facilité[d] qui se trouve en la commune, et qui la rend sujette à être maniée et contournée par les oreilles au doux son de cette harmonie, sans venir à peser et connaître la vérité des choses par la force de la raison, cette facilité, dis-je, ne se trouve pas si aisément en un seul; et est plus aisé de le garantir par bonne institution et bon conseil de l'impression de ce poison. On n'a pas vu sortir de Macédoine, ni de Perse, aucun orateur de renom.

J'en ai dit ce mot sur le sujet d'un Italien que je viens d'entretenir, qui a servi le feu cardinal Caraffe[8] de maître

---

a. Dans les actes. – *b.* Grossiers. – *c.* Gouvernements. – *d.* Montaigne accorde la relative avec *facilité*, sujet le plus rapproché, comme dans la syntaxe latine.

d'hôtel jusques à sa mort. Je lui faisais conter de sa charge. Il m'a fait un discours de cette science de gueule avec une gravité et contenance magistrale, comme s'il m'eût parlé de quelque grand point de théologie. Il m'a déchiffré[a] une différence d'appétits : celui qu'on a à jeun, qu'on a après le second et tiers service; les moyens tantôt de lui plaire simplement, tantôt de l'éveiller et piquer; la police de ses sauces, premièrement en général, et puis particularisant les qualités des ingrédients et leurs effets; les différences des salades selon leur saison, celle qui doit être réchauffée, celle qui veut être servie froide, la façon de les orner et embellir pour les rendre encore plaisantes à la vue. Après cela, il est entré sur l'ordre du service, plein de belles et importantes considérations,

> *nec minimo sane discrimine refert*
> *Quo gestu lepores, et quo gallina secetur*.*

Et tout cela enflé de riches et magnifiques paroles, et celles mêmes qu'on emploie à traiter du gouvernement d'un empire. Il m'est souvenu de mon homme :

> *Hoc salsum est, hoc adustum est, hoc lautum est parum,*
> *Illud recte; iterum sic memento; sedulo*
> *Moneo quæ possum pro mea sapientia.*
> *Postremo, tanquam in speculum, in patinas, Demea*
> *Inspicere jubeo, et moneo quid facto usus sit**.*

Si est-ce[b] que les Grecs mêmes louèrent grandement l'ordre et la disposition que Paul-Emile observa au festin qu'il leur fit au retour de Macédoine[9], mais je ne parle point ici des effets[c], je parle des mots.

Je ne sais s'il en advient aux autres comme à moi; mais

---

a. Enuméré. – b. Toujours est-il que. – c. Actes.
* Juvénal, *Satire V* : « Ce n'est pas une mince affaire de distinguer entre le découpage d'un lièvre et celui d'un poulet. »
** Térence, *Les Adelphes*, acte III, scène III : « Ceci est trop salé, ceci est brûlé, ceci est trop peu relevé; voilà qui est à point! Souvenez-vous de recommencer ainsi; je les instruis soigneusement, dans la mesure de mes connaissances. Enfin, Demea, je les invite à se regarder dans la vaisselle comme dans un miroir et je les avertis de tout ce qui est de leur service. »

je ne me puis garder, quand j'ouis nos architectes s'enfler de ces gros mots de pilastres, architraves, corniches, d'ouvrage corinthien et dorique, et semblables de leur jargon, que mon imagination ne se saisisse, incontinent, du palais d'Apolidon[10]; et, par effet[a], je trouve que ce sont les chétives pièces de la porte de ma cuisine.

Oyez dire métonymie, métaphore, allégorie et autres tels noms de la grammaire, semble-t-il pas qu'on signifie quelque forme de langage rare et pellegrin[b]? Ce sont titres qui touchent le babil de votre chambrière.

C'est une piperie voisine à celle-ci, d'appeler les offices[c] de notre Etat par les titres superbes des Romains[11], encore qu'ils n'aient aucune ressemblance de charge, et encore moins d'autorité et de puissance. Et celle-ci aussi, qui servira, à mon avis, un jour de témoignage d'une singulière ineptie de notre siècle, d'employer indignement, à qui bon nous semble, les surnoms les plus glorieux de quoi l'ancienneté ait honoré un ou deux personnages en plusieurs siècles. Platon a emporté ce surnom de divin par un consentement universel, que aucun n'a essayé lui envier; et les Italiens, qui se vantent, et avec raison, d'avoir communément l'esprit plus éveillé et le discours plus sain que les autres nations de leur temps, en viennent d'étrenner[d] l'Arétin[12], auquel, sauf une façon de parler bouffie et bouillonnée de pointes, ingénieuses à la vérité, mais recherchées de loin et fantasques, et outre l'éloquence enfin, telle qu'elle puisse être, je ne vois pas qu'il y ait rien au-dessus des communs auteurs de son siècle; tant s'en faut qu'il approche de cette divinité ancienne. Et le surnom de grand, nous l'attachons à des princes qui n'ont rien au-dessus de la grandeur populaire.

---

a. Effectivement. – *b.* Etranger. – *c.* Charges. – *d.* Gratifier.

CHAPITRE LII

DE LA PARCIMONIE
DES ANCIENS

Attilius Regulus, général de l'armée romaine en Afrique, au milieu de sa gloire et de ses victoires contre les Carthaginois, écrivit à la chose publique qu'un valet de labourage qu'il avait laissé seul au gouvernement de son bien, qui était en tout sept arpents de terre, s'en était enfui, ayant dérobé ses outils de labourage, et demandait congé pour s'en retourner et y pourvoir, de peur que sa femme et ses enfants n'en eussent à souffrir; le Sénat pourvut à commettre^a un autre à la conduite de ses biens, et lui fit rétablir ce qui lui avait été dérobé, et ordonna que sa femme et enfants seraient nourris aux dépens du public[1].

Le vieux Caton, revenant d'Espagne consul, vendit son cheval de service pour épargner l'argent qu'il eût coûté à le ramener par mer en Italie; et, étant au gouvernement de Sardaigne, faisait ses visitations à pied, n'ayant avec lui autre suite qu'un officier de la chose publique, qui lui portait sa robe, et un vase à faire des sacrifices; et le plus souvent il portait la malle lui-même. Il se vantait de n'avoir jamais eu robe qui eût coûté plus de dix écus, ni avoir envoyé au marché plus de dix sols pour un jour; et, de ses maisons aux champs, qu'il n'en avait aucune qui fût crépie et enduite par-dehors[2]. Scipion Emilien, après deux triomphes et deux consulats, alla en légation avec sept serviteurs seulement[3]. On tient qu'Homère n'en eut

a. Placer.

jamais qu'un; Platon, trois; Zénon, le chef de la secte stoïque, pas un[4].

Il ne fut taxé[a] que cinq sols et demi, pour un jour, à Tiberius Gracchus allant en commission pour la chose publique, étant lors le premier homme des Romains[5].

a. Alloué.

CHAPITRE LIII

D'UN MOT DE CÉSAR

Si nous nous amusions parfois à nous considérer, et le temps que nous mettons à contrôler autrui et à connaître les choses qui sont hors de nous, que nous l'employions à nous sonder nous-mêmes, nous sentirions aisément combien toute cette notre contexture est bâtie de pièces faibles et défaillantes[a]. N'est-ce pas un singulier témoignage d'imperfection, ne pouvoir rasseoir notre contentement en aucune chose, et que, par désir même et imagination, il soit hors de notre puissance de choisir ce qu'il nous faut? De quoi porte bon témoignage cette grande dispute qui a toujours été entre les philosophes pour trouver le souverain bien de l'homme, et qui dure encore et durera éternellement, sans résolution et sans accord;

> *dum abest quod avemus, id exuperare videtur*
> *Cetera; post aliud cum contigit illud avemus,*
> *Et sitis æqua tenet*[*].

Quoi que ce soit qui tombe en notre connaissance et jouissance, nous sentons qu'il ne nous satisfait pas, et allons béant après les choses à venir et inconnues, d'autant que les présentes ne nous soulent[b] point : non

a. Imparfaites. – b. Ne nous rassasient point.
* Lucrèce, *De Natura Rerum*, chant III : « Pendant qu'il est loin, l'objet de nos désirs semble l'emporter sur tout le reste; est-il en notre possession, nous désirons autre chose, notre soif est aussi grande. »

pas, à mon avis, qu'elles n'aient assez de quoi nous
souler, mais c'est que nous les saisissons d'une prise
malade et déréglée,

> *Nam, cum vidit hic, ad usum quæ flagitat usus,*
> *Omnia jam ferme mortalibus esse parata,*
> *Divitiis homines et honore et laude potentes*
> *Affluere, atque bona natorum excellere fama,*
> *Nec minus esse domi cuiquam tamen anxia corda,*
> *Atque animum infestis cogi servire querelis :*
> *Intellexit ibi vitium vas efficere ipsum,*
> *Omniaque illius vitio corrumpier intus,*
> *Quæ collata foris et commoda quæque venirent*.*

Notre appétit est irrésolu et incertain; il ne sait rien
tenir, ni rien jouir de bonne façon. L'homme, estimant
que ce soit le vice de ces choses, se remplit et se paît
d'autres choses qu'il ne sait point et qu'il ne connaît
point, où il applique ses désirs et ses espérances, les prend
en honneur et révérence; comme dit César, « *communi fit
vitio naturæ ut invisis, latitantibus atque incognitis rebus
magis confidamus, vehementiusque exterreamur*** ».

---

* Lucrèce, chant VI : « Il vit qu'à peu près tout ce qui est nécessaire à
la vie était à la disposition des mortels; des hommes comblés de richesses,
d'honneurs et de gloire, éminents grâce à la bonne réputation de leurs
enfants, avaient cependant le cœur anxieux dans leur for intérieur; leur
âme était tyrannisée par des plaintes douloureuses. Alors il comprit que
c'était le vase lui-même qui était cause du mal et que par sa faute tout ce
qu'on y versait du dehors, même le plus avantageux, se corrompt à
l'intérieur. »
** Citation de César, *De Bello Civili*, livre II, chap. IV, dont Montaigne
donnait lui-même la traduction suivante dans ses premières éditions : « Il
se fait, par un vice ordinaire de nature, que nous ayons et plus de fiance et
plus de crainte des choses que nous n'avons pas vues et qui sont cachées et
inconnues. »

CHAPITRE LIV

DES VAINES SUBTILITÉS

Il est de ces subtilités frivoles et vaines, par le moyen desquelles les hommes cherchent quelquefois de la recommandation; comme les poètes qui font des ouvrages entiers de vers commençant par une même lettre; nous voyons des œufs, des boules, des ailes, des haches façonnées anciennement par les Grecs avec la mesure de leurs vers, en les allongeant ou accourcissant, en manière qu'ils viennent à représenter telle ou telle figure. Telle était la science de celui qui s'amusa à conter en combien de sortes se pouvaient ranger les lettres de l'alphabet, et y en trouva ce nombre incroyable qui se voit dans Plutarque[1]. Je trouve bonne l'opinion de celui à qui on présenta un homme appris à jeter de la main un grain de mil avec telle industrie[a] que, sans faillir, il le passait toujours dans le trou d'une aiguille, et lui demanda-t-on après, quelque présent pour loyer[b] d'une si rare suffisance; sur quoi il ordonna, bien plaisamment, et justement à mon avis, qu'on fît donner à cet ouvrier deux ou trois minots[2] de mil, afin qu'un si bel art ne demeurât sans exercice. C'est un témoignage merveilleux de la faiblesse de notre jugement, qu'il recommande les choses par la rareté ou nouvelleté, ou encore par la difficulté, si la bonté et utilité n'y sont jointes.

Nous venons présentement de nous jouer chez moi à qui pourrait trouver plus de choses qui se tiennent par les deux bouts extrêmes; comme *Sire*, c'est un titre qui se

a. Adresse. – b. – Récompense.

donne à la plus élevée personne de notre Etat, qui est le roi, et se donne aussi au vulgaire, comme aux marchands, et ne touche point ceux d'entre-deux. Les femmes de qualité, on les nomme dames; les moyennes, damoiselles; et dames encore, celles de la plus basse marche[a].

Les dés qu'on étend sur les tables ne sont permis qu'aux maisons des princes et aux tavernes.

Démocrite disait que les dieux et les bêtes avaient les sentiments plus aigus que les hommes, qui sont au moyen étage[3]. Les Romains portaient même accoutrement les jours de deuil et les jours de fête. Il est certain que la peur extrême et l'extrême ardeur de courage troublent également le ventre et le lâchent.

Le sobriquet de Tremblant, duquel le XIIe roi de Navarre, Sancho[4], fut surnommé, apprend que la hardiesse aussi bien que la peur font trémousser nos membres. Et celui à qui ses gens qui l'armaient, voyant frissonner la peau, s'essayaient de le rassurer en appetissant[b] le hasard auquel il s'allait présenter, leur dit : « Vous me connaissez mal. Si ma chair savait où mon courage la portera tantôt, elle s'en transirait tout à plat. »

La faiblesse qui nous vient de froideur et dégoûtement aux exercices de Vénus, elle nous vient aussi d'un appétit trop véhément et d'une chaleur déréglée. L'extrême froideur[5] et l'extrême chaleur cuisent et rôtissent. Aristote dit que les gueuses de plomb se fondent et coulent de froid et de la rigueur de l'hiver, comme d'une chaleur véhémente. Le désir et la satiété remplissent de douleur les sièges au-dessus et au-dessous de la volupté. La bêtise et la sagesse se rencontrent en même point de sentiment et de résolution à la souffrance des accidents humains; les Sages gourmandent et commandent le mal, et les autres l'ignorent; ceux-ci sont, par manière de dire, au-deçà des accidents, les autres au-delà; lesquels, après en avoir bien pesé et considéré les qualités, les avoir mesurés et jugés tels qu'ils sont, s'élancent au-dessus par la force d'un vigoureux courage; ils les dédaignent et foulent aux pieds, ayant une âme forte et solide, contre laquelle les traits de la fortune venant à donner, il est

a. De la plus basse condition. – *b.* Diminuant (de *petit*).

force qu'ils rejaillissent et s'émoussent, trouvant un corps dans lequel ils ne peuvent faire impression; l'ordinaire et moyenne condition des hommes loge entre ces deux extrémités, qui est de ceux qui aperçoivent les maux, les sentent, et ne les peuvent supporter. L'enfance et la décrépitude se rencontrent en imbécillité*ᵃ* de cerveau; l'avarice et la profusion, en pareil désir d'attirer et d'acquérir.

Il se peut dire, avec apparence, qu'il y a ignorance abécédaire, qui va devant la science; une autre, doctorale, qui vient après la science : ignorance que la science fait et engendre, tout ainsi comme elle défait et détruit la première.

Des esprits simples, moins curieux et moins instruits, il s'en fait de bons chrétiens qui, par révérence*ᵇ* et obéissance, croient simplement et se maintiennent sous les lois. En la moyenne vigueur des esprits et moyenne capacité s'engendre l'erreur des opinions; ils suivent l'apparence du premier sens, et ont quelque titre d'interpréter à simplicité et bêtise de nous voir arrêter en l'ancien train, regardant à nous qui n'y sommes pas instruits par étude. Les grands esprits, plus rassis et clairvoyants, font un autre genre de bien croyants; lesquels, par longue et religieuse investigation, pénètrent une plus profonde et abstruse lumière ès écritures, et sentent le mystérieux et divin secret de notre police*ᶜ* ecclésiastique. Pourtant en voyons-nous aucuns être arrivés à ce dernier étage par le second, avec merveilleux fruit et confirmation, comme à l'extrême limite de la chrétienne intelligence, et jouir de leur victoire avec consolation, action de grâces, réformation de mœurs et grande modestie. Et en ce rang n'entends-je pas loger ces autres qui, pour se purger du soupçon de leur erreur passée et pour nous assurer d'eux, se rendent extrêmes, indiscrets et injustes à la conduite de notre cause, et la tachent d'infinis reproches de violence.

Les paysans simples sont honnêtes gens, et honnêtes gens les philosophes, ou, selon notre temps, des natures fortes et claires, enrichies d'une large instruction de

---

a. Faiblesse. – *b.* Respect. – *c.* Organisation.

sciences utiles. Les métis*a* qui ont dédaigné le premier siège d'ignorance de lettres, et n'ont pu joindre l'autre (le cul entre deux selles, desquels je suis, et tant d'autres), sont dangereux, ineptes*b*, importuns; ceux-ci troublent le monde. Pourtant*c*, de ma part, je me recule tant que je puis dans le premier et naturel siège, d'où je me suis pour néant essayé de partir.

La poésie populaire et purement naturelle a des naïvetés et grâces par où elle se compare à la principale beauté de la poésie parfaite selon l'art; comme il se voit ès villanelles de Gascogne[6] et aux chansons qu'on nous rapporte des nations qui n'ont connaissance d'aucune science, ni même d'écriture. La poésie médiocre qui s'arrête entre deux, est dédaignée, sans honneur et sans prix.

Mais parce que, après que le pas a été ouvert à l'esprit, j'ai trouvé, comme il advient ordinairement, que nous avions pris pour un exercice malaisé et d'un rare sujet ce qui ne l'est aucunement; et qu'après que notre invention a été échauffée, elle découvre un nombre infini de pareils exemples, je n'en ajouterai que celui-ci; que si ces essais étaient dignes qu'on en jugeât, il en pourrait advenir, à mon avis, qu'ils ne plairaient guère aux esprits communs et vulgaires, ni guère aux singuliers et excellents; ceux-là n'y entendraient pas assez, ceux-ci y entendraient trop; ils pourraient vivoter en la moyenne région[7].

a. Ceux qui sont entre les deux extrêmes. – *b.* Incapables. – *c.* C'est pourquoi.

CHAPITRE LV

DES SENTEURS

Il se dit d'aucuns, comme d'Alexandre le Grand, que leur sueur épandait une odeur suave, par quelque rare et extraordinaire complexion; de quoi Plutarque[1] et autres recherchent la cause. Mais la commune façon des corps est au contraire; et la meilleure condition qu'ils aient, c'est d'être exempts de senteur. La douceur même des haleines plus pures n'a rien de plus excellent que d'être sans aucune odeur qui nous offense, comme sont celles des enfants bien sains. Voilà pourquoi, dit Plaute,

Mulier tum bene olet, ubi nihil olet * :

la plus parfaite senteur d'une femme, c'est ne sentir à rien, comme on dit que la meilleure odeur de ses actions c'est qu'elles soient insensibles et sourdes. Et les bonnes senteurs étrangères, on a raison de les tenir pour suspectes à ceux qui s'en servent, et d'estimer qu'elles soient employées pour couvrir quelque défaut naturel de ce côté-là. D'où naissent ces rencontres[a] des poètes anciens : c'est puer que de sentir bon,

Rides nos, Coracine, nil olentes,
Malo quam bene olere, nil olere ** .

a. Jeux de mots.
* Plaute, *Mostellaria*, acte I, scène III.
** Martial, *Epigrammes*, livre VI, LV : « Tu ris de nous, Coracinus, parce que nous ne sentons rien : j'aime mieux ne rien sentir que sentir bon. »

Et ailleurs :

> *Posthume, non bene olet, qui bene semper olet*.*

J'aime pourtant bien fort à être entretenu de bonnes senteurs, et hais outre mesure les mauvaises, que je tire de plus loin que tout autre :

> *Namque sagacius unus odoror,*
> *Polypus, an gravis hirsutis cubet hircus in alis,*
> *Quam canis acer ubi lateat sus**.*

Les senteurs plus simples et naturelles me semblent plus agréables. Et touche ce soin principalement les dames. En la plus épaisse barbarie, les femmes scythes, après s'être lavées, se saupoudrent et encroûtent tout le corps et le visage de certaine drogue qui naît en leur terroir, odoriférante; et, pour approcher les hommes, ayant ôté ce fard, elles s'en trouvent et polies et parfumées.

Quelque odeur que ce soit, c'est merveille combien elle s'attache à moi et combien j'ai la peau propre à s'en abreuver. Celui qui se plaint de nature, de quoi elle a laissé l'homme sans instrument à porter les senteurs au nez, a tort; car elles se portent elles-mêmes. Mais à moi particulièrement, les moustaches, que j'ai pleines, m'en servent. Si j'en approche mes gants ou mon mouchoir, l'odeur y tiendra tout un jour. Elles accusent le lieu d'où je viens. Les étroits baisers de la jeunesse, savoureux, gloutons et gluants, s'y collaient autrefois, et s'y tenaient plusieurs heures après. Et si pourtant, je me trouve peu sujet aux maladies populaires, qui se chargent par la conversation[a] et qui naissent de la contagion de l'air; et me suis sauvé de celles de mon temps, de quoi il y en a eu plusieurs sortes en nos villes et en nos armées. On lit de Socrate[2] que, n'étant jamais parti d'Athènes pendant

---

a. Fréquentation.
* Martial, *Epigrammes*, livre II, XII : « Porthumus, il ne sent pas bon, celui qui toujours sent bon. »
** Horace, *Epodes*, XII : « Je dépiste un polype ou la pesante odeur de bouc des aisselles velues plus sûrement qu'un chien de chasse ne découvre la retraite d'un sanglier. »

plusieurs rechutes de peste qui la tourmentèrent tant de fois, lui seul ne s'en trouva jamais plus mal. Les médecins pourraient, crois-je, tirer des odeurs plus d'usage qu'ils ne font; car j'ai souvent aperçu qu'elles me changent, et agissent en mes esprits selon qu'elles sont; qui me fait approuver ce qu'on dit, que l'invention des encens et parfums aux Eglises, si anciennes et épandues en toutes nations et religions, regarde à cela de nous réjouir, éveiller et purifier le sens pour nous rendre plus propres à la contemplation.

Je voudrais bien, pour en juger, avoir eu ma part de l'art de ces cuisiniers qui savent assaisonner les odeurs étrangères avec la saveur des viandes, comme singulièrement on remarqua au service de ce roi de Thunes[3], qui, de notre âge, prit terre à Naples pour s'aboucher avec l'empereur Charles. On farcissait ses viandes de drogues odoriférantes, de telle somptuosité qu'un paon et deux faisans revenaient à cent ducats, pour les apprêter selon leur manière; et quand on les dépeçait, remplissaient non seulement la salle, mais toutes les chambres de son palais, et jusques aux maisons du voisinage, d'une très suave vapeur qui ne se perdait pas si tôt.

Le principal soin que j'aie à me loger, c'est de fuir l'air puant et pesant. Ces belles villes, Venise et Paris, altèrent la faveur que je leur porte, par l'aigre senteur, l'une de son marais, l'autre de sa boue.

CHAPITRE LVI

DES PRIÈRES

Je propose des fantaisies informes et irrésolues[1], comme font ceux qui publient des questions douteuses à débattre aux écoles; non pour établir la vérité, mais pour la chercher. Et les soumets au jugement de ceux à qui il touche de régler non seulement mes actions et mes écrits, mais encore mes pensées. Egalement m'en sera acceptable[a] et utile la condamnation comme l'approbation, tenant pour exécrable s'il se trouve chose dite par moi ignoramment ou inadvertament contre les saintes prescriptions de l'Eglise catholique, apostolique et romaine, en laquelle je meurs et en laquelle je suis né. Et pourtant[b], me remettant toujours à l'autorité de leur censure, qui peut tout sur moi, je me mêle ainsi témérairement à toute sorte de propos, comme ici.

Je ne sais si je me trompe, mais, puisque, par une faveur particulière de la bonté divine, certaine façon de prière nous a été prescrite et dictée mot à mot par la bouche de Dieu, il m'a toujours semblé que nous en devions avoir l'usage plus ordinaire que nous n'avons. Et, si j'en étais cru, à l'entrée et à l'issue de nos tables, à notre lever et coucher, et à toutes actions particulières auxquelles on a accoutumé de mêler des prières, je voudrais que ce fût le patenôtre que les chrétiens y employassent, sinon seulement, au moins toujours. L'Eglise peut étendre et diversifier les prières selon le besoin de notre instruction, car je sais bien que c'est toujours même substance et

a. Agréable. – b. Et c'est pourquoi.

même chose. Mais on devrait donner à celle-là ce privilège, que le peuple l'eût continuellement en la bouche : car il est certain qu'elle dit tout ce qu'il faut, et qu'elle est très propre à toutes occasions. C'est l'unique prière de quoi je me sers partout, et la répète au lieu d'en changer.

D'où il advient que je n'en ai aussi bien en mémoire que celle-là.

J'avais présentement en la pensée d'où nous venait cette erreur de recourir à Dieu en tous nos desseins et entreprises, et l'appeler à toute sorte de besoin et en quelque lieu que notre faiblesse veuille de l'aide, sans considérer si l'occasion est juste ou injuste; et d'écrier[a] son nom et sa puissance, en quelque état et action que nous soyons, pour vicieuse qu'elle soit.

Il est bien notre seul et unique protecteur, et peut toutes choses à nous aider; mais, encore qu'il daigne nous honorer de cette douce alliance paternelle, il est pourtant autant juste comme il est bon et comme il est puissant. Mais il use bien plus souvent de sa justice que de son pouvoir, et nous favorise selon la raison de sa justice, non selon nos demandes.

Platon, en ses *Lois*, fait trois sortes d'injurieuse créance des Dieux : Qu'il n'y en ait point; qu'ils ne se mêlent pas de nos affaires; qu'ils ne refusent rien à nos vœux, offrandes et sacrifices. La première erreur, selon son avis, ne dura jamais immuable en homme depuis son enfance jusques à sa vieillesse. Les deux suivantes peuvent souffrir de la constance[b].

Sa justice et sa puissance sont inséparables. Pour néant implorons-nous sa force en une mauvaise cause. Il faut avoir l'âme nette, au moins en ce moment auquel nous le prions, et déchargée de passions vicieuses; autrement nous lui présentons nous-mêmes les verges de quoi nous châtier. Au lieu de rhabiller[c] notre faute, nous la redoublons, présentant à celui à qui nous avons à demander pardon une affection pleine d'irrévérence et de haine. Voilà pourquoi je ne loue pas volontiers ceux que je vois prier Dieu plus souvent et plus ordinairement, si les

a. Invoquer. – *b*. Peuvent durer constamment. – *c*. Réparer.

actions voisines de la prière ne me témoignent quelque amendement et réformation,

> *si, nocturnus adulter,*
> *Tempora Sanctonico velas adoperta cucullo*.*

Et l'assiette[a] d'un homme, mêlant à une vie exécrable la dévotion, semble être aucunement plus condamnable que celle d'un homme conforme à soi, et dissolu partout. Pourtant refuse notre Eglise tous les jours la faveur de son entrée et société aux mœurs obstinées à quelque insigne malice.

Nous prions par usage et par coutume, ou, pour mieux dire, nous lisons ou prononçons nos prières. Ce n'est en fin que mine.

Et me déplaît de voir faire trois signes de croix au *benedicite*, autant à *grâces* (et plus m'en déplaît-il de ce que c'est un signe que j'ai en révérence et continuel usage, mêmement au bâiller), et cependant, toutes les autres heures du jour, les voir occupées à la haine, l'avarice, l'injustice[2]. Aux vices, leur heure, son heure à Dieu comme par compensation et composition. C'est miracle de voir continuer des actions si diverses d'une si pareille teneur qu'il ne s'y sente point d'interruption et d'altération aux confins mêmes et passage de l'une à l'autre.

Quelle prodigieuse conscience se peut donner repos, nourrissant en même gîte, d'une société si accordante et si paisible, le crime et le juge? Un homme de qui la paillardise sans cesse régente la tête, et qui la juge très odieuse à la vue divine, que dit-il à Dieu, quand il lui en parle? Il se ramène[b]; mais soudain il rechoit. Si l'objet de la divine justice et sa présence frappaient comme il dit, et châtiaient son âme, pour courte qu'en fût la pénitence, la crainte même y rejetterait si souvent sa pensée, qu'incontinent il se verrait maître de ces vices qui sont habitués et acharnés en lui. Mais quoi! ceux qui couchent une vie entière sur le fruit et émolument du péché qu'ils

---

a. Situation. – b. Il se reprend.
* Juvénal, *Satire VIII* : « Si, adultère nocturne, tu te couvres la tête avec une cape gauloise. »

savent mortel? Combien avons-nous de métiers et vaca-
tions*a* reçues, de quoi l'essence est vicieuse! Et celui qui,
se confessant à moi, me récitait*b* avoir tout un âge fait
profession et les effets*c* d'une religion damnable selon lui,
et contradictoire à celle qu'il avait en son cœur, pour ne
perdre son crédit et l'honneur de ses charges³, comment
patissait-il*d* ce discours en son courage*e*? De quel langage
entretiennent-ils sur ce sujet la justice divine? Leur
repentance consistant en visible et maniable réparation,
ils perdent et envers Dieu et envers nous le moyen de
l'alléguer. Sont-ils si hardis de demander pardon sans
satisfaction et sans repentance? Je tiens que de ces
premiers il en va comme de ceux-ci; mais l'obstination
n'y est pas si aisée à convaincre. Cette contrariété*f* et
volubilité d'opinion si soudaine, si violente, qu'ils nous
feignent, sent pour moi au miracle. Ils nous représentent
l'état d'une indigestible agonie*g*. Que l'imagination me
semblait fantastique, de ceux qui, ces années passées,
avaient en usage de reprocher à tout chacun en qui il
reluisait quelque clarté d'esprit, professant la religion
catholique, que c'était à feinte, et tenaient même, pour
lui faire honneur, quoi qu'il dît par apparence, qu'il ne
pouvait faillir au-dedans d'avoir sa créance réformée à
leur pied*h*. Fâcheuse maladie, de se croire si fort qu'on se
persuade qu'il ne se puisse croire au contraire. Et plus
fâcheuse encore qu'on se persuade d'un tel esprit qu'il
préfère je ne sais quelle disparité de fortune présente aux
espérances et menaces de la vie éternelle. Ils m'en
peuvent croire. Si rien eût dû tenter ma jeunesse, l'ambition du hasard et difficulté qui suivaient cette récente
entreprise⁴ y eût bonne part.

Ce n'est pas sans grande raison, ce me semble, que
l'Eglise défend l'usage promiscue*i*, téméraire*j* et indiscret
des saintes et divines chansons que le Saint-Esprit a dicté
en David⁵. Il ne faut mêler Dieu en nos actions qu'avec
révérence et attention pleine d'honneur et de respect.
Cette voix est trop divine pour n'avoir autre usage que
d'exercer les poumons et plaire à nos oreilles; c'est de la

---

a. Professions. – *b.* Racontait. – *c.* Le culte. – *d.* Arrangeait. – *e.* Cœur.
– *f.* Contradiction et inconstance. – *g.* Lutte intérieure. – *h.* A leur
pointure. – *i.* Bas. – *j.* Aveugle.

conscience qu'elle doit être produite, et non pas de la langue. Ce n'est pas raison qu'on permette qu'un garçon de boutique, parmi ces vains et frivoles pensements, s'en entretienne et s'en joue[6].

Ni n'est certes raison de voir tracasser par une salle et par une cuisine le Saint livre des sacrés mystères de notre créance. C'étaient autrefois mystères; ce sont à présent déduits[a] et ébats. Ce n'est pas en passant et tumultuairement qu'il faut manier une étude si sérieuse et vénérable. Ce doit être une action destinée[b] et rassise, à laquelle on doit toujours ajouter cette préface de notre office : « *Sursum corda* », et y apporter le corps même disposé en contenance qui témoigne une particulière attention et révérence.

Ce n'est pas l'étude de tout le monde, c'est l'étude des personnes qui y sont vouées, que Dieu y appelle. Les méchants, les ignorants s'y empirent. Ce n'est pas une histoire à conter, c'est une histoire à révérer, craindre, adorer. Plaisantes gens qui pensent l'avoir rendue maniable au peuple, pour l'avoir mise en langage populaire! Ne tient-il qu'aux mots qu'ils n'entendent tout ce qu'ils trouvent par écrit? Dirai-je plus? Pour l'en approcher de ce peu, ils l'en reculent. L'ignorance pure et remise[c] toute en autrui était bien plus salutaire et plus savante que n'est cette science verbale et vaine, nourrice de présomption et de témérité.

Je crois aussi que la liberté à chacun de dissiper une parole si religieuse et importante à tant de sortes d'idiomes a beaucoup plus de danger que d'utilité. Les Juifs, les Mahométans, et quasi tous autres, ont épousé et révèrent le langage auquel originellement leurs mystères avaient été conçus, et en est défendue l'altération et changement : non sans apparence. Savons-nous bien qu'en Basque et en Bretagne, il y ait des juges assez pour établir cette traduction faite en leur langue? L'Eglise universelle n'a point de jugement plus ardu à faire, et plus solennel. En prêchant et parlant, l'interprétation est vague, libre, muable, et d'une parcelle; ainsi ce n'est pas de même.

L'un de nos historiens grecs[7] accuse justement son siècle de ce que les secrets de la religion chrétienne

_____

a. Divertissements. – *b.* Réfléchie. – *c.* Qui s'en remet à...

étaient épandus emmi la place, ès mains des moindres
artisans; que chacun en peut débattre et dire selon son
sens; et que ce nous devait être grande honte, qui, par la
grâce de Dieu, jouissons des purs mystères de la piété, de
les laisser profaner en la bouche de personnes ignorantes
et populaires, vu que les Gentils interdisaient à Socrate, à
Platon et aux plus sages, de parler et s'enquérir des choses
commises aux prêtres de Delphes. Dit aussi que les
factions des Princes sur le sujet de la théologie sont
armées non de zèle, mais de colère; que le zèle tient de la
divine raison et justice, se conduisant ordonnément et
modérément; mais qu'il se change en haine et envie, et
produit, au lieu du froment et du raisin, de l'ivraie et des
orties quand il est conduit d'une passion humaine. Et
justement aussi cet autre, conseillant l'empereur Théo-
dose, disait les disputes n'endormir pas tant les schismes
de l'Eglise, que les éveiller et animer les hérésies : que
pourtant[a] il fallait fuir toutes contentions[b] et argumenta-
tions dialectiques, et se rapporter nuement aux prescriptions et formules de la foi établies par les anciens. Et
l'empereur Androdicus, ayant rencontré en son palais
deux grands hommes aux prises de parole contre Lopadius sur un de nos points de grande importance, les tança
jusques à menacer de les jeter en la rivière, s'ils conti-
nuaient.

Les enfants et les femmes, en nos jours, régentent les
plus vieux et expérimentés sur les lois ecclésiastiques, là
où la première de celles de Platon leur défend de
s'enquérir seulement de la raison des lois civiles qui
doivent tenir lieu d'ordonnances divines; et, permettant
aux vieux d'en communiquer entre eux et avec le magistrat, il ajoute : pourvu que ce ne soit pas en présence des
jeunes et personnes profanes[8].

Un évêque[9] a laissé par écrit que, en l'autre bout du
monde, il y a une île que les anciens nommaient Diosco-
ride[10], commode en fertilité de toutes sortes d'arbres et
fruits et salubrité d'air; de laquelle le peuple est chrétien,
ayant des églises et des autels qui ne sont parés que de
croix, sans autres images; grand observateur de jeûnes et
de fêtes, exact payeur de dîmes aux prêtres, et si chaste

a. C'est pourquoi. – b. Disputes.

que nul d'eux ne peut connaître qu'une femme en sa vie; au demeurant, si content de sa fortune qu'au milieu de la mer il ignore l'usage des navires, et si simple que, de la religion qu'il observe si soigneusement, il n'en entend un seul mot; chose incroyable à qui ne saurait les païens, si dévots idolâtres, ne connaître de leurs dieux que simplement le nom et la statue.

L'ancien commencement de *Menalippe*, tragédie d'Euripide, portait ainsi :

> *O Jupiter, car de toi rien sinon*
> *Je ne connois seulement que le nom*[11].

J'ai vu aussi, de mon temps, faire plainte d'aucuns écrits, de ce qu'ils sont purement humains et philosophiques, sans mélange de théologie. Qui dirait au contraire[a], ce ne serait pourtant sans quelque raison : Que la doctrine divine tient mieux son rang à part, comme reine et dominatrice; qu'elle doit être principale partout, point suffragante et subsidiaire; et qu'à l'aventure se tireraient les exemples à la grammaire, rhétorique, logique, plus sortablement d'ailleurs que d'une si sainte matière, comme aussi les arguments des théâtres, jeux et spectacles publics; que les raisons divines se considèrent plus vénérablement et révérammant seules et en leur style, qu'appariées aux discours humains; qu'il se voit plus souvent cette faute que les théologiens écrivent trop humainement, que cette autre que les humanistes écrivent trop peu théologalement : « la philosophie, dit saint Chrysostome, est piéça[b] bannie de l'école sainte, comme servante inutile, et estimée indigne de voir, seulement en passant, de l'entrée, le sacraire[c] des saints trésors de la doctrine céleste. » Que le dire humain a ses formes plus basses et ne se doit servir de la dignité, majesté, régence[d], du parler divin. Je lui laisse, pour moi, dire « *verbis indisciplinatis** », fortune destinée, accident, heur et malheur, et les dieux et autres phrases, selon sa mode.

---

a. Le contraire. – b. Depuis longtemps. – c. Sanctuaire. – d. Empire.
* Saint Augustin, *Cité de Dieu*, livre X, chap. XXIX : « en termes non approuvés ».

Je propose les fantaisies humaines et miennes, simplement comme humaines fantaisies, et séparément considérées, non comme arrêtées et réglées par l'ordonnance céleste, incapables de doute et d'altercation; matière d'opinion, non matière de foi; ce que je discours selon moi, non ce que je crois selon Dieu, comme les enfants proposent leurs essais; instruisables, non instruisants; d'une manière laïque, non cléricale, mais très religieuse toujours.

Et ne dirait-on pas aussi sans apparence, que l'ordonnance de ne s'entremettre que bien réservément d'écrire de la religion à tous autres qu'à ceux qui en font expresse profession, n'aurait pas faute[a] de quelque image d'utilité et de justice; et, à moi avec, à l'aventure, de m'en taire?

On m'a dit que ceux mêmes qui ne sont pas des nôtres[b], défendent pourtant entre eux l'usage du nom de Dieu, en leurs propos communs. Ils ne veulent pas qu'on s'en serve par une manière d'interjection ou d'exclamation, ni pour témoignage, ni pour comparaison : en quoi je trouve qu'ils ont raison. Et, en quelque manière que ce soit que nous appelons Dieu à notre commerce et société, il faut que ce soit sérieusement et religieusement.

Il y a, ce me semble, en Xénophon un tel discours où il montre que nous devons plus rarement prier Dieu, d'autant qu'il n'est pas aisé que nous puissions si souvent remettre notre âme en cette assiette réglée, réformée et dévotieuse, où il faut qu'elle soit pour ce faire; autrement nos prières ne sont pas seulement vaines et inutiles, mais vicieuses. « Pardonne-nous, disons-nous, comme nous pardonnons à ceux qui nous ont offensés. » Que disons-nous par là, sinon que nous lui offrons notre âme exempte de vengeance et de rancune? Toutefois nous appelons Dieu et son aide au complot de nos fautes, et le convions à l'injustice.

Quæ, nisi seductis, nequeas committere divis*.

---

a. Ne manquerait pas. – b. Les protestants.
* Perse, *Satire II* : « Ce que tu ne saurais confier aux dieux, sinon en les prenant à part. »

L'avaricieux le prie pour la conservation vaine et superflue de ses trésors; l'ambitieux, pour ses victoires et conduite de sa passion; le voleur l'emploie à son aide pour franchir le hasard et les difficultés qui s'opposent à l'exécution de ses méchantes entreprises, ou le remercie de l'aisance qu'il a trouvée à dégosiller[a] un passant. Au pied de la maison qu'ils vont écheller[b] ou pétarder[c], ils font leurs prières, l'intention et l'espérance pleine de cruauté, de luxure, d'avarice.

> *Hoc ipsum quo tu Jovis aurem impellere tentas,*
> *Dic agedum, Staio, pro Jupiter, ô bone clamet,*
> *Jupiter, at sese non clamet Jupiter ipse*.*

La reine de Navarre, Marguerite, récite[d] d'un jeune prince, et, encore qu'elle ne le nomme pas, sa grandeur l'a rendu assez connaissable, qu'allant à une assignation amoureuse, et coucher avec la femme d'un avocat de Paris, son chemin s'adonnant au travers d'une église, il ne passait jamais en ce lieu saint, allant et retournant de son entreprise, qu'il ne fît ses prières et oraisons[12]. Je vous laisse à juger, l'âme pleine de ce beau pensement, à quoi il employait la faveur divine! Toutefois elle allègue cela pour un témoignage de singulière dévotion. Mais ce n'est pas par cette preuve seulement qu'on pourrait vérifier que les femmes ne sont guère propres à traiter les matières de la théologie.

Une vraie prière et une religieuse réconciliation de nous à Dieu, elle ne peut tomber en une âme impure et soumise lors même à la domination de Satan. Celui qui appelle Dieu à son assistance pendant qu'il est dans le train du vice, il fait comme le coupeur de bourse qui appellerait la justice à son aide, ou comme ceux qui produisent le nom de Dieu en témoignage de mensonge :

> *tacito mala vota susurro*
> *Concipimus**.*

---

a. Egorger. – b. Escalader. – c. Faire sauter. – d. Raconte.
* Perse, *Satire II* : « Ce que tu veux glisser à l'oreille de Jupiter, dis-le donc à Staius. " Grand Jupiter! ô bon Jupiter! " s'exclamera Staius. Et Jupiter lui-même ne s'exclamerait pas de même ? »
** Lucain, *Pharsale*, chant V : « Nous concevons des vœux criminels dans un murmure silencieux. »

Il est peu d'hommes qui osassent mettre en évidence les requêtes secrètes qu'il font à Dieu,

> *Haud cuivis promptum est murmurque humilesque*
> *[susurros*
> *Tollere de templis, et aperto vivere voto*.*

Voilà pourquoi les Pythagoriciens voulaient qu'elles fussent publiques et ouïes d'un chacun afin qu'on ne le requît de chose indécente et injuste, comme celui-là,

> *clare cum dixit : Apollo !*
> *Labra movet, metuens audiri : pulchra Laverna,*
> *Da mihi fallere, da justum sanctumque videri.*
> *Noctem peccatis et fraudibus objice nubem**.*

Les Dieux punirent grièvement les iniques vœux d'Œdipe en les lui octroyant. Il avait prié que ses enfants vidassent par armes entre eux la succession de son État. Il fut si misérable de se voir pris au mot. Il ne faut pas demander que toutes choses suivent notre volonté, mais qu'elles suivent la prudence.

Il semble, à la vérité, que nous nous servons de nos prières comme d'un jargon et comme ceux qui emploient les paroles saintes et divines à des sorcelleries et effets magiciens; et que nous fassions notre compte que ce soit de la contexture[a], ou son, ou suite des mots, ou de notre contenance, que dépende leur effet. Car, ayant l'âme pleine de concupiscence, non touchée de repentance, ni d'aucune nouvelle réconciliation envers Dieu, nous lui allons présenter ces paroles que la mémoire prête à notre langue, et espérons en tirer une expiation de nos fautes. Il n'est rien si aisé, si doux et si favorable que la loi divine; elle nous appelle à soi, ainsi fautiers et détestables comme

---

a. Forme.
* Perse, *Satire II* : « Il n'est pas possible à tout le monde, au lieu de murmurer et de chuchoter ses souhaits dans le temple, de les exprimer à haute voix. »
** Horace, *Epître XVI* du livre I : « Lorsqu'il a dit à haute voix : Apollon! il resserre les lèvres, craignant d'être entendu : Belle Laverne, accorde-moi de tromper, accorde-moi de sembler juste et respectable. Couvre mes fautes de la nuit et mes vols d'un nuage. »

nous sommes; elle nous tend les bras et nous reçoit en son giron, pour vilains, ords[a] et bourbeux que nous soyons et que nous ayons à être à l'avenir. Mais encore, en récompense[b], la faut-il regarder de bon œil. Encore faut-il recevoir ce pardon avec action de grâces; et, au moins pour cet instant que nous nous adressons à elle, avoir l'âme déplaisante[c] de ses fautes et ennemie des passions qui nous ont poussé à l'offenser : « Ni les dieux, ni les gens de bien, dit Platon[13], n'acceptent le présent d'un méchant. »

> *Immunis aram si tetigit manus,*
> *Non somptuosa blandior hostia*
> *Mollivit aversos Penates,*
> *Farre pio et saliente mica*.*

a. Sales. – *b.* En compensation. – *c.* Regrettant.
* Horace, *Ode XXIII* du livre III : « Si une main innocente a touché l'autel, sans être rendue plus agréable par une victime somptueuse, elle a adouci les pénates hostiles avec une farine pieuse et un grain de sel. »

CHAPITRE LVII

DE L'AGE

Je ne puis recevoir[a] la façon de quoi nous établissons la durée de notre vie. Je vois que les sages l'accourcissent bien fort au prix de la commune opinion. « Comment, dit le jeune Caton à ceux qui le voulaient empêcher de se tuer, suis-je à cette heure en âge où l'on me puisse reprocher d'abandonner trop tôt la vie? » Si[b], n'avait-il que quarante et huit ans[1]. Il estimait cet âge-là bien mûr et bien avancé, considérant combien peu d'hommes y arrivent; et ceux qui s'entretiennent de ce que je ne sais quel cours, qu'ils nomment naturel, promet quelques années au-delà, ils le pourraient faire, s'ils avaient privilège qui les exemptât d'un si grand nombre d'accidents auxquels chacun de nous est en butte par une naturelle sujétion, qui peuvent interrompre ce cours qu'ils se promettent. Quelle rêverie est-ce de s'attendre de mourir d'une défaillance de forces que l'extrême vieillesse apporte, et de se proposer ce but à notre durée, vu que c'est l'espèce de mort la plus rare de toutes et la moins en usage? Nous l'appelons seule naturelle, comme si c'était contre nature de voir un homme se rompre le col d'une chute, s'étouffer d'un naufrage, se laisser surprendre à la peste ou à une pleurésie, et comme si notre condition ordinaire ne nous présentait à tous ces inconvénients. Ne nous flattons pas de ces beaux mots : on doit, à l'aventure[c], appeler plutôt naturel ce qui est général, commun et universel. Mourir de vieillesse, c'est une mort rare,

_____
a. Admettre. – b. Pourtant. – c. Peut-être.

singulière et extraordinaire et d'autant moins naturelle que les autres; c'est la dernière et extrême sorte de mourir; plus elle est éloignée de nous, d'autant est-elle moins espérable; c'est bien la borne au-delà de laquelle nous n'irons pas, et que la loi de nature a prescrite pour n'être point outrepassée; mais c'est un sien rare privilège de nous faire durer jusque-là. C'est une exemption qu'elle donne par faveur particulière à un seul en l'espace de deux ou trois siècles, le déchargeant des traverses et difficultés qu'elle a jetées entre deux en cette longue carrière.

Par ainsi mon opinion est de regarder que l'âge auquel nous sommes arrivés, c'est un âge auquel peu de gens arrivent. Puisque d'un train ordinaire les hommes ne viennent pas jusque-là, c'est signe que nous sommes bien avant. Et, puisque nous avons passé les limites accoutumées, qui est la vraie mesure de notre vie, nous ne devons espérer d'aller guère outre; ayant échappé tant d'occasions de mourir, où nous voyons trébucher le monde, nous devons reconnaître qu'une fortune extraordinaire comme celle-là qui nous maintient, et hors de l'usage commun, ne nous doit guère durer.

C'est un vice des lois mêmes d'avoir cette fausse imagination[a]; elles ne veulent pas qu'un homme soit capable du maniement de ses biens, qu'il n'ait vingt et cinq ans; et à peine conservera-t-il jusque lors le maniement de sa vie. Auguste retrancha cinq ans des anciennes ordonnances romaines[2], et déclara qu'il suffisait à ceux qui prenaient charge de judicature d'avoir trente ans. Servius Tullius dispensa les chevaliers qui avaient passé quarante-sept ans des corvées de la guerre; Auguste les remit à quarante et cinq. De renvoyer les hommes au séjour[b] avant cinquante-cinq ou soixante ans, il me semble n'y avoir pas de grande apparence. Je serais d'avis qu'on étendît notre vacation[c] et occupation autant qu'on pourrait, pour la commodité publique; mais je trouve la faute en l'autre côté, de ne nous y embesogner pas assez tôt. Celui-ci avait été juge universel du monde à dix et neuf ans, et veut que, pour juger de la place d'une gouttière, on en ait trente.

---

a. Opinion. – *b.* Repos. – *c.* Profession.

Quant à moi, j'estime que nos âmes sont dénouées à vingt ans ce qu'elles doivent être, et qu'elles promettent tout ce qu'elles pourront. Jamais âme, qui n'ait donné en cet âge arrhe bien évidente de sa force, n'en donna depuis la preuve. Les qualités et vertus naturelles enseignent dans ce terme-là, ou jamais, ce qu'elles ont de vigoureux et de beau :

> *Si l'espine nou pique quand nai,*
> *A pene que pique jamai*[*],

disent-ils en Dauphiné.

De toutes les belles actions humaines qui sont venues à ma connaissance, de quelque sorte qu'elles soient, je penserais en avoir plus grande part à nombrer celles qui ont été produites, et aux siècles anciens et au nôtre, avant l'âge de trente ans qu'après : oui, en la vie de mêmes hommes souvent. Ne le puis-je pas dire en toute sûreté de celle de Hannibal, et de Scipion son grand adversaire?

La belle moitié de leur vie, ils la vécurent de la gloire acquise en leur jeunesse; grands hommes depuis au prix de tous autres, mais nullement au prix d'eux-mêmes. Quant à moi, je tiens pour certain que, depuis cet âge, et mon esprit et mon corps ont plus diminué qu'augmenté, et plus reculé qu'avancé. Il est possible qu'à ceux qui emploient bien le temps, la science et l'expérience croissent avec la vie; mais la vivacité, la promptitude, la fermeté, et autres parties[a] bien plus nôtres, plus importantes et essentielles, se fanent et s'alanguissent.

> *Ubi jam validis quassatum est viribus ævi*
> *Corpus et obtusis ceciderunt viribus artus,*
> *Claudicat ingenium, delirat linguaque mensque*[**].

---

a. Qualités.
[*] « Si l'épine ne pique pas en naissant, à peine piquera-t-elle jamais », proverbe populaire.
[**] Lucrèce, *De Natura Rerum*, chant III : « Quand les forces puissantes du temps ont brisé le corps, et que nos membres s'affaissent, nos forces étant émoussées, l'esprit devient boiteux, l'intelligence et la langue s'égarent. »

Tantôt c'est le corps qui se rend le premier à la vieillesse; parfois aussi, c'est l'âme; et en ai assez vu qui ont eu la cervelle affaiblie avant l'estomac et les jambes; et d'autant que c'est un mal peu sensible à qui le souffre et d'une obscure montre, d'autant est-il plus dangereux. Pour ce coup, je me plains des lois, non pas de quoi elles nous laissent trop tard à la besogne, mais de quoi elles nous y emploient trop tard. Il me semble que, considérant la faiblesse de notre vie, et à combien d'écueils ordinaires et naturels elle est exposée, on n'en devrait pas faire si grande part à la naissance, à l'oisiveté et à l'apprentissage.

NOTES

LIVRE PREMIER

CHAPITRE PREMIER

I. Le prince Noir, fils d'Edouard III. Anecdote tirée de Froissart et embellie par Montaigne : le prince, au dire de Froissart, épargna les trois braves et non toute la ville.

2. Le siège de Limoges eut lieu en 1370.

3. Scanderberg. Sa *vie* était racontée dans les *Cose dei Turchi*, par Paul Jove (1541), traduits en français en 1544.

4. Conrad III (1138-1152) assiégea Weinsberg, ville de Bavière, en 1140. Anecdote tirée de Jean Bodin (1529-1596), (*Six livres de la République*, 1576-1578).

5. Cette addition de 1588 est la première confidence que Montaigne fait sur son caractère : il se laisserait plus facilement toucher par la pitié que par l'admiration.

6. Anecdote tirée des *Œuvres morales* de Plutarque, traduites par Amyot (1572).

7. Aujourd'hui Reggio, sur la côte de Calabre, en face de Messine.

8. Anecdote tirée de Diodore de Sicile (XIV, 26), traduit par Amyot.

9. Plutarque, *Instruction pour ceux qui manient affaires d'Etat* (chap. XVII), l'appelle Sthénon.

10. *Préneste*, selon Plutarque, mais la traduction d'Amyot porte *Pérouse*, d'où la confusion de Montaigne.

11. Anecdote tirée de Quinte-Curce, IV, 6.

12. Quinte-Curce, livre IV, 6.

13. D'après Diodore de Sicile, livre XXVII, traduit par Amyot en 1559.

CHAPITRE II

1. Anecdote célèbre tirée d'Hérodote, livre III, chap. XIV.

2. Une personne de sa maison. Selon Hérodote, il s'agissait d'un vieillard qui mangeait habituellement à la table du roi.

3. Le cardinal de Lorraine, Charles de Guise, qui perdit ses deux frères à quinze jours d'intervalle : François de Guise, assassiné par Poltrot de Méré, le 24 février 1563, et l'abbé de Cluny, mort le 6 mars 1563.

4. L'Athénien Timanthe (IVe s. av. J.-C.). Anecdote citée par Cicéron, Pline l'Ancien, Valère Maxime, Quintilien, etc.

5. Anecdote citée par Paul Jove, *Historiae sui temporis*, XXXIX, édition de 1553.

6. Une variante de 1588 ajoute cette confidence : « *accident qui ne m'est pas inconnu.* »

7. Pline l'Ancien, *Histoire naturelle*. Tous ces exemples, tirés des Anciens, étaient couramment cités par les moralistes de la Renaissance.

8. La Corse (latin : *Corsica*). Exemple emprunté à Valère Maxime.

9. Guichardin, *Histoire d'Italie*, livre XIV, et Martin du Bellay, *Mémoires* (Livre II) : « Le pape Léon fut bien aise de mourir de joie. »

10. Pline l'Ancien, *Histoire naturelle*.

CHAPITRE III

1. Platon, *Timée*, d'après la traduction latine de Ficin, humaniste italien, publiée par H. Estienne en 1546.

2. Tacite, *Annales*, livre XV, 67 et 68 : « J'ai commencé à te haïr après que tu t'es montré assassin de ta mère et de ta femme, cocher, acteur et incendiaire. »

3. « *A lui et à tous méchants comme lui* », ajoute l'édition de 1595.

4. Hérodote, livre VI, *Traduction* de Saliat : « ... il faut que tous les amis du Lacédémon, qui sont réputés pour voisins des Spartiates, se trouvent à ces funérailles. Quand plusieurs milliers de ces voisins, des Ilotes et des Spartiates mêmes se sont assemblés, tant hommes que femmes, tous pêle-mêle, ils se taillent et découpent le front, et avec cris et lamentations infinis, regrettant leur roi, disant toujours que le dernier est le meilleur qu'ils eurent onques. »

5. Aristote, *Morale à Nicomaque*. Hérodote, racontant l'histoire de Solon et de Crésus (*Histoires*, I, *Clio*), développe cette idée que personne ne peut être dit heureux avant sa mort.

6. Bertrand du Guesclin. Anecdote lue par Montaigne dans les *Annales d'Aquitaine* de Jean Bouchet : « Bertrand du Guesquin, connétable de France, mourut de maladie, au siège qu'il tenait devant le château de Rançon [Châteauneuf-de-Randon, près de Mende], à quatre lieues près le Puy en Auvergne; et le jour de son trépas, ceux dudit château apportèrent les clefs sur le corps dudit Guesquin. »

7. Guichardin, *Histoire d'Italie*.

8. Province de Brescia.

9. Plutarque, *Vies de Nicias et d'Agésilas*, traduites par Amyot.

10. Mort en 1307.

11. Jean Zizka (1360-1424), chef des Hussites.

12. Wiclef ou Wyclif, précurseur anglais de la Réforme.

13. Usage rapporté par Gomara, *Histoire générale des Indes*, III, 22,

traduite en français en 1584. Cette addition de 1588 montre l'intérêt que Montaigne portait aux coutumes des sauvages d'Amérique, auxquels il consacrera l'essai *Des Cannibales, Essais*, livre I, XXXI et un passage de l'essai *Des Coches, Essais*, livre III, VI.

14. Guillaume et Martin du Bellay, *Mémoires*, livre II, 59 : « Le capitaine Bayard fut blessé d'une arquebusade au travers du corps, lequel persuadé de ses gens de se retirer, ne le voulut consentir, disant n'avoir jamais tourné le derrière à l'ennemi. Et après les avoir repoussés, se fit descendre par un sien maître d'hôtel, lequel jamais ne l'abandonna et se fit coucher au pied d'un arbre le visage devers l'ennemi. »

15. Philippe II, roi d'Espagne.

16. Xénophon, *Cyropédie*.

17. Erasme, *Eloge de la Folie*, fait des critiques analogues sur ceux qui se préparent de pompeuses funérailles. Malherbe, au XVIIe s., dans la *Paraphrase du psaume 145*, montre le néant de cet orgueil :

« Et dans ces grands tombeaux, où leurs âmes hautaines
Font encore les vaines,
Ils sont mangés des vers. »

18. Tite-Live, *Epitome* du livre XLVIII.

19. Diogène Laërce, *Lycon*.

20. « ... *et sauf les choses requises au service de ma religion, si c'est en lieu où il soit besoin de l'enjoindre* » [1588].

21. Platon, *Phédon*, Cicéron, *Tusculanes*.

22. Diodore de Sicile, livre XIII, traduction d'Amyot : « ... Seigneurs athéniens, je prie aux dieux que la sentence que vous avez donnée à l'encontre de nous, tourne au bien et à l'honneur de la chose publique. »

Socrate, seul, prit la défense des infortunés capitaines.

23. Diodore de Sicile, livre XV.

CHAPITRE IV

1. *Vie de Périclès* : « César, voyant un jour à Rome quelques étrangers, hommes riches et opulents, qui avaient toujours entre leurs bras de petits chiens et de petites guenons, et les chérissaient merveilleusement, leur demanda si les femmes en leur pays ne faisaient pas des enfants. »

2. Publius et Cneus Scipion; Tite-Live, livre XXV, 37.

3. Cicéron, *Tusculanes*, livre III.

4. Hérodote, livre VII; Plutarque, *Comment il faut refréner la colère* : « Xerxès donna des poinsonnades et des coups de fouet à la mer, et écrivit des lettres missives à la montagne Athos... »

5. Sénèque, *De Ira*, 21 : Il faut lire *déplaisir* et non *plaisir*. Sénèque dit en effet : « L'Empereur détruisit une fort belle maison à Herculanum, parce que sa mère y avait été séquestrée. »

6. Suétone, *Vie d'Auguste*, XVI et XXIII.

7. Les jeux du cirque.

8. Hérodote.

9. Dans le traité *Comment il faut refréner sa colère*.

CHAPITRE V

1. Anecdote tirée de Tite-Live.

2. Il avait livré aux Romains les enfants des chefs falisques.

3. Tiré non directement de Polybe, mais des *Politiques* de Juste Lipse, qui cite l'historien grec.

4. Ternate, îlot des Moluques, Goulard, *Histoire du Portugal*, XIV, 16. : « ... quand les insulaires veulent faire la guerre à quelques autres, afin que les assaillis ne se plaignent d'avoir été surpris, ils les envoient défier premièrement, et les avertissent des gens qu'ils mènent... »

5. Anecdote tirée peut-être de Machiavel, mais plus vraisemblablement de la *Chronique* de Villani, 75.

6. De saint Martin, Martin rappelant Mars, dieu de la guerre.

7. Plutarque, *Vie de Lysandre*; l'image était familière aux compilateurs du XVIᵉ s.

8. *Mémoires* des frères du Bellay. Le siège de Mousson eut lieu en 1521. L'histoire des seigneurs de Montmort et de Lassigny contée par les frères du Bellay a inspiré cet essai.

9. Plutarque, *Vie d'Eumène*; Montaigne a reproduit textuellement la traduction d'Amyot.

10. Froissart, livre I.

11. Les étais de bois qui soutenaient la sape, et qui, en tombant, provoquaient l'éboulement de la mine et la chute des remparts.

CHAPITRE VI

1. Bourg du Périgord, à proximité du château de Montaigne. Ce siège eut lieu en 1569, un an avant la retraite de Montaigne.

2. Tite-Live, livre XXXVII.

3. Plutarque, *Les Dits notables des Lacédémoniens*, est cité presque textuellement dans ce passage.

4. Tite-Live, livre XXIV. Montaigne avait cité le texte latin dans la première version.

5. Sens latin : général en chef. Il s'agit du héros de la *Cyropédie*.

6. Guichardin, *Histoire d'Italie*, livre V, 2.

7. De nos jours, Carignan dans les Ardennes. Montaigne confond avec le siège de Dinant (1554).

8. *Mémoires* des frères du Bellay.

9. *Ibid.*

10. Cicéron, *De Officiis*.

11. Quinte-Curce, livre IV, 13.

CHAPITRE VII

1. *Mémoires* des frères du Bellay : « Quelque temps après, le roi Don Philippe allant par mer de Flandre en Espagne, la tourmente le contraignit de descendre en Angleterre, où il fut recueilli du roi Henri septième honorablement : si est-ce que ledit roi d'Angleterre ne voulut permettre audit roi Don Philippe de sortir hors de son royaume, que premièrement, il n'eût remis entre ses mains le duc de Suffolc... qui était en sa puissance dedans ses Pays-Bas : vrai est qu'il promit audit roi Don Philippe de ne le faire mourir, ce qu'il ne fit : mais à son trépas et dernière volonté, ordonna à son fils, le roi Henri huitième, qu'incontinent lui décédé, il lui fît trancher la tête. »

2. Les comtes de Hornes et d'Egmont, champions de l'indépendance des Pays-Bas, furent décapités le 4 juin 1568. Goethe a fait une tragédie avec leur histoire.

3. Hérodote, livre II.

CHAPITRE VIII

1. Cette image se trouve dans Pierre de Messie (Pedro de Mejía), auteur espagnol dont les *Diverses leçons* (1542) remportèrent un vif succès; la traduction de Gruget (1552) eut de multiples éditions. Le titre de la *leçon* est identique à celui de l'essai. Par les confidences qu'il contient sur la retraite récente de Montaigne, ce texte semble bien dater de 1572.

2. Plutarque, *Préceptes de mariage*, traduits par Amyot et par La Boétie. Or, Montaigne avait publié en 1571 le travail de son ami.

3. En registre. D'après ce texte, l'origine des *Essais* serait le désir de Montaigne de mettre en ordre ses pensées; le but poursuivi évoluera et s'enrichira au cours des méditations de l'auteur.

CHAPITRE IX

1. Les éditions antérieures à 1588 ajoutent ici cette remarque : « *J'en pourrais faire des contes merveilleux, mais pour cette heure, il vaut mieux suivre mon thème.* » Montaigne revient à plusieurs reprises sur son manque de mémoire : « *un incroyable défaut de mémoire* », Essai I, XXVI, *De l'institution des enfants*; dans l'essai *De la présomption*, II, XVII, il donne divers exemples de ces « contes ».

2. Dans l'exemplaire de Bordeaux, le mot est tronqué. La restitution *attirant* est hypothétique. *Attisant* serait plus satisfaisant pour le sens général.

3. Le « porte-colle » ou « protocolle », à la fois régisseur et souffleur, tenant un livret à la main, rappelait leur rôle aux acteurs.

4. Hérodote, livre V.
5. Nigidius, dans Aulu-Gelle cité par P. de Messie.
6. Saint Augustin, *Cité de Dieu*, livre XIX.
7. *Mémoires* des frères du Bellay, IV.
8. Le roi François Ier.
9. Anecdote tirée d'Henri Estienne, *Apologie pour Hérodote*, qui l'a lui-même traduite d'Erasme, *De Lingua*. – Il s'agit de Louis XII, et non de François Ier.

CHAPITRE X

1. Citation de La Boétie, *Vers français*, sonnet XIV, édition de 1572 publiée par Montaigne.
2. Anecdote empruntée aux *Mémoires* des frères du Bellay. Il s'agit de la réconciliation de François Ier et du pape.
3. Poyet, chancelier de France en 1548. « Ledit Poyet... supplia le roi de donner cette charge à un autre, remontrant que c'était le fait d'un prélat, attendu que c'était pour l'union et bien de l'Eglise. Mais à bien dire, c'était qu'il n'avait le temps de pouvoir changer de langage ni la substance de sa dite oraison. » (G. du Bellay, *Mémoires*, livre IV, pp. 228-229.)
4. Sénèque, *Controverses*, livre III.

CHAPITRE XI

1. Platon, *Timée*.
2. *Mémoires* des frères du Bellay, livre VI. Les *Mémoires* insistent sur le caractère superstitieux du marquis de Saluces.
3. Fossano, en Piémont. Cette trahison eut lieu en 1536.
4. Anecdote tirée également du *De Divinatione*, livre II.
5. *République*, livre V.
6. Cicéron, *De Natura Deorum*, livre III.
7. Cicéron, *De Divinatione*, livre I.
8. Joachim de Flore, moine cistercien, né à Celico en Calabre (1130-1201). Ses livres de prophéties furent publiés au début du XVIe s., et connurent une telle vogue qu'on le surnomma : « Le Prophète ».

CHAPITRE XII

1. Montaigne résume ici un passage du *Lachès* de Platon.
2. Pausanias, roi de Sparte, bat les Perses à Platée (479 av. J.-C.).
3. Hérodote, livre IV : Darius « dépêcha un héraut vers Indathyrse, roi des Scythes, avec ces paroles : Heureux entre les hommes, que te sert de fuir incessamment, attendu que tu peux faire l'un de ces deux. Si tu te

trouves suffisant pour résister, demeure et viens au combat; autrement, en arrêtant le cours de ta fuite, viens parler à ton seigneur, et lui apporte pour don terre et eau. Indathyrse répondit : Sache, Roi Perse, que ma coutume est telle que je ne fuis onques pour crainte d'homme... Et je te veux bien déclarer pourquoi je ne viens à te combattre. Nous n'avons villes aucunes, et nos terres ne sont plantées ni labourées pour nous faire craindre que prises soient ou gâtées, si soudain n'entrons en bataille contre vous : mais si voulez nécessairement nous faire venir à ce point, nous avons les sépultures de nos ancêtres; marchez, et les allez trouver, puis essayez de les gâter : lors vous verrez si nous combattrons ou non pour icelles sépultures ».

4. Il s'agit de l'invasion de la Provence par Charles Quint (1536). La fin de l'anecdote est différente dans les *Mémoires* des frères du Bellay, livre VII : « ... Lequel promptement adressa si à propos devers le lieu où était ledit Marquis les deux pièces étant sur le théâtre des Arènes, que si le Marquis voyant mettre le feu ne se fût tiré à côté, il n'eût failli d'arriver à la fin de sa vie ».

5. Guichardin, *Histoire d'Italie*, livre XIII, Laurent II (1492-1519), père de Catherine de Médicis.

6. Passage imité d'Aulu-Gelle, cité par saint Augustin, *Cité de Dieu*, livre IX.

CHAPITRE XIII

1. L'entrevue de Clément VII et de François Ier eut lieu en 1533.

2. L'entrevue de Clément VII et de Charles Quint eut lieu en 1532, à Bologne.

CHAPITRE XIV

1. Cette sentence est tirée du *Manuel* d'Epictète (X). Montaigne l'avait fait inscrire sur sa bibliothèque.

2. Toutes ces images sont inspirées des *Lettres* de Sénèque, sans être traduites littéralement.

3. Tiré de Cicéron, *Tusculanes*, livre V. La cantharide est un insecte coléoptère, dont on tire une poudre utilisée pour les vésicatoires.

4. Ces différents exemples sont tirés de l'*Apologie pour Hérodote*, XV, XX, d'Henri Estienne qui les donne dans un ordre un peu différent : « De combien oyons-nous parler tous les jours auxquels le bourreau a donné le saut pendant qu'ils gaussaient encore... L'autre, à messire Jean, qui lui dit : Mon ami je vous assure que vous irez souper aujourd'hui avec Dieu, répond : Allez-y vous-mêmes... etc. ».

5. Tiré de Jean Bouchet, *Annales d'Aquitaine* : « Le Roi prit par force la cité d'Arras... et les principaux habitants d'icelle furent punis et

décapités : à partie desquels le Roi eût pardonné, s'ils eussent voulu dire :
" Vive le Roi ! " mais ils aimaient mieux mourir que s'humilier. »

6. Tout ce passage est tiré de Goulard, *Histoire du Portugal*, IV, II,
fol. 118, v°. Il sera encore question du royaume de Narsinque au chapitre
XXVII, livre II, *Couardise, mère de la cruauté*.

7. Tiré de Bonaventure des Périers, conteur du XVIᵉ s. *Nouvelles
récréations et joyeux devis* (préface).

8. Tiré de Plutarque, *Vie de Brutus*, VIII. Montaigne résume Plutarque dont le récit se termine ainsi : « Brutus fit à son de trompe crier par
un héraut qu'il donnerait certain prix d'argent à tout soudard qui pourrait
sauver un Xanthien; et ne s'en trouva, à ce qu'on dit, que cinquante
seulement qui furent sauvés malgré eux. »

9. Ce sont les premiers mots du serment des Grecs avant la bataille de
Platée. Montaigne a pu lire ce serment dans Diodore de Sicile, dont
l'*Histoire* avait été traduite par Amyot.

10. Anecdote tirée de l'*Histoire du roi Emmanuel* d'Osorio. Jean II
régna de 1481 à 1495.

11. Le successeur de Jean II (1495-1521). Montaigne indique lui-même
sa source : *l'évêque Osorius*. La Bibliothèque nationale possède un
exemplaire de cette *Histoire* avec la signature de Montaigne au titre.

12. L'édition de 1595 donne un exemple tiré de l'*Histoire de France*,
de Du Haillant : « *La ville de Castelnau d'Arri (Castelnaudary) fut
longuement assiégée, en laquelle furent pris cinquante hommes qui
aimèrent mieux être brûlés vifs que de revenir.* »

13. Vraisemblablement René de Valzargues, capitaine protestant, tué
au siège de Brouage en 1577.

14. Sénèque, *Lettres à Lucilius*, inspire toutes ces remarques.

15. Exemple tiré de Diogène Laërce, *Vie de Pyrrhon*, livre IX, et
reproduit par Rabelais, *Quart livre de Pantagruel*, chap. XVIII.

16. Anecdotes tirées de Cicéron, *Tusculanes*, livre II, chap. VI.

17. Variante de 1588 : *c'est d'avoir eu trop de commerce avec le
corps*.

18. Dans le *Phédon*.

19. Passage inspiré de la *Lettre 78 à Lucilius*, de Sénèque : « Il faut
combattre contre elle de toute son âme : elle sera vaincue; si tu recules,
elle vaincra... »

20. Image tirée des *Tusculanes*.

21. Evangile selon saint Jean (3ᵉ dimanche après Pâques) : « La
femme, lorsqu'elle enfante, a de la tristesse, parce qu'est venue son heure;
mais lorsqu'elle a mis l'enfant au monde, elle ne se souvient plus de sa
souffrance. »

22. Les mercenaires suisses emmenaient leurs femmes dans les expédi-
tions militaires.

23. Eponine, femme de Sabinus, qui se révolta en Gaule contre
Vespasien. Elle ravitailla son mari caché dans une grotte pendant neuf
ans.

24. Exemple bien connu tiré de Plutarque, *Vie de Lycurgue*, chap. XIV.

25. Autre anecdote vulgarisée dès l'Antiquité; se trouve en particulier dans Valère Maxime, les *Faits et dits mémorables*.

26. Sénèque, dans la *Lettre 24 à Lucilius*, fait allusion à ce récit conté tout au long par Tite-Live.

27. Toujours dans les *Lettres à Lucilius* (lettre 78).

28. Exemple tiré d'Aulu-Gelle, les *Nuits attiques*, livre XII.

29. De fine taille. Les Espagnoles au XVIᵉ siècle avaient la réputation d'être minces. J. Plattard rappelle que « Badebec, la mère de Pantagruel, est dépeinte dans son épitaphe, *comme ayant corps d'Espagnole* ».

30. Avec de grandes entailles. L'armature qui sanglait la taille serrait de véritables éclisses et meurtrissait la chair.

31. Henri III régna sur la Pologne de 1573 à 1574. L'historien de Thou raconte qu'à son départ, le grand chambellan de Pologne se donna un coup de poignard dans le bras comme preuve de son dévouement.

32. Le texte de 1595 ajoute la précision suivante : « *Quand je vins de ces fameux Etats de Blois, j'avais vu peu auparavant une fille en Picardie...* » Montaigne avait séjourné chez Mˡˡᵉ de Gournay, en Picardie, avant de suivre la cour à Blois.

33. Balafres. Guillaume Postel, *Des histoires orientales*, raconte des usages analogues : « De braves et gens de cour, qui aiment et poursuivent une dame, feront de telles taillades, pour approuver l'amour et souvent se piqueront de quelque fer jusques au sang, faisant une figure à la devise de la dame... puis y bouteront le feu longtemps avec une chandelle... » Montaigne utilise ce passage comme le confirme le mot *aspre*, petite pièce d'argent en usage chez les Turcs.

34. Joinville, *Histoire et chronique du très chrétien roi saint Louis IX* : « après sa confession, il dépouillait ses épaules et se faisait battre par son dit prêtre, à tout (avec) cinq petites chaînettes de fer... »

35. Exemple tiré de Jean Bouchet, *Annales d'Aquitaine*.

36. Foulques III, mort en 1040; l'anecdote est rapportée par Du Haillant dans son *Histoire des rois de France* (1576).

37. Les confréries de flagellants étaient nombreuses au XVIᵉ siècle. Henri III, après la mort de sa maîtresse Marie de Clèves, s'affilia aux pénitents. Pendant la campagne de Languedoc (novembre 1574 - janvier 1575), il participe aux processions nocturnes des « battus » d'Avignon, le corps enveloppé dans un sac qui ne laisse voir que les yeux. C'est au cours d'une de ces processions que le cardinal de Lorraine prit un refroidissement mortel.

38. Exemples tirés des *Tusculanes*, livre III.

39. Le marquis de Trans perdit ses trois fils au combat de Moncrabeau, près d'Agen. Montaigne était l'ami du comte de Gurson, l'un des trois frères.

40. Exemple emprunté à Plutarque, *Dits notables des anciens Rois*, traduits par Amyot.

41. Saint Charles Borromée (1538-1584), archevêque de Milan.

42. Démocrite. L'anecdote était déjà célèbre dans l'Antiquité, mais son exactitude contestée. Cicéron, *Tusculanes*, livre V, soutient que cette cécité n'était pas volontaire.

43. Aristippe : exemple vulgarisé dès l'Antiquité.

44. Epicure cité par Sénèque, qui ne dédaignait pas d'explorer le camp adverse (*Lettres à Lucilius*, 17).

45. Etat de comptes; *prescription*, budget.

46. Barguignage : marchandage. « C'est ici trop barguigné », dit le capitaine du navire à Dindenault, qui amuse Panurge. (Rabelais, *Quart Livre*.)

47. Bion cité par Sénèque, *De tranquillitate animi*, chap. VIII : « Bion dit spirituellement qu'il n'est pas moins désagréable aux chevelus qu'aux chauves, qu'on leur arrache un cheveu. »

48. Il s'agit en réalité de Denys le père, selon Plutarque, *Les Dits notables des anciens Rois*, qui a fourni l'anecdote à Montaigne.

49. Variante de 1588 : *Je fus quatre ou cinq années.*

50. Anecdote tirée de la *Cyropédie* de Xénophon, livre III.

51. Peut-être l'archevêque de Bordeaux. Montaigne lui avait acheté des biens en 1578, et avait échangé des terres avec lui, pour remembrer son domaine.

52. Ce paragraphe est traduit de Sénèque, *Lettres à Lucilius*, 98.

53. Montaigne emprunte ce développement à Plutarque, *Du vice et de la vertu*.

54. Inspiré de Sénèque, *Lettres à Lucilius*, 71.

CHAPITRE XV

1. Forme méridionale de poulailler; en 1580, Montaigne avait écrit *poulaillier*. Le mot *poullier* se trouve dans les *Mémoires* des frères du Bellay : « Ledit seigneur de Montmorency fut contraint de battre une tour qui était sur le pont, l'ayant gagnée, la fit remparer et garder, faisant pendre ceux qu'il trouva dedans, pour avoir été si outrageux d'avoir voulu garder un tel poullier à l'encontre d'une armée française... » Les autres exemples sont également tirés de ces *Mémoires*.

2. La famille du Bellay compta au XVIe siècle quatre personnages éminents dans les armes, l'Eglise et la diplomatie : Jean, cardinal; Guillaume, seigneur de Langey, défenseur du Piémont; Martin, brillant capitaine comme Guillaume; René, évêque du Mans. Le père du poète Joachim était leur cousin germain. Montaigne reproche aux *Mémoires* de Guillaume et de Martin d'être partiaux en faveur de François Ier et leur consacre une page de critique (*Essais*, livre II, X, *Des livres*).

3. Passage inspiré de l'*Histoire du Portugal* de Goulard.

CHAPITRE XVI

1. Souvenir des *Mémoires* de Martin du Bellay, livre X. Le seigneur de Vervins avait rendu la ville de Boulogne au roi d'Angleterre, Henri VIII.
2. Tiré de Diodore de Sicile, livre XII.
3. Souvenir d'Ammien Marcellin (330-400), historien de l'empereur Julien.
4. Tite-Live, livre XXV, chap. VII et livre XXVI, chap. II et III.
5. Exemples tirés des *Mémoires* des frères du Bellay, livre II.
6. L'événement eut lieu en 1536. (*Mémoires* des frères du Bellay, III.)

CHAPITRE XVII

1. Inspiré de Plutarque, *Dits notables des Lacédémoniens*, article Archidamus.
2. Par exemple, la description du pont sur le Rhin, *De Bello Gallico*, livre IV, chap. XVII et l'énumération des dispositifs de combat devant Alésia, livre VII, chap. LXXII.
3. Variante du manuscrit : « *La vis par où il était monté.* » Il s'agit donc d'un escalier tournant ou escalier à vis.
4. Tiré de Diodore de Sicile, livre XV.
5. Montaigne revient sur le profit qu'on peut tirer des historiens et mémorialistes à l'essai *Des livres*, livre II, essai X.
6. Guillaume du Bellay.
7. Charles Hémard de Denonville, ambassadeur du roi de France près du pape depuis 1533.
8. Montaigne a tiré cette discussion sur l'obéissance du *Courtisan* de Castiglione, livre II, chap. XXIV, qui l'avait lui-même empruntée à Aulu-Gelle.

CHAPITRE XVIII

1. La prise de Rome eut lieu en 1527. Ces anecdotes sont empruntées aux *Mémoires* des frères du Bellay, livres III et VIII. « Un porteur d'enseigne ayant la garde d'une ruine... voyant monsieur de Bourbon venir avec quelques soldats à travers les vignes pour reconnaître la place, entra en tel effroi que, cuidant fuir devers la ville, passa, l'enseigne au poing, par ladite ruine, et s'en alla droit aux ennemis. Monsieur de Bourbon, voyant cet enseigne venir droit à lui, estima qu'il fût suivi d'autres gens et que ce fût une saillie faite sur lui, pourquoi s'arrêta... »
2. Tacite, *Annales*, livre II : « Fait surprenant : deux colonnes ennemies, par une fuite opposée, se précipitaient, celle qui avait occupé la

forêt, en terrain découvert et celle qui se tenait dans la plaine, vers la forêt. »

3. Les Arabes. Ismaël, fils d'Abraham et d'Agar, sa servante, ancêtre des Arabes. Anecdote empruntée à Zonaras, ancien premier secrétaire de Constantinople, auteur d'une *Histoire* allant de la création du monde à la destruction de Jérusalem.

4. Tite-Live, livre XXI. Scipion, battu par Hannibal au Tessin, fut renforcé par l'armée de l'autre consul, Sempronius; les deux consuls subirent une nouvelle défaite à la Trébie, affluent du Pô.

5. Tiré de Cicéron, *Tusculanes*, livre III, chap. XXVII.

6. Diodore de Sicile, livre XV, chap. VII.

CHAPITRE XIX

1. Emprunté à Hérodote, *Histoire III*, livre I. Cette anecdote avait été utilisée par la plupart des moralistes latins, et était devenue un exemple scolaire.

2. Tiré de Plutarque, *Dits notables des Lacédémoniens*.

3. Exemple tiré de Plutarque, *Vie de Paul-Emile*, chap. XIX : il s'agit de Philippe, fils de Persée.

4. L'exemple de Denys le tyran, détrôné et devenu maître d'école à Corinthe, était cité dès l'Antiquité comme un exemple de la puissance de la fortune.

5. Pompée, après la défaite de Pharsale.

6. Ludovic Sforza fut enfermé à Loches par Louis XII, de 1500 à 1507.

7. Marie Stuart, décapitée le 18 février 1587 par l'ordre de la reine Elisabeth. On sait combien la reine d'Ecosse était populaire en France.

8. Sénèque, *Lettre* 102.

9. Sénèque, *Lettre* 24.

10. Plutarque, *Les Dits notables des anciens Rois*.

11. Mlle de Gournay dans son édition de 1635 apporte une modification à cette phrase et en éclaire le sens en ajoutant : « Les ambitieux et courageux desseins du mourant n'avaient rien de si haut que fut leur interruption. »

CHAPITRE XX

1. Cicéron, *Tusculanes*, livre I, chap. XXX : « La vie tout entière des philosophes, comme le dit Socrate, est une méditation de la mort. » Montaigne sur la fin de sa vie ne croira plus en cette maxime et la discutera (livre III, essai XII).

2. Tiré de *L'Ecclésiaste*, livre III, verset 12 : « Je connus que rien saurait être meilleur que se réjouir et bien agir dans sa vie. »

3. Allusion à l'étymologie de *virtus* donnée par Cicéron dans les *Tusculanes*, livre II, chap. XVIII, qui fait venir le mot de *vis*.

4. Variante de 1588 : *Or il est hors de moyen d'arriver à ce point de nous former un solide contentement, qui ne franchira la crainte de la mort.*

5. D'après Valère Maxime, livre VIII. Exemple banal chez les moralistes du XVIe siècle.

6. Traduit de la *Lettre* 74 de Sénèque.

7. Tiré de Plutarque, *Vie de Cicéron*, chap. XXII.

8. M. Radouant fait remarquer que *feu* n'est pas l'équivalent de *fut* comme le croit Montaigne. *Feu* vient de *fatutus* (de *fatum*) : qui a subi son destin.

9. Une ordonnance de Charles IX fixa le premier jour de l'année 1564 au premier janvier au lieu de Pâques, où commençait l'année jusque-là. Le Parlement ne donna suite à ce changement que le Ier janvier 1567.

10. Montaigne dans les premières éditions ajoutait comme autre exemple : « *... et ce fameux Mahomet aussi.* » Puis s'apercevant que Mahomet était mort à soixante ans, il corrigea cette bévue.

11. Jean II, mort en 1305 sous le règne de Philippe le Bel.

12. Bertrand de Got, pape sous le nom de Clément V (1305-1314), avait été archevêque de Bordeaux; de là l'appellation familière : « *mon voisin* ».

13. Allusion à Henri II, blessé mortellement dans un tournoi par le comte de Montgomery, le 10 juillet 1559.

14. Philippe, fils aîné de Louis le Gros. Un pourceau heurta son cheval, rue Saint-Antoine, et provoqua ainsi la chute du prince et sa mort.

15. Exemples tirés de Valère Maxime, livre IX, chap. XII.

16. Ces deux exemples sont empruntés à l'*Histoire naturelle* de Pline l'Ancien, livre VII.

17. Montaigne a puisé ces morts extraordinaires dans les compilateurs de la Renaissance, en particulier chez Ravisius, qui en tirait des conclusions morales. Ce pape est Jean XXII, né à Cahors, d'où le terme : « *un de nos* ». Le capitaine Saint-Martin était Arnaud Eyquem, seigneur de Saint-Martin, né en 1541.

18. Souvenir probable de l'*Odyssée* : les prétendants se cachent sous la peau d'un veau (note de M. Delbiausse). L'expression était proverbiale dès l'Antiquité (= en faisant le lâche), par opposition à la *peau du lion*, symbole du courage.

19. Souvenir de Plutarque, *Banquet des sept sages*, chap. III : « Quant à la façon de faire d'Egypte où ils ont accoutumé d'apporter ordinairement au milieu d'un festin l'anatomie sèche d'un corps d'homme mort et le montrer à tous les conviés, en les admonestant de se souvenir qu'en peu de temps ils seront tels, encore que ce soit un fort mal plaisant et importun entremets, toutefois si a-t-il quelque commodité. »

20. Maxime tirée de Sénèque, *Lettre* 26.

21. Exemple emprunté à Plutarque, *Vie de Paul-Emile*, chap. XVII. Il

s'agit de Persée, vaincu à Pydna et qui mourut prisonnier à Rome en 135 av. J.-C.

22. Passage inspiré de Plutarque, *Vie de Lycurgue*, chap. XX.

23. Montaigne reproduit ici la traduction d'Hérodote par Pierre Saliat (1575).

24. Ces compilations étaient nombreuses chez les Anciens et pendant la Renaissance. Rabelais dans le *Quart Livre*, chap. XVII, cite plusieurs morts singulières : celle d'Eschyle, du poète Anacréon « lequel mourut étranglé d'un pépin de raisin; plus de Fabius, préteur romain, lequel mourut suffoqué d'un poil de chèvre... plus de celui honteux lequel, par retenir son vent et défaut de péter un méchant coup, subitement mourut en la présence de Claudius, empereur romain, etc. »

25. Cicéron, *De Officiis*, livre II. Ce philosophe recherchait si les guerres faisaient mourir plus d'hommes que les autres accidents.

26. César, *Guerre des Gaules*, livre VII, chap. LXXXIV.

27. Inspiré de la *Lettre* 77 de Sénèque.

28. Tout ce passage résume un paragraphe de saint Augustin, dans la *Cité de Dieu*, livre I, chap. II.

29. Tiré de Diogène Laërce, *Vie de Socrate*, livre II, chap. XXXV. On trouve le même développement dans les *Tusculanes*, livre I, chap. XL. En réalité, Socrate survécut trois ans à la chute des trente tyrans, imposés par les Lacédémoniens vainqueurs.

30. Le passage est traduit exactement des *Tusculanes*, livre I, chap. XXXIX.

31. Cette éloquente prosopopée est inspirée de Lucrèce, *De Natura Rerum*, chant III, que complètent des citations de Sénèque commentées par le texte français.

32. Emprunté à Diogène Laërce, *Vie de Thalès*, livre I, chap. XXXV.

33. Traduit de la *Lettre* 120 de Sénèque.

34. Développement inspiré de la *Lettre* 24 de Sénèque.

Guillaume du Vair (1556-1621), continuateur stoïcien de Montaigne, a repris ces arguments dans le *Traité de la Constance* (1594) en les empruntant soit aux *Essais*, soit aux *Lettres* de Sénèque.

CHAPITRE XXI

1. Variante de 1588 : *chacun en est féru, mais aucuns en sont transformés.*

2. Hippocrate et Galien signalaient déjà, chez les Anciens, l'influence de l'humeur du médecin sur le malade. Rabelais fait allusion à cette puissance de l'imagination dans l'ancien prologue du *Quart Livre*. La plupart des exemples qui suivent sont tirés des compilateurs du XVIᵉ siècle.

3. Exemple tiré de Sénèque le Rhéteur (*Controverses*, livre II) et repris par les compilateurs de l'époque.

4. L'exemple de Cyppus se trouve dans l'*Histoire naturelle*, livre XI, chap. XLV de Pline l'Ancien, chez Valère Maxime et surtout chez P. de Messie, *Diverses leçons*, livre II, chap. VII.

5. Le fils de Crésus, muet de naissance, recouvra la parole en voyant son père en danger de mort. L'anecdote rapportée par Hérodote (*Histoires*, livre I, chap. LXXXV) a été souvent reproduite chez les Anciens et les compilateurs moraux de la Renaissance. L'origine de celle d'Antiochus semble être le *Traité de la déesse de Syrie*, de Lucien.

6. Pline l'Ancien, *Histoire naturelle*, livre VII, chap. IV.

7. Lors de son voyage en Italie, en septembre 1580. L'anecdote est racontée plus longuement dans le *Journal de Voyage* : « L'autre histoire, c'est d'un homme encore vivant nommé Germain, de basse condition, sans nul métier ni office, qui a été fille jusques en l'âge de vingt-deux ans, vue et connue par tous les habitants de la ville, etc. »

Le chirurgien Ambroise Paré cite le même exemple : « Etant à la suite du roi, à Vitry-le-François, en Champagne, j'y vis un certain personnage, nommé Germain Garnier; aucuns le nommaient Germain Marie, parce qu'étant fille on l'appelait Marie... » (*Œuvres*, édition de 1607, p. 1017).

8. Les exemples du roi Dagobert, de saint François et du prêtre sont cités par Corneille Agrippa. *L'Alcoran des Cordeliers*, ouvrage très connu au XVIᵉ siècle, réfute l'explication des stigmates de saint François par l'effet de l'imagination.

9. Saint Augustin, *Cité de Dieu*, livre XIV, chap. XXIV.

10. Montaigne fait allusion aux « nouements d'aiguillette », forme d'impuissance momentanée que ses contemporains attribuaient à des tours de sorcellerie. Bodin, dans sa *Démonomanie* (1580), Coignet dans son *Instruction aux princes pour garder la foi promise* (1584) et Guillaume Bouchet dans ses *Serées* (1584) traitent de la même question. Ce passage est la partie la plus originale de l'*essai*.

11. Variante de 1588 : *Cela n'est à craindre qu'aux entreprises où notre âme se trouve outre mesure tendue de désir et de respect, et notamment où les commodités se rencontrent imprévues et pressantes. A qui a assez de loisir pour se ravoir et remettre de ce trouble, mon conseil est qu'il divertisse ailleurs son pensement, s'il peut, car il est difficile, et qu'il se dérobe de cette ardeur et contention de son imagination. J'en sais à qui il a servi d'y apporter le corps même, annobli et affaibli d'ailleurs. Et à celui qui sera en alarme des liaisons, qu'on lui persuade hors de là qu'on lui fournira des contre-enchantements d'un effet merveilleux et certain. Mais il faut aussi que celles, à qui légitimement on le peut demander, ôtent ces façons cérémonieuses et affectées de rigueur et de refus, et qu'elles se contraignent un peu pour s'accommoder à la nécessité de ce siècle malheureux; car l'âme de l'assaillant, troublée de plusieurs diverses alarmes, elle se perd aisément; et ce n'est pas tout, car celui à qui l'imagination a fait une fois souffrir cette honte (et elle ne la fait guère souffrir qu'aux premières accointances, d'autant qu'elles sont plus ardentes et âpres, et aussi en cette première connaissance qu'on donne de soi, on craint beaucoup plus de faillir), ayant mal commencé, il entre en si*

grande fièvre et dépit de cet accident, que cette frayeur s'en augmente et lui redouble à toutes les occasions suivantes, et sans quelque contre-mine, on n'en vient pas aisément à bout.

12. Le comte de Gurson, mari de Diane de Foix. C'est en l'honneur de Diane que Montaigne écrira l'essai *De l'institution des enfants.* Le comte de Gurson, fils du marquis de Trans, fut tué avec ses deux frères à Moncrabeau en 1587. Montaigne était très lié avec son père, qui le protégea et lui remit en 1571 le collier de l'ordre de Saint-Michel.

13. Jacques Peletier du Mans, mathématicien, médecin et poète. Les premières odes de Ronsard parurent dans le recueil de poésies publié par Jacques Peletier en 1547. Il rendit visite à Montaigne chez lui (*Essais*, II, 12, « Apologie de Raymond Sebond »).

14. Anecdote citée par Hérodote, *Histoires,* livre II, chap. CLXXXI.

15. Anecdote tirée de Diogène Laërce, livre VIII, chap. XLIII ou de Plutarque, *Préceptes du mariage*, livre VIII.

16. Saint Augustin, *Cité de Dieu*, livre XIV, chap. XXIV.

17. Commentateur espagnol de saint Augustin (1492-1540).

18. Allusion à la liberté de péter partout accordée par l'empereur Claude d'après l'historien Suétone.

19. Platon, *Le Banquet.*

20. Les rois de France avaient le don de guérir les scrofuleux. Pendant la captivité de François Ier (1525-1526) de nombreux Espagnols avaient été guéris par le roi et par la suite d'autres venaient en France pour se faire « toucher ». François Ier avait opéré des guérisons miraculeuses à Bologne, en 1516.

21. C'est l'opinion de Pline l'Ancien, *Histoire naturelle*, livre VII, chap. II, rapportée par Corneille Agrippa.

22. Anecdote rapportée par saint Jérôme et reproduite comme la suivante par les compilateurs du XVIe siècle.

23. Passage de la Genèse (XXX, 37) cité par saint Augustin, *Cité de Dieu*, livre XII, chap. XXIV et reproduit par Corneille Agrippa : Jacob pour duper son beau-frère Laban fait peler des verges de diverses couleurs et les place près de l'abreuvoir. Les chèvres et les brebis qui voient ces couleurs variées ont des petits tachetés. Ambroise Paré qui cite cet exemple (*Des monstres*, livre IX) conclut comme Montaigne à la force de l'imagination.

24. Les éditions précédentes portent : « Mon père vit un jour un chat... »

CHAPITRE XXII

1. Anecdote tirée de Sénèque. *De Beneficiis*, livre VI, chap. XXXVIII.

2. Cet ancien Comique est Philémon, cité par Stobée dans ses *Sententiae.*

CHAPITRE XXIII

1. Montaigne, en insistant sur la puissance de la coutume, est en complet accord avec les compilateurs moraux de son temps, en particulier : Marcouville, *Traité enseignant d'où procède la diversité des opinions humaines*; Corneille Agrippa, *De l'incertitude et vanité des sciences*; Guy de Bruès, *Dialogues contre les nouveaux académiciens*; P. de Messie, *Diverses leçons*; Henri Estienne, *Apologie pour Hérodote*, etc.

Montaigne lui-même traite de la coutume dans plusieurs autres essais : livre I, essai 31; essai 36, essai 49.

2. Conte très répandu chez les Anciens, cité par Stobée, Quintilien et Pétrone, repris par Erasme dans ses *Adages*.

3. Platon, *République*, livre VII, chap. I.

4. Mithridate. Exemple très souvent cité par les Anciens et les contemporains de Montaigne. La Boétie, son ami, le rapporte dans le *Contr'un*.

5. Albert le Grand, philosophe et théologien allemand (1193-1280) cité par Messie, *Diverses leçons* (livre I, chap. XXVI).

6. Lopez de Gomara, dans son *Histoire générale des Indes*, rapporte des usages analogues : « Ils mangent des chauves-souris, pelées en eau chaude » (livre II, chap. IX), traduction Fumée (1586).

7. Exemple tiré du *Songe de Scipion* de Cicéron.

8. Tiré de Diogène Laërce, *Vie de Platon*, livre III, chap. XXXVIII.

9. Plusieurs contemporains de Montaigne ont parlé de ce phénomène. En particulier Guillaume et Michel Le Riche, avocats à Saint-Maixent, dans leur *Journal* : « Le samedi 17 (17 mars 1579), arriva en cette ville un petit homme, se disant de Nantes, lequel n'avait pas de bras, au lieu desquels il usait de ses pieds. Il tirait de l'arquebuse qu'il chargeait, bandait et abattait le chien; il jouait aux dés... etc. » Texte cité par H. Clouzot dans son *Histoire du théâtre en Poitou*.

10. Villey pense qu'il s'agit du phénomène décrit par Ambroise Paré au chapitre VIII de ses *Monstres* : « On a vu depuis quelque temps en çà à Paris un homme sans bras âgé de quarante ans environ, fort et robuste, lequel faisait presque toutes les actions qu'un autre pouvait faire de ses mains : à savoir, avec son moignon d'épaule, et la tête ruait une cognée contre une pièce de bois... Pareillement, faisait cliqueter un fouet de charretier... »

11. Ces coutumes étranges sont tirées de l'*Histoire générale des Indes* de Lopez de Gomara. On sait que Montaigne était très curieux de tout ce qui concernait le Nouveau Monde.

12. Peut-être François IV de la Rochefoucauld, tué en 1591 au siège de Saint-Yrieix-la-Perche.

13. Tiré de Plutarque, *Que le vice seul est suffisant pour rendre l'homme malheureux*, chap. V. Montaigne rapproche cette coutume

attribuée par Plutarque aux Tartares et aux Hyrcaniens de celles des Sauvages citées par Gomara.

14. Coutume rapportée par Goulard dans son *Histoire du Portugal*, livre IV, chap. XIX. Montaigne tire du même ouvrage les coutumes qui suivent; il accentue l'effet d'étrangeté en accumulant les exemples.

15. Ces coutumes contrairement aux précédentes ne sont pas empruntées à Gomara ou à Goulard; elles proviennent des auteurs anciens, Hérodote, Pline l'Ancien ou Aulu-Gelle, allégués par les compilateurs du XVIᵉ siècle.

16. Allusion à la république des Amazones.

17. Sorte de cresson. Usage rapporté par Xénophon dans la *Cyropédie*, livre I, chap. II.

18. Tiré de la *Morale à Nicomaque*, livre VII, chap. VI.

19. Tiré de Valère Maxime, *Dits et faits mémorables*, livre XII, chap. II.

20. Anecdote tirée des *Histoires* d'Hérodote, livre III, chap. XI, et reproduite par les commentateurs du XVIᵉ siècle.

21. Ce développement est traduit des *Lois* de Platon, livre VII, chap. VI.

22. Exemples d'amours incestueuses. Œdipe épousa sa mère sans le savoir et se creva les yeux quand il découvrit son crime. Sophocle dans son drame *Œdipe roi* a développé cette légende.

23. Tiré sans doute de Sextus Empiricus, *Hypotyposes*, livre I, chap. XIV, ou de Diogène, *Vie de Chrysippe*.

24. Isocrate, *Discours à Nicoclès*, chap. VI.

25. Paul-Emile, entre autres : *De Rebus Francorum*. Ce serait un gentilhomme originaire de Gascogne et nommé Gascon qui aurait exposé les revendications des Français à Charlemagne.

26. La justice a été très vivement critiquée au XVIᵉ siècle : sans oublier Marot (*Epître à Lyon Jamet, Epître au Roi*) et Rabelais, on peut citer : Viret, *Le Monde à l'empire* (1560); Tahureau, *Dialogues* (1565); Henri Estienne, *Apologie pour Hérodote* (1566); Bodin, *Les Six livres de la République* (1576); Guillaume Bouchet, *Sérées* (1584); Noël du Fail, *Contes et discours d'Eutrapel* (1585). La plupart de ces plaintes avaient été exposées par Guillaume Budé.

27. L'opposition entre la raison et la force se poursuit : la robe longue : la noblesse et le clergé; la robe courte : l'armée.

28. Montaigne est revenu à plusieurs reprises sur l'obligation de se conformer aux usages de son pays. Il est en complet accord sur ce point avec Ronsard et le « bon M. de Pibrac », dont il cite les quatrains.

29. Platon, *Criton*.

30. Ce législateur serait Zaleucus, selon Diodore de Sicile, *Histoires*, livre XII, chap. IV.

31. Lycurgue, selon Plutarque, *Vie de Lycurgue*, chap. XXII.

32. Plutarque, *Les Dits notables des Lacédémoniens* : « Emerepes étant éphore coupa avec une hachette deux cordes des neuf que le

musicien Phrynis avait en sa lyre, disant : Ne viole point la musique. »

33. Valère Maxime, livre II, chap. VI, relate le fait et insiste sur le symbole politique. E. Pasquier fait allusion à cette coutume dans une lettre à Ramus.

34. La Réforme et ses conséquences politiques. Cette profession de foi de conservatisme se retrouve dans le livre III des *Essais* : les épreuves de la guerre civile ont renforcé chez Montaigne le penchant à l'ordre et à la stabilité politique. L'édition de 1588 précisait la durée des troubles : « *depuis vingt-cinq ou trente ans* ».

35. Thucydide, livre III, chap. LII, reproduit par Plutarque. *Comment on pourra discerner le flatteur d'avec l'ami* : « Thucydide écrit qu'ès séditions et guerres civiles, l'on transférait la signification accoutumée des mots, aux actes que l'on faisait, pour les justifier... »

36. Isocrate. *Discours à Nicoclès*, chap. IX, § 33. Variante de 1588 : « *parti; on ne peut changer qu'on ne juge du mal qu'on laisse, et du bien qu'on prend.* »

37. Tiré de Plutarque, *Vie de Marius*, § 15.

38. Agésilas n'applique pas les lois de Sparte, trop rigoureuses; tiré de Plutarque, *Vie d'Agésilas*, chap. VI.

39. Alexandre, selon Plutarque : *Vie d'Alexandre*, chap. V. Alexandre répond ainsi à ceux qui déclaraient qu'on ne commençait pas une campagne au mois de juin.

40. Plutarque, *Vie de Lysandre*, chap. IV.

41. *Vie de Périclès*, chap. XVIII.

42. *Comparaison de Titus Q. Flaminius avec Philopœmen.*

CHAPITRE XXIV

1. Jacques Amyot (1513-1593), illustre helléniste, précepteur de Charles IX et d'Henri III. Nommé grand aumônier de France en 1560, puis évêque d'Auxerre en 1570. Célèbre par ses traductions de Plutarque.

2. François de Guise, de la maison de Lorraine, par conséquent d'origine étrangère.

3. Rouen fut assiégé par l'armée catholique en 1562.

4. Tout ce passage est traduit du *De Clementia* de Sénèque. On sait quel parti Corneille tirera de cette anecdote dans *Cinna*.

5. Allusion à l'assassinat de François de Guise au siège d'Orléans, en 1563, par le protestant Poltrot de Méré.

6. Montaigne expose la conception platonicienne de l'inspiration (*Ion*), reprise de son temps par Ronsard et la Pléiade tout entière.

7. Cet *avis* est tiré de Plutarque, *Comment on se peut louer soi-même*, chap. IX.

8. La même idée se trouvait dans *Le Prince* (chap. XIX) de Machiavel, et chez Jean Bodin dans sa *République*, livre IV, chap. VII.

9. Anecdote tirée de Plutarque, *Dits notables des anciens Rois.*

10. Anecdote rapportée par Quinte-Curce, *Vie d'Alexandre*, livre III, chap. VI, et par Plutarque, *Vie d'Alexandre le Grand*.

11. Allusion à Henri de Navarre, selon Florimond de Raemon. Montaigne souhaitait voir Henri de Navarre se libérer de l'emprise des huguenots.

12. Henri de Guise.

13. Tite-Live, *Histoires*, livre XXVIII, chap. XVII.

14. Louis XI qui vint traiter directement avec Charles le Téméraire. L'entrevue de Péronne (1468) a été racontée par l'historien Commynes, qui trouve la démarche imprudente.

15. Selon Villey, allusion au lieutenant du roi en Guyenne, de Moneins, qui fut tué à Bordeaux en 1548, lors de la révolte dite *de la Gabelle*. Montaigne avait alors quinze ans.

16. Variante de 1588 : « *une si hasardeuse et belle résolution* ».

17. Variante de 1588 : « *de près, de se remplir l'âme et le front de repentance, et n'ayant plus autre soin que de la conservation si qu'abandonnant son premier rôle de régler et guider, et cédant plutôt que s'opposant, il attira cet orage sur soi, employant tous moyens de le fuir et échappa. On délibérait* ».

18. Allusion à un épisode de la vie politique de Montaigne. Il s'agit de la revue que passa Montaigne en 1588 pendant sa 2ᵉ mairie alors que le ligueur Vaillac préparait une insurrection dans Bordeaux.

19. Suétone, *Vie de César*, chap. LXXV.

20. D'après Plutarque, *Dits notables des anciens Rois*.

21. D'après l'historien italien Villani, *Histoire universelle de son temps*, IIᵉ partie, I, 12.

22. D'après Appien que Montaigne lisait dans la traduction Seyssel (1544).

CHAPITRE XXV

1. Catherine de Médicis et Henri III avaient fait venir des troupes italiennes, dont le succès dura jusqu'à la fin du XVIIᵉ siècle.

2. Du Bellay, *Regrets*, sonnet 68.

3. *Vie de Cicéron*, chap. II.

4. Peut-être Catherine de Bourbon, sœur d'Henri de Navarre. Montaigne, gentilhomme ordinaire de la chambre d'Henri de Navarre, eut sans doute l'occasion de la rencontrer.

5. Variante du texte de 1588 : « *Mais au rebours des nôtres* ».

6. Archimède; anecdote rapportée par Plutarque, *Vie de Marcellus*, chap. VI.

7. Anecdote empruntée à Diogène Laërce, *Vie de Cratès*, chap. IX.

8. Diogène Laërce, *Vie d'Empédocle*, chap. VIII.

9. Le renard de la fable : « Ces raisins sont trop verts. »

10. Diogène Laërce, *Vie de Thalès*, chap. I, et Cicéron, *De Divinatione*, livre I, chap. XLIX.

11. Aristote, *Morale à Nicomaque*, livre VI, chap. V.

12. Montaigne reprend et développe un passage de Sénèque, tiré de la *Lettre* 88.

13. A servir de jetons. Comparaison tirée de l'opuscule de Plutarque, *Comment l'on pourra apercevoir si l'on amende et profite en l'exercice de la vertu*, chap. IX.

14. Montaigne développe cette remarque dans le chapitre *Des Cannibales* (I, XXXI), dans lequel il cite une chanson d'amour et une chanson guerrière, qui ne le cèdent en rien, dit-il, aux poèmes grecs.

15. Dicton gascon, dont le sens est vraisemblablement : « Souffler, cela est assez facile, mais nous en sommes à remuer les doigts. »

16. Chalemie : Chanson rustique jouée sur le chalumeau, appelé aussi chalemie.

17. Sénèque, *Lettre* 27. Erasme avait repris le personnage pour le ridiculiser dans l'*Eloge de la Folie*.

18. Comparaison tirée de Plutarque, *Comment il faut ouïr*, chap. XIX.

19. Cicéron, dans ses *Académiques*, livre II, chap. I, raconte que Lucullus apprit l'art militaire pendant la traversée d'Italie en Asie en étudiant les histoires et en questionnant les officiers. Amyot dans la préface de sa traduction des *Vies* de Plutarque avait rapporté l'anecdote.

20. Anecdote empruntée à Diogène Laërce, *Vie de Diogène*, chap. VI. Il s'agit de Diogène et non pas de Denys.

21. Montaigne songe-t-il à l'écolier limousin ridiculisé par Rabelais?

22. Platon, *Hénon*, § 28.

23. Platon, *Protagoras*, § 16.

24. Calembour commenté par Montaigne : confusion volontaire entre les deux sens de *férir* (frapper) : *être passionné de* et *être frappé*.

25. Adrien Turnèbe (1512-1565), professeur d'éloquence au Collège Royal et érudit fameux. Montaigne en parle avec admiration dans les essais XII et XVII du livre II.

26. Vers grec cité par Stobée.

27. On trouve une image analogue chez Sénèque, *Lettre* 71.

28. Gilles Corrozet, dans ses *Propos mémorables*, avait rendu populaire l'anecdote : « Jean, duc de Bretagne, cinquième du nom, voulant faire le mariage de Monsieur François, son fils, avec Isabeau, fille du roi d'Ecosse, le jeune prince François s'enquit, quelle était cette dame Isabel. Auquel on répondit que c'était une belle dame et sage, bien disposée de son corps pour avoir lignée, mais inélégante à parler. Elle est telle que je demande (dit le petit Duc), car je tiens une femme assez sage, quand elle sait mettre différence entre le pourpoint et la chemise de son mari. »

Molière s'est souvenu de l'anecdote dans la tirade de Chrysale, *Les Femmes savantes*, acte II, scène VII.

29. Platon, *République*, livres III et IV; pensée reprise par Cicéron, dans le *De Officiis* (livre I, chap. XIX).

30. Xénophon, *Cyropédie*, livre I.

31. Tiré du *Premier Alcibiade*.
32. Plutarque, *Vie de Lycurgue*, chap. XI.
33. La discipline des Perses décrite par Xénophon dans la *Cyropédie*.
34. Toujours d'après la *Cyropédie*, livre I, chap. III. Dans Xénophon c'est à Mandane et non à Astyage que Cyrus fait ce récit.
35. Tiré de Plutarque, *Dits notables des Lacédémoniens*.
36. Plutarque, *Vie d'Agésilas*, chap. VII, et *Dits notables des Lacédémoniens*.
37. Platon, *Hippias majeur*.
38. Tamerlan (1336-1405), conquérant d'Asie Centrale.
39. La civilisation corrompt et amollit les mœurs. Cette idée était courante au XVIᵉ siècle; on la trouve chez Balthazar Castiglione dans *Le Courtisan* et chez Brantôme. On sait quel éclat lui donnera Rousseau dans le *Premier Discours*.

CHAPITRE XXVI

1. Diane de Foix de Candale avait épousé Louis de Foix, comte de Gurson, en 1579. Montaigne assistait au mariage comme « procureur » des père et mère de Louis de Foix. A plusieurs reprises, il fait allusion au comte de Gurson, notamment au chap. XXI, livre I : *De la force de l'imagination*.
2. Image fréquente au XVIᵉ siècle. On peut la rapprocher du vers de du Bellay, *Le Poète courtisan* :
« *Pour un vers allonger ses ongles il ne ronge.* »
3. Cléanthe, philosophe stoïcien, successeur de Zénon.
4. Vraisemblablement le chap. VII du livre V de l'ouvrage intitulé *Propos de table*.
5. *Disant que c'est vrai.*
6. Les premières éditions ajoutaient cette précision : « Car autrement, j'engendrerais des monstres comme font les écrivains... »
7. Diogène Laërce, chap. VII de la *Vie de Chrysippe*.
8. Diogène Laërce, *Vie d'Epicure*, chap. X.
9. Au sens où cette expression sera utilisée au XVIIᵉ siècle : l'homme du monde.
10. Allusion à une satire contre les moines, parue à Venise en 1543. L'auteur Lelio Capilupo (1498-1560) appliquait à la vie des moines des vers héroïques empruntés à Virgile. Boileau reprendra ce procédé avec succès dans *Le Lutrin*.
11. *Les Politiques* de Juste Lipse parurent à Leyde en 1589 et obtinrent un vif succès. L'auteur en avait envoyé un exemplaire à Montaigne, qui en tira de nombreux exemples.
12. Montaigne fait allusion à ce portrait dans l'essai XVII du livre II. Dans le *Journal de voyage*, il plaisante sur sa calvitie : « Quant à me faire tondre comme ils font tous, et puis on met à cet endroit une petite pièce

de satin avec certains réseaux qui la tiennent sur la tête, ma tête polie n'en avait pas besoin... »

13. *L'essai sur le pédantisme* (I, XXV).

14. Montaigne développe une comparaison tirée de l'édition latine du *Théagès* de Platon par H. Estienne.

15. Exemples tirés de Plutarque, *Pourquoi la justice divine diffère quelquefois la punition des maléfices*, chap. VI.

16. Dans sa *République*, livres III et IV.

17. Diane de Foix était cultivée. L'humaniste bordelais Pierre de Brach lui avait dédié un recueil de poèmes en 1576.

18. Un comte de Foix avait été troubadour au XIIIᵉ siècle; Gaston de Foix, surnommé Gaston Phébus (1331-1391), avait écrit un traité de vénerie : *Miroir de Phébus, des déduits de la chasse aux bêtes sauvages et des oiseaux de proie.*

19. François de Foix de Candale, évêque d'Aire, avait publié en 1574 et 1578 diverses traductions savantes, notamment les *Eléments d'Euclide.*

20. Cette image, l'une des plus connues des *Essais*, est généralement citée à tort et appliquée à l'élève non au précepteur. Elle était courante au XVIᵉ siècle; on la trouve notamment chez le conteur Noël du Fail, dans les *Contes d'Eutrapel* et chez Henri Estienne dans son *Apologie pour Hérodote.*

21. Trait rapporté par Cicéron. *De Finibus*, livre I, chap. I. Les *Dialogues* de Platon montrent en effet Socrate faisant parler ses disciples et leur faisant tirer eux-mêmes la conclusion des entretiens.

22. Il s'agit du médecin Girolamo Borro, professeur de philosophie à l'Université de Rome et emprisonné par l'Inquisition. Délivré par le pape, il dut abandonner sa chaire en 1586, et mourut à Pise en 1592. Montaigne eut plusieurs entretiens avec lui et reçut en présent un de ses ouvrages en italien sur le flux et le reflux de la mer.

23. L'image de l'abeille se trouve dans l'*Ion* de Platon et chez de nombreux anciens : Sénèque l'emploie dans la *Lettre* 12, Horace dans l'ode 2 du livre IV. Ronsard la développe avec grâce dans sa *Réponse* aux ministres protestants :

« As-tu point vu voler en la prime saison
L'avette qui de fleurs enrichit sa maison?... »

24. Epicharme, auteur comique du Vᵉ siècle, s'efforça d'élever la farce au niveau de la grande comédie. L'exemple est tiré de l'opuscule de Plutarque, *Quels animaux sont les plus avisés.*

25. Il s'agit de deux Italiens, maîtres de danse, qui vécurent à la cour des Valois, Ludovico Palvallo et Pompeo Diabono.

26. La noblesse française voyageait souvent à l'étranger. L'écrivain protestant La Noue le constate dans ses *Discours politiques et militaires* (1587) et blâme cette coutume pour des raisons morales.

27. L'église Santa Rotonda est l'ancien Panthéon construit par Agrippa sous le règne d'Auguste.

28. Variante du texte de 1595 : « *Et comme si ce fut marchandise malaisée que répréhension et nouvelletés, vouloir tirer de là nom de quelque péculière valeur.* »

29. Souvenir du début du dialogue *Hippias majeur*.

30. Tite-Live, *Histoire*, livre XXVII, chap. XXVII, raconte que Marcellus fut tué dans une embuscade à l'âge de soixante ans.

31. Plutarque, opuscule *De la mauvaise honte*, chap. VII : « Celui qui dit anciennement que tous les habitants de l'Asie servaient à un seul homme pour ne savoir prononcer une seule syllabe, qui est : Non. » (Traduction d'Amyot.) Le sous-titre de la *Servitude volontaire* est le *Contr' Un*.

32. Plutarque, *Dits notables des Lacédémoniens*.

33. Plutarque, opuscule *De l'exil* : « Socrate disait encore mieux qu'il ne pensait être ni d'Athènes, ni de la Grèce, mais du monde. » (Traduction d'Amyot.)

34. *Prendre du bon temps.* On se souvient des vers de Villon dans le *Grand Testament* :
    « Je plains le temps de ma jeunesse
    Auquel j'ai plus qu'autre gallé... »

35. Ce mot naïf est rapporté par Henri Estienne dans le discours préliminaire de son *Apologie pour Hérodote*, qui imite même le patois du Savoyard.

36. Cicéron, *Tusculanes*, livre V, chap. III.

37. Tiré de Diogène Laërce, *Vie de Socrate*, livre II, chap. XXI.

38. Diogène Laërce, *Vie d'Anaximène*, chap. II, p. 5.

39. Philosophe grec du XVe siècle, réfugié en Italie, où il enseigna avec succès. Il publia en 1495 à Venise une grammaire grecque qui fut très répandue au XVIe siècle.

40. Particularités de la grammaire grecque. Le futur du verbe βάλλω (lancer) est βαλῶ; βέλτιον et χεῖρον sont les comparatifs de κακός et ἀγαθός.

41. Anecdote rapportée par Plutarque, *Des oracles qui ont cessé*, chap. V.

42. L'image est empruntée à l'*Épître* 59 de Sénèque.

43. Termes de la logique formelle fort en honneur au Moyen Age. On avait inventé 4 vers composés de mots imaginaires désignant les 19 formes de syllogisme :
    « Barbara, celarent, darii, ferio, baralipton,
    Celantes, dabitis, fapesmo, frisesomorum,
    Cesare, camestres, festino, baroco, darapti,
    Felapton, disamis, datisi, bocardo, ferison. »

44. Montaigne avait d'abord écrit : « marmiteux » dont le sens est analogue.

45. *Cercles imaginaires* : terme de l'ancienne astronomie.

46. L'allure poétique de ce tableau rappelle l'*Hymne* de Ronsard, *De la philosophie*.

47. Personnages du *Roland furieux* de l'Arioste, épopée romanesque

très goûtée au XVIᵉ siècle. Robert Garnier en a tiré la tragi-comédie de *Bradamante*.

48. Pâris, le berger troyen qui donna le prix de beauté à Vénus, la préférant à Junon et à Minerve.

49. Ce passage est emprunté à l'opuscule de Plutarque, *De la fortune d'Alexandre*, chap. II.

50. D'après Diogène Laërce, *Vie d'Epicure*.

51. Toujours d'après Diogène Laërce, *Vie de Carnéade*.

52. N'avait guère de durée. Proverbe tiré des *Lectionum antiquarum libri*, compilation de dissertations variées de l'Italien Ludovicus Coelius Rhodiginus. Montaigne mentionne son nom, en passant par sa ville natale, Rovigo, dans le *Journal de Voyage*.

53. Passage inspiré de la traduction d'Amyot : *Propos de table* de Plutarque, chap. I.

54. Allusion au *Banquet* de Platon, où l'on met en discussion le problème de l'amour.

55. Cité par Plutarque dans son opuscule *Les règles et préceptes de santé*.

56. Les premières éditions précisaient : *non comme aux collèges*.

57. Remarque tirée de l'*Institution oratoire* de Quintilien, livre I, chap. III.

58. Anecdote tirée de la *Vie de Speusippe* de Diogène Laërce.

59. Platon traite des jeux et sports surtout dans le livre VII des *Lois*.

60. Anecdote tirée de la *Vie de Pyrrhon* de Diogène Laërce et rapportée par les compilateurs du XVIᵉ siècle.

61. Exemple cité par Plutarque, au chapitre II de son opuscule, *De l'envie et de la haine*.

62. L'histoire de Callisthène est rapportée par Plutarque, *Vie d'Alexandre*.

63. L'exemple d'Alcibiade, tiré de la *Vie d'Alcibiade*, chap. XIV, de Plutarque. Montaigne tient à cette idée et y revient dans l'essai XXXVI du livre II, *De l'usage de se vêtir*.

64. Dans le dialogue intitulé *Les Rivaux*.

65. Anecdote racontée par Cicéron dans les *Tusculanes* (livre V, chap. III).

66. Ces deux réponses sont tirées de la *Vie de Diogène*, chap. VI de Plutarque.

67. Cette réponse de Zeuxidamus est tirée des *Dits notables des Lacédémoniens* de Plutarque.

68. Du Bellay dans la *Défense et Illustration de la langue française* se plaignait déjà du temps perdu dans les exercices scolaires : « A grand-peine avez-vous appris leurs mots, et voilà le meilleur de votre âge passé. »

69. Dialecte de Bergame, ville d'Italie ; ce langage était considéré comme un patois ridicule par les lettrés italiens du XVIᵉ siècle. C'est le parler d'Arlequin dans les comédies italiennes.

70. Le Petit-Pont ou pont du Petit-Châtelet, l'un des trois premiers ponts de Paris. C'est là que se tenait le marché au poisson.

71. Un grand nombre d'ouvrages comportaient des préfaces au « candide lecteur ».

72. Aper est un des interlocuteurs du *Dialogue des orateurs*, de Tacite, chap. XIX.

73. Anecdote tirée des *Dits notables des Lacédémoniens* de Plutarque. Montaigne cite presque textuellement la traduction d'Amyot.

74. Autre citation de la traduction de Plutarque, *Instruction pour ceux qui manient les affaires d'Etat*, par Amyot, chap. XI.

75. Anecdote rapportée par Plutarque, *Vie de Caton d'Utique*, chap. VI. Il s'agit du *Pro Murena* de Cicéron, dans lequel Cicéron plaisante l'intransigeance stoïcienne de la partie adverse, son ami Caton. Celui-ci aurait souri des plaisanteries et prononcé le mot cité. Cicéron était alors consul en exercice.

76. D'après Plutarque, *Si les Athéniens ont été plus excellents en armes qu'en lettres*.

77. Anecdotes tirées de Diogène Laërce, *Vie d'Aristippe*, livre II, chap. LXX, *Vie de Chrysippe*, livre VII, chap. CLXXXII.

78. Citation de Suétone, *Vie de César* : l'obscurité qu'y trouve Montaigne s'explique par une faute de transcription.

79. Montaigne condamne le vocabulaire érudit de la Pléiade et devance le point de vue de Malherbe.

80. Anecdote tirée de Diogène Laërce, *Vie d'Epicure*, livre X, chap. XIII.

81. Allusion à un passage des *Lois* de Platon, livre I.

82. D'après Stobée, *Pensées*, livre XXXVI. Montaigne a puisé dans cette anthologie de sentences morales plusieurs maximes, dont certaines figurent sur les solives de sa « librairie ».

83. Montaigne vénérait son père et il en a évoqué le souvenir à maintes reprises : I, chap. XXXV, *D'un défaut de nos polices*; II, II, *De l'ivrognerie*; II, XII, *Apologie de Raymond Sebond*; III, IX, *De la vanité*; III, XIII, *De l'expérience*.

84. La nouveauté ne consistait pas dans l'usage du latin, qui était parlé dans les collèges, même en récréation, mais dans le fait que le latin précède la connaissance du français.

85. Nicolas Grouchy (1510-1572) fut professeur de grec et de philosophie au collège de Guyenne à Bordeaux de 1534 à 1547, – Guérente, Rouennais lui aussi, ami et collègue de Grouchy, enseigna dans le même collège de 1534 à 1547. Il collabora à une traduction de la *Logique* d'Aristote publiée par Grouchy.

86. Buchanan, né en Ecosse en 1506, professeur au collège de Guyenne de 1539 à 1542 : inquiété pour ses opinions religieuses, il se réfugia un certain temps au château de Montaigne. Il publia des vers latins, une histoire de l'Ecosse et des pamphlets; et des tragédies bibliques (*Saint Jean Baptiste, Jephté*) jouées au collège de Guyenne pour la grande joie de Montaigne.

87. Muret (1526-1585), humaniste célèbre, auteur d'un commentaire savoureux des poèmes de Ronsard et de tragédies latines. Il fit jouer un *Jules César* par les élèves du collège de Guyenne. Il semble toutefois que Montaigne avait quitté le collège quand il y fut professeur. Il mourut à Rome, où il était devenu « orateur » de la France près du Saint-Siège.

88. Le comte de Cossé-Brissac (1543-1569), brillant officier, fut tué pendant les guerres civiles au siège de Mussidan, près du château de Montaigne. Brantôme, qui en fait un vif éloge, lui donne comme précepteur Buchanan, confirmant ainsi Montaigne.

89. La première édition donnait la précision suivante : « *Et avait un joueur d'épinette pour cet effet.* »

90. Le collège de Guyenne, fondé en 1533, avait été réorganisé en 1534 par un principal réputé, Antoine de Gouvéa (1497-1548). Celui-ci recommandait l'indulgence aux maîtres et veillait particulièrement aux études latines. Les élèves ne devaient parler que latin en classe et pendant les récréations, les « grands » s'adressant en latin aux « tout petits » et traduisant ensuite en français. Le père de Montaigne, qui faisait alors partie de la municipalité de Bordeaux, était très au courant des méthodes du collège; c'est lui qui avait accordé le brevet de naturalisation à Gouvéa, portugais d'origine.

91. *Lancelot du Lac*, roman en prose, tiré du cycle breton du Graal. – *Amadis des Gaules*, roman portugais du XIVᵉ siècle, d'après les romans (en vers) de la Table ronde. Herberay des Essarts en fit une traduction française (1540-1548) sur le désir de François Iᵉʳ. – *Huon de Bordeaux*, adaptation en prose de la *Chanson de Geste*.

92. On connaît un *Jules César* de Muret, et deux tragédies, également en latin, de Buchanan, *Jephté* et *Saint Jean Baptiste*. Les pièces de Guérente sont inconnues.

93. Gouvéa, après avoir exercé en France, enseigna dans la célèbre Université de Coïmbre.

94. Rousseau sera d'un avis opposé. Cf. *Lettre à d'Alembert sur les spectacles.*

CHAPITRE XXVII

1. Cette maxime célèbre, qui s'applique si bien à Montaigne, est attribuée tantôt à Solon, tantôt à Chilon.

2. Cette défaite eut lieu en 1385. Froissart la rapporte dans ses *Chroniques,* livre III, chap. XVII.

3. Cet autre exemple est tiré des *Annales* de Nicole Gilles, ouvrage que Montaigne a lu de près et annoté.

4. Anecdote empruntée à la *Vie de Paul-Emile* de Plutarque.

5. Les *Annales d'Aquitaine* de Bouchet.

6. Tous ces miracles sont rapportés par saint Augustin, dans *La Cité de Dieu,* livre XXII, chap. VIII.

CHAPITRE XXVIII

1. La Boétie (1530-1563), né à Sarlat, juge au parlement de Bordeaux. Magistrat réputé pour sa droiture et son indépendance, humaniste et poète, La Boétie exerça de leur rencontre (1557) jusqu'à sa mort une très vive et très durable influence sur Montaigne. En mourant, il légua à son ami sa bibliothèque qui renfermait la plupart des ouvrages stoïciens. De son côté, Montaigne fit imprimer les œuvres de La Boétie, notamment ses sonnets, mais fit exception pour le *Discours de la Servitude volontaire*.

2. Montaigne avait publié en 1571 les poèmes et les traductions de La Boétie, mais non la *Servitude volontaire*. Ce traité circula en manuscrit et fut reproduit en 1574, fragmentairement, et sans nom d'auteur, sous le titre provocateur : le *Réveille-Matin des Français*. En 1576, les protestants le publièrent dans un recueil de pamphlets antimonarchiques, *Mémoires de l'Etat de la France sous Charles neuvième*.

3. Les premières éditions précisent : *N'ayant pas atteint le dix-huitième an de son âge*. La composition du traité remonterait à 1548. Voir à ce sujet les travaux de M. Maurice Rat.

4. L'édit de janvier 1562 accordait aux protestants l'exercice du culte.

5. Ce livret fut publié en 1572, à Paris, chez Frédéric Morel par les soins de Montaigne. Il contenait *La Ménagerie de Xénophon; Les Règles du Mariage de Plutarque; Lettre de consolation de Plutarque à sa femme; Le tout traduit du grec en français par feu M. Etienne de La Boétie, conseiller du Roi en sa cour de Parlement à Bordeaux. Ensemble quelques vers latins et français, de son invention. Item un discours sur la mort dudit seigneur de La Boétie, par M. de Montaigne.*

6. Dans la *Morale à Nicomaque*, Livre VIII, chap. I.

7. Montaigne a déjà fait allusion à ces coutumes sanguinaires dans l'essai *De la coutume*, livre I, essai XXIII. Il y reviendra au chapitre *Des Cannibales*.

8. Anecdote tirée de Diogène Laërce, *Vie d'Aristippe*, livre II, chap. LXXXI.

9. Plutarque, *De l'amitié fraternelle*, chap. IV.

10. D'après *Le Banquet* de Platon.

11. Ils chassèrent d'Athènes les fils du tyran Pisistrate.

12. A Bordeaux.

13. Cette satire fait partie du recueil publié par Montaigne en 1571.

14. La Boétie était de trois ans l'aîné. Quand ils se lièrent d'amitié, Montaigne avait vingt-cinq ans.

15. L'exemple de Blosius est tiré du *De Amicitia*, chap. XI.

16. Mot attribué par Aulu-Gelle à Chilon.

17. Tiré de Diogène Laërce, *Vie d'Aristote*, chap. V, § 21.

18. Passage inspiré par le *De Amicitia*, chap. XXI.

19. D'après Diogène Laërce, *Vie d'Aristote*.

20. D'après Diogène Laërce, *Vie de Diogène.*

21. Ce bel exemple d'amitié est tiré de *Toxaris,* chap. XXII, de Lucien.

22. Exemple tiré de Xénophon, *Cyropédie,* livre VIII, chap. III.

23. Il s'agit d'Agésilas, d'après Plutarque, *Vie d'Agésilas* : « Il aimait fort tendrement ses petits enfants, de sorte qu'il jouait avec eux parmi la maison, se mettant une canne entre les jambes comme un cheval. » (*Traduction d'Amyot.*)

24. *Dix-huit ans* selon les premières éditions.

25. L'utilisation de la *Servitude volontaire* par les protestants comme pamphlet antimonarchique est considérée par Montaigne comme un abus de confiance.

26. La Boétie fait un long parallèle entre le gouvernement républicain de Venise et le gouvernement despotique des Turcs. Les préférences de La Boétie vont nettement au régime républicain, en théorie du moins.

27. Il s'agit des vingt-neuf sonnets cités par Montaigne dans l'essai suivant et qui ont été supprimés dans les éditions postérieures à 1588.

CHAPITRE XXIX

1. Diane, vicomtesse de Louvigni, dite la belle Corisande d'Andouins, mariée en 1567 au comte de Grammont et de Guiche (ou Guissen). Le comte de Grammont fut tué en 1580 au siège de La Fère, et Montaigne, qui le considérait comme un ami, accompagna ses restes à Soissons. Henri de Navarre aima la belle veuve et fut sur le point de l'épouser. La baronnie d'Andouins se trouvait à quelques lieues de Pau, dans le Béarn.

2. La poésie et la musique étaient considérées comme inséparables au XVIᵉ siècle. Ronsard dans son *Abrégé de l'art poétique* (1565) conseille au poète d'adapter ses rimes à la musique : « Tu feras tes vers masculins et féminins tant qu'il te sera possible, pour être plus propres à la musique et accords des instruments, en faveur desquels il semble que la poésie soit née, car la poésie sans les instruments ou sans la grâce d'une ou de plusieurs voix n'est tellement agréable... »

3. Le recueil des œuvres de La Boétie publié par Montaigne en 1572 était dédié au comte de Foix, ambassadeur de France à Venise.

4. Allusion à une édition séparée, publiée entre 1588 et 1592, et qui n'a pas été retrouvée. Nous croyons utile de citer ici ces sonnets, à la place qu'ils occupaient dans les *Essais.*

5. La Vézère se jette dans la Dordogne. La Dordogne est le symbole de la personne aimée.

6. Allusion à Ronsard qui illustrait, ainsi que du Bellay, le *Loir gaulois.*

7. Allusion à Pétrarque, que la Pléiade imita, tout en le raillant parfois. (Cf. Du Bellay, *Contre les Pétrarquistes.*)

8. Phryxus et sa sœur Hellé, montés sur un bélier à toison d'or, tombèrent dans la mer. De là, l'*Hellespont*.

9. Méléagre de Gadara (1ᵉʳ siècle avant J.-C.) constitua un recueil des chefs-d'œuvre de poésie légère, intitulé *Couronne*.

CHAPITRE XXX

1. Maxime tirée de saint Paul, *Aux Romains,* XII, 3, et que Montaigne avait inscrite sur les solives de sa bibliothèque.

2. Allusion probable à Henri III qui participait aux processions de « flagellants ».

3. Anecdotes tirées de Diodore de Sicile, livre XI des *Histoires,* traduites par Amyot.

4. Dans le Dialogue intitulé *Gorgias.*

5. Montaigne a lu cette recommandation de saint Thomas dans la *Secunda.*

6. Platon, dans les *Lois,* livre VIII, recommande cette abstention.

7. Il s'agit des Indiens de Darien. Montaigne a lu cet usage dans l'*Histoire générale des Indes* de Lopez de Gomara.

8. Cette coutume est rapportée par Guillaume Postel dans l'*Histoire des Turcs* (1575).

9. L'exemple de Zénobie est cité par de nombreux compilateurs du XVIᵉ siècle; il se trouve notamment dans les *Epîtres dorées* de Guevara que connaissait Montaigne.

10. Allusion à un passage du livre III de la *République.* Platon commente une anecdote tirée de l'*Iliade,* chant XIV, vers 294.

11. L'exemple des rois de Perse est tiré des *Préceptes du mariage* de Plutarque. Montaigne avait pu lire cet opuscule soit dans la traduction d'Amyot, soit dans celle de La Boétie.

12. Autre anecdote tirée de Plutarque, *Instructions pour ceux qui manient les affaires d'Etat,* chap. IX.

13. Anecdote tirée du *De Officiis* de Cicéron, livre I, § 40.

14. Exemple tiré de l'*Histoire* de Spartien et cité par plusieurs compilateurs.

15. En particulier, Eusèbe, *Histoire ecclésiastique.*

16. Junius Gallio était un sénateur romain, exilé pour avoir déplu à Tibère. Montaigne commente gaillardement un passage de Tacite, *Annales,* livre VI, chap. III, beaucoup plus concis.

17. D'après Chalcondylas, *Histoire de la décadence de l'Empire grec,* livre VII, chap. IV.

18. Ces coutumes sont tirées de l'*Histoire générale des Indes* de Gomara, livre II, chap. VII, et de son *Histoire de Fernand Cortès.*

CHAPITRE XXXI

1. Anecdote tirée de Plutarque, *Vie de Pyrrhus,* chap. VIII.

2. Autre anecdote empruntée à Plutarque, *Vie de Flaminius,* chap. III.

3. Exemple trouvé dans Tite-Live, *Histoires,* livre XXXI, chap. XXXIV.

4. Villegagnon débarqua au Brésil en 1557 avec d'autres protestants et tenta de s'y établir de façon durable. Les compagnons de Villegagnon publièrent plusieurs récits de leurs aventures : André Thevet, *Les Singularités de la France antarctique* (1558); Jean de Léry, *Histoire d'un voyage fait en la terre de Brésil autrement dit Amérique* (1578).

5. Passage célèbre du *Timée,* chap. XXII-XXV. Le rapprochement de l'Amérique avec l'Atlantide a été fait également par Benzoni, *Histoire naturelle du Nouveau-Monde* (1579), Lopez de Gomara, *Histoire générale des Indes,* et André Thevet.

6. La mer Noire.

7. L'Eubée, appelée Négrepont par les navigateurs italiens du Moyen Age.

8. Le géographe Wegener soutient que les continents flottent et se déplacent lentement.

9. Arsac se trouve à cinq lieues de Bordeaux, dans le canton de Castelnau-de-Médoc. L'ensablement des côtes ne fut arrêté que par la fixation des dunes et la plantation des pins. Le sieur d'Arsac est Thomas de Montaigne, seigneur de Beauregard et d'Arsac, né le 17 mai 1534.

10. Il s'agit des indigènes des Antilles et de l'Amérique du Sud.

11. D'après les *Lois,* livre X.

12. L'historien Osorio, décrivant les mœurs des sauvages, rapporte « qu'ils ne sèment point de blé, ainsi font leur pain de la racine d'une herbe grande comme le pourpié... ». L'*Histoire* d'Osorio avait été traduite en français par Goulard.

13. Le coriandre, plante dont les fruits sont utilisés comme condiment ou pour parfumer des liqueurs.

14. D'après les *Histoires* d'Hérodote, livre IV, chap. LXIX.

15. Tout ce passage est en complet accord avec le récit, plus détaillé, d'Osorio : « Ils nourrissent grassement les prisonniers, et leur donnent des femmes qui couchent avec eux. S'ils veulent faire quelque jour de fête, ils lient de cordes le plus gras de leurs prisonniers, etc. » (Livre II, chap. XV, traduction Goulard.) Les récits de Jean de Léry et de Thevet rapportent des coutumes analogues.

16. D'après Diogène Laërce, *Vie de Chrysippe,* chap. VII.

17. Le siège d'Alésia raconté par César, *De Bello Gallico,* livre VII, chap. LVII et LVIII.

18. Les récits des voyageurs mentionnent aussi cette indifférence pour les conquêtes.

19. Exemple tiré de Chalcondyle, *Histoire de la décadence de l'Empire grec,* livre V, chap. IX.

20. La victoire navale de Salamine en 480, les victoires terrestres de Platées et de Mycale en 479, sont les succès les plus éclatants remportés par les Grecs contre Xerxès. La *victoire de Sicile* est la victoire remportée par les Spartiates sur l'expédition athénienne qui assiégeait Syracuse (415-413 av. J.-C.).

21. D'après Diodore de Sicile, livre XV, chap. XVI.

22. André Thevet dans les *Singularités de la France antarctique* (1558), chap. XL, rapporte une chanson analogue.

23. Ces exemples bibliques sont vraisemblablement tirés de *La Cité de Dieu* de saint Augustin. Sarah, femme stérile d'Abraham, lui offrit sa servante Agar; Lia ou Lea et Rachel sont les femmes de Jacob; elles lui donnèrent leurs servantes pour qu'il en eût des enfants. La servante de Lea se nomme Zilpa; celle de Rachel, Dilha.

24. D'après Suétone, *Vie d'Auguste,* chap. LXXI.

25. Selon Plutarque, *Des vertueux faits des femmes* : « elle choisit entre les captives prises à la guerre une belle jeune fille qui avait nom Electra, qu'elle enferma avec Dejotarus dedans une chambre; et nourrit et éleva les enfants qui en vinrent avec autant d'affection et en aussi grande magnificence comme s'ils eussent été siens » (traduction d'Amyot).

26. Montaigne aimait beaucoup la poésie antique et moderne. Il a cité déjà Du Bellay et fait allusion à Ronsard. Les œuvres d'Anacréon et du pseudo-Anacréon avaient été éditées par Estienne.

27. Cette ambassade eut lieu en 1562.

CHAPITRE XXXII

1. Allusion au *Critias.*

2. Il s'agit des horoscopes tirés de l'astrologie dite « judiciaire », par opposition avec l'*astrologie,* sans épithète, qui signifiait astronomie.

3. D'après Lopez de Gomara, *Histoire générale des Indes,* livre III, chap. XXII.

4. Bataille entre les protestants et les catholiques, le 25 juin 1569. Les protestants furent vainqueurs. La Roche-Abeille est à proximité de Saint-Yrieix.

5. Victoires des catholiques, Jarnac le 13 mars 1569, Moncontour le 3 octobre 1569.

6. Victoire navale de Juan d'Autriche sur les Turcs à Lépante (5 octobre 1571). L'Europe fut sauvée de l'invasion par cette victoire.

7. Arius, prêtre de l'Eglise d'Alexandrie, niait la divinité du Christ. Cette hérésie fort répandue en Orient fut condamnée par le concile de Nicée (325). Cette mort étrange est racontée par Jean Bouchet, *Annales d'Aquitaine.*

8. Ces nécrologies curieuses figurent dans les recueils des compilateurs du XVIe siècle.

9. Dans *La Cité de Dieu,* livre I, chap. VIII.

10. Image tirée de Plutarque, *De la curiosité.*

CHAPITRE XXXIII

1. Ce passage est tiré de la *Lettre* 22 de Sénèque.
2. Histoire empruntée aux *Annales d'Aquitaine* de Jean Bouchet.

CHAPITRE XXXIV

1. Anecdote tirée de Guichardin, *Histoire d'Italie,* livre VI. Il s'agit de César Borgia.
2. Anecdote tirée des *Mémoires* des frères du Bellay, livre II. Le *guidon* était le porte-fanion. Les *Mémoires* écrivent *Fouquerolles* au lieu de *Foungueselles.*
3. Cette coïncidence est relevée par un grand nombre d'historiens et de moralistes, elle figure dans les *Diverses Leçons* de Pierre de Messie.
4. Anecdotes empruntées aux *Annales d'Aquitaine* de Jean Bouchet.
5. Anecdote tirée des *Mémoires* des frères du Bellay.
6. Cette anecdote citée par Pline l'Ancien, *Histoire naturelle*, livre VII, chap. L, a été très souvent reprise par les compilateurs que lisait Montaigne.
7. Autre exemple emprunté à Pline. Protogène, peintre et sculpteur du temps d'Alexandre le Grand.
8. Anecdote tirée des *Chroniques* de Froissart, livre I, chap. X.
9. Anecdote tirée de Plutarque, *De la tranquillité d'esprit.*
10. Anecdote racontée par Plutarque, *Vie de Timoléon.*
11. Anecdote empruntée à Appien, *Guerres civiles,* traduit par Claude de Seyssel.

CHAPITRE XXXV

1. Lilio Gregorio Giraldi (1479-1552), poète et archéologue de Ferrare.
2. Sébastien Châteillon né à Châtillon-les-Dombes en 1515 et mort à Bâle en 1563. Célèbre traducteur de la Bible.
3. Montaigne, sans être soucieux, comme son père, de tenir un *journal,* possédait un agenda universel, l'*Ephemeris Historica* de Beuther (1551). Il inscrivit dans ce *livre de raison* les faits importants de son existence : naissance des enfants, mariages, réception de Henri de Navarre au château. Brèves indications, mais qui éclairent et confirment les *Essais.* Ce mémorable *Beuther* appartient maintenant à la ville de Bordeaux. M. Jean Marchand en a donné une reproduction annotée (Compagnie française des arts graphiques). Lors de son voyage en Italie, Montaigne mettra à exécution ce projet de journal régulièrement tenu par lui-même ou un secrétaire.

CHAPITRE XXXVI

1. Citation de l'*Ecclésiaste,* IX, gravée sur la bibliothèque de Montaigne.
2. Il s'agit sans doute de Florimond de Raimond, successeur de Montaigne dans sa charge de conseiller.
3. D'après Cicéron, *De Senectute,* chap. X.
4. Selon Hérodote, *Histoires,* livre III, chap. XII.
5. D'après Plutarque, *Apophtegmes des Lacédémoniens.*
6. D'après Suétone, *Vie de César,* chap. LVIII.
7. Balbi, *Viaggio del' Indie Orientale* (1590). Le royaume de Pegu faisait partie des Indes orientales.
8. Dans les *Lois,* livre XII.
9. Etienne Bathory fut élu roi de Pologne en 1574 lorsque Henri d'Anjou s'enfuit de Pologne pour prendre la succession de Charles IX.
10. Usage rapporté par Pline l'Ancien, *Histoire naturelle,* livre XXVIII, chap. VI.
11. Citation précise des *Mémoires* des frères du Bellay, livre X : « Les gelées furent si fortes tout le voyage, qu'on départait le vin de munition à coups de cognée et se débitait au poids, puis les soldats le portaient dedans des paniers. »
12. La mer d'Azov.
13. D'après Tite-Live, *Histoires,* livre XXI, chapitre LIV.
14. Souvenir de Xénophon, *Anabase,* livre IV, chap. V. Il s'agit de la retraite des Dix-Mille.
15. D'après Diodore de Sicile, livre XVII, chap. XVIII.
16. D'après Lopez de Gomara, *Histoire générale des Indes,* livre II, chap. XXXIII.

CHAPITRE XXXVII

1. Variante de 1588 : « *Je n'ai point cette erreur commune de juger d'autrui selon moi, et de rapporter la condition des autres hommes à la mienne. Je crois aisément d'autrui beaucoup de choses où mes forces ne peuvent atteindre. La faiblesse que je sens en moi n'altère aucunement les opinions que je dois avoir de la vertu et valeur de ceux qui le méritent.* »
2. C'était alors un ordre récent, puisqu'il datait de 1574.
3. Confusion de Montaigne. Il s'agit de la bataille de Platées, où les Grecs commandés par le roi de Sparte, Pausanias, écrasèrent l'armée perse et tuèrent son général en chef Mardonios (479 av. J-C.). Anecdote inspirée d'Hérodote, livre IX, 20.
4. Dans l'opuscule de la *Malignité d'Hérodote.*
5. La comparaison du poète avec l'anneau aimanté est développée par Platon dans le dialogue *Ion* : Socrate démontre au rhapsode Ion que la

poésie n'est pas un effet de l'art, mais de l'inspiration. Ronsard et toute la Pléiade ont repris cette théorie.

CHAPITRE XXXVIII

1. Exemple tiré de Plutarque, *Vie de Pyrrhus,* chap. XVI.
2. Le vainqueur de Charles le Téméraire à Nancy (1477).
3. La bataille d'Auray en 1364.
4. Souvenir de Plutarque, *Vie de César,* chap. XIII.
5. Souvenir de Tacite, *Annales,* livre XIV, § 4. Tacite se demande si Néron éprouva une émotion sincère ou s'il la feignit.
6. Montaigne se souvient d'un passage de la *Théologie naturelle* de Raymond Sebond qu'il a traduite.
7. Souvenir d'Hérodote, *Histoires,* livre VII, chap. XLV.
8. Anecdote tirée de Plutarque, *Vie de Timoléon.*

CHAPITRE XXXIX

1. Cette comparaison faite par les Anciens avait été reprise au XVIᵉ siècle par les écrivains italiens, notamment Balthazar Castiglione et Sperone Speroni.
2. Le mot de Bias a été reproduit maintes fois, en particulier par Diogène Laërce, *Vie de Bias,* livre I.
3. Souvenir de Sénèque, *Lettre* 7.
4. Citation de Diogène Laërce, *Vie de Bias,* livre I, chap. LXXXVI.
5. Anecdote tirée de l'*Histoire du Portugal,* traduite par Goulard, livre VIII, chap. IX.
6. Souvenir de Sénèque, *Lettre* 28.
7. D'après Diodore de Sicile, livre XII, chap. IV.
8. Une rature précise l'origine de la remarque : « Saint Augustin dit très bien qu'il n'est rien si dissociable par son vice que l'homme; rien si sociable par sa nature. »
9. Souvenir de Diogène Laërce, *Vie d'Antisthène.*
10. Souvenir de Sénèque, *Lettre* 104, dont Montaigne s'inspire pour tout ce passage.
11. D'après Diogène Laërce, *Vie de Stilpon.*
12. D'après Diogène Laërce, *Vie d'Antisthène.*
13. D'après saint Augustin, *Cité de Dieu,* livre I, chap. X.
14. D'après Diogène Laërce, *Vie de Thalès,* ce philosophe renonça à la politique pour se consacrer à l'étude.
15. Allusion à Démocrite, qui se creva les yeux, pour se consacrer tout entier à la philosophie.
16. Allusion à Cratès. Cet exemple cité par les compilateurs du temps a été repris par Montaigne dans l'essai IX du livre III, *De la vanité.*

17. D'après Diogène Laërce, *Vie d'Arcésilas,* livre IV, chap. XXXVIII.

18. Souvenir de Salluste, *La Conjuration de Catilina,* chap. IV.

19. Cicéron reproduit dans le *De Senectute,* chap. XVII, le passage des *Economiques* (livre I, chap. XX) de Xénophon où il est question des jardins de Cyrus, et de ses plantations.

20. D'après Pline le Jeune, *Lettres,* livre I, lettre I.

21. Cicéron utilisait ses retraites à l'étude de la philosophie. Il y fait souvent allusion, en particulier dans l'*Orator,* § 43.

22. Souvenir de Sénèque, *Epître* 51.

23. *L'un* : Epicure; *l'autre* : Sénèque. Tout ce passage est inspiré de Sénèque.

24. Ces « deux premiers » sont Pline et Cicéron.

CHAPITRE XL

1. Il s'agit des oppositions faites dans l'essai précédent entre Cicéron et Pline le Jeune d'une part, Sénèque et Epicure de l'autre.

2. Allusion à Pline le Jeune se recommandant à son ami Tacite, *Lettres,* livre VII, lettre XXXIII.

3. Montaigne est convaincu que les comédies jouées sous le nom de Térence, esclave africain affranchi, sont l'œuvre de ses illustres protecteurs, Scipion et Laelius. Ce problème, pas plus que le mystère de Shakespeare, n'a reçu de solution définitive.

4. Allusion à la préface des *Adelphes.* Térence se défend mollement de cette attribution.

5. Le jeu de bague consistait à enlever des anneaux d'un coup de lance.

6. Montaigne a déjà cité ce goût de Cyrus dans l'essai XXXIX.

7. Selon Plutarque, *Vie de Démosthène.*

8. D'après Plutarque, *Vie de Périclès.*

9. D'après Plutarque, *Propos de table.*

10. D'après Plutarque, *Les Dits notables des Anciens Rois.*

11. D'après Plutarque, *Vie de Périclès.*

12. Epicure et Sénèque.

13. Souvenir de Sénèque, *Lettre* 21.

14. Selon Plutarque, *Dits notables des Anciens Rois.*

15. Variante de 1588 : « Ceux que j'aime me mettent en peine s'il faut que je le leur die, et m'offre maigrement et fièrement à ceux à qui je suis. »

16. Annibal Caro (1507-1566), traducteur de Virgile et auteur de *Lettres* familières publiées en 1572 et 1576. Certaines traitent de problèmes archéologiques et littéraires, mais la plupart sont moins remarquables par le sujet que par leur forme aisée.

17. Montaigne dans l'édition de 1588 supprima ses titres nobiliaires en tête des *Essais.*

CHAPITRE XLI

1. Souvenir du *Pro Archia,* II ou des *Tusculanes,* livre I, II.
2. D'après Plutarque, *Vie de Marius,* chap. VIII.
3. Souvenir des *Mémoires* des frères du Bellay, livre VI. La date exacte est 1536.
4. D'après Plutarque, *Dits notables des Lacédémoniens.*
5. D'après Froissart, *Chroniques,* livre I. La bataille de Crécy eut lieu en 1346. Les Anglais y employèrent pour la première fois des canons.
6. Anecdotes tirées de Plutarque, *Instructions pour ceux qui manient affaires d'Etat.*
7. Exemples tirés de Du Tillet, *Recueil des Rois de France* (1578). La victoire de Bouvines eut lieu en 1214.

CHAPITRE XLII

1. Dans l'opuscule *Que les bêtes brutes usent de la raison.*
2. Variante de 1588 : « *Car quant à la forme corporelle, il est bien évident que les espèces des bêtes sont distinguées de bien plus apparentes différences que nous ne sommes les uns des autres.* »
3. Variante de 1588 : « *C'est-à-dire que le plus excellent animal est plus approchant de l'homme de la plus basse marche que n'est cet homme d'un autre homme grand et excellent.* »
4. Il s'agit des lanières ou *longes* utilisées pour le dressage des faucons; on attachait aux pattes de ces oiseaux des sonnettes pour les retrouver.
5. Souvenir de Sénèque, *Lettre 76.*
6. Variante de 1588 : « *et ses richesses. Il est satisfait, content et allègre. Et à qui a cela, que reste-t-il?* »
6 *bis.* Variante des éditions antérieures : « *La tourbe de nos hommes, ignorante, stupidement endormie, basse, servile, pleine de fièvre et de frayeur, instable.* »
7. Coutume rapportée par Hérodote, *Histoires,* livre V, chap. VII.
8. Comparaison fréquente chez Sénèque (*Lettres 76* et *80*).
9. Souvenir de Plutarque, *Vie d'Alexandre,* chap. IX.
10. Anecdote rapportée par Plutarque, *Les Dits notables des Anciens Rois, Princes et grands Capitaines.*
11. Image familière, fréquente chez les conteurs du XVIe siècle, en particulier chez Rabelais.
12. Souvenir du livre II des *Lois.*
13. Anecdote rapportée par Plutarque, *Si l'homme d'âge doit se mêler des affaires publiques.*
14. Maxime tirée de l'*Epître au Roi* d'Amyot, qui sert de préface à la traduction des *Œuvres morales* de Plutarque.
15. Souvenir du traité intitulé *De la condition des Rois.*
16. Souvenir de Guillaume Postel, *Histoire des Turcs.*

17. Souvenir du chap. XXIV du *Gorgias*.

18. Souvenir du traité de Xénophon, intitulé *Hiéron*.

19. Allusion à deux épisodes de la campagne d'Henri II contre Charles Quint en 1555 : Brissac s'empara de Casal dans le Montferrat. Montluc, assiégé dans Sienne, en sortit avec les honneurs de la guerre.

20. Souvenir du *De Bello Gallico*, livre VI, chap. XXIII. Il s'agit des Germains, non des Gaulois.

21. Variante de 1588 : « *ou pour en tirer leurs agrandissements et commodités particulières* ».

22. Anecdote rapportée par l'historien Ammien Marcellin, livre XXII.

23. Anecdote très souvent citée par des compilateurs du XVIᵉ siècle.

24. Souvenir de Plutarque, *Banquet des sept sages,* chap. XIII.

25. Anecdote rapportée par Plutarque dans sa *Vie de Pyrrhus,* chap. VII, et dont Rabelais s'est souvenu dans le conseil de guerre de Picrochole, *Gargantua,* chap. XXXIII.

CHAPITRE XLIII

1. Les lois contre le luxe ont existé dès l'Antiquité : les Romains pendant la Seconde Guerre Punique avaient interdit les bijoux d'or, les équipages, les étoffes de pourpre (loi Oppia). Au Moyen Age, Pierre de Sorbon reprochait à Joinville son élégance et Saint Louis se montrait fort embarrassé pour trancher le différend. A l'époque de la Renaissance, le luxe vestimentaire devint presque un fléau national : les étoffes de soie, les fourrures, les bijoux venaient surtout d'Italie et le trésor royal supportait mal cette hémorragie de devises. De François Iᵉʳ à Henri IV, les interdictions se multiplièrent, toutes aussi inefficaces les unes que les autres : en effet, les vêtements des courtisans n'étant pas réglementés, les magistrats et les bourgeois ne respectaient guère les restrictions les frappant. Henri III pour intimider les délinquants fit emprisonner en 1583 trente dames de Paris, nobles ou bourgeoises, mais sans plus de succès.

2. Souvenir de Diodore de Sicile, livre XII, chap. V.

3. Variante de 1588 : « *Car le reste de la France prend pour patron ce qui se fait à la Cour; ces façons vicieuses naissent près d'eux.* »

4. Il s'agit de la braguette, partie du haut-de-chausses. Cf. les plaisanteries de Rabelais sur la braguette de Panurge (*Tiers Livre,* chap. VII et VIII).

5. Cet usage s'établit sous Henri III.

6. Image empruntée à la fauconnerie : le tiercelet est le mâle des oiseaux de chasse, trois fois plus petit que la femelle, d'où le nom. Montaigne a formé le diminutif *quartelet* sur le même modèle.

7. Allusion au livre VII des *Lois*.

CHAPITRE XLIV

1. Souvenir de Sénèque, *Lettre* 20.
2. Anecdote rapportée par Plutarque, *Vie d'Alexandre,* chap. II ou par Quinte-Curce, livre IV, chap. XIII.
3. Plutarque, *Vie d'Othon,* chap. VIII.
4. Plutarque, *Vie de Caton d'Utique,* chap. XIX.
5. *Ibidem,* chap. VIII.
6. Suétone, *Vie d'Auguste,* chap. XVI.
7. Plutarque, *Vie de Sylla,* chap. XIII.
8. Plutarque, *Vie de Paul-Emile.*
9. Pline l'Ancien, *Histoire Naturelle,* livre VII, chap. LII.
10. Hérodote, *Histoires,* livre IV, chap. XXV.
11. Diogène Laërce, *Vie d'Epiménide,* livre I, chap. CIX.

CHAPITRE XLV

1. La bataille de Dreux eut lieu le 19 décembre 1562. Les catholiques, commandés par le maréchal de Saint-André, le connétable de Montmorency et François de Guise, furent vainqueurs des protestants, commandés par Condé et Coligny.
2. Cette anecdote a été rapportée par Plutarque, dans la *Vie de Philopœmen,* chap. VI.
3. Plutarque, *Vie d'Agésilas,* chap. VI.

CHAPITRE XLVI

1. Montaigne a trouvé cette étymologie fantaisiste dans les *Annales d'Aquitaine* de Bouchet : « L'Aquitaine... fut nommée Guienne comme il est vraisemblable à cause des ducs qui portèrent le nom de Guillaume. » Il lui emprunte aussi l'anecdote concernant le duc de Normandie.
2. Anecdote vulgarisée par les compilateurs du XVIᵉ siècle.
3. Anecdote empruntée aux *Annales d'Aquitaine* de Bouchet. Il s'agit de la célèbre église romane.
4. Question très controversée au XVIᵉ siècle. Amyot a généralement conservé la forme grecque ou latine. Au contraire, du Bellay, dans la *Défense et Illustration de la langue française* (1549), recommandait de franciser les noms.
5. Le roi d'Orient. Souvenir des Croisades.
6. Cette « farce » aurait été faite par Bertrand de Baylens, sénéchal des Landes, chef catholique très actif. Il s'empara de Mont-de-Marsan en 1583, Montaigne se rendit dans cette ville pendant sa mairie de Bordeaux. Il s'agit peut-être d'un souvenir de ce voyage.
7. Montaigne semble avoir été assez fier de ses armoiries, qu'il laissa

en plusieurs étapes de son voyage en Italie, notamment à Plombières, à Augsbourg et à Pise.

8. L'édition de 1595 remplace le mot *éternité* par toute une phrase : « et remplissant l'indigence de son maître de la possession de toutes les choses qu'il peut imaginer et désirer autant qu'elle veut! ».

9. Ces différentes formes se trouvent dans les *Annales d'Aquitaine* de Bouchet.

10. Allusion au *Jugement des Voyelles* de Lucien.

11. Nicolas Denisot, né au Mans en 1515, fut le compagnon de Ronsard, au collège de Coqueret. Ronsard, dans le *Folatrissime voyage d'Arcueil* (1549), le décrit chevauchant un âne, au milieu de la joyeuse troupe des étudiants. Denisot avait composé en 1545 un recueil de *Noëls,* et peint notamment un portrait de Cassandre.

12. *Tranquillus* est le surnom de Suétone.

13. Le nom de famille du sire de Bayard était Terrail. – Escalin, baron de la Garde, dit capitaine Poulin était de basse origine. Il fut lieutenant général des galères en 1544.

14. Scipion l'Africain, le vainqueur de Carthage.

CHAPITRE XLVII

1. A la bataille de Moncontour (1569), le duc d'Anjou, vainqueur des protestants, préféra assiéger Niort que poursuivre les vaincus.

2. La défaite de Saint-Quentin (1557) ouvrait la route de Paris aux troupes de Philippe II, mais celui-ci s'attarda au siège de la ville de Saint-Quentin et ne profita pas de sa victoire.

3. D'après Plutarque, *Vie de César,* chap. XI.

4. Gaston de Foix, vainqueur des Espagnols à Ravenne (1512), fut tué en poursuivant les vaincus.

5. Le comte d'Enghien battit les Espagnols à Cerisoles le 15 avril 1544. Cette victoire fut célébrée par Marot, puis par Ronsard.

6. Selon Diodore de Sicile, livre XII, chap. XXIV.

7. Anecdote tirée des *Annales d'Aquitaine* de Bouchet.

8. Fait rapporté par Xénophon dans la *Cyropédie,* livre IV, chap. III.

9. Souvenir de Tite-Live, *Histoires,* livre IX, chap. XL.

10. Souvenir des *Nuits attiques* d'Aulu-Gelle, livre V, chap. V.

11. D'après Plutarque, *Dits notables des Lacédémoniens.*

12. D'après Plutarque, *Vie d'Othon,* chap. III.

13. Anecdote empruntée à Plutarque, *Vie de Pyrrhus,* chap. VIII. Plutarque appelle le personnage Mégaclès et non pas Demogaclès.

14. D'après Plutarque, *Vie d'Alexandre,* chap. V, *Vie d'Agis,* et *Vie de Cléomène,* chap. IV.

15. D'après Plutarque, *Vie de Pompée,* chap. XIX. Montaigne cite la traduction d'Amyot.

16. Cyrus et Artaxerxès, dont Xénophon raconte la lutte dans l'*Anabase,* livre I, chap. VIII.

17. Les capitaines de Cyrus selon Plutarque, *Préceptes du mariage.* On sait que La Boétie avait traduit cet opuscule.

18. Cette campagne eut lieu en 1536. Les avantages et les inconvénients de l'offensive et de la défense ont été souvent étudiés au XVIᵉ siècle, en particulier par Bodin dans sa *République,* livre V, chap. V, Machiavel dans ses *Discours sur la première décade de Tite-Live,* livre II, chap. XII. Montaigne semble s'être inspiré surtout des *Mémoires* des frères du Bellay, chap. VI et des *Instructions sur le fait de guerre,* de Guillaume du Bellay.

19. Allusion à la Seconde Guerre Punique.

20. Allusion à l'expédition de Sicile, qui tourna au désastre, pendant la guerre du Péloponnèse. Ces deux exemples ont été employés par Machiavel dans son *Discours sur la première décade de Tite-Live.*

21. Variante de 1588 : « *la fortune n'est pas plus incertaine et téméraire que nos discours.* »

CHAPITRE XLVIII

1. Souvenir de Suétone, *Vie de Tibère,* chap. VI.

2. Les romans de chevalerie. Montaigne méprisait ce genre littéraire et prétendait l'avoir ignoré complètement dans sa jeunesse.

3. D'après Hérodote, livre V, chap. CXII et CXIII.

4. Il s'agit de la bataille de Fornoue en 1495, livrée par Charles VIII.

5. Ces deux exemples sont tirés de Paul Jove, *Histoire de son temps,* livres II et XVII.

6. Souvenir de Plutarque, *Vie de Pompée,* chap. XVII et *Vie de César,* chap. V.

7. D'après Aulu-Gelle, *Nuits attiques,* livre V, chap. II.

8. Anecdotes rapportées par Pline l'Ancien et Suétone. Rabelais s'en est souvenu dans le *Gargantua,* chap. XVI.

9. Montaigne revient souvent sur ses prouesses de cavalier, notamment dans l'essai IX du livre III : « Je me tiens à cheval sans démonter, tout coliqueux que je suis, et sans m'y ennuyer, huit et dix heures. »

10. Dans les *Lois.*

11. Pline l'Ancien, *Histoire naturelle,* livre XXVIII, chap. XIV.

12. Dans la *Cyropédie,* livre IV, chap. III.

13. Auteurs cités par Beroald dans son commentaire de la *Vie de César* par Suétone.

14. *Vie de César,* chap. LX.

15. Dans la *Cyropédie,* livre IV, chap. III.

16. Montaigne composa, en effet, un essai sur le pistolet, mais un valet le lui déroba.

17. Souvenir de Xénophon, *Anabase,* chap. VIII, § 2.

18. Diodore de Sicile rapporte ces inventions de Denys le Tyran dans son *Histoire,* livre XIV, chap. XII.

19. Monstrelet, continuateur de Froissart. L'anecdote est citée au chap. XLVI de l'édition de 1572.

20. Au chap. LXVI.

21. Les éditions antérieures à 1595 ajoutaient : « *Je ne sais quel maniement ce pouvait être, si ce n'est celui de nos passades.* »

22. Tiré du *De Bello Gallico,* livre IV, chap. I.

23. Souvenir du voyage à Rome, le 8 octobre 1581.

24. Alphonse XI, roi de Léon et de Castille. Souvenir des *Epîtres dorées* de Guevara, traduites par Guterry : *Lettre au comte de Benavent Don Alphonse Pimentel, par laquelle est narré l'ordre qu'avaient les anciens chevaliers de la Bande.* – « Doré » est synonyme de « sage ».

25. Souvenir du *Courtisan* de Balthazar Castiglione qui eut un vif succès au XVIe siècle.

26. Le *Prêtre-Jean* est le négus d'Abyssinie. L'origine de cette légende d'un souverain chrétien de l'Orient serait une prétendue lettre envoyée en 1165 par le prêtre Jean à l'empereur de Byzance. Cf. Rabelais (*Pantagruel,* chap. XXIV) qui cite le pays du « Prêtre-Jean » parmi les escales du géant.

27. Tiré de la *Cyropédie* de Xénophon, livre III, chap. III.

28. *Ecot :* la quote-part de chaque convive, et par suite *compagnie.*

29. *Ceux de Crète :* souvenir de Valère Maxime, livre VII, chap. VI.

30. Anecdote empruntée à Paul Jove, *Ordre et discipline de l'armée turque.*

31. Souvenir de Lopez de Gomara, *Histoire de Fernand Cortès.*

32. *Les Indes orientales.*

33. Souvenir de Tite-Live, *Histoires,* livre VIII, chap. XXX.

34. Anecdote empruntée à Herbert-Fulstin, auteur d'une *Histoire des Rois et Princes de Pologne* (1573).

35. L'anecdote sur Bajazet battu par Tamerlan est empruntée à Chalcondyle, *Histoire de la décadence de l'Empire grec,* livre III, chap. XII.

36. *Sardes.* Anecdote tirée d'Hérodote, *Histoires,* livre I, chap. LXXVIII.

37. Anecdote tirée d'Hérodote, *Histoires,* livre I, chap. LXXVIII.

38. Anecdote tirée de Plutarque, *Vie de Nicias,* chap. X.

39. D'après Quinte-Curce, livre VII, chap. VII.

40. François de Carnavalet (1520-1571), écuyer de Henri II et maître d'équitation à l'Ecurie Royale. Ronsard, qui fut son élève, lui consacra une ode élogieuse.

41. Anecdote tirée de George Lebelski, *Description des jeux représentés à Constantinople en la solennité de la circoncision du fils d'Amurath* (traduit en 1583).

42. Sans doute Philippe de Launoy, prince de Sulmone.

43. Monnaies espagnoles.

CHAPITRE XLIX

1. Image tirée de la chevalerie. La lance était maintenue par un crampon de l'armure, l'*arrêt*.
2. On peut rapprocher ce début de l'essai XXXI du livre I, *Des Cannibales*.
3. César, *De Bello Gallico*, livre IV, chap. V.
4. D'après Plutarque, *Vie de Caton d'Utique*.
5. D'après Diogène Laërce, *Vie de Cratès*, chap. VI, § 89.
6. Sénèque, *Lettre* 70.
7. Plutarque, traduit par Amyot.
8. Sidoine Apollinaire (*Œuvres*, poème V, vers 239), évêque de Clermont-Ferrand (430-489), gendre de l'empereur Avitus et poète latin.
9. Souvenir de Plutarque, *Questions romaines*.

CHAPITRE L

1. Variante de 1588 : « *Au demeurant, je laisse la fortune me fournir les sujets, d'autant qu'ils me sont également bons; et si n'entreprends pas de les traiter entiers et à fond de cuve : de mille visages qu'ils ont chacun, j'en prends celui qui me plaît; je les saisis volontiers par quelque lustre extraordinaire : j'en trierais bien de plus riches et pleins, si j'avais quelque autre fin proposée que celle que j'ai. Toute action est propre à nous faire connaître.* »
2. Montaigne reprend cette idée dans l'essai V du livre III.
3. Montaigne a développé cet argument dans l'essai XIV du livre I.
4. Allusion à Diogène écartant Alexandre de son soleil. Cicéron cite l'anecdote dans ses *Tusculanes*, livre V, § 10.
5. Plutarque, *Vie de Marcus Brutus*, chap. III.
6. Diogène Laërce, *Vie d'Aristippe*, livre II, chap. XCV.

CHAPITRE LI

1. Maxime tirée de Plutarque, *Dits notables des Lacédémoniens*.
2. Anecdote empruntée à Plutarque, Vie de Périclès, chap. V. Ce Thucydide n'est pas l'historien, mais son homonyme, chef du parti aristocratique.
3. Dans l'*Institution oratoire* de Quintilien, livre II, chap. XV.
4. Dans le *Gorgias*.
5. D'après l'*Histoire des Turcs* (p. 36 de l'édition de 1560) de Guillaume Postel.
6. Tout ce passage est traduit littéralement de Tite-Live, *Histoires*, livre X, chap. XXII.

7. Tacite a développé cette idée dans le *Dialogue des orateurs*, chap. XXVI.

8. Neveu du pape Paul IV, il fut démis de sa dignité à cause de ses scandales.

9. Selon Plutarque, *Vie de Paul-Emile*, chap. XV.

10. Palais merveilleux de l'*Amadis des Gaules*.

11. Allusion à l'usage d'appeler les membres du Parlement de Paris du nom de : *Senatores*.

12. L'Arétin (1492-1556), auteur de satires, de dialogues et de sonnets fort libres.

CHAPITRE LII

1. Anecdote très souvent citée au XVIᵉ siècle : elle est tirée de Valère Maxime, *Dits et Faits mémorables,* livre IV, chap. IV.

2. Anecdotes tirées de Plutarque, *Vie de Caton le Censeur,* chap. III.

3. Tiré de Valère Maxime, livre IV, chap. III.

4. Souvenir de Sénèque, *Consolation à Albina.*

5. Souvenir de Plutarque, *Vie de Tiberius Gracchus.*

CHAPITRE LIV

1. D'après Plutarque, *Propos de table,* livre VIII, chap. IX.

2. Souvenir de Quintilien, *Institution oratoire,* livre II, chap. XX; environ 40 litres.

3. Souvenir de Plutarque, *Les Opinions des Philosophes,* livre IV, chap. X.

4. Montaigne confond Sancho Garcia et son fils Garcia V, dit le Trembleur, parce que au moment de combattre il tremblait si fort qu'on l'entendait grelotter, ce qui ne l'empêchait pas ensuite d'être un hardi combattant.

5. Souvenir d'Aristote qui cite cet usage à propos de l'étain.

6. Montaigne aime la poésie populaire; il a cité des poèmes des indigènes d'Amérique à l'essai *Des Cannibales,* I, XXXI, et au cours du voyage en Italie, il rappelle le souvenir de fêtes où une poétesse, simple paysanne, lui dédia des vers. La villanelle est une poésie pastorale composée d'un nombre impair de tercets suivis d'un quatrain.

7. Le texte de 1580 était : « *Ils trouveraient place entre ces deux extrémités.* »

CHAPITRE LV

1. *Vie d'Alexandre,* chap. I.

2. Anecdote tirée de Diogène Laërce, *Vie de Socrate,* livre II, chap. XXV.

3. *Roi de Tunis.* Anecdote empruntée à Paul Jove, *Histoire de son temps,* chap. XLIV.

CHAPITRE LVI

1. Ce paragraphe, ajouté en 1582, fait allusion à la remontrance des censeurs pontificaux concernant l'opinion de Montaigne sur la prière; Montaigne avait écrit qu' « *il faut avoir l'âme nette au moins en ce moment auquel nous le prions, et déchargée de passions vicieuses* ». Il maintint son texte, mais inséra au début de l'essai cette déclaration de soumission à l'Eglise. Une variante de 1595 insiste sur la soumission de Montaigne à l'Eglise : « *choses dites... pour absurde et impie, si rien se rencontre ignoramment ou inadvertamment couché en cette rhapsodie contraire aux saintes résolutions et prescriptions* ».

2. Le texte de 1588 donne : « *occupées à usures, veniances et paillardises* ». Le mot *veniance* ne figure pas dans les dictionnaires d'ancien français. Il a néanmoins été repris par tous ceux des éditeurs qui ont adopté la version de 1588. Nous croyons devoir le corriger en *venjances,* puisque selon l'orthographe du temps de Montaigne, on écrivait indifféremment *veniances* ou *venjances*.

3. Allusion probable à Arnaud du Ferrier (1505-1585), professeur de droit, ambassadeur du roi de France près du concile de Trente, puis converti au protestantisme. Il devint le chancelier de Henri de Navarre. Montaigne, maire de Bordeaux, avait affaire avec lui et l'estimait beaucoup.

4. *La Réforme.*

5. Allusion aux *Psaumes,* traduits en français et chantés par les Réformés. La plus célèbre traduction est celle de Marot (1541) en vers français, dont les strophes étaient calquées sur celles des chansons populaires. Marot ne savait pas l'hébreu, mais Vatable, lecteur d'hébreu au Collège Royal, lui avait traduit les psaumes en prose française.

6. Remi Belleau (*La Reconnue,* acte V, sc. II) exprime la même critique :

> « *La nouvelle religion*
> *A tant fait que les chambrières,*
> *Les savetiers et les tripières*
> *En disputent publiquement.* »

7. Nicétas cité dans un opuscule de Juste Lipse, *Adversus dialogistam liber de una religione.* La traduction de Juste Lipse a fait commettre une bévue à Montaigne : Lopadius n'est pas un personnage, mais un lac.

8. Dans les *Lois* (page 750 de la traduction de 1546).

9. Anecdote tirée d'Osorio, *Histoire du Roi Emmanuel de Portugal.*

10. *Socotora,* près de Mozambique.

11. Tiré de Plutarque, *De l'Amour,* dans la traduction d'Amyot.

12. Dans l'*Heptaméron,* journée III, nouvelle 25. Ce jeune prince est le galant François Ier. Marguerite excuse son frère, sous prétexte que sa feinte piété cachait son intrigue et évitait de compromettre sa Belle.

13. Dans les *Lois* (p. 43 de l'édition de 1546).

CHAPITRE LVII

1. D'après Plutarque, *Vie de Caton d'Utique,* chap. XX.

2. Règlement tiré de Suétone, *Vie d'Auguste,* chap. XXXII. L'âge permettant d'accéder à certaines charges était avancé de cinq ans.

TABLE

LIVRE PREMIER

COLLECTION FOLIO

Dernières parutions :

Impression Brodard et Taupin
à La Flèche (Sarthe),
le 22 décembre 1997.
Dépôt légal : décembre 1997.
1er dépôt légal dans la collection : janvier 1973.
Numéro d'imprimeur : 1980T-5.
ISBN 2-07-036289-2 / Imprimé en France.

85364